國家一流學科南京大學中國語言文學建設經費資助

南京大學『中國文學與東亞文明』協同創新中心項目經費資助

陳延傑先生經學論著三種

經學概論
詩序解
周易程傳參正

陳延傑 著 ／ 車行健 黃忠天 盧啓聰 整理

圖書在版編目（ＣＩＰ）數據

陳延傑先生經學論著三種 / 陳延傑著 ; 車行健，黄
忠天，盧啓聰整理. -- 南京 : 鳳凰出版社，2021.4
ISBN 978-7-5506-3379-7

Ⅰ. ①陳⋯ Ⅱ. ①陳⋯ ②車⋯ ③黄⋯ ④盧⋯ Ⅲ.
①經學－研究 Ⅳ. ①Z126

中國版本圖書館CIP數據核字(2020)第271389號

| | | |
|---|---|---|
| 書　　　名 | 陳延傑先生經學論著三種 | |
| 著　　　者 | 陳延傑 著　車行健　黄忠天　盧啓聰 整理 | |
| 責 任 編 輯 | 崔廣洲 | |
| 裝 幀 設 計 | 徐　慧 | |
| 出 版 發 行 | 鳳凰出版社(原江蘇古籍出版社) | |
| | 發行部電話025-83223462 | |
| 出版社地址 | 江蘇省南京市中央路165號,郵編:210009 | |
| 出版社網址 | http://www.fhcbs.com | |
| 照　　　排 | 南京凱建文化發展有限公司 | |
| 印　　　刷 | 江蘇鳳凰新華印務集團有限公司 | |
| | 中國江蘇南京經濟技術開發區堯新大道399號　郵編:210038 | |
| 開　　　本 | 880毫米×1230毫米　1/32 | |
| 印　　　張 | 12.625 | |
| 字　　　數 | 263千字 | |
| 版　　　次 | 2021年4月第1版 | |
| 印　　　次 | 2021年4月第1次印刷 | |
| 標 準 書 號 | ISBN 978-7-5506-3379-7 | |
| 定　　　價 | 128.00圓 | |
| | (本書凡印裝錯誤可向承印廠調換,電話:025-68037411) | |

陳延傑先生

# 總目錄

# 南雍學人陳延傑及其經學論著之整理 *

車行健

## 一　緣起

　　兩江師範學堂出身的南京宿儒陳延傑(1888—1970),在經學、詩學和古典詩歌創作上皆深有造詣,其於經學撰有《周易程傳參正》、《詩序解》、《經學概論》等書;於詩學除《詩品注》外,又有《孟東野詩注》、《張籍詩注》、《賈島詩注》、《陸放翁詩鈔注》和《文文山詩注》等多種唐宋詩人詩集箋注出版;於古典詩歌創作上亦結集有《晞陽詩》。其中《周易程傳參正》和《晞陽詩》皆曾於上世紀 40 年代獲得中華民

　　* 本文爲"民國時期罕傳經學論著之整理與研究:以羅倬漢、陳延傑與蘇維嶽三家之著作爲中心(Ⅱ)"(項目編號:"NSC 101‐2410‐H‐004‐109‐")之部分研究成果。研究此課題期間,獲得陳延傑之孫陳坤與江蘇省高級法院史筆法官的許多幫助,陳坤先生不但提供不少重要的文獻資料,且亦細心審閱文稿,提出寶貴建議。復得到南京大學和南京師範大學多位師友的支持與協助,前者有許結、徐興無、方文暉、劉重喜、張宗友等教授;後者則有孫原靖、趙生群、蘇芃等教授。此外,文哲所的林慶彰和蔣秋華兩位老師在研究方向和資料搜羅方面亦皆提供了許多實質的支援,謹志於此,用申謝悃。又,本人曾先後委請多位研究助理將陳延傑的幾部著作打字輸入電腦,亦一并申致謝忱於此。分工情況如下:《周易程傳參正》,由范雅琇與莊士傑打字輸入;《詩序解》,部分由倫凱琪與徐偉軒打字輸入;《經學概論》,由盧啓聰打字輸入并負責點校;《晞陽詩》,由李冀打字輸入、徐偉軒初步校對。

國教育部學術獎勵之肯定。陳延傑稱得上是一位學問優長、著作豐富的飽學碩儒，理應在當代中文學界有一定之地位。

　　然而，學界或稍知曉陳延傑在古典詩學和文學批評史上的表現，卻對其經學研究不甚知悉，使其長期淪爲林慶彰先生所謂的“被遺忘的經學家”①，而其經學著作也因流通不廣，成爲所謂的“罕傳經學論著”②，令人悲嘆。但其經學撰述實亦有其獨到之成就與特色，不應將

---

　　①　參見林慶彰：《民國時期幾位被遺忘的經學家》，《政大中文學報》21 期（2014 年 6 月），頁 15—36。林先生文中論及者共有徐天璋（1852—1936）、陳鼎忠（即陳天倪，1879—1968）、戴禮（1882—1935）、張壽林（1907—?）與李源澄（1909—1958）五位經學家，雖未叙及陳延傑，但林先生早在《陳延傑及其詩序解》（收入《王叔岷先生學術成就與薪傳研討會論文集》，臺北：臺灣大學中國文學系，2001 年）一文中，就已稱他“是個被遺忘的經學家和古典文學研究者”（頁 426）。但陳氏的《詩品注》於古典文學批評界并不陌生，被遺忘的情況不若其經學論著徹底。然即便如此，陳延傑其人還是長期爲人遺忘。上世紀 80 年代，在上海復旦大學攻讀博士學位的曹旭，爲調查《詩品》版本和文本問題，特意尋訪陳延傑，其自述經歷頗令人吃驚：“開始訪書訪學時，我毫無目標，手裏祇有一本陳延傑的《詩品注》。陳延傑是何許人？不知道。唯‘跋’後有‘江寧陳延傑’五字。江寧是地名，在今天的南京。南京，便成了我訪書的第一站。到了南京，問了許多人，都不知道《詩品》，更不知道陳延傑。後來請教南京大學教授程千帆先生，經程先生指點，尋訪南京文史館，終於在已經去世的館員名册上查到了陳延傑的名字，然後根據地址找他的兒子陳鴻詢……”（曹旭：《詩品研究》，上海：上海古籍出版社，1998 年，頁 389）。
　　②　林慶彰和蔣秋華二教授於 2007 年 1 月起，開始在臺灣“中央研究院”中國文哲研究所推動“民國以來經學之研究”的大型研究計畫（2007—2012）。吾人有幸參與此計畫，且在其中深受啓發與激勵，亦於 2010 年底向臺灣科學委員會申報“民國時期罕傳經學論著之整理與研究：以羅倬漢、陳延傑與蘇維嶽三家之著作爲中心”的專題研究計畫，在計畫中提出整理民國時期“罕傳經學論著”的構想。與此同時，蔣秋華教授亦於文哲所中主持“罕傳本經典研讀”的讀書會。典籍的流傳與否有幸與不幸，不純關乎其自身之學術價值。民國肇建以來，雖然產生了大量的經學論著，然因時局不靖、社會騷動，無法提供學術發展和知識傳播有利的環境和條件，使得許多學人的重要論著在出版與傳播方面遭受到極大的限制，有寫成後始終未曾梓行者，亦有雖出刊却流通不廣者。在這種艱（轉下頁）

其輕易地從當代的學術記憶中抹滅忘却。吾人本於林慶彰先生所提倡"發潛德之幽光"的學術關懷，從現代經學發展的角度，來對陳延傑的生平經歷、著述撰作及學界的相關研究情況，做一基本之考察。一方面搜集整理其著述，以作爲進一步深入研究之基礎；另一方面也藉此提醒學界之注意，使其學術之面貌和內涵能更多地爲世人知悉，從而重新進入當代學術史的視域中。

## 二　陳延傑的生平經歷及詩文交游

關於陳延傑生平事迹的相關記叙并不多，最完整準確的當屬與陳延傑家族有累世交誼的史筆先生於 1986 年在《文教資料》（雙月刊）發表的《陳延傑生平述略》一文①。文中對陳延傑的生平經歷提供了較完整的記叙，僅撮録重點如下：

陳延傑，字仲英、仲子，筆名晞陽，江蘇南京人，生於清光緒十四年（1888）八月二十二日。陳氏出身書香世家，幼承母教，黽勉向學。六歲入私塾，精熟《四書》、《五經》。十五歲從望江童觀學古文，旁攻

---

（接上頁）難的情況下，欲知曉其內容已實屬不易，更遑論評估其學術價值。可知，在大量罕傳經學論著被充分研讀與評價之前，學界對民國以來經學的認識與把握，可説仍是存在著許多的斷裂與空白。今日偶然發現其時之舊刊手稿，欣嘆之情，無異於看待新出土之古佚文獻，此罕傳經籍之可悲與可貴也。

①　2013 年元月下旬，林慶彰先生爲編輯《民國時期經學叢書》，在林師母和文听閣圖書有限公司林登昱董事長的陪同下，赴南京圖書館搜集資料。筆者與吳儀鳳教授當時爲搜集陳延傑書稿資料，也一同隨行。在南京大學中文系許結教授的安排下，得見陳延傑孫子——已退休的建築師陳坤先生，和任職於江蘇省高級法院的史筆先生。從三人口中得知，許、陳、史三家原來是世交。據許結教授所述，他少年時與陳延傑是鄰居，常常在巷子裏看到他。而爲陳延傑作傳的史筆先生，其叔祖史尚寬（1898—1970）更與許結父親許永璋（1915—2005）教授是莫逆之交。史尚寬在國民政府擔任要職，1949 年隨國民政府遷臺，歷任臺灣"總統府國策顧問"、"考選部部長"、司法主管部門第二屆大法官。許結在《詩囚》（南京：鳳凰出版社，2009 年）一書中，對史尚寬和許永璋的交誼關係，做了詳細的叙述，可參看（頁 49—52）。

經義策論。十七歲舉秀才。次年,考入兩江師範學堂文科,從清道人李瑞清(梅庵,1867—1920)受小學及經學,專以治經爲事。光緒三十四年(1908)畢業。先後執教於寧屬師範學堂、湖南高等師範、江蘇省立第四師範學堂、武昌大學①、滁州第九中學、中央大學②、金陵大學等校。

1949 年後,陳延傑積極致力於南京的文物管理及文獻的整理研究工作,歷任江蘇省文史研究館館員、南京市文物管理委員會委員、南京市政協一至五屆委員。其於 1951 年擔任南京市文管會圖書組組長,負責整理舊總統府遺留的圖書。晚年曾編輯南京文獻書目,共二百六十餘部,并撰成《南京文獻書目提要》(初稿)。60 年代初,在進行《南京地方志經濟資料彙編》的工作中,不顧高齡,時常與會提出中肯意見。又曾在政協的會議上,針對中國古典文學遺産和南京古城墻的保護問題,多所建言。與陳方恪(1891—1966)等委員共同提出,要求保留中華門、石城、臺城、清凉門等古迹,受到許多有識之士的敬佩。然而“文化大革命”却爲他本人及家人帶來了巨大的不幸,不僅大量藏書被抄,而且還被下放至江蘇省寶應縣。他最終於 1970 年 8 月 24 日,逝世於寶應縣氾水鎮朱橋村,享年八十二歲。③

林慶彰先生於 2001 年發表的《陳延傑及其詩序解》中,《陳延傑

---

①　據 1931 年出版的《國立中央大學一覽·教職員録》(收入張研、孫燕京主編:《民國史料叢刊》1084 册,鄭州:大象出版社,2009 年)所載,陳延傑在任教中央大學前,曾擔任“國立武昌高等師範國文系教授”(頁 15)。案:武昌高等師範原名武昌高等師範學校,1924 年 2 月被國民政府教育部更名爲武昌高等師範大學,同年 9 月又改名爲國立武昌大學。

②　據 1930 年出版的《國立中央大學一覽》中之《文學院概况》(收入《民國史料叢刊》1082 册),陳延傑在中央大學前身第四中山大學(1927—1928)階段時的中國文學系擔任助教,及至國立中央大學正式成立(1928 年 5 月)之後,方升爲講師(頁 1—2)。

③　史筆:《陳延傑生平述略》,《文教資料》,1986 年第 6 期(總號 168 期),頁 91—94。

的生平事略》一節,亦參考史筆此文撰成,并没有多出史文的記叙①。
此外,吳新雷等編纂的《清暉山館友聲集:陳中凡友朋書札》、南京市
白下區地方志編纂委員會編的《白下區志》、南京市地方志編纂委員
會編的《南京社會科學志》和《南京人物志》等書中,亦有對陳氏生平
的簡略介紹。然除《白下區志》和《南京人物志》外,餘二者皆寥寥不
足百字,且皆未超出史文範圍。② 本文擬通過三個方面的資料搜集
與文獻的利用,來對史筆所述之内容,提供更多的補充,以期獲得對
陳延傑較爲全面與細緻的認識。

其一,爲對其後人的訪談,可資了解陳延傑的家庭概況。根據陳
延傑之孫陳坤先生的叙述,陳延傑共有三子一女,長子陳鴻瑞,畢業
於中央大學地質系,擔任地質工程師,享年九十六歲。次子陳鴻祺,
高中畢業時,正值日寇侵華,遂投筆從戎,報考海軍軍官學校,後隨國
民政府去臺。在臺灣海軍服役時,曾被選送海軍指揮參謀大學深造,
畢業後升海軍少將,任海軍艦隊參謀長及海軍造船廠廠長等職,享年
一〇二歲。三子陳鴻詢及女兒陳芳,分別畢業於上海立信會計專科
學校和復旦大學經濟系,二人一生皆從事金融和會計工作,目前他們
姐弟倆年事都近百歲,身體仍然硬朗。陳延傑有孫兒、孫女各七人,
現均至古稀之年,分別定居在長沙、濟南、南京、廣州、深圳、臺北和高
雄。孫輩及曾孫輩學業多爲理工類,鮮有人從文、從政、從商。陳坤
爲陳鴻詢之子,而其二伯父陳鴻祺在臺灣亦育有二子二女,陳坤曾到

　　① 林慶彰:《陳延傑及其詩序解》,《王叔岷先生學術成就與薪傳研討會論
文集》,頁 411—414。
　　② 吳新雷等編纂:《清暉山館友聲集:陳中凡友朋書札》,南京:江蘇古籍出
版社,2000 年,頁 743;南京市白下區地方志編纂委員會編:《白下區志》,南京:江
蘇科學技術出版社,1988 年,頁 598—599;南京市地方志編纂委員會編:《南京社
會科學志》,北京:方志出版社,1998 年,頁 1021;南京市地方志編纂委員會編:
《南京人物志》,上海:學林出版社,2001 年,頁 216—217。

臺灣探視過。①

其二，爲其詩集《晞陽詩》紀錄了不少他的詩文交游關係，從中可以勾稽其生活、行事之面貌。其中多述其師友關係，如述其本師李瑞清者計有《臨川李文潔公挽詩》、《過胡三自怡齋觀李文潔公書畫》、《庚申冬月廿九日會葬李文潔公牛首山》、《牛首山謁李文潔公墓》、《携家牛首山春望還謁李文潔公祠》等五首。② 述其詩學淵源所自的陳三立（1853—1937）之詩，有《同翔冬小石謁散原老人別墅還啜茗溪上》、《寄散原老人廬山》、《陳散原先生八十生日》、《散原先生挽詩》等四詩。又有叙其從游於柳詒徵（翼謀，1880—1956）者，共十三首，數量最多，其中尤可略見陳氏與柳氏主持之國學圖書館交涉利用之情況，如《謁翼謀先生圖書館出示劬堂詩録因獲拜誦歸輒題之》、《十二月廿二日雪初晴謁翼謀先生盋山圖書館邀觀善本書録其所見》、《謁翼謀先生盋山圖書館遂同登掃葉樓》、《正月初八日與陳秋帆錢茂萱謁翼謀先生盋山圖書館還登清凉山》、《夏日訪翼謀先生盋山圖書館不遇還尋烏龍潭清凉山諸勝》、《謁翼謀先生盋山圖書館出示近和人排律之作蓋寄憤也感賦長句》。

同輩友朋中，酬酢最頻繁者，當屬胡翔冬（1884—1940）和胡小石（1888—1962），二人合詠者（包含其他人）有《同翔冬小石謁散原老人別墅還啜茗溪上》、《月夜齋中孤坐寄二胡》、《游古林寺同翔冬小石旭君作》、《月夜步溪上憶二胡》諸詩。亦有獨詠其中一人者，如《中秋夕復成橋玩月憶翔冬牛首》、《講經坡宴集送小石之武昌》等詩。此外，其詩作中涉及之當代學林人物，亦復不少，較知名者有：王伯沆（1871—1944）、章士釗（1881—1973）、黃侃（1886—1935）、汪辟疆（1887—1966）、尹石公（炎武，1888—1971）、陳中凡（1888—1982）、汪

---

① 此段文字係綜合陳坤先生在微信上對筆者的叙述内容，及幾次的口頭訪談而成。

② 《晞陽詩》，家藏抄本，下文所引皆同此，不復出注。

旭初（1890—1963）、陳寅恪（1890—1969）、黃懺華（1890—1977）、蔡
嵩雲（1891—1944）、湯用彤（1893—1964）、彭醇士（1896—1976）、馬
宗霍（1897—1976）、柴曉蓮（1898—1974）、羅倬漢（1898—1985）、陳
立夫（1900—2001）、盛紫莊（1901—1968）、梁實秋（1903—1987）、李
清悚（1903—1990）、盧冀野（1905—1951）、李辰冬（1907—1983）
等人。

　　師友交游外，《晞陽詩》中亦反映了不少他的生平經歷，如《甲子
十月十三日自滁州避亂，乘土車行三十五里，是夕宿水口，翌日早發，
行七十里，抵浦口，晚過江還家，作一首》《乙丑九月十八夜發板浦避
兵，廿四日抵鹽城，越二日乘舟還金陵，中遭風覆舟，幾沉溺，盡然賦
此》《丁丑十月都中淪陷，遂携家逃往六合，未幾六合又失，倉皇播
遷，始以戊寅正月廿五日抵興化，遇柳翼謀先生於塗，悲歡不已，相偕
入茶肆茗談》《丙戌三月自成都携家還都，車赴重慶，黃福聯福陞昆
仲、王理明、熊漢章、蕭定梁諸生及兒子鴻詢送至牛市口》等，這些詩
皆記錄了他所經歷的戰亂流離生涯，前二詩寫作年代爲 1924、1925
年，講述的是軍閥混戰下避難的遭遇；後二詩則是述説對日抗戰爆
發，南京淪陷，舉家西遷，以及抗戰勝利，携家還都的過程。又《夜雨》
一首，陳延傑於“圖書萬卷厄胡兵，草堂毀去無題寄”句下自注云：“余
築宅通德里，都中淪陷，宅爲倭寇所破，家藏萬卷盡厄於兵火。”家破
書毀，誠令人傷心悲憤矣！詩人在對個人小時代的歌吟中，折射了其
所生存的大時代；而大時代的刀光劍影，杌陧艱屯，也縮影於詩人所
吟嘆的小時代中。

　　《晞陽詩》所收詩作止於 1948 年《丁亥除夕作》，陳氏時年六十
歲。從中可大體略觀其六十歲前的生活、經歷與交游之狀況，史筆稱
其詩作係其“生活和思想的紀錄”①，洵然也。

　　其三，爲當時的各種文字記載有涉及陳延傑生平經歷者。其中

---

① 　史筆：《陳延傑生平述略》，頁 93。

最直接相關的，就是時人與他的詩歌酬酢，如其摯友胡翔冬所作之
《自怡齋詩》中，即收有多首和陳延傑的酬唱詩作，《過香林寺同胡小
石陳仲英作》、《同杜岷原錢茂萱陳仲英兒子家羲家艮游攝山并寄小
石》、《泛舟玄武湖同胡小石陳仲英作》等皆爲述及陳延傑之紀游詩
作①，可和《晞陽詩》中與胡翔冬相關篇什合而觀之，當可對二人交誼
有更親切之了解。② 又如胡小石亦有《清凉寺同胡三陳仲子作》、《詠
陳仲子》及《己未初夏游北湖同胡三陳仲子流連昔游愴然有作》等詩，
刊載於一九二三年出版的《國學叢刊》1 卷 1 期中之胡氏《夏廬詩鈔》，
見證了陳延傑與胡小石、胡翔冬三人的早年情誼。③

　　此外，陳延傑與時人交游的“詩文足迹”也在當代學人的載記中
留下了記録，如比陳延傑大兩歲，且皆曾在武昌高等師範任教過的黄
侃，即曾在他的日記中寫到他應陳延傑宴飲之邀的過程：

---

　　① 　胡翔冬：《自怡齋詩》，頁 2 下、頁 8 下—9 上、頁 9 上，己卯仲夏金陵大學
文學院刊。與陳延傑有關詩作尚有《同小石仲英泛舟青溪溯流至西方寺側納凉》
（頁 12）、《講經坡觀群兒放風箏同仲英作》（頁 15 下—16 上）與《七月晦日牛首山
房坐雨戲成小詩寄仲英》（頁 16 下）。

　　② 　然據程千帆（1913—2000）的回憶，二人的交誼後來似未能持續下去，其
中的關鍵竟然是因“兩個人論詩的意見不合，就不好了”。程氏感嘆道：“老輩做
人真是認真，論詩不合也會影響交情。所以，翔冬先生詩裏寫過：‘交窮詩是鬼，
肥勝酒爲兵。’”（程千帆述，程章燦記：《閑堂師語》，見《桑榆憶往》，收入《程千帆
全集》，石家莊：河北教育出版社，2000 年，第 15 卷，頁 139。）

　　③ 　《國學叢刊》，1 卷 1 期，頁 131—132，1923 年。案：此三詩亦收録於吳徵
鑄（白匋，1906—1992）所輯《願夏廬詩詞補鈔》，見《胡小石論文集編續》，上海：上
海古籍出版社，1991 年，頁 319—320。另在吳徵鑄所輯《願夏廬詩鈔》中，亦録有
《十月二十七日翔冬招同仲子茂宣游毛公渡荻花甚美》、《十桂堂晚望同仲蘇仲英
作》、《與二仲游龍華寺并寄翔冬滁州》、《同胡三陳仲子束天民游劉氏廢園件并調
胡三》與《白華邀同仲子確杲諸公聽董蓮枝詞，喜衡如新自成都至》等數首與陳延
傑有關的詩作，見《胡小石論文集》，上海：上海古籍出版社，1982 年，頁 227、230、
236、255。然《國學叢刊》1 卷 1 期所載之《辛酉仲春陶然亭登眺有懷江寧舊游并
寄漚翁仲子》却未見輯於《願夏廬詩鈔》和《願夏廬詩詞補鈔》（頁 130）。

　　午偕旭初赴陳仲子(仲子昨親來蕭賓,甚敬)之招,飲於老萬全,坐有翊謀、伯弢、湯用彤。翊謀示以在焦山抄得康有為題別峰庵藏德宗龍袍詩。用彤言蒙文通思晤予,彼將延予素食,為之介紹,且邀歐陽竟無居士。①

黃侃記此日記的時間為"己巳十月廿四日癸酉",即陽曆 1929 年 11 月 24 日周日。案:《晞陽詩》中共有二首詩的詩題提及黃侃,通過與黃侃日記的對勘,可對詩歌寫作背景有更清楚的理解,如《己巳秋七月六日,同王伯沆、黃季剛、汪旭初及潘、黃二君車赴鎮江,晚泛舟至焦山,月落天黑,草木深鬱,兩三僧舍或鐙火隱顯,而江濤悲壯,無可投止。會翊謀先生亦在山,偶逢于松寥閣,因得以飽啖山蔬。坐閣上,天風振衣,信可清暑,更留宿定慧寺,翌晨遂偕游焉》,關於此詩中所述之焦山之游,黃侃在日記中有較詳細記載,其於同年 7 月 5 日丙戌(陽曆 8 月 9 日周五)記道:

　　晴熱。晨起往閱試卷,邀伯沆、仲子、旭初來寓午飯。②

6 日丁亥復記:

　　晴,彌熱。晨復往閱卷,三人者仍來午飯,飯後忽發興游焦山,遂以四時行,六時到京口。覓得紅船渡江時,風雲忽惡,逆風作之字形,三折乃至焦山,已暝。至文殊閣門前,適遇柳詒徵,邀予等至松寥閣憩,晤陳佩忍。飯後宿定慧寺之伊樓。夜雨。③

7 日戊子又記道:

---

　①　黃延祖重輯:《黃侃日記》,北京:中華書局,2007 年,中册,頁 599。

　②③　黃延祖重輯:《黃侃日記》,中册,頁 563。

　　　　　晨大雨，旋止。粥後遂登山至別峰庵，索觀康有爲自述戊戌
　　　變政卷子，僧不肯出，乃求紙書一絕而去。匆匆周歷全山，還飯
　　　松寥閣，至文殊閣午眠。四時許匆匆歸，此游不暢。八時抵下
　　　關，飯於萬國春，初食芒果、杯子冰忌廉，甚美，乘汽車返。①

黃侃日記將出游動機和經過交代甚詳細，而陳詩的詩題及詩句則對
景物和其心境有所鋪陳。讓黃侃深感“不暢”的此次出游，却因泛舟
江上的情境而讓陳延傑興發出“紛吾飢所驅，飄梗悲禾黍”的感慨，且
除此詩外，又接連作了《宿焦山定慧寺》、《翼謀先生飲集同人于松寥
閣看雨》、《焦山歸來閣謁端忠敏公銅像》等三首詩。②

　　黃侃之外，當時同在南京中央大學中文系任教的吳梅（1884—
1939）也在日記中留下了與陳延傑有關的事迹，除一般的酬酢宴飲
外③，亦有關於陳延傑爲中央大學解聘及托吳梅致書蔡元培（1868—
1940）謀事的記載。據《南京大學文學院百年史稿》所載，陳延傑於
1927 年在中央大學前身第四中山大學中文系開始擔任助教職務，1928
年升爲講師，直至 1936 年 7 月，因中文系裁員，不再延聘。④　期間曾教
授“唐詩”“宋詩”“毛詩”等課程。⑤　吳梅在 1936 年陰曆 5 月 22 日（陽曆
7 月 10 日）的日記中對解聘一事有較詳細的記載：

---

　　①　黃延祖重輯：《黃侃日記》，中册，頁 563—564。
　　②　黃侃於是年 8 月 18 日（陽曆 9 月 20 日周五）日記中記道：“陳延傑示以
游焦山三詩，當作書贊之。”（黃延祖重輯：《黃侃日記》，中册，頁 576。）
　　③　如 1933 年 10 月 29 日（陽曆 12 月 16 日）及 1934 年 4 月 30 日（陽曆 6
月 11 日）所記皆是與宴飲、喜慶有關的活動，且陳延傑皆非活動主要的人物，前
者宴飲的主客是汪旭初，後者則同爲參加殷孟倫（1908—1988）的婚禮，他與陳延
傑皆去贈送賀禮。前者見王衛民編校：《吳梅全集》，石家莊：河北教育出版社，
2002 年，日記卷上，頁 375；後者見頁 427。
　　④　南京大學文學院編：《南京大學文學院百年史稿》，南京：南京大學出版社，
2014 年，頁 58、60—61、63、71。
　　⑤　南京大學文學院編：《南京大學文學院百年史稿》，頁 65—66。

往訪旭初，爲言校中事，社會學系則停止，國文系則裁人，林公鐸既自行辭職，伍叔儻、陳仲子又不再延聘。蓋教育部令以文學院生僅八十名弱，而所開課程竟八十餘種，幾一人一課矣，非裁減不可。旭初於是將叔儻辭去，以叔儻爲部中參事也。仲子以教法不佳，連類推及，而疊作兩函，痛詈旭初，未免胸襟窄小，且要求貼俸二月，又不當作漫罵語也。①

其於 8 月 4 日（陽曆 9 月 19 日）的日記中復記道：

歸寓則李厥安在坐，談諧頗適。而彭生（鐸）、楊生（志溥）至，言次深以校中辭去陳仲子爲非，且言仲子雖無大好，然尚勤懇，家累頗重，可念也。余亦未便多言，坐良久去。②

關於陳延傑的去職，史筆認爲是因其個性“正直、謙虛，爲世俗卑媚者不容”，遂“被排擠出中央大學”③，但若綜合校系史及吳梅日記來看，似乎除了個性、人際關係之外，也還存在著客觀政策與制度方面的問題。

其實，陳延傑在中大教職的不穩定，早就反映在數月前的吳梅日記中，1936 年陰曆 2 月 23、24（陽曆 3 月 16、17）兩日的日記中，吳梅分別記下了“陳仲子來，托余致書蔡子民，爲覓一枝托，允之”，及“爲陳仲子作書蔡子民，托其謀事，未必有效也”。④ 從事後的結果來看，

---

① 王衛民編校：《吳梅全集》，日記卷下，頁 746。
② 王衛民編校：《吳梅全集》，日記卷下，頁 781。
③ 史筆：《陳延傑生平述略》，頁 92。陳坤先生從家屬的立場看待這個問題，也有類似的認識。
④ 王衛民編校：《吳梅全集》，日記卷下，頁 690。案：今翻檢蔡元培日記、書信，渾不見吳梅致書迹影。在充斥著學界、政界大人物及社會名流的蔡元培日記和書信中，即使吳梅的名字厠身其間，都尚覺不起眼，更何況是像陳延傑這樣一位不怎麼合時宜的學界邊緣人物？悲夫！

確實無效。《秋夕貧居書懷》一詩或是他當時心境的寫照：

> 桐月纖暉飛透戶，淒然秋入鬢毛衰。老蟲鳴砌方憂亂，孤榻
> 搖鐙自寫悲。游宴東山尋謝趣，簞瓢陋巷忍顏飢。恢恢四海獨
> 貧我，天地豈無覆載私？

據程千帆的回憶，上世紀二三十年代，中央大學、金陵大學教授的待遇很優沃，中大教授每個月三百塊大洋，金大教授也有一百八到二百元。[①] 失去中央大學這筆穩定的收入，勢必會影響到陳延傑的生計。但他并未因此消沉，反而更加發憤研究學問，閉戶著書，完成了多部唐宋詩人詩集箋注。[②] 而他在抗戰時期避難大後方，亦有機會擔任內遷至四川成都的金陵大學中文系教師[③]，并且還積極地參與教育部舉辦的學術與文學著作獎勵活動，這些都可從其詩作和論著中得到印證，顯見他并未與整個學界和文壇脫節。

## 三　陳延傑的學問和著述

陳延傑既是學者，又是詩人。在詩歌創作方面，他早年從陳散原學詩，於古典詩寫作上深有造詣，《晞陽詩》是他的代表作，收錄 293 題共 324 首詩。[④] 史筆對其詩歌創作有如下的評語：

> 先生詩法江西，而有所變化，於瘦硬中蘊含柔媚，或抒情，或

---

① 程千帆述，程章燦記：《閑堂師語》，見《桑榆憶往》，收入《程千帆全集》，第 15 卷，頁 137。案：在中大地位不高的陳延傑或許領不到教授三百塊大洋的俸祿，但即使打些折扣，收入依然可觀。

② 史筆：《陳延傑生平述略》，頁 92。

③ 南京大學文學院編：《南京大學文學院百年史稿》，頁 14、78、84。

④ 《晞陽詩》中共有七組詩是以同題多首的組詩形式創作的，純就詩題來看的話，可說有 293 篇詩；但就詩的實際數量來計算的話，則共有 324 首詩。

叙事,藝術地再現了先生的抱負與心志。①

從《晞陽詩》獲得 1944 年度國民政府教育部學術審議委員會著作獎勵“文學類”三等獎一事來看,其詩藝確實得到文壇學界相當程度的肯定。雖然如此,《晞陽詩》却從未正式出版,只以抄本的形式留存於其家。此詩集雖曾於 1944 年結集參審過,然陳氏家傳抄本却收錄多首戰後還都時期之作,詩集最後一首詩爲作於民國三十七年的《丁亥除夕作》②,可知家傳抄本《晞陽詩》結集時間當爲 1948 年後。③

　　而在學者的學術研究方面,他經營的領域主要集中在經學和古典詩學方面。就後者而言,他曾對唐宋著名詩人的詩集做過箋注,包括《孟東野詩注》、《張籍詩注》、《賈島詩注》、《陸放翁詩鈔注》及《文文山詩注》;亦曾對古典詩學的一些重要問題做過專門研究,而有《蘇李詩考證》、《漢代婦人詩辨僞》和《魏晉詩研究》等單篇論文之發表。但讓他在當代中文學界還不至於完全被遺忘的學術成果,却是他對《詩品》的研究,而《詩品注》一書也是他所有的著作中知名度最高的。關於陳延傑在當代《詩品》研究上的地位,程國賦曾做出如此的評判:

　　　　據筆者所知,最早的專著是陳延傑的《詩品注》,1925 年撰成,1927 年由上海開明書局出版。……最早的一篇論文是陳延傑的《讀〈詩品〉》,刊於《東方雜志》23 卷 23 期(1926 年)。在本世紀的《詩品》研究史上,陳延傑具有篳路藍縷之功,占有突出的地位。④

----

①　史筆:《陳延傑生平述略》,頁 93。
②　丁亥年陽曆雖爲 1947 年,但該年農曆除夕却爲 1948 年 2 月 9 日。
③　案:《晞陽詩》雖爲陳延傑詩作結集,然并非他詩作的完整收錄。他在 1949 年前,曾在多種報刊上發表他的詩作,現今可尋覓者,就至少有 20 首未見於《晞陽詩》集中,詳參文後“附録:陳延傑著作目録”。
④　程國賦:《鍾嶸詩品研究 70 年》,《許昌師專學報》,第 19 卷第 6 期,2000 年,頁 26。

陳延傑這本注本雖是民國以來最早的《詩品》注釋本，但也因爲處於草創階段①，其中內容不免有疏誤，引發當時學界的訾議。② 然而誠如《詩品》研究專家曹旭教授對此書的評價：

> 　　作爲民國以來第一本《詩品注》，總有首開風氣的作用。并且，也還有它的特色。尤其不可忽視的是，陳注是所有《詩品》注釋本中發行量最大、市場占有率最高，也是最通行的注本。③

總括來説，"最早"和"最通行"這兩點應該就是陳延傑《詩品注》的主要特色。

　　再就經學而言，他下的工夫并不比詩學來得少，他在這方面的撰述，可見者計有《經學概論》、《周易程傳參正》、《詩序解》、《詩經集解》等四種，又有《詩經類編》、《春秋類編》等二種未刊著作，爲史筆文中所提及者。其中僅《經學概論》、《詩序解》二書曾於上世紀 30 年代刊

---

　　① 高明（仲華，1909—1992）曾謂："曩識陳君仲子，獲讀其《詩品注》，雖多其初闢榛莽，而恨其未能精至。"見氏撰：《詩品論疏序》，《高明文輯》，臺北：黎明文化事業公司，1978 年，下册，頁 209。

　　② 曹旭：《詩品研究》，頁 237—238。陳注疏誤及爲時人訾議的相關叙述，俱見該書頁 235—242。相關評論另見周振甫（1911—2000）：《詩品譯注·前言》，南京：江蘇教育出版社，2006 年，頁 1—2。

　　③ 曹旭：《詩品研究》，頁 237—238。然而發行量究竟有多大呢？ 僅以人民文學出版社在 1962 年出版的修訂版而言，據王發國、陳曉超的估計："人民文學出版社於當年八月又在上海第 2 次印行了此書，印數多至一萬册。若加上北京的三千册，於是，新版《詩品注》便成爲'所有《詩品》注釋本中發行量最大、市場占有率最高，也是最通行的注本'（曹旭《詩品研究》語）。這還不包括'文化大革命'結束後的各次再印刷的數量以及 1998 年二月印行的五千册之數。"（見氏撰：《鍾嶸〈詩品〉應當重新作注（上）——兼論陳延傑〈詩品注〉》，《許昌師專學報》，第 20 卷第 1 期，2001 年，頁 35。）若再加上海外的翻印，則數量當更可觀。

行,其餘諸書皆未曾刊行。《周易程傳參正》當撰於 1943 年①,書成後曾獲得 1946、1947 年度國民政府教育部學術審議委員會之學術獎勵"古代經籍研究類"三等獎的榮譽。然此書一直未曾正式出版,僅存有當年參加學術獎勵之送審手抄本,藏於臺灣政治大學圖書館特藏室中,學界罕見其書。《詩經集解》手稿爲陳延傑子孫家藏,僅存《周南・關雎》至《秦風・駟驖》。書稿原未標書名,陳氏後人蓋見其采傳統集解體注釋《詩經》篇章,遂名爲《詩經集解》,惟不知此稿與《詩經類編》有何關係?

　　《經學概論》全書共二十四章,以經學文獻源流和發展,即先秦《五經》、秦漢新增之《四經》、唐人"九經正義"、宋人"四經正義",到清人"石經之學"爲主軸;并以經學流變的説明,包括"孔門諸子經學之傳授""今古學之争及其流派""宋代經學之變革及其流派""清代經學變遷及其派別"等,以及專論《詩序》、讖緯、《尚書》篇目等經學史上的重大問題爲輔。其論説能廣徵博引,而觀點多與清儒相近,尤以援引、申論皮錫瑞(1850—1908)《經學歷史》、《經學通論》的觀點爲大宗。如謂《五經》保存了"孔子編纂之旨"、認同緯書亦可爲解經之一助、指認魏晉爲經學中衰時代(以上本皮錫瑞説)、同意"樂本無經"論(本邵懿辰〔1810—1861〕説)、"近儒之經學考訂,正是朱子家法"(本陳澧〔1810—1882〕説)等等,均反映出陳氏頗受清代經學,以及晚清今文學派既有觀點的影響。②

　　就《周易程傳參正》而言,陳延傑嘗自述撰作動機,云:

　　　　伊川《易傳》闡明儒理,頗能切於持身用世。唯與諸家《易》

---

　　①　該書自序云:"癸未春,與金陵大學諸生講《周易程傳》,覺其中有獨到者,亦有與諸家《易》説乖牾者,輒爲之參正,聊復詮次,以成是編,以就正於當世之知《易》者。"癸未爲 1943 年。

　　②　本段叙述爲盧啓聰所撰。

　　　　説有乖牾者，亦有獨到者，擬爲之參稽徵驗，故述是編。①

而其要旨則是：

　　　　是編内容意在從《程傳》中發揮爻象本旨，而得其會通，俾讀
　　《易》者得以窮理盡性以至於命焉。②

錢穆（1895—1990）當時擔任該獎勵案的審查人，他對此書給與相當
正面之評判，稱贊其：

　　　　不守門户，不矜創獲，實事求是，不知則闕，洵爲治經有榘矱
　　者，初學得此，可以尋門而入矣。③

　　《詩序解》一書之撰作，其自述作於丙寅年（1926），至庚午年
（1930）始成，而實際出版則已至 1932 年矣。該書旨趣據其自撰
《叙》云：

　　　　余以詩言《詩》，不假《序》説。每治一篇，則朝夕隱几反誦，
　　如讀唐宋人詩然者，必直尋其歸趣而後已，雖暑雨祈寒，未或稍
　　輟，亦實有感於心也。每有欣會，輒筆之於紙，又集諸家之説，爲
　　《詩序解》三卷，冀可得風雅餘味，而悠然見詩人之志焉。

————————

　　①②　　見陳延傑爲申請 1946、1947 年度學術獎勵，於 1945 年所撰之《專門
著作申請獎勵説明書》，原件藏於南京中國第二歷史檔案館，檔案編號：5-1360
（2）。
　　③　　錢穆爲陳延傑該申請案所撰之《審查意見表》，寫作日期爲 1947 年 1 月
26 日。此案另一位審查人爲湯用彤，湯氏没有給出具體意見，僅於審查意見表中
的總評欄中大筆一揮：“本書未見具有獨創性”。二者原件皆藏於南京中國第二
歷史檔案館，檔案編號：5-1360（2）。

以詩治《詩》，其取徑迥異乎經生鑿《詩》，乃欲回復《三百篇》詩歌本貌，以見詩人之志爲依歸。林慶彰先生認爲陳延傑在辨正詩篇詩旨時，"既無今古文、漢宋學的意識，解《詩》時也儘量求客觀"①，這樣的觀察與錢穆評其《易》學研究"不守門户"的判斷頗有不謀而合之處，或許這正是陳延傑治經的最大特色。

身爲經學家的陳延傑，其經術在其詩作中也時有反映，如其治《易》心得，見其《讀〈周易〉》所述：

> 隱几抱《周易》，假年卒以讀。身與天地準用黄句，克己不遠復。可以無大過，孔訓協私淑。道窮老劫運，潛泣九宇覆。豈若從辟世，歸藝桑與竹。知命退藏密，安問成都卜。

又有《金陵大學講〈易〉畢間望鍾山》一首，其謂：

> 人綱蕩解紐，六籍無一識。横流不見《易》，乾坤或幾息。吾其有憂患，口講指盡臆。前言與往行，多識以畜德。終日惕乾乾，觀玩開皇極。釋此出寒林，負暄情凄惻。……

詩中亦有反映其治《春秋》的情狀，如《霜旦過江至華西埧金陵大學講〈春秋穀梁傳〉》，其云：

> 悠悠道喪世，六籍久埋滅。諸老彌縫之，舊學不舍鍥。吾獨抱遺經，終始口講説。大義丘竊取，尊王攘夷狄。況當倭患張，天理寧詎絶？仁以爲己任，士窮乃見節。憂虞酌古今，活國憤所切。撫卷温午夢，園梅香的皪。②

① 林慶彰：《陳延傑及其詩序解》，頁427。
② 以上三詩俱見於《晞陽詩》。

　　經學、文學之外，他晚年轉而參與南京文獻和地方志的整理編纂工作，於 1955 年撰有《南京文獻書目提要》（初稿）一書，迄今亦未刊行，仍以手稿的形式保存於其家屬手上。此書之撰述緣起，據其自述：

　　　　編輯南京文獻書目，都凡二百六十餘部。凡關於南京掌故之書，盡力搜羅，茲誠不自揆，先擇其切要者，每編撰爲提要，叙説其内容及其旨趣。其間記載之詳略，版本之善否，亦加以評定，其體例一仿諸《四庫提要》，頃撰成一十七篇，油印成帙。……①

　　關於陳延傑的整體著述，史筆和林慶彰的文章皆曾附有其著作簡目。本文在二人的基礎上，再略加補充，編輯"陳延傑著作目録"附録於文後，供讀者參考。

## 四　陳延傑經學論著的整理及其學術史意義

　　若將學界對陳延傑及其相關論著的關注從學術史的角度來回顧，則大致可以看到呈現三個階段的演進。第一個階段，主要是針對陳延傑《詩品注》一書的評論檢討。首先，該書初出版時，便引來古直（1885—1959）、許文雨、葉長青和王叔岷（1914—2008）等學者的即時評論商榷。② 及至該書在 20 世紀 60 年代重出新版之後，又引發陳直

---

① 　陳延傑致孫望函，此函附於《南京文獻書目提要》（初稿）手抄油印本之前，寫作時間爲 1955 年 3 月 21 日。此油印本承陳坤先生複印一册見贈，特此致謝。案：原函受信人作"自强先生"，當指孫望（原名自强，字止畺，1912—1990）。孫氏歷任金陵大學、南京師範學院（今南京師範大學）教授、中文系主任。
② 　相關討論，參見曹旭：《詩品研究》，頁 235—242；王發國、陳曉超：《鍾嶸〈詩品〉應當重新作注（上）——兼論陳延傑〈詩品注〉》，頁 32—33。

(1901—1980)、陳建根和彭鐸(1913—1985)等學者的積極回應。①
到了 80 年代之後,隨著《詩品》研究的深化,中國大陸學者如曹旭、蔡
文、穆克宏等人仍持續提出對陳注本摘謬獻疑的意見②,王發國、陳
曉超甚至提出人民文學出版社的"《詩品注》應當重作"的呼聲③。儘
管學界對陳延傑的《詩品注》有種種的評議,但不可諱言的是,此書至
今仍是研究《詩品》必不可缺的重要參考著作,而數十年來學界對此
書的熱議,以及出版社不斷的重出或翻印,在在都顯示其經久不衰的
學術價值。

　　第二個階段,則是史筆先生在 1986 年第 6 期的《文教資料》中發
表了《陳延傑生平述略》一文,并且還編製了《陳延傑著作簡表》,以及
選錄了十三首陳延傑的詩作,以《晞陽詩鈔》的名義,一并刊登於同期
刊物中。《文教資料》由當時的南京師範大學古文獻整理研究所主
辦,史筆自述寫作過程承南京師範大學孫望教授和南京大學許結教
授二人的指點,且其個人亦具有檔案學專業的素養,能廣泛搜羅與陳
延傑有關的文獻檔案資料。在天時、地利、人和皆較完備的條件下,
使其能在相當程度上,較全面地記述了陳延傑的生平、經歷和著作概
況,爲後續研究奠定了良好的基礎。

　　第三個階段,當始於 20 世紀 90 年代林慶彰先生對《詩序解》的
"重新發現",由此爲臺灣學界展開對陳延傑經學論著研究與整理提
供了契機。林先生自述:

---

① 王發國、陳曉超:《鍾嶸〈詩品〉應當重新作注(上)——兼論陳延傑〈詩品
注〉》,頁 34—35。
② 曹旭論評除見前揭書外,又有《〈詩品〉研究的新成果——評新出版的三
種鍾嶸〈詩品注〉》,《文學遺產》,1988 年第 2 期;蔡文有《陳延傑〈詩品注〉校疑》,
《松遼學刊》(社會科學版),1990 年第 1 期、1991 年第 1 期;穆文見《春風化雨潤
物無聲　登高望遠天地一新——〈許昌師專學報〉創刊 20 周年紀念筆談》,《許昌
師專學報》,第 21 卷第 3 期,2002 年,頁 8—10。
③ 王發國、陳曉超:《鍾嶸〈詩品〉應當重新作注(上、下)——論陳延傑〈詩
品注〉》,《許昌師專學報》,第 20 卷第 1、6 期,2001 年。

　　　　一九九三年八月組團參加在河北石家莊舉行的第一屆《詩經》學國際研討會，會後到北京琉璃廠購書，侯美珍學弟在古籍書店購得陳延傑《詩序解》綫裝一冊。回臺後，爲表彰陳氏對研究《詩序》的貢獻，請美珍學弟影印多册，分贈師友。①

直至八年後的 2001 年 6 月下旬，林先生才在臺灣大學中文系舉辦的"王叔岷先生學術成就與薪傳研討會"上，正式發表《陳延傑及其詩序解》一文。相隔一年，臺灣東吳大學中文系博士生陳文采在林先生的指導下所撰寫的博士論文《清末民初詩經學史論》，亦於第二章第二節中設立一小節，對《詩序解》進行深入地討論。② 隨著該書在臺灣學界的流布漸廣，《詩序解》一書已逐漸進入臺灣《詩經》學者的視野中，相關學術論述中也時見該書被徵引。③

　　2007 年起，林先生在臺灣"中央研究院"中國文哲研究所推動"民國以來經學之研究"計畫，他也同時和文听閣圖書公司合作，編輯出版《民國時期經學叢書》，《詩序解》被收入第二輯，這意味著《詩序解》的流通更廣，爲世人所閱讀的機會也更多。與此同時，陳延傑的另一部經學著作《經學概論》也被收入《民國時期經學叢書》第二輯中。④ 2009 年，筆者開始關注上世紀 40 年代國民政府教育部學術審議委員會所舉辦的學術獎勵，在獲獎名單中注意到了陳延傑，并且在

---

　　① 　林慶彰：《陳延傑及其詩序解》，《王叔岷先生學術成就與薪傳研討會論文集》，頁 411。

　　② 　陳文采：《清末民初詩經學史論》，臺灣東吳大學中文系博士論文，2002年，頁 144—152。該論文經修訂後於 2007 年由臺北花木蘭文化出版社出版，相關討論見頁 118—124。

　　③ 　如洪國梁的《詩經秦風黃鳥"三良"死因衡論》、楊晉龍的《朱熹詩序辨説述義》皆曾徵引其説。洪文所引見氏撰：《詩經訓詁與史學》，頁 119；楊文刊於《中國文哲研究集刊》第 12 期(1998 年 3 月)，頁 303 注 26。

　　④ 　林慶彰主編：《民國時期經學叢書》第二輯，臺中：文听閣圖書有限公司，2008 年。

臺灣政治大學圖書館的特藏室中發現了他獲得 1946、1947 年度古代經籍研究類三等獎的《周易程傳參正》送審書稿。此書稿爲陳延傑手撰的抄本，學審會并未發還給參獎者，陳延傑當時也無緣出版此書，僅於 1944 年在《金陵大學中國文學研究會會刊》第一卷第一期中，刊登該書《自序》、《蒙卦》、《需卦》、《師卦》的少量內容。1949 年，此書稿連同其他國民政府文書檔案，一并被運到臺灣，最後輾轉進入政治大學圖書館中，從此便長期處於"養在深宮人未識"的狀態。筆者於是將此抄本複製下來，請學生打字輸入，同時影印數册，分送給學界同道，以期"傳於學界人多識"。黃忠天教授據此抄本先後發表了數篇文章，林慶彰先生亦將此影印本收入 2013 年出版的《民國時期經學叢書》第五輯中。2013 年元月筆者與林老師參訪南京，從陳坤處獲得《晞陽詩》抄本的複印本。2018 年元月再訪南京，陳坤復贈以《詩經集解》和《南京文獻書目提要》二書抄本之影印本，陳氏著作搜羅日益完備。①

　　隨著對陳延傑生平學術及資料文獻掌握的全面而深入，陳延傑經學論著重新整理的條件也益趨成熟。於是我便邀集了黃忠天、盧啓聰等同道，共同來將《周易程傳參正》、《詩序解》和《經學概論》這三部陳氏現存完整的經學論著重新整理點校出版，《周易程傳參正》由黃忠天整理，《詩序解》由本人負責，《經學概論》則委由盧啓聰整理。此構想獲得了陳延傑家屬的同意，并且又在南京大學文學院徐興無院長和方文暉教授的協助下，將此三書納入"南京大學校史工程"項

---

　　①　筆者應陳坤之邀，於 2018 年元月下旬再訪南京，同行者有吳儀鳳教授、賴欣陽教授和盧啓聰先生三人。此行除獲陳坤先生贈送書稿資料外，亦在其嚮導下，至原中央大學所在的東南大學四牌樓校區參觀，在西北角梅庵屋前，看到了陳延傑與當時詩人常歌詠的著名的"六朝松"。此外，亦拜訪了南京大學文學院，徐興無院長和劉重喜書記贈送《南京大學文學院百年史稿》、《南京大學中文系校友錄》和《豁蒙樓聯句》複製品。又有幸與許結、史筆、孫望之女孫原靖教授等人晤面請教，對陳延傑論著的整理工作，助益匪淺。

目下出版。而在整理期間亦獲得蔣秋華教授的大力支持,於《中國文哲研究通訊》上規劃"南雍學人陳延傑研究專輯",刊載相關研究成果。

　　這三部經學著作雖仍不能涵蓋陳延傑整體經學之成就,但也足以呈現其治學特色與學術趣向。學者的"被遺忘"與否,當然最主要的原因還是取決於其學問造詣的高下與否。但若反映其學術內容的論著沒有機會面世,或學界罕見,則其造詣的高下與否又如何受世人的公評公議?因而惟有將其著作重新刊布流傳,并使學界有機會對其作品進行深入地探究,世人才能具體地了解其著作,也才能客觀地評價其學術。即使其人、其學、其書皆非一流,但從學術史的角度來看,任何時期學術的發展皆呈金字塔的結構,在頂端的就代表當時學術拔尖的一流學者和其成就,後世所看到的也往往都集中在這個部分。但學術金字塔的頂端并不能代表當時整體學術的面貌和內涵,事實上,頂端的下面還有廣大的中低層的底部構造。正是這些處於中低層的底部構造,方支撐起了整座龐大的學術金字塔。學術史的研究應該是將某一時代的學術發展和表現,客觀如實地放在其整體學術構造的脈絡和環境中來看待。如此,才能將各種不同的學術成就、特色、貢獻和價值,加以準確地定位和呈現出來。若只關注在學術金字塔頂端的傑出學人的優越表現,而置其他於不顧,這或許是符合某學術專科現今的學術評價眼光,但卻絕非學術史研究應有的正確態度。唯有將研究對象置入其所存在的學術背景與環境中,才能較好地理解其學術之形成與其內蘊,而其成就與價值也才能較精準地定位與評估。一流學者如此,二、三流學者亦然。

# 附錄：陳延傑著作目錄

## 一、專書

1.《周易程傳參正》，1943年，未刊，抄本藏於臺灣政治大學圖書館特藏室。

案：《金陵大學中國文學研究會會刊》第1卷第1期（1944年），曾刊該書《自序》《蒙卦》《需卦》《師卦》，共2頁，其中文句與抄本偶有出入。

2.《詩序解》，上海：開明書店，1932年；臺中：文听閣圖書有限公司，2008年，收入《民國時期經學叢書》第2輯。

案：據《詩序解敘》云：“《解》作於丙寅年，迄今歲庚午始成。”丙寅爲1926年，庚午爲1930年，則是書當成於1930年，遲至1932年方正式出版。

3.《詩經類編》，1938年，未刊。

4.《詩經集解》，年代不詳，未刊，稿本藏其家。

案：疑即《詩經類編》，僅存《周南·關雎》至《秦風·駟驖》。

5.《春秋類編》，1938年，未刊。

6.《經學概論》，上海：商務印書館，1930年初版、1933年1版；又於1934年、1935年、1944年三次再版；臺中：文听閣圖書有限公司，2008年，收入《民國時期經學叢書》第2輯。

7.《南京文獻書目提要》（初稿），1955年3月，未刊，抄本藏其家。

8.《詩品注》。

a. 上海：開明書店，1927年初版、1958年增訂版；臺北：開明書店，1958年臺1版、1981年臺8版。

b. 成都：志古堂木版精刻本，1935年。

c. 北京：人民出版社重排印行，1961年1版，收入郭紹虞主編《中國古典文學理論批評專著選輯》；1998年第1次印刷、2001年第2次印刷;臺北:里仁書局,1992 年。

案:1927 年初版附有書前自序,1961 年重排版將此序移至書末,改稱《跋》。

9.《孟東野詩注》,上海:商務印書館,1940 年。

10.《張籍詩注》,上海:商務印書館,1938 年;臺北:臺灣商務印書館,1967 年臺 1 版。

11.《賈島詩注》,上海:商務印書館,1937 年。

12.《陸放翁詩鈔注》,長沙:商務印書館,1938 年。

13.《文文山詩注》,長沙:商務印書館,1939 年。

14.《晞髮集注》,1944 年。

案:原書未見,待訪查。

15.《晞陽詩》,1948 年,未刊,抄本藏其家。

案:詩集最後一首詩爲作於 1948 年的《丁亥除夕作》,當結集於該年後。

## 二、單篇論文

1.《讀易管見》,《斯文》,第 3 卷第 8 期,頁 6—9,1943 年 4 月。

2.《讀詩經的幾個方法》,《金陵女子文理學院校刊》,第 10 期,頁 9,1934 年。

案:本文爲陳氏應金陵女子大學國學系同學所組織之國學研究會邀請之演講,由秀徵紀録。

3.《讀王風》,《金陵學報》,第 11 卷第 1 期,1941 年 1 月。

案:原文未見,待訪查。

4.《詩經鄘風載馳補證》,《新中華》,復刊第 3 卷第 2 期(總 8 卷 2 期),頁 92—97,1945 年 12 月。

5.《禮經釋服》,《國學叢刊》,第 1 卷第 1 期,頁 32—39,1923 年 3 月;第 3 卷第 1 期,頁 42—57,1926 年 8 月。

6.《讖緯考》,《東方雜志》,第 21 卷第 6 號,頁 62—72,1924 年

3 月。

7.《大學國文教材應注重讀經》,《高等教育季刊》,第 2 卷第 3 期,頁 74—78,1942 年 9 月。

8.《說文解字考疏證》,《國學叢刊》,第 3 卷第 1 期,頁 35—42,1926 年 8 月;又收錄於《說文解字研究文獻集成·現當代卷》第 7 冊,頁 353—356,北京:作家出版社,2006 年。

9.《釋閣》,《新苗》,第 2 期,頁 11—13,1936 年 5 月。

案:署名仲子。

10.《說卯𠂤酉𠂤》,《新苗》,第 5 期,頁 17,1936 年 7 月。

案:署名仲子。

11.《學詩之法》,《國風》月刊,第 8 卷第 5 期,頁 194—195,1936 年。

案:本文爲陳氏應臺灣中央大學國文系同學會邀請之演講,由尤敦誼紀錄。彭鐸將其重點筆記整理下來,以《學詩之法——陳仲子先生在國文系同學會講》爲題刊於《國立中央大學日刊》,1936 年 4 月 28 日(1669 期,頁 3482)和 4 月 30 日(1671 期,頁 3488—3490)。

12.《論以一部論語入詩》,《斯文》,第 2 卷第 12 期,頁 2—5,1942 年 5 月。

13.《五言詩發生時期之疑問》(鈴木虎雄撰、陳延傑譯),《小說月報》,第 17 卷第 5 號,頁 1—12,1926 年 5 月。

14.《蘇李詩考證》,《學燈》,1924 年 4 月 30 日—5 月 1 日。

15.《漢代婦人詩辨僞》,《東方雜志》,第 24 卷第 24 號,頁 85—89,1927 年 12 月。

16.《魏晉詩研究》,收入《中國文學研究》上冊,頁 1—10,上海:商務印書館,1926 年。

案:《中國文學研究》爲《小說月報》第 17 卷號外(即特刊),後又影印收入《中國文學研究叢編》第 1 輯,上冊,香港:龍門書店,1969 年。

17.《讀文心雕龍》,《東方雜志》,第 23 卷第 18 號,頁 67—78,1926 年 9 月。

18.《讀詩品》,《東方雜志》,第 23 卷第 23 號,頁 105—108,1926 年 12 月。

19.《詩品補》,《國立中央大學半月刊》,第 1 卷第 9 期,頁 129—134,1930 年。

20.《評詩品注語後語》,《中外評論》,第 16 期,頁 25—28,1930 年 1 月。

21.《〈詩品注〉跋》,收入江蘇省文史研究館編《館員文存》,頁 73—74,南京:鳳凰出版社,2003 年。

案:此文收錄於人民出版社 1961 年重排本《詩品注》,頁 158。

22.《論唐人七絕》,《東方雜志》,第 22 卷第 11 號,頁 67—85,1925 年 6 月。

23.《論唐人七言歌行》,《東方雜志》,第 23 卷第 5 號,頁 87—96,1926 年 3 月。

24.《宋詩之派別》,收入《中國文學研究》上冊,頁 1—16,上海:商務印書館,1926 年。

案:《中國文學研究》為《小説月報》第 17 卷號外(即特刊),後又影印收入《中國文學研究叢編》第 1 輯,上冊,香港:龍門書店,1969 年。

25.《王荆公詩評》,《斯文》,第 2 卷第 16 期,頁 2—7,1942 年 7 月。

26.《謝皋羽〈冬青樹引〉補注》,《斯文》,第 2 卷第 22 期,頁 2—5,1942 年 11 月。

27.《現代詩學之趨勢》,收入東南大學、南京高師國學研究會編輯《國學研究會講演録》第 1 集,頁 64—71,上海:商務印書館,1923 年初版。

28.《讀書雜論》,《湖大期刊》,第 5 期,頁 51—57。

案：署名仲子。

29.《朗誦法之研究》，《東方雜志》，第 21 卷第 24 號，頁 72—76，1924 年 12 月。

## 三、古典詩作（未加案語及未於案語中説明者，皆收録於《晞陽詩》集中）

1.《雨晴過田舍》，《學衡》，第 14 期，《文苑·詩録一》，頁 1，1923 年。

案：《晞陽詩》未收録此詩。

2.《於日本商店見瓦盆中栽有松竹梅，梅花盛開頗得高逸之趣因賦》，《學衡》，第 15 期，《文苑·詩録》，頁 1，1923 年。

3.《晞陽詩鈔》三首，《國學叢刊》，第 1 卷第 1 期，頁 132—133，1923 年。

案：《晞陽詩》未收録《飲錢茂萱宅座上有杜二胡三將之盧州茂萱亦將歸山陽（宅與余家隔秦淮一水間）》一詩。

4.《晞陽詩鈔》七首，《國學叢刊》，第 1 卷第 2 期，頁 149—150，1923 年。

案：《晞陽詩》未收録《却望觀音洞（在牛首東峰上）》一詩。

5.《晞陽詩鈔》四題七首，《國學叢刊》，第 1 卷第 3 期，頁 142—143，1923 年。

案：《晞陽詩》未收録《訪陳斠玄南京高等師範晚飲菊廳》《午飯罷過雞鳴寺至則門前衛士荷槍森立拂衣而歸》《雨中獨步溪畔望鍾山》三詩。

6.《晞陽詩鈔》五首，《國學叢刊》，第 2 卷第 1 期，頁 149—150，1924 年。

案：《晞陽詩》未收録《濟南上人七十生日》《題王東倍北窗祭詩圖》《與仲蘇小石游龍華寺》三詩。

7.《詩選》四首，《金陵光》，第 14 卷第 1 期，頁 99—100，1925 年。

8.《晞陽詩》四首,《藝林》,第 1 期,頁 117,1929 年。

案:《晞陽詩》未收錄《龍蟠里訪柳貢禾遂同登掃葉樓閒眺》一詩。

9.《晞陽詩鈔》十三首,《國立中央大學文藝叢刊》,第 1 卷第 1 期,頁 299—302,1933 年。

案:《晞陽詩》未收錄《潘魯庵過話留飯》一詩。

10.《梅庵秋望》,《校風》,第 189 期,頁 788,1934 年 10 月 29 日。

11.《聞廣州武漢相繼淪陷感愴賦此》,《大夏周報》,第 15 卷第 8 期,頁 11,1938 年。

12.《哭胡翔冬》,《斯文》半月刊,第 1 卷第 8 期,頁 34—35,1941 年。

13.《晞陽詩鈔》四首,《斯文》半月刊,第 1 卷第 17、18 期,頁 36,1941 年。

案:《晞陽詩》未收錄《雅舍宴集題實秋清悰錦江醇士花卉合景》一詩。

14.《晞陽近稿》六首,《斯文》半月刊,第 2 卷第 11 期,頁 17—18,1942 年。

15.《晞陽近稿》六首,《斯文》半月刊,第 2 卷第 21 期,頁 19,1942 年。

16.《晞陽近稿》七首,《斯文》半月刊,第 3 卷第 5、6 期,頁 27—28,1943 年。

17.《晞陽近稿》四首,《新中國報》,第 4 期,頁 15,1947 年。

18.《晞陽近稿》四首,《中央日報》(南京),第 8 版“泱泱”副刊(盧冀野主編),1947 年 2 月 2 日。

19.《晞陽近稿》四首,《中央日報》(南京),第 5 版“泱泱”副刊(盧冀野主編),1947 年 4 月 17 日。

20.《晞陽近稿》六首,《中央日報》(南京),第 7 版“泱泱”副刊(盧冀野主編),1948 年 9 月 9 日。

案:此六詩(《初夏感懷》《錢茂萱自淮城至金陵見過遂偕游後湖》

《與茂萱登掃葉樓》《梅雨》《立秋夕園居抒懷》《李母陳太宜人七十壽詩》)皆未收録於《晞陽詩》中。

21.《晞陽近稿》二首,《中央日報》(南京),第 7 版"泱泱"副刊(盧冀野主編),1948 年 11 月 4 日。

案:此二詩(《中秋遣悶》《九月閒居》)皆未收録於《晞陽詩》中。

22.《陳恒安李獨清柴曉蓮三君招飲李宅集者凡十四人尹石公亦在座感賦奉呈》《華仲麐陳恒安二君邀飲杏花村座中遇盧冀野參政淒然成詠》《冀野以詩見酬次韵答之》《寓居黔南七首》,《貴州文獻彙刊》,第 5 期,頁 131,1949 年。

周易程傳參正

陳延傑　著

黃忠天　整理

周易程傳參正

江寧陳延傑學

程子倡言居敬窮理欲明易傳大都順性命之理以明聖人宴

過有恆之旨呂東萊稱其理到語精平易的當魏了翁謂其明

白正大切于持身用世信非虛言也程子與謝湜書言談易當先

觀王弼胡瑗王安石三家朱子謂程子之學原于周于妻不然考之

易傳無一語及太極者程子謂易蓋本于胡瑗觀卦盥而不薦有

孚顒若程傳聞之翼之先生曰君子居上為天下之表儀必極其

莊敬用下觀仰而化也故為天下之觀當如宗廟之祭始盟之時不可

如既薦之後則下民盡其至誠顒然瞻仰之矣大畜上九何天之衢

亨程傳于開之胡先生曰天之衢亨誤如何字以此推之則伊川

易學其原始出于安定為程傳詳于義理或有故其不言象數

一

書影一

者程子荅張闓中書云理無形也故因象以明理理既見乎辭矣則

可由辭以観象故曰得其義則象數在其中矣豈知程傳蓋因象

以明理非不言象也朱子語類云易曰公用射隼于高墉之上獲之無然

象數伊川皆不言何也南軒曰公用射隼于高墉之工獲之然

不利如以象言則公是甚射是甚高墉甚甚聖人止曰隼

者禽也弓矢者器也射之者人也君子藏器于身待時而動何不利

之有此謂伊川亦假象言之故解卦上六程傳上六尊高之地而非

君柚故曰公隼鷙害之物象為害之小人墉墻内外之限也云高

見防限之嚴而未去者此即言象也言象則知戱矣唯伊川易傳

理通乎辭不免有那偏朱子亦頗有微詞語類云傳注唯古注不作

文却好看疏亦然今人解書且圖要作文又如辦說百般生曲故

讀而經意殊遠程子易傳亦成作文說了又說故今人觀者更不看本經只讀傳

書影二

# 目　録

# 導　讀

## 一　前言

　　民國時期爲中國社會急遽變化與轉型的時期。由於中西文化相互摩蕩、百家奔競，各種主義思潮紛至沓來，學術上呈現多音交響、繁花錦簇的新局面，向爲傳統學術主流的經學，自難幸免此一空前所未有之衝擊。由於傳統以來學術研究貴古賤今的觀念，導致民國時期經學之研究，長期以來，問津乏人。所幸近年來，臺灣"中央研究院"文哲研究所林慶彰、蔣秋華推動"民國以來經學之研究計畫"，并陸續召開多次民國經學學術研討會；文听閣圖書公司林登昱先生委請林慶彰主編《民國時期經學叢書》，自 2008 年起，預計分八輯出版民國時期經學專著一千餘種，蓋可謂繼阮元《皇清經解》、王先謙《續皇清經解》之後，經學叢書出版一大盛事，預料未來對於民國時期經學的研究，必有莫大啓迪之功。

　　由於民國時期經學專著繁富，雖經學者多方搜羅，仍不免有遺珠之憾。如數年前政治大學車行健教授自政大圖書館特藏室偶然發現有昔日南京金陵大學陳延傑教授所著《周易程傳參正》一書手抄本，即爲其中一例。車教授有意將此民國罕傳經學著作抄本加以整理出版，由於本人先前曾撰有《周易程傳注評》一書，於《周易程傳》略有涉獵，遂委請我針對該書內容撰寫一些評論，并寄來《周易程傳參正》原書影印本。基於長久以來於《程傳》的不解之緣，閱讀此書後，尤驚喜其質量可觀，有感於此書竟能幸存於天地之間，願藉片壤探究前賢的易學思想，以發其潛德之幽光。

## 二　陳延傑其人其書

　　陳延傑（1888—1970），字仲英、仲子，筆名晞陽，江蘇南京人。六歲入私塾，精熟《四書》、《五經》。十五歲從望江童觀學古文，旁攻經義策論。十七歲舉秀才。次年，考入兩江師範學堂文科，從李瑞清（1867—1920）受小學及經學。光緒三十四年（1908）畢業，先後任教於寧屬師範學堂、湖南高等師範、江蘇省立第四師範學堂、武昌大學、滁州第九中學、中央大學、金陵大學。1949年後，歷任江蘇文史研究館館員、南京市文物管理委員會委員、南京市政協一至五屆委員。

　　陳延傑著作頗豐，由於其早年從陳散原（1853—1937）學詩，於古典詩深有造詣，在創作上有《晞陽詩》、《晞髮集注》；詩歌箋注上有《詩品注》、《孟東野詩注》、《張籍詩注》、《賈島詩注》及《陸放翁詩鈔注》、《文文山詩注》等。另經學方面撰有《經學概論》、《詩序解》、《周易程傳參正》、《詩經集解》、《詩經類編》及《春秋類編》等。① 其中僅《經學概論》、《詩序解》二書曾於上世紀30年代刊行，其餘三書皆未曾刊行。《周易程傳參正》則曾獲民國三十四年度學審會學術獎勵"古代經籍研究類"三等獎的榮譽。其文獻學著作有《南京文獻書目提要》、《南京文獻參考書目》、《呈江蘇省文史研究院、南京市文物管理委員會函》、《我對於普選制度的一點體會》、《學習總路綫的體會》等書。② 至於其期刊論文有《讀易管見》、《漢代婦人詩辨偽》、《讀文心雕龍》、

---

　　①　以上陳延傑的生平及著述之叙述主要根據林慶彰《陳延傑及其詩序解》，收入《王叔岷先生學術成就與薪傳研討會論文集》，頁411—414。
　　②　《南京文獻參考書目》由陳延傑等人編輯收録各類南京掌故，對260餘部南京歷代府志、縣志及山水園林專志進行編撰提要并加以評定，是研究南京歷史文化的重要史料。

《論唐人七言歌行》、《論唐人七絶》、《讖緯考》等 30 餘篇。①

　　有關陳延傑其人其書的研究，略有論述者，如臺灣地區林慶彰先生《陳延傑及其詩序解》一文，收錄於林慶彰主編《王叔岷先生學術成就與薪傳研討會論文集》（臺北：臺灣大學中國文學系，2001 年），以及政治大學車行健教授所撰臺灣科學委員會補助專題研究計畫成果報告：《民國時期罕傳經學論著之整理與研究：以羅倬漢、陳延傑與蘇維嶽三家之著作爲中心》（2014 年 2 月 8 日）。據中國期刊全文數據庫檢索，大陸有 55 篇期刊文章，大多數涉及陳延傑的詩學研究，可見陳氏在詩學領域，特別是在鍾嶸《詩品》上的造詣與影響。

　　至於有關陳延傑易學的探討，由於《周易程傳參正》一書始終未能刊行，以致研究乏人，亟待吾人積極從事補苴罅漏、張皇幽眇的工作。通過此次政治大學中文系車行健教授與南京大學文學院徐興無院長，以及南京大學房地產管理處方文暉處長（陳延傑的孫女婿）的協助下，將《周易程傳參正》整理本納入"南京大學校史工程"項目下出版，此書得以問世，相信除可告慰前賢之外，更可啓迪來茲。

# 三　《周易程傳參正》著述背景與體制

## （一）民國時期易學概況

　　晚清以來，受中西文化的衝擊，以及各種主義思潮的影響，學術上呈現多元與創新的新局面，以經學中之易學而言，亦不例外。民國易學歷經國故運動、古史辨思潮等的影響，呈現不同於往昔的風貌。有沿襲傳統治學途徑者，如張其淦《邵村學易》、陳樹楷《周易補注集解》、楊樹達《周易古義》、高亨《周易古經今注》、杭辛齋《易楔》、馬其昶《周易費氏學》、尚秉和《周易尚氏學》、陳延傑《周易程傳參正》等

---

　　① 有關陳延傑的著作，可詳見車行健《南雍學人陳延傑及其經學論著之整理》一文所附《陳延傑著作目錄》及史筆《陳延傑生平述略》文末所附《陳延傑著作簡表》。

等；有以古史治《易》者，如李鏡池《周易探原》、胡樸安《周易古史觀》、宋祚胤《周易新論》、徐世大《周易闡微》等等；有以現代科學入《易》者，如李郁《周易正言》、歐陽維誠《周易新解》、薛學潛《易與物質波量子力學》、丁超五《科學的易》、王弼卿《周易與現代數學》等等。其他以醫學、丹道、氣功、堪輿等等術數會通《周易》者，不勝枚舉，民國易學內容繁富可見。

　　陳延傑曾分別在南京中央大學、金陵大學中文系任教，今南京大學中文系教學主幹課程"中國古代文學"，即源於當年南高師、中央大學和金陵大學中國文學之課程，至今有 90 餘年歷史。譬如 1932 年 10 月 7 日《國立中央大學日刊》公布的"中國文學課程一覽"，主講教師有胡小石、汪辟疆、黃侃、王伯沆、王易、吳梅、陳延傑、汪東等 14 人，可謂極一時之盛。諸位大師同時培養出盧前、王季思、潘重規、唐圭璋、程千帆、沈祖棻、徐復等傑出的學生。陳延傑《周易程傳參正》一書爲陳氏在金陵大學教授易學課程所作，如其《周易程傳參正序》云："癸未春，與金陵大學諸生講《周易程傳》，覺其中有獨到者，亦有與諸家易說乖牾者，輒爲之參正，聊復詮次，以成是編……"由斯可見，民國三十年代金陵大學中文系經學課程，其中易學蓋以義理派易學之《程傳》爲主。歷代易學著作可謂牙籤萬軸、汗牛充棟，然《程傳》能獨步千古，而爲易學必讀經典者，非徒其書於元明清三代成爲官學外，下迄民國大學文哲系所課程，《程傳》似亦爲重要的易學教本，成爲學《易》者必讀之書，亦爲詮釋易理，研究易學者相與討論對話的基礎。《十翼》奠定二千年來義理易學詮釋體系，《程傳》則是將儒者理解《易》的方式推闡發揮至極。即使程頤之後，義理派易學著作雖多，然大多僅能略作修正，終究難以逾越，進而取而代之。無怪乎清初大儒顧炎武亦慨嘆曰："昔說《易》者，無慮數千百家，然未見有過於《程傳》者。"（《亭林文集》卷三·葉三）

　　藉由對陳延傑《周易程傳參正》，除可探究前賢易學，以發其潛德幽光外，更可藉資考察清末以迄民國時期易學的發展，有助於吾人對於民國經學教育，特別是易學教育的了解。

## （二）《周易程傳參正》的成書與再現

據《周易程傳參正·序》所云“癸未春，與金陵大學諸生講《周易程傳》，覺其中有獨到者，亦有與諸家《易》説乖牾者，輒爲之參正，聊復詮次，以成是編”，可見本書爲陳氏任教於金陵大學爲諸生講授《周易程傳》的研究所得。由於此時期的南京，正值日軍南京大屠殺（1937 年 12 月）之後，由汪精衛於 1940 年在日本人的策劃下成立南京“中華民國國民政府”的傀儡政權。金陵大學於 1937 年遷往四川成都，抗戰結束後於 1946 年方重返南京原址復校。因此，《周易程傳參正·序》中所稱“金陵大學”，應指西遷四川成都華西垻的金陵大學，而非汪僞政權於金陵大學原址所創辦之“僞中央大學”①。另由其序中空白處鈐有“教育部學術審議委員會”章，可推測此書應爲陳延傑所呈教育部的學術送審著作。由於本書屬抄本，尚未正式出版，故其撰成年代僅能從其序中推斷約在 1946 年至 1949 年之間。由於此抄本現藏於臺北木柵政治大學社會資料中心，政治大學原校址在南京紅紙廊、孝陵衛。② 1950 年政大在臺復校，復校事宜亦由南京遷臺的教育主管部門主導，并先在臺北市的教育主管部門大樓恢復辦學，之後落腳於臺北市木柵現址。該書很可能即在政大復校當時，由教育主管部門撥交政大的圖書。

---

① 1937 年因抗戰爆發，中央大學、金陵大學舉校西遷，分別在四川重慶沙坪垻與成都華西垻艱苦辦學。12 月，金陵大學南京校園被“南京安全區國際委員會”列爲難民區收容所，湧進了大批的難民。1941 年，汪僞國民政府在金陵大學原址興辦汪僞中央大學。1945 年返寧，金陵大學駐寧人員接收汪僞中央大學。同年 9 月，學校在南京復課。1946 年國立中央大學遷回南京，經與金陵大學協商，汪精衛政權所辦汪僞中央大學的校址和圖書雜志歸金陵大學，儀器設備和檔案由國立中央大學（後改名南京大學）接收。

② 1946 年，中國國民黨與三民主義青年團進行黨團合并，同時“中央政治學校”也與“中央幹部學校”合并，定名爲“國立政治大學”，管理機關由中國國民黨中央委員會直屬改隸爲中華民國教育部。

### （三）《周易程傳參正》的著述形制與體例

　　陳延傑所撰《周易程傳參正》一書，爲行楷書寫的手抄本，現藏於
臺灣政治大學圖書館特藏室。全書共計七十葉（每葉有兩個版面，相
當於今日之 140 頁），由於其書并未對《周易》經傳逐卦逐爻加以疏
解，基本上，并非注解《易經》之作，而是針對程頤《易傳》提出個人的
"參正"。《周易程傳參正》撰寫體例，除了書前作者的序言外，先鈔錄
所欲論述的《周易》六十四卦某卦或某爻的經傳本文，其次鈔錄程頤
《易傳》原文，最後再加上陳延傑個人的案語。試以《謙卦·彖》爲例，
其方式如下：

☰☷ 艮下
　　坤上

謙，《彖》曰：謙亨，天道下濟而光明，地道卑而上行。

　　《程傳》："濟當爲際。此明謙而能亨之義。天之道，以其氣下際，
故能化育萬物，其道光明。下際，謂下交也。"

　　案："濟"，止也。乾道下止于三，而其體常動，動則有爲，而自强
不息，故有光明之象。荀爽説："乾來之坤，故下濟。"侯果説："乾之上
九，來居坤三，是天道下濟而光明也。"并作"濟"。丁壽昌説："'下濟'
孔《疏》釋爲降下，濟生萬物，即'下交'之義。似不必改字。"甚是。
《誠齋易傳》云："九三以乾下坤，故下濟；一陽，故光明。"亦不易爲
"際"焉。

　　觀《周易程傳參正》論述體式，大致如上。另全書以行楷書寫，書法灑
脱中不失娟秀，行款亦井然有致。陳延傑年少時爲前清秀才，從中亦
可略見前輩學人風采。

### 四　《周易程傳參正》參正《程傳》的方式

　　所謂"參正"者，有"參贊"與"訂正"之意。綜觀《周易程傳參正》

一書,對程頤《易傳》其中四十二卦,或就卦辭,或就象辭、大象、六爻等有疑義或待討論商榷者,輔翼之,證成之,以闡明其大義,如此者約有 23 筆;或就其中錯謬失當者,參酌諸家之説,予以訂正,如此者最多,約有 46 筆;亦有就程頤《易傳》未備或論述不足者,予以補充説明,惟此部分較少,約有 7 筆,全書合計共"參正"程頤《易傳》76 筆。《周易程傳參正》書中參核衆説,援之以參正《程傳》。所援引前賢易説,如荀爽、虞翻、王弼、李鼎祚、孔穎達、胡瑗、蘇洵、張載、程頤、楊時、王安石、陳埴、張浚、楊萬里、朱熹、楊簡、蔡淵、黃震、龍仁夫、王申子、顧炎武、李光地、惠士奇、惠棟、陳澧、郝懿行、丁壽昌等二十餘家,可謂涉獵宏富,足見前輩學人學殖淹博與治學謹嚴。以下茲試就其參正《程傳》的方式,分項論述之。

## (一) 證成《程傳》的妥切

　　陳延傑於《周易程傳參正・序》云:"程子倡言'居敬窮理',故所著《易傳》,大都順性命之理,以明聖人寡過有恒之旨。呂東萊稱其'理到語精,平易的當',魏了翁稱其'明白正大,切于持身用世',信非虛言也。"又於該書中每言"伊川解爻辭,説理最透澈","伊川易傳説理最精"。陳氏另撰有《讀易管見》一文,其中亦謂"(程傳)理到義精,古今難比","竊謂今之治《易》者,可專讀《王注》與《程傳》,則能得《易》之本義"①,凡此均可看出陳延傑於《程傳》情有獨鍾處。故其於金陵大學講授《周易》,亦以《程傳》爲教本,并於授課之餘,傾力撰成《周易程傳參正》。在本書中陳延傑有 23 筆證成《程傳》之例,其目的主要在藉由歷代易學諸家證成《程傳》説理的妥切性,藉以釐清衆説紛紜的易學疑點。試舉一二例觀之。如《既濟・九三》:"高宗伐鬼方,三年克之,小人勿用。"陳氏云:

　　　　案:《程傳》解此爻,義頗明析。蓋九陽爻,三又當陽位,故云

---

　　①　陳延傑:《讀易管見》,收錄於《斯文》第 3 卷第 8 期,1943 年,頁 6—9。

以剛居剛也。丁壽昌謂:"《未濟》九四亦言伐鬼方,此非以剛居剛之義。"丁説非也。蓋天下之事既濟,而猶有暴亂者,非挾重剛之資,不足以濟之,故處此爻者,當如高宗之伐鬼方,乃可濟也。若《未濟》九四,方出于險,有可濟之道,然非具剛健之才,不足以濟此艱難。以四居柔,故爲之戒,故《未濟》九四亦言伐鬼方也。二爻皆論其時,故同引高宗之事以證之。郝懿行《易説》云:"三當既濟之時,居剛用剛,如彼高宗撻伐鬼方,三年克之。"亦從《程傳》立説焉。

上文陳氏主要論述丁壽昌批評《程傳》"以剛居剛"之説的失當。并舉郝懿行《易説》以證成《程傳》之説較爲妥切。

又如針對《革·彖》:"水火相息,二女同居,其志不相得曰革。"陳氏亦證成《程傳》云:

案:《程傳》是也。王弼《注》:"息者,生變之謂也。火欲上而澤欲下,水火相戰而後生變者也。"虞翻曰:"息,長也。"二説并非。丁壽昌乃謂:"《易》中'息'字,皆爲'生長'之義,此卦當同。"是亦宗王、虞之説,有乖《彖傳》之義矣。朱子《本義》云:"以卦象釋卦名義。大略與《睽》相似。然以相違而爲《睽》,相息而爲《革》也。息,滅息也,又爲生息之義。滅息而後生息也。"此從《程傳》,甚合經恉。蓋澤水在上而火炎上,故息焉。《黄氏日鈔》云:"馬云:'息,滅也。'程、朱皆從之,蔡節齋本王弼《注》,以爲生息之息,不知水火不能相生也。程云'物止而後有生',朱云'滅息而後生息',其推演已明,蓋生息又自息滅而始也。此章本旨,正爲滅息之息。"黄氏推闡程、朱義旨頗明切,故《誠齋易傳》云:"火逢水則滅,水逢火則竭。"郝懿行《易説》云:"澤中有火,火耗水,水滅火,革之象也。"其説并能發明卦象之義者。

上述延傑援引楊萬里、朱熹、蔡淵、黃震、郝懿行諸人之説，糾正王弼、虞翻、丁壽昌等，但以"息，長也"，不如程頤諸人以"息爲止，又爲生息，物止而後有生，故爲生義。革之相息，謂止息也"，具"止息""生息"兼攝之意爲長。

## （二）訂正《程傳》的訛誤

《周易程傳參正》對程頤《易傳》中 42 卦共 76 筆加以參正。其中又以訂正《程傳》訛誤者爲最夥，約有 46 筆。然訂正《程傳》并不等於否定《程傳》，試想《周易》經傳，單就 64 卦即有 384 爻，若再計入卦辭、彖傳、大象、用九、用六等等，則可援以討論的筆數，至少有 578 筆之多。《周易程傳參正》訂正《程傳》46 筆訛誤，不過上述總數之百分之七。若反推之，未訂正其誤者，占百分之九十三，可見陳延傑對《程傳》的高度肯定。惟延傑批駁《程傳》，非徒以己意爲之，而是參核諸家易説，斟酌得失而後定調。試舉一二例觀之：如於《渙·六四》曰："渙其群，元吉。渙有丘，匪夷所思。"陳氏云：

　　案：伊川謂"天下渙散而能使群聚"，其義乖戾不可從。王弼《注》："踰乎險難，得位體巽，與五合志。内掌機密，外宣化命者也，故能散群之險，以光其道。"王説"渙其群"者，蓋謂能爲群小散其險害，其意甚明。故胡瑗本之曰："天下之渙，起于衆心乖離，人自爲群。六四上承九五，當濟渙之任，而居陰得正，下無私應，是大臣秉大公之道，使天下之黨盡散，則天下之心，不至于乖散，而兼得以萃聚，故得盡善，元大之吉也。"甚合爻象之旨。伊川從安定受《易》，何獨于此爻立異也？朱子《語類》曰："老蘇云：《渙》之六四曰'渙其群，元吉'。夫群者，聖人之所欲渙以混一天下者也。此説雖《程傳》有所不及，如《程傳》之説，則是'群其渙'，非'渙其群'也。蓋當人心渙散之時，各相朋黨，不能混一。惟六四能渙小人之私群，成天下之公道，此所以'元吉'也。"朱子以六四居陰得正，又上承九五，下無應與，爲能散其朋黨之象，其說本胡安定,甚是。郝懿行《易説》亦從之,謂爲"大臣奉公體國,能散其群黨"也。

上述伊川以"群聚"解"涣其群"之"群",確實不如王弼的"群險",胡瑗、郝懿行的"群黨"或蘇洵的"朋黨"爲妥切。而且"涣其群"之"涣"亦應與本卦他爻"涣其躬""涣其血"的文法,皆作"涣散"解爲宜。

再如:《節・六三》:"不節若,則嗟若,无咎。"陳氏亦糾正《程傳》之失,謂:

> 案:王弼《注》:"若,辭也。以陰處陽,以柔乘剛,違節之道,以至哀嗟,自己所致,无所怨咎,故曰无咎。"輔嗣于此"无咎"别立一例,云"无所歸咎"。《程傳》及《本義》皆從其説。張橫渠非之曰:"處非其位,失節也。然能嗟其不節,則亦'无咎'矣。"其義較王《注》爲明切。又云:"王弼于此'无咎',别立一例,只舊例亦可推行,但能嗟其不節,有補過之心,則亦无咎矣。"張子解"无咎",主從舊例,甚是。《繫辭》曰:"无咎者,善補過也。"諸卦爻辭,言"无咎"者,九十有九,多"補過"之辭,未嘗有破例者。王安石謂能嗟怨自治,亦无咎,其義最精。伊川勸人讀荆公《易》,獨此爻何不從之立説乎? 郝懿行《易説》云:"澤滿則溢,三處兑極,陰不中正,驕奢盈溢,傷材害民,不節若也。知其不節,則嗟及之。因嗟悔過,故得无咎。"此從橫渠、荆公之説而演繹之,得其爻旨。

上文陳氏批駁《程傳》依從王弼,將"无咎"解爲"无所歸咎"之非。并贊同張載宜依舊例解説的意見,認爲王輔嗣與程、朱等人,不應對"无咎"一辭,别立一例。從文中陳氏的説解,甚有理據,而且文中多援歷代諸家易説以相佐證,從中可見其學殖工夫深厚,故所批駁,每多令人折服悦從。

## （三）輔翼《程傳》的未備

陳延傑對程頤《易傳》於論述未備或不足者，亦時加援引歷代易家較妥切的説法，予以補充説明，不過此種方式在《周易程傳參正》所參正的案例中，比例較低，僅有 7 筆。試舉一二例來觀察，如：《離·九三》："日昃之離，不鼓缶而歌，則大耋之嗟，凶。"陳氏云：

> 案：王弼《注》："嗟，憂嘆之辭也。處下離之終，明在將没，故曰'日昃之離'也。明在將終，若不委之于人，養志无爲，則至于耋老有嗟凶矣，故曰不鼓缶而歌，則大耋之嗟凶矣。"輔嗣之意，蓋謂明哲保身，當及早而退，若至耋老，則恐有憂患矣。《程傳》意本此。唯王以"嗟凶"連讀，伊川以"嗟"字句絶也，此其異也。莊子："適來，夫子時也。適去，夫子順也。安時而處順，哀樂不能入也。"亦即此爻之旨。龍仁夫以《程傳》美矣，似未盡"缶"義。缶者，簡樸无華之器。"鼓缶而歌"，謂樂其分之固有，不以紛華爲樂也。經文"不""則"二字義甚明，謂不歌必嗟也。爻以九居三，又下離炎上，處此中虛燥烈之流，不歌而嗟者，故凶。龍説多根據《程傳》，而即象詁義，亦有足多者。王夫之《周易內傳》曰："生死者，屈伸也。樂以忘憂，惟知此也。""大耋之嗟，豈以憂道哉？富貴利達名譽妻子之不忍忘而已。"其説亦從伊川而推闡者，故曰昃之離，可爲過分而不能退者戒。

《程傳》在本爻中僅謂"缶，常用之器也。鼓缶而歌，樂其常也"，陳氏則援引龍仁夫"缶者，簡樸无華之器。'鼓缶而歌'，謂樂其分之固有，不以紛華爲樂也"，更進一步"即象詁義"，闡述"缶"義，更見分明。而引述王夫之所闡述"樂以忘憂"，不祇局限在"憂道"，凡不忍忘却"富貴利達名譽妻子"者，同樣不能免於人世之憂。相較於《程傳》，王夫之之説，確實更爲具體而深切著明。

再如《中孚·九二》："鳴鶴在陰，其子和之，我有好爵，吾與爾靡

之。"陳氏云:

　　案:"其子和之",諸家説解不同。王弼《注》:"處内而居重陰
之下,而履不失中,不徇于外,任其真者也。立誠篤志,雖在闇
昧,物亦應焉,故曰'鶴鳴在陰,其子和之'。"王安石曰:"君子之
言行,至誠而善,則雖在幽遠,爲己類者,亦以至誠從而應之,中
孚之至也。"二王之説,蓋謂爲同類之所應,初未明言其子爲九
五、爲初九焉。《程傳》"有孚于中,物无不應,誠同故也",本二王
説而亦渾言之。朱子《本義》云:"九二中孚之實,而九五亦中孚
之實應之,故有鶴鳴、子和,我爵、爾靡之象。"《誠齋易傳》從之,
亦云"其子同類"也,此并謂其子爲九五也。然丁壽昌則非之,
曰:"九五陽剛尊位,不當稱子也。"張浚《紫巖易傳》曰:"二處二
陰下,其子和之謂初。"《周易折中》本之云:"《易》例凡言子言童
者,皆初之象,故張氏以'其子和之'爲初者近是。""九二有剛中
之實德,無應于上,而初與之同德,故有鶴鳴子和、好爵爾靡之
象。言父子,明不出户庭也;言爾我,明不踰同類也。"郝懿行《易
説》亦云:"子,謂初也。""曰子曰爾,皆言同類。"此皆以"子"爲初
九者,三説必持之有故,言之成理,未可爲定論焉。竊以爲《繫
辭》曰"震爲長子",此卦二至四互體爲震,爻言其子和之,蓋指
三、四兩爻;且《易》例陰陽始相應,而同類則非應,此卦初與五皆
陽爻,故與九二无應。陽倡陰和,應者其六三、六四者乎? 俟考。

針對《中孚·九二》"鳴鶴在陰,其子和之",諸家易説大概可歸納爲如
下四種:
　　(1) 不特定指實爲何爻。因爲"有孚于中,物无不應",王弼、程
頤主之。
　　(2) 相應和者爲九五。因爲文中"鶴鳴、子和"、"我爵、爾靡",均
有上下相應之象。楊萬里、朱熹主之。

（3）相應和者爲初爻。因爲"《易》例凡言'子'者，皆初之象"。張浚、李光地主之。

（4）相應和者爲六三、六四。因爲《易》例陰陽始相應，另二至四互體爲震，震爲長子，爻言其子和之，蓋指三、四。陳延傑主之。

以上四種説法，似各有理據，陳氏并未作褒貶定論。即使他另從互體來分析，而有六三、六四相應之説，也未敢冒然武斷。不過，愚意以爲本卦旨在闡述"信及豚魚"的精神，以化不應爲應爲貴，格局自以所應非特定人士，孚乃化邦，信及萬民爲大爲高，因此，上述諸説雖均言之成理，但似以王弼、程頤不特定指實爲佳。陳延傑雖有獨見，《易》例雖以陰陽相應爲正，但《易》中仍有許多同德相應的例證，如《乾卦》九二者與九五者。

## 五　結語

《周易程傳參正》撰成之後，始終未曾出版，僅存有當年參加學術獎勵的送審手抄本，現藏於臺灣政治大學圖書館特藏室中，學界罕見其書，更遑論生發什麼實質影響。個人有幸得以在出版前先行拜讀，不禁爲之驚喜。蓋自宋元以來，易學大抵沿襲宋《易》而以義理易學爲其主流，尤其在元仁宗延祐二年（1315）定科舉之法，其中《易》用朱熹《本義》、程頤《易傳》；明成祖永樂十二年（1414）敕胡廣等纂修《五經大全》頒行天下，其中《周易》割裂董楷《周易傳義附錄》、董真卿《周易會通》、胡一桂《周易本義附錄纂疏》、胡炳文《周易本義通釋》以編纂成書，仍以程朱《易》爲主；清康熙五十四年（1715）詔大學士李光地，探摭群言，編纂《周易折中》，其書以《程傳》《本義》爲主，兼收并采諸家訓解中，雖未必合於程朱，然實足以發明程朱經義者，惟其治《易》途徑，基本上仍是以求善爲其主流的宋代義理易學。

惟清末民初以來，西風東漸，民國易學面貌轉趨多元。其中古史辨派易學尤號稱顯學。觀今人廖名春、康學偉、梁韋弦所著《周易研究史》與楊慶中《二十世紀中國易學史》，二書均論及 1949 年以前民國易學諸家，如章炳麟、劉師培、杭辛齋、尚秉和、顧頡剛、李鏡池、郭沫若、于省吾、高亨、蘇淵雷、金景芳、熊十力、薛學潛、黃元炳等等，雖亦不少，惟二書於民國易學多取古史派與象數派諸人，對於紹承晚清傳統義理派一系的易學諸家，則著墨較少。至於任教國府重鎮金陵大學的易家——陳延傑，亦付諸闕如，其他遺珠者或更多。

　　懷想陳延傑於國難方殷之際，獨抱遺經，孜孜不倦，爲學子傳道授業身影，可謂典型在庶昔。其一生勤於著述，留下作品無數，惜多數未能刊行，以致湮没不彰。今《周易程傳參正》一書得以問世，除可告慰前賢於九原，使一代易學家名山偉業，不致塵封書架，成爲蠹魚之殘，衍爲易壇憾事外，藉此書亦可考察民國易學之梗概，并提供未來撰寫民國經學史或易學史者的參考。

　　（本文於撰寫過程中承蒙蔣秋華、車行健教授提供相關資料，謹致謝忱）

黃忠天謹識於新竹絜園

2018 年 6 月 8 日

# 整理説明

一、此次整理，以現藏於臺灣政治大學圖書館特藏室陳延傑《周易程傳參正》手抄本爲底本。

二、原書徵引程頤《易傳》（簡稱《程傳》）文句及斷句方式，容或與坊間其他通行版本不同。爲求全書一致，在點校上，蓋以清光緒十年（1884）《古逸叢書》影印元至正九年（1349）積德堂刊本（簡稱"積德堂本"）爲底本，并參酌武英殿本《周易折中》，若遇有不同者，則復以理校，并出注説明。

三、書中其他引文之文句及斷句，儘可能求取善本覆核校對。若遇明顯舛誤或違異者，另出注説明。

四、《周易程傳參正》原書爲手抄本，書寫時或用正體或用異體字，此次整理，對其進行規範。

五、《周易程傳參正》徵引《程傳》或他書，於語助詞有時或有省簡，由於無礙理解，皆不另出校記，以省篇幅，僅在原文中另加括弧，由整理者據其所引原典補入。

六、《周易程傳參正》徵引他書，或全文援用，或約取其語，點校時儘可能以引號區別，不另用省略號標記。

# 周易程傳參正

江寧陳延傑學

　　程子倡言"居敬窮理"，故所著《易傳》，大都順性命之理，以明聖人寡過有恒之旨。吕東萊稱其"理到語精，平易的當"①，魏了翁稱其"明白正大，切于持身用世"②，信非虛言也。程子《與謝湜書》，言談《易》當先觀王弼、胡瑗、王安石三家。朱子謂"程子之學，原于周子"，是不然。考之《易傳》，無一語及太極者；程子講《易》，蓋本于胡瑗。《觀卦》："盥而不薦，有孚顒若。"《程傳》："予聞之翼之③先生曰：'君子居上，爲天下之表儀，必極其莊敬，則下觀仰而化也。故爲天下之觀，當如宗廟之祭，始盥之時，不可如既薦之後，則下民盡其至誠，顒然瞻仰之矣。'"《大畜》："上九，何天之衢，亨。"《程傳》："予聞之胡先生曰：天之衢亨，誤加'何'字。"以此推之，則伊川易學，其原殆出于安定焉。

　　《程傳》詳于義理，或有攻其不言象數者。程子《答張閎中書》云："理，無形也，故因象以明理。理既見乎辭矣，則可④由辭以觀象。故

---

　　①　吕東萊之語，據《朱子語類》卷 67 校之。

　　②　魏了翁之語，據《經義考》卷 20 校之。其文曰："魏了翁曰：程《易》明白正大，切於治身，切於治世，未易輕議，故無智愚皆知好之。"陳氏蓋約取其語。

　　③　積德堂本、武英殿本於"翼之"前有"胡"字。

　　④　積德堂本"可"字下有"以"字。

曰：得其義，則象數在其中矣。"①是知《程傳》蓋因象以明理，非不言象也。《朱子語類》云："林艾軒在行在，一日，訪南軒曰：'《易》有象數，伊川皆不言，何也?' 南軒曰：'《易》曰：公用射隼于高墉之上，獲之，無不利。如以象言，則公是甚，射是甚，隼是甚，高墉是甚。聖人止曰隼者，禽也；弓矢者，器也；射之者，人也。君子藏器于身，待時而動，何不利之有!'"②此謂伊川亦假象言之。故《解卦》上六《程傳》："上六，尊高之地，而非君位，故曰公。""隼，鷙害之物，象爲害之小人。墉，墙內外之限也。""云高，見防限之嚴而未去者。"此即言象也，言象則知數矣。唯伊川《易傳》理過乎辭，不免有所偏。朱子亦頗有微詞。《語類》云："傳注唯古注不作文，却好看。""疏亦然。今人解書，且圖要作文，又加辨説，百般生疑。故其文雖可讀，而經意殊遠。程子《易傳》，亦成作文，説了又説，故今人觀者更不看本經，只讀傳，亦非所以使人思也。"又云："程先生解經，理在解語內。某集注《論語》，只是發明其辭，使人玩味經文，理皆在經文內。"斯言甚是。吾讀朱子《四書章句》，其下注不過數語，而藉以玩索經文，趣味深長。讀伊川《易傳》，説理最精，然太瑣碎，使人只尋繹傳注，不復看本經，此其蔽也。

　　癸未春，與金陵大學諸生講《周易程傳》，覺其中有獨到者，亦有與諸家《易》説乖牾者，輒爲之參正，聊復詮次，以成是編，以就正于當世之知《易》者，非敢以敝帚自珍焉。

---

　　①　本段陳氏蓋約取其義，文句略作調整。見王孝魚點校《二程集》，北京：中華書局，2004 年，頁 1205。

　　②　陳延傑此引《朱子語類》語有闕文。《語類》曰："林艾軒在行在，一日，訪南軒，曰：'程先生《語録》，某却看得；《易傳》，看不得。' 南軒曰：'何故?' 林曰：'《易》有象數，伊川皆不言，何也?' 南軒曰：'孔子説《易》不然。《易》曰：公用射隼于高墉之上，獲之，無不利。如以象言，則公是甚? 射是甚? 隼是甚? 高墉是甚? 聖人止曰：隼者，禽也；弓矢者，器也；射之者，人也。君子藏器于身，待時而動，何不利之有!'"

**☰☰ 乾下**
**　　 乾上**

**乾,用九,見群龍无首,吉。**

**《象》曰:用九,天德不可爲首也。**

《程傳》:"用九者,處乾剛之道,以陽居乾體,純乎剛者也。剛柔相繼爲中,而乃以純剛,是過乎剛也。見群龍,謂觀諸陽之義,无爲首則吉也。以剛爲天下先,凶之道也。""用九,天德也。天德陽剛,復用剛而好先,則過矣。"

案:程子謂"用九者純乎剛",是僅説其德,未言用九之義。劉瓛曰:"總六爻用①九之義,故曰用九也。"②王弼曰:"九,天之德也。能用天德,乃見群龍之義焉。"③此言用九之義,而未言其用。《周易本義》云:"六爻皆變剛而能柔,吉之道也。故爲群龍无首之象,而其占爲如是則吉。《春秋傳》曰:'《乾》之《坤》。'"④朱子言其用矣。蓋用九用六,義取占變。《春秋傳》所謂《乾》之《姤》者,《乾》之初九爻變,則成《姤》卦爻也。《乾》之《同人》,九二變也。《乾》之《夬》,上九變也。用九全變,則成《坤》卦爻矣,故謂用九爲《坤》。龍仁夫《周易集傳》曰:"陽爻七九,陰爻八六。九六變而七八不變。易占其變,故七八无辭而爻皆九六。然六爻皆變,則主變卦《象》辭,此通例也。乾六爻變,則以用九辭決之;坤六爻變,則以用六辭決之,此特例也。"⑤龍説頗明辨。《日知録》云:"用九用六,用其變也。亦有用其不變者,

---

①　案:"用",當作"純"。

②　李鼎祚:《周易集解》,臺北成文出版社《易經集成》影印清乾隆二十一年雅雨堂本,卷1,葉4。

③　李鼎祚:《周易集解》,卷1,葉4。

④　朱熹:《周易本義》,臺北成文出版社《易經集成》影印宋咸淳刊本,頁53。

⑤　龍仁夫:《周易集傳》,臺北成文出版社《易經集成》影印清咸豐元年《別下齋叢書》本,卷1,葉2。

《春秋傳》穆姜遇《艮》之八，《晉語》董因得《泰》之八，是也。"①亭林之
説，亦至顯，可參證焉。用者，占筮所用。用九六爻皆變，則當合本卦
變卦之辭占之。即《程傳》所謂剛柔相濟者，龍氏曰："龍，隱見變化之
物，罕有見其全者，故雖見而无首亦吉。又六陽過剛，未免于亢，變陰
則不至亢矣，故吉。"②其説似根據程子者。

坎下
艮上

蒙，六三，勿用取女，見金夫，不有躬，无攸利。

　　《象》曰：勿用取女，行不順也。

　　《程傳》："三以陰柔處蒙闇，不中不正，女之妄動者也。正應在
上，不能遠從，近見九二爲群蒙所歸，得時之盛，故捨其正應而從之，
是女之見金夫也。女之從人，當由正禮，乃見人之多金，説而從之，不
能保有其身者也。无所往而利矣。""女之如此，其行邪僻不順，不可
取也。"

　　案：虞翻説："金夫謂二。"③程子蓋本虞説焉。王輔嗣以"金夫"
爲上九，謂三求上，女先求男，行在不順。④《周易折中》從之，云：
"《程傳》以爲九二。然九二爲⑤發蒙之主，若三能從之，正合《象辭》

　　①　顧炎武：《日知録·七八九六》，卷1，頁25。
　　②　龍仁夫：《周易集傳》，卷1，葉2。
　　③　李鼎祚《周易集解·蒙》，卷2，葉23。
　　④　王弼曰："童蒙之時，陰求於陽，晦求於明，各求發其昧者也。六三在下
卦之上，上九在上卦之上，男、女之義也。上不求三而三求上，女先求男者也。女
之爲體，正行以待命者也；見剛夫而求之，故不有躬也。施之於女，行在不順，
故勿用取女而无攸利。"臺北藝文印書館《周易正義》影印嘉慶二十年南昌府學
《重刊宋本十三經注疏》本，卷1，葉33。
　　⑤　李光地《周易折中》此句無"爲"字。臺北成文出版社《易經集成》影印清
康熙五十四年武英殿原刊本，卷1，葉2。

‘童蒙求我’之義，不應謂之不順。蓋《易》例陰爻居下體，而有求于上位者，皆凶。王說近是。”①余或疑焉。虞氏曰“陽稱金，震爲夫”②，此卦二至四互體爲震，且六三“失位乘剛，故行不順”。當以虞、程二家之説爲允。若三與上應，豈得謂凶。《誠齋易傳》云：“三仰舍上九之應，而俯從九二之强，是女見利而動者，非順也。”“陳相下喬而入幽，即六三舍上而從下。公孫曲學以阿世，即六三見利而失身。斯女不可取，斯士獨可用乎？”③亦以金夫指九二也，得之。

▤　乾下
　　坎上

**需，六四，需于血，出自穴。**

**《象》曰：需于血，順以聽也。**

《程傳》：“四以陰柔之質，處於險，而下當三陽之進，傷於險難者也，故云需于血。既傷于險難，則不能安處，必失其居，故云出自穴。穴，物之所安也。順以從時，不競于險難，所以不至于凶也。以柔居陰，非能競者也。若陽居之，則必凶矣。蓋无中正之德，徒以剛競於險，適足以致凶耳。”“四以陰柔居于險難之中，不能固處，故退出自穴。蓋陰柔不能與時競，不能處則退，是順從以聽於時，所以不至于凶也。”

案：朱子《易本義》云：“血者，殺傷之地。穴者，險陷之所。四交坎體，入乎險矣，故爲‘需于血’之象。然柔得其正，需而不進，故又爲‘出自穴’之象。”朱説與《程傳》實相發明，皆以陰柔不競險爲旨，特穴非安固之所耳。《語類》云：“問：《程傳》釋穴物之所安。曰：穴是陷處，喚作所安不得。”“柔得正耳，需而不進，故能出于坎陷。”④朱子以

---

① 　原文作“王氏之説近是”，陳氏省簡其語。

② 　李鼎祚：《周易集解・蒙》，卷2。

③ 　楊萬里：《誠齋易傳・蒙》，臺北成文出版社《易經集成》影印清乾隆四十六年《武英殿聚珍叢書》本，卷2，葉9。

④ 　此句不見於《語類》，陳氏此段文字，當引自《周易大全》，卷3，葉19。

“出穴”爲“出險”，義甚明確。夫四以一陰敵下三陽，則必有所傷。血者，陰陽相傷也。傷必有以避之，出自穴者，即避險難耳。

 坎下
坤上

師，六三，師或輿尸，凶。

《象》曰：師或輿尸，大无功也。

《程傳》：“三居下卦之上，居位當任者也。不唯其才陰柔不中正；師旅之事，任當專一。二既以剛中之才爲上信倚，必專其事，乃有成功，若或更使衆人主之，凶之道也。輿尸，衆主也。蓋指三也。以三居下之上，故發此義。軍旅之事，任不專一，覆敗必矣。倚付二三，安能成功，豈唯无功，必致凶也。”

案：王弼《注》：“以陰處陽，以柔乘剛，進則无應，退無所守，以此用師，宜獲輿尸之凶。”王訓“輿尸”爲“撓敗”，故朱子《本義》從之曰：“輿尸，謂師徒撓敗，輿尸而歸也。以陰居陽，才弱志剛，不中不正，而犯非其分，故其象占如此。”竊以爲師已撓敗，是已凶矣，無勞言凶焉。或，疑辭，謂非必也。《左傳·成二年》：“無令輿師淹于君地。”《注》：“輿，衆也。”言師若衆主之則凶。《程傳》義較切。楊簡説：“行師之法，權歸一將。使衆主之，凶之道也。”[1]“衆所不一，必无成功。九二既作帥，六三居二之上，有權不歸一之象。”[2]王申子説：“二爲主將，三躐而尸之。凡任將不專，偏裨擅命，權不出一者，皆‘輿尸’也。軍旅何所聽命乎？其取敗必矣。”[3]并從《程傳》，甚是。《黄氏日鈔》云：“六三，師或輿尸，猶可言兵敗。若六五，弟子輿尸，言兵敗，于文義爲

---

[1]　楊簡：《楊氏易傳·師》，臺灣商務印書館影印文淵閣《四庫全書》本，卷4，葉14。

[2]　楊簡：《楊氏易傳·師》，卷4，葉14。

[3]　王申子之説，據《周易折中》校之。

協,合詳之。"①

坤下
坎上

比,六三,比之匪人。

《象》曰:比之匪人,不亦傷乎。

《程傳》:"三不中正,而所比皆不中正。四陰柔而不中;二有應而比初;皆不中正,匪人也。比於匪人,其失可知,悔吝不假言也,故可傷。二之中正,而謂之匪人,隨時取義,各不同也。""人之相比,求安吉也,乃比於匪人,必將反得悔吝,其亦可傷矣。深戒失所比也。"

案:《程傳》于"匪人"無解,人,猶親也。《中庸》:"仁者,人也。"古注云:"人也,讀如相人偶之人,以人意相存問之言。"②匪人之人,義與此同。言不以人意相存問者,即匪親也。蓋三與上無應,故云"比之匪人"。王弼《注》:"四自外比,二爲五應③,近不相得,遠則無應。所與比者,皆非己親,故曰比之匪人。"孔《疏》:"所欲親比,皆非其親,是以悲傷也。"④其說并確切。朱子《本義》云:"陰柔不中正,承乘應皆陰,所比皆非其人之象,其占大凶。不言可知。"朱訓"匪人"爲"非其人",不若注疏之説,明白可玩也。《詩·小雅·四月》:"先祖匪人,胡寧忍予。"蓋言先祖不相存問,何忍使我遭此禍也,朱《傳》謂"我先祖豈非人乎",其失與此同。

---

① 黃震:《黃氏日鈔·讀易》,臺灣商務印書館影印文淵閣《四庫全書》本,卷6,葉10。

② 按此古注即鄭玄《禮記·中庸注》,臺北藝文印書館影印嘉慶二十年南昌府學《重刊宋本十三經注疏》本,卷52,葉18。

③ "應",宋刊本作"貞",阮元《校勘記》謂:"内卦爲貞,作貞是也。"

④ 孔穎達:《周易正義》,臺北藝文印書館影印嘉慶二十年南昌府學《重刊宋本十三經注疏》本,卷2,葉12。

比，九五，顯比，王用三驅，失前禽，邑人不誡，吉。

《象》曰：顯比之吉，位正中也。舍逆取順，失前禽也。邑人不誡，上使中也。

《程傳》：“五居君位，處中得正，盡比道之善者也。人君比天下之道，當顯明其比道而已。如誠意以待物，恕己以及人，發政施仁，使天下蒙其惠澤，是人君親比天下之道也。如是，天下孰不親比於上？若乃暴其小仁，違道干譽，欲以求下之比，其道亦①狹矣，其能得天下之比乎？故聖人以九五盡比道之正，取三驅爲喻，曰：‘王用三驅，失前禽，邑人不誡，吉。’先王以四時之畋，不可廢也，故推其仁心，爲三驅之禮，乃《禮》所謂天子不合圍也。成湯祝網，是其義也。天子之畋，圍合其三面，前開一路，使之可去，不忍盡物，好生之仁也。只②取其不用命者，不出而反入者也。禽獸前去者皆免矣，故曰失前禽也。王者顯明其比道，天下自然來比。來者撫之，固不煦煦然求比於物，若田之三驅，禽之去者，從而不追，來者則取之也。此王道之大，所以其民皞皞，而莫知爲之者也。邑人不誡吉，言其至公不私，无遠邇親疏之別也。邑者居邑，《易》中所言邑，皆同。王者所都，諸侯國中也。誡，期約也。待物之一，不期誡于居邑，如是則吉也。聖人以大公无私治天下，于顯比見之矣。非惟人君比天下之道如此，大率人之相比，莫不然。以臣於君言之，竭其忠誠，致其才力，乃顯其比君之道也，用之與否，在君而已，不可阿諛逢迎，求其比己也。在朋友亦然，脩身誠意以待之，親己與否，在人而已，不可巧言令色，曲從苟合，以求人之比己也。於鄉黨親戚，於衆人，莫不皆然，三驅失前禽之義也。”

案：《程傳》訓“顯比”，其義明切。王弼《注》：“比而顯之，則所親者狹矣。夫无私于物，唯賢是與，則去之與來，皆無失也。”三驅之禮，愛于來而慈于去，雖不得乎大人之吉，是顯比之吉也。此可以爲上之

---

①　積德堂本“亦”下有“已”字。

②　積德堂本“只”作“止”字。

使，非爲上之道也。陳澧謂爻辭象傳，皆無此意。輔嗣自爲過高之説以解經，如此則非費氏家法，陳説是也。故朱子《本義》從《程傳》，以爲一陽居尊，剛健中正，卦之羣陰，皆來比己，顯其比而無私，如天子不合圍，開一面之網，來者不拒，去者不追，故爲用三驅失前禽，此與王《注》相反。《語類》：“問：伊川解‘顯比王用三驅失前禽’，所謂來者撫之，去者不追，與失前禽而殺不去者，所譬頗不相類。如何？曰：田獵之禮，置旃以爲門，刈草以爲長圍。田獵者，自門驅而入，禽獸向我而出者皆免，惟被驅而入者皆獲，故以前禽比去者不追，獲者譬來則取之。大意如此，無緣得一一相似。伊川解此向不須疑，但‘邑人不誡吉’一句似可疑，恐《易》之文義不如此。”“‘邑人不誡’，如有聞無聲，言其自不消相告誡，又如歸市者不止、耕者不變相似。”朱子以邑人不誡爲喻上意不警備以求必得，較《程傳》義長，惠士奇説：“不淫于獸，不擾于民，古之田禮如此。故九五顯比取象焉。《漢書·谷永傳》曰‘大路所過，黎元不知’，所謂邑人不誡也。”①此即從朱説焉。

## 比，上六，比之无首，凶。

### 《象》曰：比之无首，无所終也。

《程傳》：“六居上，比之終也。首謂始也。凡比之道，其始善則其終善矣。有其始而无其終者或有矣，未有无其始而有終者也。故比之无首，至終則凶也，此據比終而言。然上六陰柔不中，處險之極，固非克終者也。始比不以道，隙於終者，天下多矣。”“比既無首，何所終乎？相比有首，猶或終違。始不以道，終復何保？故曰无所終也。”

案：伊川訓“首”爲“始”，説本虞翻焉。惠士奇説：“乾无首吉，比

---

① 惠士奇《易説》：“谷永曰：‘大路所過，黎元不知。’所謂邑人不誡也。不淫於獸，不擾於民，古之田禮如此，故九五顯比取象焉。”臺北成文出版社《易經集成》影印《清皇清經解》本，卷 1，葉 14。按：陳氏於惠士奇語，略作調整。惟惠士奇將杜鄴的説法誤爲谷永，又將“大路所歷”，誤作“大路所過”。而陳氏襲惠氏之誤，又將原出處於《漢書·郊祀志》卷 25 下者，誤作《漢書·谷永傳》。

无首凶。陽吉陰凶，首皆指上也。"①"《程傳》'首'爲'始'，失之。《比》卦有始无終，故'後夫凶'，'首'非始也"②，惠説是。《乾》用九："見群龍无首吉。"《程傳》："見群龍无首③，謂觀諸陽之義，无爲首則吉也，以剛爲天下先，凶之道也。"是純乾過剛，不可爲首，故乾之坤則吉，蓋變坤，故曰无首。《比》之上六，以陰爻而處陰位，與六三又無應，且處險之極，而无陽剛之才以濟之，故曰"无首凶"。"无首"即无陽也。《誠齋易傳》云："上六无首，所謂後夫凶也。四陰皆從五，而己獨後焉。""凶而无終，必矣。"④龍仁夫亦謂"此爻比之指五，比以九五之陽爲主，上獨背之而居其上，雖比而不能比，安能无凶"，⑤并得其義。

乾下
巽上

**小畜，初九，復自道，何其咎？吉。**

　　《象》曰：復自道，其義吉也。

　　《程傳》："初九陽爻而乾體。陽，在上之物，又剛健之才，足以上進，而復與在上同志，其進復于上，乃其道也，故云復自道。復既自道，何過咎之有？无咎而又有吉也。諸爻言无咎者，如是則无咎矣，故云：无咎者善補過也。雖使爻義本善，亦不害於不如是則有咎之義。初九乃由其道而行，无有過咎，故云何其咎？无咎之甚明也。""陽剛之才，由其道而復，其義吉也。初與四爲正應，在畜時乃相畜者也。"

---

案:《程傳》以"復"爲上進,本王弼《注》説①,非是。《荀子·大略篇》:"易曰:復自道,何其咎? 吉。"楊倞《注》:"復,返也。自,從也。本雖有失,返而從道,何其咎? 過也。"此甚合爻義。張浚説:"能反身以歸道,其行己必不悖于理,是能自畜者也,故曰其義吉。"②《誠齋易傳》云:"初與四爲應,四止初而初受之。有不善,未嘗不止,止而復,復而歸于道。"③并較《程傳》爲長也。"復"讀如不遠復之復,謂復其初以止于道焉。

**兑下**
**乾上**

履,六三,眇能視,跛能履,履虎尾,咥人凶,武人爲于大君。

《象》曰:眇能視,不足以有明也。跛能履,不足以與行也。咥人之凶,位不當也。武人爲于大君,志剛也。

《程傳》:"三以陰居陽,志欲剛而體本陰柔,安能堅其所履? 故如盲眇之視,其見不明;跛躄之履,其行不遠。才既不足,而又處不得中,履非其正,以柔而務剛,其履如此,是履于危地,故曰履虎尾。以不善履履危地,必及禍患,故曰咥人凶。武人爲于大君,如武暴之人而居人上,肆其躁率而已,非能順履而遠到也。不中正而志剛,乃爲群陽所與,是以剛躁蹈危而得凶也。""陰柔之人,其才不足,視不能明,行不能遠,而乃務剛,所履如此,其能免于害乎?""以柔居三,履非其正,所以致禍害,被咥而凶也。以武人爲喻者,以其處陽,才弱而志剛也。志剛則妄動,所履不由其道,如武人而爲大君也。"

案:"武人爲于大君",《程傳》謂剛武之人,得志肆暴,如武人而爲

① 王弼曰:"處乾之始以升巽初,四爲己應,不距己者也。以陽升陰,復自其道,順而無違,何所犯咎? 得義之吉。"孔穎達:《周易正義》,卷1,葉15。
② 李光地:《周易折中·象上傳》,卷11,葉21。
③ 楊萬里:《誠齋易傳·小畜》,卷3,葉12。

大君。朱子又從之，比之秦政項籍，非其義矣。王弼《注》："志在剛健，不修所履，欲以陵武于人，爲于大君，行未能免于凶。而志存于五，頑之甚也。"王氏以"五"爲大君，甚是。在《師》之上六曰："大君有命，大君，六五也。"蓋"五"爲君位，故當以大君也。"三"質暗才弱，豈可以爲君乎？惠棟説："《説卦》云：乾以君之，故乾爲大君，應在上，是爲于大君。俗説謂三爲大君，非是。"①惠氏證武人非"三"，甚確。特以上九爲大君，與王《注》異耳。王申子曰："不顧强弱，勇猛直前，惟武人用之以有爲于大君之事則可。"②《周易折中》以王説得之："蓋三非大君之位，且'爲于'兩字，語氣亦不順也。子曰'暴虎馮河，死而无悔者，吾不與也'，即此句之意。"③此頗合爻旨。郝懿行《易説》云："夫志尚剛勇，即武人也。如此之人無施而可，惟用以有爲于大君之事，以其志剛，可敵愾禦侮也。"④其義明切，即誠齋所謂"甚武而欲有爲于吾君"焉。

☰ 離下
乾上

**同人，《象》曰：同人曰。**

《程傳》："此三字羨文。"

案：王弼《注》："二爲同人之主。""所以乃能同人于野亨，利涉大川，非二之所以能也，是乾之所行，故特曰同人曰。"孔穎達《疏》："特曰同人曰者，謂卦之彖辭發首，即疊云同人曰者，是其義有異，此同人卦名，以六二爲主，故同人卦名繫屬六二，故稱同人曰，猶言《同人》卦

---

①　惠棟：《周易述·履》，臺北成文出版社《易經集成》影印清乾隆二十一年雅雨堂本，卷2，葉10。
②　李光地：《周易折中·履六三》引王申子語，卷2，葉16。
③　李光地：《周易折中·履六三》，卷2，葉16。
④　郝懿行：《郝懿行集·易説》第1册，濟南：齊魯書社，2010年，頁27。

曰也。"①是注疏特釋之，知本有此三字也。《程傳》以爲羡文，朱子又以爲衍文，誠齋亦以三字衍，龍仁夫亦從《程傳》，并非。

**同人，《象》曰：天與火，同人，君子以類族辨物。**

《程傳》："不云火在天下，天下有火，而云天與火者，天在上，火性炎上，火與天同，故爲同人之義。君子觀同人之象，而以類族辨物，各以其類族辨物之同異也。若君子小人之黨，善惡是非之理，物情之離合，事理之異同，凡異同者，君子能辨明之，故處物不失其方也。"

案：虞翻説："辨，别也。""以類族辨物，謂方以類聚，物以群分。""君子和而不同，故于同人家見以類族辨物也。"②此伊川所本。伊川謂"以其類族，辨物之異同"，即以類聚而辨其性之同者。王輔嗣所謂"君子小人各得所同"者是也。蓋"物"，類也，亦理也、事也。故以"人"言可，以"理""事"言亦可。朱子以"類族是就人上説，辨物是就物上説。天下有不可皆同之理，故隨他頭項去分别"③，是以類族、辨物爲對文，則類猶比類也。《繫辭》曰"以類萬物之情"，蓋君子法天火性同，故比類善惡，辨别同異焉，亦言之成理者。

**同人，九四，乘其墉，弗克攻，吉。**

**《象》曰：乘其墉，義弗克也。其吉，則困而反則也。**

《程傳》："四剛而不中正，其志欲同二，亦與五爲仇者也。墉、垣

---

① 　陳氏所引孔穎達《疏》有缺文。據孔《疏》云："特曰'同人曰'者，謂卦之象辭發首，即疊卦名以釋其義，則以例言之，此發首應云'同人于野亨'，爲主別云同人曰者，是其義有異，此同人卦名，以六二爲主，故同人卦名繫屬六二，故稱'同人曰'，猶言'同人卦曰'也。"

② 　以上所引虞翻語，均爲陳氏約取自李鼎祚《周易集解·同人》者。案："同人家"應作"同人象"，陳氏蓋承李鼎祚《周易集解》原書之訛誤。

③ 　黎靖德：《朱子語類》，京都中文出版社影印明成化九年江西藩司覆刻宋咸淳六年導江黎氏本，卷70，葉18。

所以限隔也。四切近於五,如隔墉耳。乘其墉,欲攻之,知義不直而不克也。苟能自知義之不直而不攻,則爲吉也。若肆其邪欲,不能反思義理,妄行攻奪,則其凶大矣。三以剛居剛,故終其强而不能反。四以剛居柔,故有困而能反之義,能反則吉矣。畏義而能改,其吉宜矣。""所以乘其墉而弗克攻之者,以其義之弗克也。以邪攻正,義不勝也。其所以得吉者,由其義不勝,困窮而反于法則也。二者,衆陽所同欲也。獨三四有爭奪之義者,二爻居二五之間也,初終遠,故取義別。"

　　案:伊川解爻辭,說理最透澈,惟謂"四攻五",則非是。王弼《注》:"處上攻下,力能乘墉者也。履非其位,以與人爭,二自五應,三非犯己,攻三求二,尤而效之,違義傷理,衆所不與,故雖乘墉而不克也。"王《注》謂"四攻三",與爻象最合,故朱子《本義》從之云:"剛不中正,又无應與,亦欲同于六二,而爲三所隔,故爲'乘墉'以攻之象。"是朱亦以"墉"爲三爻象也。虞翻曰:"巽爲墉,四在巽上,故乘其墉。"愚案"同人"卦二至四互體爲巽,以此象數求之,亦是四攻三。且"乘"者,上攻下也。《誠齋易傳》謂"恃九三以爲墉","乘墉于上",亦求合于六二,"以仰逼九五之尊"①,得其旨矣。

▤　乾下
　　離上

**大有,九三,公用亨于天子,小人弗克。**

　　《象》曰:公用亨于天子,小人害也。

　　《程傳》:"三居下體之上,在下而居人上,諸侯人君之象也。公侯上承天子,天子居天下之尊,率土之濱,莫非王臣,在下者何敢專其有? 凡土地之富,人民之衆,皆王者之有也,此理之正也。故三當大

─────────────

　　① 　楊萬里:《誠齋易傳·同人》,卷4,葉14。陳氏約取楊誠齋語,并以己意出之。

有之時，居諸侯之位，有其富盛，必用亨通乎天子，謂以其有爲天子之
有也，乃人臣之常義也。若小人處之，則專其富有以爲私，不知公以
奉上之道，故曰小人弗克也。""公當用亨于天子，若小人處之，則爲害
也。自古諸侯能守臣節，忠順奉上者，則蓄養其衆，以爲王之屏翰，豐
殖其財，以待上之徵賦。若小人處之，則不知爲臣奉上之道，以其爲
己之私，民衆財豐，則反擅其富強，益爲不順，是小人大有則爲害，又
大有爲小人之害也。"

　　案：此爻有三解。王弼《注》："處大有之時，居下體之極，乘剛健
之上，而履得其位，與五同功，威權之盛，莫此過焉。公用斯位，乃得
通乎天子之道。小人不克，害可待也。"輔嗣謂三公威權能通于天
子，此一義也。《程傳》謂三公富盛，當亨通于天子，此二義也。《本
義》云："亨，《春秋傳》作享，謂朝獻也。""九三居下之上，公侯之象，剛
而得正。上有六五之君，虛中下賢，故爲享于天子之象。"朱子以三公
剛正爲天子所享，此三義也。然朱説殆本于古注。《左傳》晉侯欲納
王，卜偃筮之，遇《大有》之《睽》，"曰：吉。遇公用享于天子之卦，戰克
而王享，吉孰大焉？"杜《注》："《大有》九三，變而爲《睽》。""三爲三公
而得位，變而爲兑；兑爲説，得位而説，故能爲王所享①饗。"②杜以《大
有》之《睽》解爻辭，是占其變者，以偃有戰克王享之文，故證其爲公受
享焉。然未合爻之旨。以《易》例推之，享于帝，享於西山、岐山等，并
讀"香雨反"，獻也。此爻亦當以"享獻"爲義。龍仁夫説："禮，諸侯入
朝，既奠圭，乃三享，皆束帛加璧，庭實唯國所有，又十馬隨之，《書》所
謂享多儀也。三，公位；五，天子位。六五離體。""離，日之光，下照兑
澤，而澤受之。又君臣恩禮交接之象，故曰：公用亨于天子，此非常之
象，小人豈能堪之，故曰：小人弗克。"③龍氏以"三"兼乾兑體，即"大

---

　　①　案："享"誤，當爲"宴"。
　　②　孔穎達：《春秋左傳注疏》，臺北藝文印書館影印嘉慶二十年南昌府學重
刊《宋本十三經注疏》本，卷16，葉2—3。
　　③　龍仁夫：《周易集傳·大有》，卷2，葉6—7。

有”之睽。引經詁義，蓋從《程傳》；而推闡之者，亦甚核實焉。竊意《程傳》三公富盛當亨通于天子，即“享獻”之義，較王弼、朱子爲優矣。

䷎　艮下
　　坤上

謙，《彖》曰：謙亨，天道下濟而光明。

《程傳》：“濟當爲際。此明謙而能亨之義。天之道，以其氣下際，故能化育萬物，其道光明。下際謂下交也。”

案：“濟”，止也。乾道下止于三，而其體常動，動則有爲，而自强不息，故有光明之象。荀爽説：“乾來之坤，故下濟。”[①]侯果説：“乾之上九，來居坤三，是天道下濟而光明也。”[②]并作“濟”。丁壽昌説：“下濟，孔《疏》釋爲降下，濟生萬物，即下交之義，似不必改字。”[③]甚是。《誠齋易傳》云：“九三以乾下坤，故下濟。一陽，故光明。”[④]亦不易爲“際”焉。

謙，初六，謙謙君子，用涉大川，吉。

《象》曰：謙謙君子，卑以自牧也。

《程傳》：“謙謙，謙之至也。謂君子以謙卑之道自牧也。自牧，自處也。《詩》云：自牧歸荑。”

案：王弼《注》：“牧，養也。”孔《疏》“卑以自牧者”，“恒以謙卑自養其德也”，甚合爻象之旨。《程傳》引《詩·靜女》“自牧歸荑”爲證，非其義也。《詩·衛風·彤管》，《傳》云：“郊外曰牧。”“謙”初六爲牧養之牧，與《詩》義不同。

---

①②　李鼎祚：《周易集解·謙》，卷 4，葉 19 引。

③　丁壽昌：《易經會通·謙》，鄭州：中州古籍出版社，1992 年，卷 3，頁 248。

④　楊萬里：《誠齋易傳·謙》。

䷐　震下
　　兌上

隨，上六，拘係之，乃從維之，王用亨于西山。

《象》曰：拘係之，上窮也。

《程傳》：“上六以柔順而居隨之極，極乎隨者也。拘係之，謂隨之極，如拘持縻係之。乃從維之，又從而維繫之也，謂隨之固結如此。王用亨于西山，隨之極如是。昔者太王用此道，亨王業于西山。太王避狄之難，去豳來岐，豳人老稚扶攜以隨之，如歸市，蓋其人心之隨，固結如此。用此，故能亨盛其王業于西山。西山，岐山也。周之王業，蓋興于此。上居隨極，固爲大過，然在得民之隨，與隨善之固，如此乃爲善也，施於他，則過矣。”“隨之固，如拘係維持，隨道之窮極也。”

案：《程傳》以“拘維”爲人心固結，又以“亨”爲亨盛王業，義本王弼《注》。[1] 又以“王”爲指太王，其説并太泥。楊龜山以爲文王居西山之事，差近之。朱子《本義》云：“居隨之極，隨之固結而不可解者也。誠意之極，可通神明，故其占爲‘王用亨于西山’。‘亨’亦當作祭享之‘享’。自周而言，岐山在西。”朱子“拘維”之義，與《程傳》同。然以“亨”爲“祭享”，其説是矣。郝懿行《易説》：“西山，岐山也。隨極兌終，拘持縻係，又從維繫之，所以留賢。上六身處事外，王知其賢，將用亨于西山，使之主祭。”[2] 郝氏之説，甚合爻旨。“上六”待“九五”拘維之，王謂“五”也，蓋文王志在求賢，故凡逸民，皆繫之維之，所以能亨于西山，而王業以興焉。

---

① 　王弼《注》：“隨之爲體，陰順陽者也。最處上極不從者也。隨道已成，而特不從，故拘係之乃從也。率土之濱，莫非王臣，而爲不從，王之所討也。故維之，王用亨于西山也。兌爲西方。山者，途之險隔也。處西方而爲不從，故王用通于西山。”孔穎達：《周易正義》，卷 3，葉 3。

② 　郝懿行：《易説·隨》，卷 1，頁 40。

☷☱ 兌下
坤上

**臨，《彖》曰：至于八月有凶，消不久也。**

《程傳》："臨，二陽生，陽方漸盛之時，故聖人爲之戒云：陽雖方長，然至于八月，則消而凶矣。八月，謂陽生之八月。陽始生于《復》，自《復》至《遯》凡八月，自建子至建未也。二陰長而陽消矣，故云消不久也。在陰陽之氣言之，則消長如循環，不可易也。以人事言之，則陽爲君子，陰爲小人，方君子道長之時，聖人爲之誡，使知極則有凶之理而虞備之，常不至於滿極，則无凶也。"

案：孔穎達《正義》云："八月者，何氏云：從建子陽生至建未爲八月。褚氏云：自建寅至建酉爲八月。今案此注云：小人道長，君子道消，宜據《否》卦之時，故以《臨》卦建丑，而至《否》建申爲八月也。"孔氏説，《臨》所謂八月，其説有三：一云自建丑至申爲《否》，一云自子至未爲《遯》，一云自寅至酉爲《觀》。《疏》蓋主《否》説焉。《程傳》謂自《復》至《遯》凡八月，即本何氏之説。朱子《本義》云："八月謂自《復》卦一陽之月，至于《遯》卦二陰之月，陰長陽遯之時也。或曰：八月，謂夏正八月，于卦爲《觀》。"是朱子兼取《遯》、《觀》二説，唯李鼎祚云："臨，十二月卦也，自建丑之月至建申之月，凡歷八月則成《否》也。《否》則天地不交，萬物不通，是至于八月有凶。"①説與孔《疏》同。丁壽昌以此二説，皆用商正："《傳》言消不久，正指《否》言。漢、唐説八月有三，以三統言，當以商正爲最確。"②此平允之論，信可從焉。卦氣之説，本《易》學支流，唯十二辟卦，自來言《易》者多取之。《易·繫辭》曰："變通配四時。"虞翻注："《泰》、《大壯》、《夬》配春，《乾》、《姤》、《遯》配夏，《否》、《觀》、《剝》配秋，《坤》、《復》、《臨》配冬。"③陳澧亦以此説爲得之矣。

---

① 李鼎祚：《周易集解·臨》，卷5，葉10。
② 丁壽昌：《易經會通·臨》，卷4，頁284—285。
③ 李鼎祚：《周易集解》，卷13，葉14引。

☶　離下
　　艮上

賁，六五，賁于丘園，束帛戔戔，吝，終吉。

《象》曰：六五之吉，有喜也。

《程傳》：“六五以陰柔之質，密比于上九陽剛之賢，陰比于陽，復无所繫應，從之者也，受賁于上九也。自古設險守國，故城壘多依丘坂，丘謂在外而近且高者。園圃之地，最近城邑，亦在外而近者。丘園，謂在外而近者，指上九也。六五雖居君位，而陰柔之才，不足自守，與上之剛陽相比而志從焉，獲賁于外比之賢，賁于丘園也。若能受賁于上九，受其裁制，如束帛而戔戔，則雖其柔弱，不能自爲，爲可吝少，然能從于人，成賁之功，終獲其吉也。戔戔，剪裁分裂之狀。帛未用則束之，故謂之束帛。及其制爲衣服，必裁剪分裂戔戔然。束帛喻六五本質，戔戔謂受人剪裁①而成用也。其資于人與《蒙》同，而《蒙》不言吝者，蓋童蒙而賴於人，乃其宜也，非童幼而資賁于人，爲可吝耳。然享其功，終爲吉也。”“能從人以成賁之功，享其吉美，是有喜也。”

案：《程傳》以“丘園”指上九，以“束帛戔戔”爲受其裁制，其説頗迂曲難通。古義以此爻爲“聘賢”。《東京賦》：“聘邱園之耿絜，旅束帛之戔戔。”薛綜注：“言邱園中有隱士貞絜清白之人，聘而用之。束帛，謂古招士必以束帛加璧于上。”《誠齋易傳》從此説，云“六五文明以止之君”，“下飾丘園高蹈之士，將以幣帛厚意之禮，招而致之”，“此賁之至盛也”，“六五之賁丘園，其湯之莘，高宗之巖，文王之渭乎？”②龍仁夫《易集傳》云：“五當賁時，其體柔中而艮止，此柔退靜止之賢，不求賁于外，但自修飾于丘園之間者也。然兼震動，體又應離文明之中爻，蓋栖遲而不終栖遲者，故禮賢之束帛，將戔戔委積而前。”“其始

---

① “剪裁”，積德堂本作“裁製”。

② 楊萬里：《誠齋易傳·賁》，卷6，葉16—17。

丘園棲遲，似小吝；其後束帛鼎來，故終吉。"①龍説亦據聘賢之意而就爻發揮之，并較《程傳》爲有理，似可從焉。至于胡瑗以此爲敦本，朱子又以爲反本②，皆不免牽强矣。

☷　震下
　　坤上

**復，反復其道，七日來復，利有攸往。**

《程傳》："謂消長之道，反復迭至。陽之消，至七日而來復。《姤》，陽之始消也，七變而成《復》，故云七日，謂七更也。《臨》云八月有凶，謂陽長，至乎陰長歷八月也。陽進則陰消，君子道長，則小人之道消，故利有攸往也。"

案："七日"有三説。虞翻曰："謂乾成坤，反出于震而來復陽。""晝日消乾，六爻爲六日，剛來反初，故七日來復。"③此一説焉。惠棟説："陽稱日，陰稱月。""消乾，自午至亥爲六月，故云消乾。六爻爲六日。至初建子，首尾七月，故云七日來復也。"④侯果曰："五月天行至午，陽復而陰升也。十一月天行至子，陰復而陽升也。天地運往，陰陽升復，凡歷七月，故曰七日來復，此天之運行也。《豳詩》（曰）：一之日觱發，二之日栗烈。一之日，周之正月也。二之日，周之二月也。則古人呼'月'爲'日'明矣。"⑤此二説焉。王弼曰："陽氣始剥盡，至來復時凡七日。"此三説焉。三説以王《注》義爲長，蓋用《易緯》"六日七分"之説焉。孔穎達《正義》云："《易緯稽覽圖》（云）：卦氣起中孚，

---

① 龍仁夫：《周易集傳·賁》，卷3，葉3。
② 朱熹《周易本義·賁》曰："六五柔中，爲賁之主。敦本尚實，得賁之道，故有丘園之象。然陰性吝嗇，故有束帛戔戔之象。束帛，薄物；戔戔，淺小之意。人而如此，雖可羞吝，然禮奢寧儉，故得終吉。"
③ 李鼎祚：《周易集解·復》，卷6，葉2引。
④ 惠棟：《周易述》，卷4，葉4。
⑤ 李鼎祚：《周易集解·復》，卷6，葉3引。

故離坎震兑，各主其一方。"惠棟説："《易是類謀》曰：冬至日在坎，春
分日在震，夏至日在離，秋分日在兑。四正之卦，卦有六爻，爻主一
氣。二十四爻，主二十四氣。"①"其餘六十卦，卦有六爻，爻别主一
日，凡主三百六十日，餘有五日四分日之一者，再日分爲八十分，五日
分爲四百分。四分日之一，又爲二十分，是四百二十分。六十卦分
之，六七四十二，卦别各得七分，是每卦得六日七分也。"②《剥》卦陽
氣之盡，在于九月末，十月當純坤用事。《坤》卦有六日七分，《坤》卦
之盡，則《復》卦陽來，是從剥盡至陽氣來復。隔《坤》之一卦，六日七
分，舉成數言之，故輔嗣言凡七日也。此謂《剥》卦僅一陽，《坤》卦純
陰而陽盡，六日七分至復爲七日，而陽氣又生，故當從注疏。《程傳》
即用侯氏之説，變月言日，未爲定論。

震下
乾上

**无妄，六二，不耕穫，不菑畬，則利有攸往。**

**《象》曰：不耕穫，未富也。**

《程傳》："凡理之所然者，非妄也，人所欲爲者，乃妄也。故以耕
穫菑畬譬之。六二居中得正，又應五之中正，居動體而柔順，爲動能
順乎中正，乃无妄者也，故極言无妄之義。耕，農之始，穫，其成終者
也。田一歲曰菑，三歲曰畬。不耕而穫，不菑而畬，謂不首造其事，因
其事理所當然也。首造其事，則是人心所作爲，乃妄也。因事之當
然，則是順理應物，非妄也，穫與畬是也。蓋耕則必有穫，菑則必有
畬，是事理之固然，非心意之所造作也。或曰：聖人制作以利天下者，
皆造端也，豈非妄乎？曰：聖人隨時制作，合乎風氣之宜，未嘗先時而
開之也。若不待時，則一聖人足以盡爲矣，豈待累聖繼作也？時乃事

---

① 惠棟：《周易述》，卷 4，葉 4。
② 本段文字約取惠棟《周易述》之語，卷 4，葉 4。

之端，聖人隨時而爲也。”“未者，非必之辭，《臨》卦曰未順命，是也。不耕而穫，不菑而畬，因其事之當然，既耕則必有穫，既菑則必成畬，非必以穫畬之富而爲也。其始耕菑，乃設心在于求穫畬，是以其富也，心有欲而爲者則妄也。”

　　案：宋陳埴以伊川解此爻象之辭，頗費言語，曰：“始謂不耕而穫，不菑而畬，謂不首①造其事，則似以耕菑爲私意，中謂耕則必有穫，菑則必有畬，非心造意作，則以耕菑爲非私意。終謂既耕則必有穫，既菑則必成畬，非必以耕菑之富而爲，則又似以穫畬爲私意。三説不免自相抵牾。”②陳氏反覆駁難，殊未能得伊川大意焉。《程傳》以二居震體，爲動能順乎中正，乃无妄者也。故假耕穫菑畬環譬言之。凡以明爻辭不耕穫不菑畬，爲无計較謀利之心耳。簡括言之，即所欲未奢，故爲无妄。所以從事耕菑者，皆求穫畬也，是有欲而爲之，豈非妄乎？《程傳》明白如此，誰謂其相抵牾哉？《本義》云：“柔順中正，因時順理，而無私意期望之心，故有不耕穫不菑畬之象，言其無所爲于前，無所冀于後，占者如是，則利有所往也。”③是能得伊川之意，而據其理以推衍之也。“往”謂往應五，蓋无妄心，故利有所往。殆所謂應天順人，而爲不計功謀利之徒者歟！

————————

　　①　“首”，陳延傑《參正》原誤作“肯”。

　　②　李光地《周易折中》引陳埴曰：“伊川大意，只謂不爲穫而耕，不爲畬而菑，凡有所爲而爲者，皆計利之私心，即妄也。但經文中不如此下語，故《易傳》中頗費言語。始謂不耕而穫，不菑而畬，謂不首造其事，則似以耕菑爲私意；中謂耕則必有穫，菑則必有畬，非心造意作，則以耕穫菑畬爲非私意。終謂既耕則必有穫，既菑則必成畬，非必以穫畬之富而爲，則又似以穫畬爲私意。三説不免自相抵牾，所以《本義》但據經文直説，謂無耕穫菑畬之私心。”與陳延傑引文略有不同。見《周易折中》，卷4，頁412。

　　③　按核宋咸淳刊本《周易本義》與陳書所引有小異。《周易本義》曰：“柔順中正，因時順理，而无私意期望之心，故有不耕穫不菑畬之象，言其無所爲于前，無所冀于後也，占者如是，則利有所往矣。”卷1，葉42。

䷙　乾下
　　艮上

大畜，上九，何天之衢，亨。

　《象》曰：何天之衢？道大行也。

　《程傳》：“予聞之胡先生曰：天之衢亨，誤加‘何’字。事極則反，理之常也，故畜極而亨。小畜，畜之小，故極而成；大畜，畜之大，故極而散。極既當變，又陽性上行，故遂散也。天衢，天路也，謂虛空之中，雲氣飛鳥往來，故謂之天衢。天衢之亨，謂其亨通曠闊，无有蔽阻也。在畜道則變矣，變而亨，非畜道之亨也。”“何以謂之天衢？以其无止礙，道路大通行也。以天衢非常語，故《象》特設問曰：何謂天之衢？以道路大通行，取空豁之狀也。以《象》有何字，故爻下亦誤加之。”

　　案：“何”字有二解：一以爲“語辭”。王弼《注》：“何，辭也，猶云何畜乃天之衢亨。”程子解《象傳》，即本王義；而以爻辭“何”字爲誤加焉。朱子《本義》以爲發語云：“何天之衢，言何其通達之甚。畜極而通，豁達无礙，故其象占如此。”龍仁夫說：“陰之畜陽，終非聖人所與。至卦終則畜體變矣。曰何者，有驚喜意，何爲至此而天路廓然，了無窒礙也，亨通之象，不言可知。”①此并解爲語助，而能得易象之神趣者。一以爲“荷”字。古“何”“荷”通，讀如負荷之“荷”。虞翻曰：“何，當也。衢，四交道。乾爲天，震艮爲道，以震交艮，故何天之衢亨。”②此古義也。荷天之衢者，言其當天路無礙，其道大行也。張浚曰：“剛在上爲何。何，謂勝其任。”③亦讀何爲賀。吳澄曰：“《魯靈光殿賦》云：荷天衢以元亨，何作荷。何天之衢，其辭猶《詩》言：何天之休、何天之寵。”④李光地《周易觀象》曰：“天衢，謂天路。何者，荷也。”“畜

---

極則通矣。又卦有尚賢之義，而上適當之，小人止而君子進，非荷天路之蕩平不及此，故其占曰亨。"[1]郝懿行《易說》曰："何，先儒以爲同荷。""畜極而通，又以陽剛能勝其任，故曰何天之衢。言主張賢路，衆賢倚以并進，其亨可知。"[2]并從古義，亦能得爻象之旨者。

䷝　離下
　　離上

**離，九三，日昃之離，不鼓缶而歌，則大耋之嗟，凶。**

《象》曰：日昃之離，何可久也。

《程傳》："八純卦，皆有二體之義。《乾》內外皆健；《坤》上下皆順；《震》威震相繼；《巽》上下順隨；《坎》重險相習；《離》二明繼照；《艮》內外皆止；《兌》彼己相說。而《離》之義，在人事最大。九三居下體之終，是前明將盡，後明當繼之時，人之始終，時之革易也，故爲日昃之離，日下昃之明也，昃則將沒矣。以理言之，盛必有衰，始必有終，常道也。達者順理爲樂。缶，常用之器也。鼓缶而歌，樂其常也。不能如是，則以大耋爲嗟憂，乃爲凶也。大耋，傾沒也。人之終盡，達者則知其常理，樂天而已，遇常皆樂，如鼓缶而歌。不達者，則恐恒有將盡之悲，乃大耋之嗟，爲其凶也。此處死生之道也。耋與昳同。""日既傾昃，明能久乎？明者知其然也，故求人以繼其事，退處以休其身，安常處順，何足以爲凶也！"

案：王弼《注》："嗟，憂嘆之辭也。處下離之終，明在將沒，故曰'日昃之離'也。明在將終，若不委之于人，養志无爲，則至于耋老有嗟凶矣，故曰不鼓缶而歌，則大耋之嗟凶矣。"輔嗣之意，蓋謂明哲保

---

① 李光地：《周易觀象·大畜》，臺灣商務印書館影印文淵閣《四庫全書》本，卷5，葉14。

② 郝懿行：《易說·大畜》，卷1，頁55。

身，當及早而退，若至耋老，則恐有憂患矣①，《程傳》意本此。唯王以"嗟凶"連讀，伊川以"嗟"字句絕，此其異也。《莊子》："適來，夫子時也。適去，夫子順也。安時而處順，哀樂不能入也。"亦即此爻之旨。龍仁夫以《程傳》美矣，似未盡"缶"義。缶者，簡樸无華之器。"鼓缶而歌"，謂樂其分之固有，不以紛華爲樂也。經文"不""則"二字義甚明，謂不歌必嗟也。爻以九居三，又下離炎上，處此中虛燥烈之流，不歌而嗟者，故凶。龍説多根據《程傳》，而即象詁義，亦有足多者。王夫之《周易内傳》曰："生死者，屈伸也。樂以忘憂，惟知此也。""大耋之嗟，豈以憂道哉？富貴利達名譽妻子之不忍忘而已。"②其説亦從伊川而推闡者，故日昃之離，可爲過分而不能退者戒。

　　　　　　艮下
　　　　　　兌上

咸，九三，咸其股，執其隨，往吝。

　　《象》曰：咸其股，亦不處也；志在隨人，所執下也。

　　《程傳》："九三以陽居剛，有剛陽之才，而爲主于内，居下之上，是宜自得於正道，以感于物，而乃應于上六。陽好上而説陰，上居感説之極，故三感而從之。股者，在身之下，足之上，不能自由，隨身而動者也，故以爲象，言九三不能自主，隨物而動，如股然，其所執守者，隨于物也。剛陽之才，感于所説而隨之，如此而往，可羞吝也。③""言④亦者，蓋《象》辭本不與《易》相比，自作一處，故諸爻之《象》辭，意有相續者。此言亦者，承上爻辭也。上云：咸其拇，志在外也。雖凶居吉，

────────────

　　①　"矣"，陳氏《參正》原誤作"也"。據《周易本義》卷3葉27—28改。
　　②　王夫之：《周易内傳·離》，臺北成文出版社《易經集成》影印清道光二十二年守經堂刊本，卷2，葉49。
　　③　積德堂本作"如此而可，往羞吝也"。
　　④　"言"，積德堂本作"云"。

順不害也。咸其股,亦不處也。前二陰爻,皆有感而動,三雖陽爻亦然,故云:亦不處也。不處謂動也。有陽剛之質,而不能自主,志反在于隨人,是所操執者,卑下之甚也。"

案:伊川解此爻,其理甚至。唯以三感于上六而隨之,竊有疑焉。《易》例,三與六應,《程傳》以執其隨爲隨上,是九三與上六應,不得云往吝也。虞翻曰:"志在于二,故所執下也。"[1]崔憬曰:"股腓而次於脾上,三之象也。剛而得中,雖欲感上,以居艮極,止而不前,二隨于己,志在所隨,故執其隨,下比二也,而遂感二[2],則失其正義,故往吝窮也。"[3]虞、崔并以爲隨下二爻,甚得其旨。王《注》:"股之爲物,隨足者也。"立在下,而二之象爲脾,亦可證成其隨下二爻,非隨上六焉。朱子《本義》云:"股,隨足而動,不能自專者也。執者,主當持守意。下二爻皆欲動者,三亦不能自守而隨之,往則吝矣。"朱從虞、崔説,近是。龍仁夫説:"隨指下二陰爻而言,足之拇脾,隨股而動。艮二陰隨九三之陽而動,是初二者,三之隨。陰陽相近而相感,陽剛之體,又每爲陰柔所係,故三有係執于其隨之意,非感之正也。故往而羞吝。"[4]此亦不從《程傳》者。

☰ 乾下
☳ 震上

**大壯,六五,喪羊于易,无悔。**

**《象》曰:喪羊于易,位不當也。**

《程傳》:"羊群行而喜觸,以象諸陽并進。四陽方長而并進,五以柔居上,若以力制,則難勝而有悔,唯和易以待之,則群陽无所用其剛,是喪其壯于和易也。如此則可以无悔。五以位言則正,以德言則

---

① ③　李鼎祚:《周易集解·咸》,卷7,葉3引。
②　"二",《周易集解》作"上"。
④　龍仁夫:《周易集傳·咸》,卷4,頁100。

中,故能用和易之道,使群陽雖壯,无所用也。""所以必用柔和者,以
陰柔居尊位故也。若以陽剛中正得尊位,則下无壯矣。以六五位不當
也,故設喪羊于易之義。然大率治壯不可用剛。夫君臣上下之勢,不相
倬也。苟君之權足以制乎下,則雖有强壯跋扈之人,不足謂之壯也。必
人君之勢有所不足,然後謂之治壯,故治壯之道,不可以剛也。"

　　案:王弼《注》:"羊,壯也。必喪其羊,失其所居也。能喪壯于易,
不于險難,故得无悔。"《程傳》"易"爲"和易",與輔嗣"平易"同義。蓋
喪羊于易者,即失其壯;而平易不抵觸焉,故无悔。此頗合爻旨。王
安石説:"剛柔者,所以立本;變通者,所以趨時。方其趨時,則位正當
而有咎凶,位不當而无悔者有矣。大壯之時,得中而處之以柔,能喪
其很者也。"①王氏以大壯之陽,憂其大盛,故以柔和調伏之,此真得
"易"之真諦者。伊川謂五能以和易之道,喪去其剛,殆依王説而推衍
焉。朱子以"易"爲容易之"易",又或作彊場之"場"②,并非。

　　 離下
　　　　坤上

**明夷,六四,入于左腹,獲明夷之心,于出門庭。**

　　《象》曰:入于左腹,獲心意也。

　　《程傳》:"六四以陰居陰,而在陰柔之體,處近君之位,是陰邪小
人居高位,以柔邪順于君者也。六五,明夷之君位,傷明之主也,四以
柔邪順從之,以固其交。夫小人之事君,未有由顯明以道合者也,必
以隱僻之道,自結於上。右當用,故爲明顯之所;左不當用,故爲隱僻
之所。人之手足,皆以右爲用。世謂僻所爲僻左,是左者,隱僻之所

_____

　　①　李光地:《周易折中·象下傳·晉》,卷 12,葉 9 引。
　　②　朱熹:《周易本義》曰:"外柔而内剛者也。獨六五以柔居中,不能抵觸。
雖失其壯,然亦无所傷矣。故其象如此,而占亦與《咸》九五同。易,'容易'之易。
言忽然不覺其亡也;或作'彊場'之場,亦通。《漢·食貨志》場作易。"

也。四由隱僻之道，深入其君，故云入于左腹。入腹，謂其交深也。其交之深，故得其心。凡奸邪之見信于其君，皆由奪其心也。不奪其心，能无悟乎？于出門庭，既信之于心，而後行之于外也。邪臣之事暗君，必先蠱其心，而後能行于外。”“入于左腹，謂以邪僻之道入于君而得其心意也。得其心，所以終不悟也。”

　　案：伊川解此頗迂曲。王弼《注》：“左者，取其順也。如于左腹，得其心意，故雖近不危。隨時辟難，門庭而已，能不逆忤也。”王以此爻有遠遯之義，甚得其旨，故《本義》從之云：“竊疑左腹者，幽隱之處；獲明夷之心于出門庭者，得意于遠去之義。”“蓋離體爲至明之德，坤體爲至闇之地。下三爻明在闇外，故隨其遠近高下而處之不同。六四以柔正居闇地而尚淺，故猶可以得意于遠去。五以柔中居闇地而已迫，故爲內難正志以晦其明之象。上則極乎闇矣，故爲自傷其明以至于闇，而又足以傷人之明。蓋下五爻皆爲君子，獨上一爻爲闇君也。”其解《明夷》六爻之時地甚明切。《語類》云：“《明夷》下三①爻，皆說明夷是明而見傷者。六四，説者却以爲奸邪之臣，先蠱惑其君心而後肆行于外。”“下三爻皆説明夷是好底，何獨此爻却作不好説？”“以意觀之，六四居闇地尚淺，猶可以得意而遠去，故雖入于幽隱之處，猶能獲明夷之心于出門庭也。”②此即駁《程傳》者，亦甚當也。蓋四與下三爻，皆能全身遠害，故其占如此。楊龜山曰：“腹，坤象也。坤體之下，故曰左腹，尊右故也。獲明夷之心，所謂求仁而得仁也。此微子之明夷也。”③楊以此爻爲微子之事，較《程傳》爲長。龍仁夫曰：“四與上同坤體，如入其腹左。窺見上之底蘊也。幸而去傷尚遠，可見幾而作矣。于出門庭者，翩然遠去之義，此辟禍之象。”④此亦從朱子立説，頗可達意焉。

　　①　“三”，陳延傑《參正》原誤作“五”。
　　②　黎靖德：《朱子語類》，卷72，葉14—15。
　　③　李光地：《周易折中》，卷5，葉33引。
　　④　龍仁夫：《周易集傳·明夷》，卷4，葉8。

**六五,箕子之明夷,利貞。**

**《象》曰:箕子之貞,明不可息也。**

《程傳》:"五爲君位,乃常也。然《易》之取義,變動隨時。上六處坤之上而明夷之極,陰暗傷明之極者也。五切近之,聖人因以五爲切近至暗之人,以見處之之義,故不專以君位言。上六陰暗傷明之極,故以爲明夷之主。五切近傷明之主,若顯其明,則見傷害必矣,故當如箕子之自晦藏,則可以免于難。箕子,商之舊臣,而同姓之親,可謂切近于紂矣,若不自晦其明,被禍可必也,故佯狂爲奴,以免于害。雖晦藏其明,而内守其正,所謂内難而能正其志,所以謂之仁與明也。若箕子可謂貞矣。以五陰柔,故爲之戒云利貞,謂宜如箕子之貞固也。若以君道言,義亦如是。人君有當含晦之時,亦外晦其明,而内正其志也。""箕子晦藏,不失其貞固,雖遭患難,其明自存,不可滅息。若逼禍患,遂失其所守,則是亡其明,乃滅息也,古之人如揚雄者,是也。"

案:自來解"箕子"者,有二説焉。一以"箕子"爲"荄滋",如趙賓、劉向主之。至王弼《注》"箕子之明夷"曰:"險莫如兹①,而在斯中。"是又以"其兹"解箕子矣。清惠棟、焦循皆宗是説也。一以爲殷紂之箕子,如馬融、虞翻等主之。宋程伊川、朱子并宗焉。竊謂《明夷》卦,蓋指商之末造言之。《彖》辭曰:"内文明而外柔順,以蒙大難,文王以之,利艱貞,晦其明也。内難而能正其志,箕子以之。"《彖》以文王與箕子并舉,是明明以箕子爲紂諸父矣,絶非作"荄滋"解。故晉鄒湛曰:"訓箕爲荄,詁子爲滋,漫衍不經,不可致詰,蓋以譏荀爽。"②其説是矣。伊川解此爻,獨宗馬、虞,明白曉暢,其義亦甚當。彼以假借説《易》者,可不攻自破也。陳澧以惠棟《周易述》有足稱者,謂:"其改《明夷》六五之箕子爲其子,而讀爲'荄子',則大謬。《漢書·儒林

---

① 陳延傑《參正》"兹"作"斯",疑有誤。

② 魏了翁《周易要義》"不經"作"無經",山東友誼出版社影印清光緒十二年江蘇書局本,卷 4 下,葉 20 引。

傳》：趙賓以爲箕子明夷，陰陽氣無箕子，箕子者，萬物方荄滋也。云受孟喜，喜爲名之，此趙賓謂‘箕子’二字爲‘荄滋’二字之誤也。然則趙賓所見之《易經》，是‘箕子’二字矣。虞仲翔云：箕子，紂諸父。五，乾天位。今化爲坤，箕子之象。仲翔世傳《孟氏易》，而不從‘荄滋’之說，可見《孟氏易》不作‘荄滋’矣。惠氏最尊虞氏，何以于此，獨不尊虞氏乎？"[1]惠氏謂"五"爲天位，箕子臣也，而當君位，乖于《易》例，逆孰大焉？此欲以大言，杜人之口耳。如此説，何以解虞氏乎？陳氏反覆辯詰，致譏惠氏，亦爲有識矣。

䷦ 艮下
坎上

蹇，六四，往蹇，來連。

《象》曰：往蹇來連，當位實也。

《程傳》："往則入益于坎險之深，往蹇也。居蹇難之時，同處艱厄者，其志不謀而同也。又四居上位，而與在下者同有得位之正，又與三相比相親者也。二與初同類，相與者也，是與下同志，衆所從附也，故曰來連。來則與在下之衆相連合也，能與衆合，得處蹇之道也。""四當蹇之時，居上位，不往而來，與下同志，固足以得衆矣。又以陰居陰，爲得其實，以誠實與下，故能連合，而下之二三，亦各得其實，初以陰居下，亦其實也。當同患之時，相交以實，其合可知，故來而連者，當位以實也。處蹇難，非誠實何以濟？當位不曰正而曰實，上下之交，主于誠實，用各得其所也。"

案：《程傳》以四連于下爻，是合衆力以濟，其理甚明。唯與例不合。《語類》云："問：往蹇來譽。曰：來、往二字，惟《程傳》言上進則爲往，不進則爲來，説得極好。今人或謂六四往蹇來連，是來就三。九

---

① 陳澧《東塾讀書記》"不尊"作"不從"，臺灣中華書局《四部備要》本，卷4，葉17。

三往蹇來反，是來就二。上六往蹇來碩，是來就五，亦説得通。但初
六來譽，則位居最下，無可來之地，其説不得通矣。故不若《程傳》好，
只是不往爲佳耳。"①推朱子之説，是卦中言來者，皆就本爻言，謂來
而止于本位也。伊川亦云："來者，對往之辭。"今《程傳》謂來連于三
爻，是自亂其例矣。又"連"字，馬、鄭、虞三家并讀爲連蹇之連，上聲。
王弼《注》："往則无應，來則乘剛，往來皆難，故曰往蹇來連，得位履
正。當其本實，雖遇于難，非妄所招也。"此其義最允當。蓋來者止居
本位，在九三之上，故云乘剛也。《程傳》連下三爻，朱子《本義》亦謂
連于九三，據讀爲平聲，則非矣。李光地、郝懿行②又謂連者連于五，
亦非，蓋上連于五者，不得謂之來也。

坎下
震上

**解，九四，解而拇，朋至斯孚。**

**《象》曰：解而拇，未當位也。**

《程傳》："九四以陽剛之才居上位，承六五之君，大臣也，而下與
初六之陰爲應。拇在下而微者，謂初也。居上位而親小人，則賢人正
士遠退矣。斥去小人，則君子之黨進而誠相得也。四能解去初六之
陰柔，則陽剛君子之朋來至而誠合矣。不解去小人，則己之誠未至，
安能得人之孚也？初六其應，故謂遠之爲解。""四雖陽剛，然居陰，於
正疑不足，若復親比小人，則其失正必矣，故戒必解其拇，然後能來君

---

①　黎靖德：《朱子語類》，卷72，葉17。

②　李光地《周易折中》曰："荀氏以來連爲承五，極爲得之。《易》例，凡六四
承九五，無不著其美於象傳者，況《蹇》有利見大人之文乎！若三則於五無承應之
義，而爲内卦之主，固不當與四并論也。"所謂"荀氏"即荀爽。荀爽曰："蹇難之
世，不安其所，故曰往蹇也。來還承五，則與至尊相連，故曰來連也。"俱見卷5，葉
48。郝懿行《易説》曰："連謂連於五，四才柔弱，處近君之位。往蹇非獨力可支，
來連則輔君共濟。程朱皆謂，於九三。"見卷1，頁78。

子,以其處未當位也。解者,本合而離之也,必解拇而後朋孚。蓋君子之交,而小人容于其間,是與君子之誠未至也。"

案:伊川以初六爲拇,謂解去初六之陰柔,則朋至斯孚。朱子亦從其説,謂"拇指初","四陽初陰,其類不同,若能解而去之,則君子之朋至而相信矣",并非。蓋《易》之例,四與初爲正應,豈可解焉。王弼《注》:"失位不正,而比于三,故三得附之,爲其拇也。三爲之拇,則失初之應,故解其拇,然後朋至而信矣。"孔《疏》:"而,汝也;拇,足大指也。履于不正,與三相比,三從下來附之,如指之附足。四有應在初。""故必解其拇,然後朋至而信。"未當位者,四若當位履正,即三爲邪媚之身,不得附之也。既三不得附四,則无所解。今須解拇,由不當位也。《注》《疏》以三爲拇,初爲朋,甚合爻象之義,當從之。李鼎祚説:"九四體震,震爲足,三在足下,拇之象。"[1]斯足以證成輔嗣之説焉。

震下
巽上

**益,《象》曰:利涉大川,木道乃行。**

《程傳》:"益之爲道,于平常无事之際,其益猶小,當艱危險難,則所益至大,故利涉大川也。於濟艱險,乃益道大行之時也。益誤作木。或以爲上巽下震,故云木道,非也。"

案:伊川改"木道"爲"益道",恐非是。王弼《注》:"木者,以涉大川爲常,而不溺者也。以益涉難,同乎木也。"虞翻説:"謂三動成渙。渙,舟楫象。巽木得水,故木道乃行也。"[2]是王、虞二家皆作"木",無作"益"者。且《易》以"巽"言"利涉大川"者三,皆以"木"言。《益》曰:"利涉大川,木道乃行。"《渙》曰:"利涉大川,乘木有功也。"《中孚》曰:

① 李鼎祚:《周易集解·解》,卷8,葉16。
② 李鼎祚:《周易集解·益》,卷8,葉23。

“利涉大川，乘木舟虛也。”蓋木者，專以濟川，故爲《益》象。《本義》云：“上震下巽，皆木之象。”誠齋《易傳》云：“震、巽皆木，故曰木道。”此皆足證者。朱子曰：“不須改木字爲益字。”“《涣》卦説：乘木有功。《中孚》説：乘木舟虛。(以此)見得只是木字。”①

乾下
兑上

**夬，《象》曰：澤上于天，夬，君子以施禄及下，居德則忌。**

《程傳》：“澤，水之聚也，而上于天至高之處，故爲夬象。君子觀澤決于上而注漑于下之象，則以施禄及下，謂施其禄澤以及于下也。觀其決潰之象，則以居德則忌。居德，謂安處其德。則，約也。忌，防也。謂約立防禁。(有防禁)②則无潰散也。王弼作明忌，亦通。”

案：王弼《注》：“忌，禁也。法明斷嚴，不可以慢，故居德以明禁也。”《程傳》蓋本王《注》之説，然恐非《象》義焉。《本義》云：“‘居德則忌’，未詳。”朱子蓋闕者，亦不以《程傳》爲然。《誠齋易傳》云：“澤卑則鍾而聚，高則潰而決。澤上于天，高矣，安得而不決？君子觀其決而及物之象，故不專利于己，而必施之以及下，觀其高而必潰之象，故不敢居其聖，而必戒之以爲忌。忌如道家所忌之忌。”③楊説得其旨矣。《黄氏日鈔·讀周易》云：“居德則忌，此句頗難曉。《程傳》云：居德謂安處其德(也)。則(者)，約也。忌(者)，防也。”謂“約立防禁”，有防禁則无潰散，“是以則字爲法則之則，然未能使人曉然也。朱云：未詳。龜山云：以德厚自居，則忌之所集。鄒氏曰：澤上于天，勢必將決于下流。君子觀此象，以之施禄則可，以之居德則不可，愚按此二

① 黎靖德：《朱子語類》，卷72，葉19。
② 積德堂本有“有防禁”三字。
③ 楊萬里：《誠齋易傳·夬》，卷12，葉2。

説近之。"①黃氏亦不從《程傳》，而引楊、鄒二説，頗明白易曉。蓋恣情恃功，當招物忌焉。

**夬，九三，壯于頄，有凶。君子夬夬，獨行遇雨，若濡，有愠，无咎。**

**《象》曰：君子夬夬，終无咎也。**

《程傳》："爻辭差錯，安定胡公移其文曰：'壯于頄有凶，獨行遇雨，若濡有愠，君子夬夬，无咎。'亦未安也。當云：'壯于頄有凶，獨行遇雨，君子夬夬，若濡有愠，无咎。'夬決尚剛健之時。三居下體之上，又處健體之極，剛果于決者也。頄，顴骨也，在上而未極于上者也。三居下體之上，雖在上而未爲最上，上有君而自任其剛決，壯于頄者也，有凶之道也。獨行遇雨，三與上六爲正應，方群陽共決一陰之時，己若以私應之，故不與衆同而獨行，則與上六陰陽和合，故云遇雨。《易》中言雨者，皆謂陰陽和也。君子道長決去小人之時，而己獨與之和，其非可知。唯君子處斯時，則能夬夬，謂夬其夬，果決其斷也。雖其私與，當遠絶之，若見濡污，有愠惡之色，如此則无過咎也。三健體而處正，非必有是失也，因此義以爲教耳。爻文所以交錯者，由有遇雨字，又有濡字，故誤以爲連也。""牽梏于私好，由无決也。君子義之與比，決于當決，故終不至于有咎也。"

　　案：宋刊本《周易》作"君子夬夬，獨行遇雨，若濡有愠，无咎。"唐李鼎祚《周易集解》九三爻辭亦然，并引荀爽説："九三體乾，乾爲君子，三五同功，二爻俱欲決上，故曰君子夬夬也。獨行，謂一爻獨上與陰相應，爲陰所施，故遇雨也。""雖爲陰所濡，能愠不悦，得无咎也"。② 文義連貫，知非爻辭差錯也。伊川于此爻更改經文，亦屬未安，蓋遇雨而濡，文辭緊相接。若遇雨而有夬夬之志，則不得疑于濡矣。王夫之《周易内傳》云："三與上應，有比匪之嫌，既與爲正應，情

---

① 黃震：《黃氏日鈔・讀易》，卷6，葉30—31。
② 李鼎祚：《周易集解・夬》，卷9，葉4。

固不可絕，而外必示之以不屈，則小人且怨而難及之。周顗之所以殺身，壯順之凶也。以剛居剛，志非合污，則決然于夬，而以與諸陽并進。己獨遇上六有相沾濡之迹，心慍結而不容，不形于色，則雖凶而无咎。稱君子者，諒其志之終正而爲君子。"①此順經文而釋之，語意明白可曉，無煩改經焉。

坤下
兌上

萃，上六，齎咨涕洟，无咎。

《象》曰：齎咨涕洟，未安上也。

《程傳》："六，說之主，陰柔小人，說高位而處之，天下孰肯與也？求萃而人莫之與，其窮至于齎咨而涕洟也。齎咨，咨嗟也。人之絕之，由己自取，又將誰咎？爲人惡絕，不知所爲，則隕穫而至嗟涕，真小人之情狀也。""小人所處，常失其宜：既貪而從欲，不能自擇安地，至于困窮，則顛沛不知所爲。六之涕洟，蓋不安于處上也。君子慎其所處，非義不居，不幸而有危困，則泰然自安，不以累其心。小人居不擇安，常履非據，及其窮迫，則隕穫躁撓，甚至涕洟②，爲可羞也。未者，非遽之辭，猶俗云未便也。未便能安于上也。陰而居上，孤處无與，既非其據，豈能安乎？"

案：丁壽昌說："《程傳》謂求萃而人莫之與，其窮至于齎咨而涕洟，由己自取，又將誰咨，與釋《姤》上九无咎同，非通例也。""未安上者，虞仲翔曰：'乘剛遠應，故未安上也。'與王《注》'不敢自安'之意同。《程傳》謂'未便能安于上'，亦非。"③丁駁之是也。王弼《注》："處聚之時，居于上極，五非所乘，內无應援，處上獨立，近遠无助，危

① 王夫之：《周易內傳·夬》，卷3，葉15—16。
② 積德堂本"洟"字作"泣"字。武英殿本作"洟"字。
③ 丁壽昌：《易經會通·萃》，卷6，頁520。

莫甚焉。齎咨,嗟嘆之辭也。若能知危之至,懼禍之深,憂病之甚,至于涕洟不敢自安,亦衆所不害,故得无咎也。"輔嗣解此爻明白可曉,甚合爻辭之旨,故朱子《本義》亦從舊説,云:"處萃之終,陰柔无位,求萃不得,故戒占者必如此,而後可以无咎也。"朱謂上六一爻乃无位者,甚是。伊川以爲小人説高位而處之,誤矣。《周易要義》云:"案《略例》,无咎有二:一者,善(能)補過也[1],故无咎;二者,其禍自己招,无所怨咎,故《節》之六三:不節之嗟,又誰咎也。但如此者少,(此)據多者言(之),故云:善補過也。"[2]愚謂《程傳》解此爻"由己自取,又將誰咎",則非其義矣。此爻以萃之居上而有未安者,其憂懼若此,正所謂善補過也。

巽下
坤上

升,六四,王用亨于岐山,吉,无咎。

《象》曰:王用亨于岐山,順事也。

《程傳》:"四,柔順之才,上順君之升,下順下之進,己則止其所焉,以陰居柔,陰而在下,止其所也。昔者文王之居岐山之下,上順天子,而欲致之有道,下順天下之賢,而使之升進,己則柔順謙恭,不出其位,至德如此,周之王業,用是而亨也。四能如是,則亨而吉,且无咎矣。四之才固自善矣,復有无咎之辭,何也?曰:四之才雖善,而其位當戒也。居近君之位,在升之時,不可復升,升則凶咎可知,故云如文王,則吉而无咎也。然處大臣之位,不得无事于升,當上升其君之道,下升天下之賢,己則止其分焉。分雖當止,而德則當升也,道則當亨也。盡斯道者,其唯文王乎!""四居近君之位,而當升時,得吉而无

---

咎者，以其有順德也。以柔居坤，順之至也。文王之亨于岐山，亦以順時（順事）①而已。上順于上，下順乎下，己順處其義，故云順事也。”

　　案：“亨”當讀爲“享”。馬、鄭、王肅、許兩反。馬云：“祭也。”鄭云：“獻也。”“王用”者，天子之事；“亨”者，言當此六四之爻，必敬必順，克享神明。朱子《本義》所謂“以順而升，登祭于山之象”者是也。王若用此以享祀于岐山，則神必歆格來饗，而受之吉，則无咎也。《易》言“用亨”者有三：《隨》上六“王用亨于西山”，《蓋》六二“王用亨于帝”，《升》六四“王用亨于岐山”。三爻句法皆同，并言誠意之極，可通神明，唯荀爽、王弼、崔憬，俱釋“亨”爲“通”，《程傳》此爻亦從之，非也。郝懿行《易說》云：“四有順德，用以事神，吉又何咎？”亦以亨爲享也。②

**升，上六，冥升，利于不息之貞。**

　　**《象》曰：冥升在上，消不富也。**

　　《程傳》：“六以陰居升之極，昏冥于升，知進而不知止者也，其爲不明甚矣。然求升不已之心，有時而用于貞正，而當不息之事，則爲宜矣。君子於貞正之德，終日乾乾，自強不息，如上六不已之心，用之於此則利也。以小人貪求無已之心，移于進德，則何善如之？”“昏冥于升，極上而不知已，唯有消亡，豈復有加益也？不富，无復增益也。升既極，則有退而无進也。”

　　案：爻辭“不息”之義有二解。王弼《注》：“處升③之極，進而不息者也。進而不息，故雖冥猶升也。故施于不息之正則可，用于爲物之主則喪矣。終于不息，消之道也。”此本乾象自強不息以立義也。荀

----

①　據積德堂本補。
②　郝懿行：《易說》，卷6，頁212。
③　“處升”，他本或作“處貞”。按阮元《周易注疏校勘記》云：“錢本閩監毛本同岳本，古本‘貞’作‘升’。按《正義》當作‘升’。”

爽説："坤性暗昧，今升在上，故曰冥升也。陰用事爲消，陽用事爲息。陰正在上，陽道不息，陰之所利，故曰利于不息之貞。""陰升失實，故消不富也"①，此本《易》中消息二字以立義也。《程傳》從輔嗣之説，以爲升而不已，必致傾覆，能進德如此，則利莫大焉，所以戒小人者甚至，其義頗明曉。丁壽昌謂"消與息對"，"此爻不息之貞，《象傳》以消不富釋之，與《臨》象傳'消不久也'義同。不息則消，義尤明白"，獨從荀慈明之説。以王（弼）釋爲"進而不息"，爲不可解。既云"利于不息之貞"，即不利于陽長；又言"陰而消陽，亦非小人之福"，其説矛盾矣。② 竊意王、程"不息"之義近是。若從荀説，是"不息而消"，即小人道長，何利貞之有也？朱子《本義》云："以陰居升極，昏冥不已者也。占者遇此，無適而利，但可反其不已于外之心，施之于不息之正而已。"龍仁夫説："不息如《大象》：自彊不息，《中庸》至誠無息，此爲善之心也。貞者，從固守此心而已。程子曰：小人貪求无已，移于進道，何善如之？"③此并《程傳》而演繹之也。李光地説："以柔居升之極，故爲冥升。""當升極者，唯固守其正而已。自治守正，則高而不危，滿而不覆，保終之道，莫過于此。""消不富，言上六以柔居柔，故雖冥升在上，而能自消損，不至盈滿。"④其説亦明切矣。

坎下
兑上

---

① 李鼎祚：《周易集解·升》，卷9，葉18—19。
② 丁壽昌《易經會通·升》曰："荀慈明曰：坤性暗昧，今升在上，故曰冥升也。陰用事爲消，陽用事爲息，陰王在上，陽道不息，陰之所利，故曰利于不息之貞。陰升失實，故消不富也。自王輔嗣釋爲進而不息，後儒因之，不獨與《剥》《豐》諸《象傳》相違，并《大傳》消不富之義，亦不可解矣。利于不息之貞，其不利于陽長可知。《象傳》曰：消不富也。言陰而消陽，亦非小人之福，所以戒小人也。"以上丁氏語，俱見卷6，頁526。
③ 龍仁夫：《周易集傳·升》，卷5，葉7。
④ 李光地：《周易觀象·升》，卷7，葉32。

困，九二，困于酒食，朱紱方來，利用亨祀①，征凶，无咎。

《象》曰：困于酒食，中有慶也。

《程傳》："酒食，人所欲而所以施惠也。二以剛中之才，而處困之時，君子安其所遇，雖窮阨②險難，无所動其心，不恤其爲困也。所困者，唯困于所欲耳。君子之所欲者，澤天下之民，濟天下之困也。二未得遂其欲、施其惠，故爲困于酒食也。大人君子，懷其道而困於下，必得有道之君求而用之，然後能施其所蘊。二以剛中之德，困于下，上有九五剛中之君，道同德合，必來求之，故云朱紱方來。方來，方且來也。朱紱，王者之服，蔽膝也。以行來爲義，故以蔽膝言之。利用亨祀：亨祀，以至誠通神明也。在困之時，利用至誠，如亨祀然，其德既誠，自能感通于上。自昔賢哲困于幽遠，而德卒升聞，道卒爲用者，惟自守至誠而已。征凶无咎，方困之時，若不至誠安處以俟命，往而求之，則犯難得凶，乃自取也，將誰咎乎？不度時而征，乃不安其所，爲困所動也。失剛中之德，自取凶悔，何所怨咎？諸卦二五以陰陽相應而吉，爲《小畜》與《困》，乃戹于陰，故同道相求。《小畜》，陽爲陰所畜；《困》，陽爲陰所揜也。""雖困于所欲，未能施惠于人，然守其剛中之德，必能致亨而有福慶也。雖使時未亨通，守其中德，亦君子之道，亨乃有慶也。"

案：《黃氏日鈔》曰："古注云：以陽居陰，謙以待物，物莫不至，不勝豐衍，故曰：困于酒食，是言困于酒食之多也。《程傳》謂酒食所以施惠，二以剛處困，未得施其惠，是言困于酒食之少也。愚按《象》曰：困于酒食，中有慶也，是九二乃好爻，初無困吝不足之意，古注之説爲順，若程説則又成一義矣。朱以困于酒食爲厭飫之意，此足以發古注之未及。"③黃説是也。所謂古注者，即王弼《易注》，朱子本之。而

---

① 積德堂本作"亨"。此卦陳氏《參正》皆作"亨祀"。

② 武英殿本《周易折中》作"戹"。

③ 黃震：《黃氏日鈔·讀易》，卷6，葉34。

《程傳》與之相反，大意宜用至誠乃受福，所以戒勉人之處困時甚備，至伊川解"无咎"，則又一義。石介説："征凶，既在險中，何可以行？无咎，以其居陽明之德，可以无咎。"①《本義》亦從之云："若征行則非其時，故凶，而于義爲无咎。"説并明切。丁壽昌云："《象傳》之中有慶，即解爻中无咎之義。九二陽剛，以征則凶。惟其得中，所以无咎而有慶。王注謂以此而征凶，誰咎乎？《程傳》謂：自取凶悔，何所怨咎，皆誤。連征凶无咎爲一句，與《易》中无咎之解兩岐，故《本義》不從其説。"②其攻詰亦當。郝懿行《易説》云："二有中德，故能濟困有福慶。"③此解无咎，可謂明且辨矣。

巽下
坎上

**井，《象》曰：木上有水，井，君子以勞民勸相。**

《程傳》："木承水而上之，乃器汲水而出井之象。君子觀井之象，法井之德，以勞徠其民，而勸勉以相助之道也。勞徠其民，法井之用也；勸民使相助，法井之施也。"

案：鄭玄説："坎，水也。巽木，桔槔也。互體離、兑，離，外堅中虛，瓶也。兑爲暗澤，泉口也。言桔槔引瓶下入泉口，汲水而出，井之象也。井以汲人，水无空竭，猶人君以政教養天下，惠澤无窮也。"④鄭氏就《井》卦"坎""巽"及其互體，以推演木上有水之象，其説頗入微，與《象》辭亦合。《程傳》蓋本鄭説焉，所云木器汲水，即桔槔也。丁壽昌乃謂："鄭氏桔槔之説，（則）爲水上有木，《程傳》木器（之説），亦與古人不合。"⑤誤矣。《象傳》曰："巽乎水而上水。"此卦坎爲水在

----

① 李光地：《周易折中》，卷6，葉45引。
② 丁壽昌：《易經會通・困》，卷6，葉530。
③ 郝懿行：《易説》，卷6，頁213。
④ 李鼎祚：《周易集解・井》，卷10，葉1。
⑤ 丁壽昌：《易經會通・井》，卷6，頁541。

上，巽爲木在下；又巽爲入，以木入于水而又上水，正井之象也。何爲水上有木乎？《朱子語類》云："木上有水，井。説者以爲木是汲器，則後面却有瓶，瓶自是瓦器。""只是説水之津潤上行。至那木之杪，這便（是）井水上行之象。"又云："草木之生，津潤皆上行，直至樹末，便是木上有水之義。""如菖蒲葉，每晨葉尾，皆有水如珠顆，雖藏之密室亦然，非露水也。問：如此則井（字）之義，與木上有水何預？曰：木上有水，便如（井中之水）水本在井底，却能汲上來給人之食，故取象如此。"①朱説得自然之象則有之，非所以解《井》卦之象。故丁氏云"《象傳》曰②：木上有水，不言水上行至木杪，説頗難通"③者，是也。黃東發《日鈔》云："《程傳》謂木承水而上之，乃器汲水而出井之象。晦庵謂其象只取巽入之義，若如汲水器之説，則與後面羸其瓶之義不合。木上有水者，津潤上行，露水直至樹末，此即木上有水之義。却汲上供人食用，愚按此又當從晦庵，蓋古以瓶汲，《程傳》出近世，見近世以木桶汲泉，而云木耳。"④黃以朱説爲長，亦爲曲從矣。《誠齋易傳》云："坎爲水，巽爲木。木者，汲之器也。器入水而復上水者，井之象。""韓信以木罌缶渡師，其古之汲瓶之類與。"⑤此足破黃氏之惑。

離下
兑上

**革，《象》曰：革，水火相息，二女同居，其志不相得曰革。**

《程傳》："澤火相滅息，又二女志不相得，故爲革。息爲止息，又爲生息。物止而後有生，故爲生義。革之相息，謂止息也。"

案：《程傳》是也。王弼《注》："息者，生變之謂也。火欲上而澤欲

① 黎靖德：《朱子語類》，卷 73，葉 2。
② 案：《朱子語類》"曰"字作"云"。黎靖德：《朱子語類》，卷 6，頁 540—541。
③ 丁壽昌：《易經會通·井》，卷 6，頁 541。
④ 黃震：《黃氏日鈔·讀易》，卷 6，葉 35。"木耳"，四庫本作"木爾"。
⑤ 楊萬里：《誠齋易傳·井》，卷 13，葉 7—8。

下,水火相戰而後生變者也。"虞翻曰:"息,長也。"①二説并非。丁壽昌乃謂:"《易》中'息'字,皆爲'生長'之義,此卦當同。"②是亦宗王、虞之説,有乖《彖傳》之義矣。朱子《本義》云:"以卦象釋卦名義,大略與《睽》相似。然以相違而爲《睽》,相息而爲《革》也。息,滅息也,又爲生息之義。滅息而後生息也。"此從《程傳》,甚合經恉。蓋澤水在上而火炎上,故息焉。《黄氏日鈔》云:"馬云:'息,滅也。'程、朱皆從之。蔡節齋本王弼《注》,以爲生息之息,不知水火不能相生也。程云'物止而後有生';朱云'滅息而後生息',其推演已明,蓋生息又自息滅而始也。此章本旨,正爲滅息之息。"③黄氏推闡程、朱義旨頗明切,故《誠齋易傳》云:"火逢水則滅,水逢火則竭。"④郝懿行《易説》云:"澤中有火,火耗水,水滅火,《革》之象也。"⑤其説并能發明卦象之義者。

䷱ 巽下
　　離上

**鼎,元吉亨。**

《程傳》:"以卦才言也。如卦之才,可以致元亨也。止當云元亨,文羨吉字。卦才可以致元亨,未便有元吉也。彖復止云元亨,其羨明矣。"

　　案:《程傳》是也。《彖》,《程傳》云:"五居中,而又以柔而應剛,爲得中道,其才如是,所以能元亨也。"伊川就卦才言之,與《大有》"元亨"同例。朱子《本義》云:"陰進居五,而下應九二之陽,故其占曰元

---

① 李鼎祚:《周易集解·革》,卷 10,葉 7。
② 丁壽昌:《易經會通·革》,卷 7,頁 552。
③ 黄震:《黄氏日鈔·讀易》,卷 6,葉 37—38。
④ 楊萬里:《誠齋易傳·革》,卷 13,葉 12。
⑤ 郝懿行:《易説》,卷 6,頁 215。

亨。吉，衍文也。"此從伊川者。丁壽昌《讀易會通》，以程、朱并云"吉"衍文爲非："考虞仲翔曰：柔進上行，得中應乾①五剛，故元吉亨也。"何楷鳳曰：變故成新，尤須當理。故先元吉而後亨通。注疏皆言先元吉而後乃亨，則舊本《周易》元下皆有吉字，非衍文也。《易》中《象》文有而傳文略者多矣，不得盡以爲衍文，丁説亦非。今各本《易》"元"下有"吉"字，并從舊本，而除注疏外，殆皆直曰"元亨"，無釋爲"元吉亨"者。郝懿行《易説》："鼎，餗②器也，如卦之才，可致元亨。吉，羨文也。《大有》、《鼎》皆元亨，外無餘辭。"③是其證歟。

**鼎，《象》曰：木上有火，鼎，君子以正位凝命。**

《程傳》："木上有火，以木巽火也，烹餗之象，故爲鼎。君子觀鼎之象，以正位凝命。鼎者，法象之器，其形端正，其體安重。取其端正之象，則以正其位，謂正其所居之位。君子所處必正，其小至于席不正不坐，毋跛毋倚。取其安重之象，則凝其命令，安重其命令也。凝，聚止之義，謂安重也。今世俗有凝然之語，以命令而言耳，凡動爲皆當安重也。"

案：《鼎》卦之"命"有二義：一命令，一天命是也。王弼《注》："凝者，嚴整④之貌也。鼎者，取新成變者也，革去故而鼎成新。正位者，明尊卑之序（也）。凝命者，以成教命之嚴也。"虞翻説："巽爲命。"⑤皆以爲命令，《程傳》本之，蓋讀"凝"爲庶績其凝之凝。能正位，然後能凝命也。朱子《本義》云："鼎，重器也，故有正位凝命之意。凝猶至道不凝之凝。《傳》所謂：協于上下，以承天休者也。"是以命爲天命，

---

①　案：丁壽昌《易經會通》所引虞翻之説，并未有"柔進上行，得中應乾"八字。陳延傑此引丁氏之説或約取虞翻之説而補之。見卷7，頁563。

②　"餗"，陳氏《參正》原誤作"鉉"，今依郝懿行《易説》改正。

③　郝懿行：《易説·鼎》，卷2，頁99。

④　"整"，陳氏《參正》原誤作"重"，今據臺北藝文印書館影印嘉慶二十年南昌府學重刊宋本《周易正義》改正，卷5，葉21。

⑤　李鼎祚：《周易集解·鼎》，卷10，葉14。

以位正所以凝天命也。《誠齋易傳》云："程子謂君子居處必正,命令必重,蓋取諸鼎。然又有一説焉。《革》之湯武革命,謂天命也。革以革之,必鼎以定之。《易》之凝命,即《書》之定命也。又古之傳國以鼎,猶後世之璽也。故《傳》曰:禹鑄鼎象物,其後鼎遷于商于周。又曰:武王克商,遷鼎洛邑。又,楚子問鼎于周,王孫滿對曰:周德雖衰,天命未改。鼎之輕重,未可問也。此亦正位凝命之一説。然必曰君子者,不惟其器,惟其人。故鼎以紂輕,以武重。"①楊氏以天命爲又一義,則《鼎》卦"凝命",本爲命令之命,《程傳》之説,未可廢也。

**鼎,初六,鼎顛趾,利出否,得妾以其子,无咎。**

**《象》:鼎顛趾,未悖也。利出否,以從貴也。**

《程傳》:"六在鼎下,趾之象也,上應于四,趾而向上,顛之象也。鼎覆則趾顛,趾顛則覆其實矣,非順道也。然有當顛之時,謂傾出敗惡,以致潔取新則可也。故顛趾利在于出否。否,惡也。四近君,大臣之位,初,在下之人而相應;乃上求于下,下從其上也。上能用下之善,下能輔上之爲,可以成事功,乃善道,如鼎之顛趾,有當顛之時,未爲悖理也。得妾以其子无咎,六,陰而卑,故爲妾。得妾,謂得其人也。若得良妾,則能輔助其主,使无過咎也。子,主也。以其子,致其主于无咎也。六,陰居下而卑巽從陽,妾之象也。以六上應四爲顛趾,而發此義。初六本无才德可取,故云得妾,言得其人則如是也。""鼎覆而趾顛,悖道也。然非必爲悖者,蓋有傾出否惡之時也。去②故而納新,瀉惡而受美,從貴之義也。應於四,上從於貴者也。"

案:《程傳》訓"子"爲"主",以其子,致其主於无咎,其説晦闇不彰。虞翻曰:"初陰在下,故否。利出之四,故曰利出,兑爲妻③妾,四

---

① 楊萬里:《誠齋易傳·鼎》,卷 13,葉 18。

② "去",積德堂本作"出",武英殿本作"去"。

③ 陳氏《參正》衍一"妻"字。

變得正成震，震爲長子，繼世守宗廟而爲祭主，故得妾以其子无咎矣。"①虞氏雖用互體爲說，然頗足明"得妾以其子"之義。蓋妾至賤也，義不得爲室主，而能從上者，以其子，故得貴焉。故初之應乎四，雖顛趾，而實從貴也。郝懿行《易說》曰："最在鼎下，趾也。上應九四，顛也。否，惡也。趾反向上，鼎固顛矣。然初陰无實，舊有否惡，因傾出之，反爲利也。譬如得妾本賤，以其子貴，所以无咎。"②郝氏亦不從《程傳》，而以《大傳》推演之，義甚明也。

**鼎，九二，鼎有實，我仇有疾，不我能即，吉。**
　《象》曰：鼎有實，慎所之也。我仇有疾，終无尤也。
　《程傳》："二以剛實居中，鼎中有實之象。鼎之有實，上出則爲用。二，陽剛有濟用之才，與五相應，上從六五之君，則得正而其道可亨。然與初密比，陰從陽者也。九二居中而應中，不至失正，己雖自守，彼必相求，故戒能遠之，使不來即我則吉也。仇，對也。陰陽相對之物，謂初也。相從則非正而害義，是有疾也。二當以正自守，使之不能來就己。人能自守以正，則不正不能就之矣，所以吉也。""鼎之有實，乃人之有才業也，當慎所趨向，不慎所往，則亦陷于非義。二能不暱于初，而上從六五之正應，乃是慎所之也。我仇有疾，舉上文也。我仇，對己者，謂初也。初比己而非正，是有疾也。既自守以正，則彼不能即我，所以終无過尤也。"
　案：《程傳》是也。王弼《注》："以陽之質，處鼎之中，有實者也。有實之物，不可復加，益之則溢，反傷其實。我仇，謂五也。困于乘剛之疾，不能就我，則我不溢，得全其吉也。"王氏以"我仇"指六五，謂五有乘剛之疾，故不我即，恐非是。蓋《易》例二與五相應，王云有實之鼎，不可復有所取，是《鼎》二無應也，豈《易》例也哉？郝懿行《易說》

云："井以陽剛爲泉,鼎以陽剛爲實。仇,對也,謂初也。九二剛中應五,鼎有實也。初陰小人,見其有實,必疾害之。然宵小害人,其始必陽與親就。苟二能剛中自守,使不我能即,則遠于邪惡而吉。"①郝氏以"我仇"謂初,又釋"疾"爲疾害,與《程傳》同,極合爻辭之恉。

**鼎,九四,鼎折足,覆公餗,其形渥,凶。**

《象》曰:覆公餗,信如何也?

《程傳》："四,大臣之位,任天下之事者也。天下之事,豈一人所能獨任? 必當求天下之賢智,與之協力。得其人,則天下之治,可不勞而致也。用非其人,則敗國家之事,貽天下之患。四下應于初,(初)陰柔小人,不可用者也,而四用之,其不勝任而敗事,猶鼎之折足也。鼎折足,則傾覆公上之餗。餗,鼎實也。居大臣之位,當天下之任,而所用非人,至于覆敗,乃不勝其任,可羞愧之甚也。其形渥,謂赧汗(污)也,其凶可知。《繫辭》曰:德薄而位尊,知小而謀大,力小而任重,鮮不及矣。言不勝其任也。蔽于所私,德薄知小也。""大臣當天下之任,必能成天下之治安,則不誤君上之所倚②,下民之所望,與己致身任道之志。不失所期,乃所謂信也。不然,則失其職,誤上之委任,得爲信乎? 故曰信如何也?"

案:王弼《注》："渥,沾濡之貌。既覆公餗,體爲渥沾。知小謀大,不堪其任,受其至辱,災及其身,故曰其形渥凶也。"王氏以"形渥"爲"濡沾",謂不量其力,果致凶災。《程傳》以"形渥"爲"赧汗(污)",其義大同而小異。今本李鼎祚《集解》"形"作"刑",并引虞翻曰:"兌爲刑,渥,大刑也。"③《九家易》曰:"渥者,厚大,言皐重也。既覆公餗,信有大皐,刑罰當加,无可如何也。"④朱子亦獨以"形渥"爲"刑

---

①　郝懿行:《易説·鼎》,卷2,頁99。
②　積德堂本"倚"字作"信"字。武英殿本作"倚"。
③　李鼎祚:《周易集解·鼎》,卷10,葉15引。
④　李鼎祚:《周易集解·鼎》,卷10,葉16引。

劇”，謂重刑。其説并不合爻義。龍仁夫説：“形渥，鄭、虞、晁、朱諸本作刑劓，蓋《周禮·司烜氏》：若屋誅則爲明竁。鄭（氏）注：屋即劓，謂不誅于市以適甸師，蓋重刑也。然刑劓，凶之極也。既曰刑劓，下文不應復言凶，況折足覆餗，皆初也。獨刑渥一語屬四，輒改非是。”①龍氏蓋主作“形渥”焉。郝懿行曰：“形渥，汗顏也。王弼云：體沾濡也。四亦鼎腹，有實而居上過量，滿盈將覆，又下應初陰，不勝重任，故爲鼎折其足。傾覆公②餗，四實慚報，其形渥然，凶可知。”③此本《程傳》，亦爲確解矣。蓋君子不量才分，有墮官之謗者，未嘗不生愧而汗顏者也。

## 艮下
## 艮上

**艮，六二，艮其腓，不拯其隨，其心不快。**

**《象》曰：不拯其隨，未退聽也。**

《程傳》：“六二居中得正，得止之道者也。上无應援，不獲其君矣。三居下之上，成止之主，主乎止者也，乃剛而失中，不得止之宜，剛止于上，非能降而下求，二雖有中正之德，不能從也。二之行止，係乎所主，非得自由，故爲腓之象。股動則腓隨，動止在股而不在腓也。二既不得以中正之道拯救三之不中，則必勉而隨之。不能拯而唯隨也，雖咎不在己，然豈其所欲哉？言不聽，道不行也，故其心不快，不能行其志也。士之處高位，則有拯而无隨；在下位，則有當拯，有當隨，有拯之不得而後隨。”“所以不拯之而唯隨者，在上者未能下從也。退聽，下從也。”

案：《程傳》以六二爻謂隨三，其説近是。蓋《易》例，凡下位近上

---

① 龍仁夫：《周易集傳·鼎》，卷5，葉12—13。
② “公”，陳氏《參正》原誤作“之”，今據《易説》改。
③ 郝懿行：《易説·鼎》，卷2，頁100。

爻者爲隨焉。朱子《本義》云："六二居中得正，既止其腓矣。三爲限，則腓所隨也。"亦以腓隨上體而動者也。郝懿行《易説》："《咸》、《艮》皆即人身取象，二之位腓而近股①，故以隨言，所隨謂三也。六二中正，固止于腓，然腓隨上動，不能自主。而三過剛失中，二以柔弱不能拯救而唯隨之，故其心不快"②，郝氏亦本《程傳》立説也。至若王弼《注》："隨，謂趾也。止其腓，故其趾不拯。"孔《疏》又據此推演之，有乖《易》例矣。③　丁壽昌乃反駁《程傳》云："案《象傳》云，未退聽也。若不拯而隨之，則是退聽，明與《象傳》不合，當從注疏。"④其説非是。不知退聽者，乃指九三爻而言，未能下從六二，非六二下隨初六也。

## 艮，六四，艮其身，无咎。

**《象》曰：艮其身，止諸躬也。**

《程傳》："四，大臣之位，止天下之當止者也。以陰柔而不遇剛陽之君，故不能止物，唯自止其身，則可无咎。所以能无咎者，以止於正也。言止其身无咎，則見其不能止物，施于政則有咎矣。在上位而僅能善其身，无取之甚也。""不能爲天下之止，能止于其身而已，豈足稱大臣之位也？"

案：王弼《注》："中上稱身，履得其位，止求諸身，得其所處，故不陷于咎也。"《注》意蓋謂静止其身，不爲躁⑤動焉。胡瑗説："六四出下體之上，在上體之下，是身之象也。夫人患不能自止其身，今能止

---

① 案：齊魯書社出版的郝懿行《易説》"近股"作"兼股"，不知陳氏所據版本爲何。

② 郝懿行：《易説・艮》，卷2，頁103。

③ 孔穎達《疏》曰："艮其腓，不拯其隨者，腓腸也。在足之上腓體，或屈或伸，躁動之物，腓動則足隨之，故謂足爲隨拯舉也。今既施止於腓，腓不得動，則足无拯舉，故曰：艮其腓，不拯其隨也。"卷5，葉27—28。

④ 丁壽昌：《易經會通・艮》，卷7，頁586—587。

⑤ "躁"，陳氏《參正》原誤作"譟"。

之得其道，使四肢不妄動，故无咎也。"①其説與王《注》同。《程傳》則謂在上位不能止物，唯自止其身，義與王、胡二家微異。

艮下
巽上

漸，上九，鴻漸于陸，其羽可用爲儀，吉。

《象》曰：其羽可用爲儀，吉，不可亂也。

《程傳》："安定胡公以陸爲逵，逵，雲路也，謂虚空之中。《爾雅》：九達謂之逵。逵，通達无阻蔽之義也。上九在至高之位，又益上進，是出乎位之外。在他時則爲過矣，於漸之時，居巽之極，必有其序，如鴻之離所止而飛于雲空，在人則超逸乎常事之外者也。進至于是，而不失其漸，賢達之高致也，故可用爲儀法而吉也。羽，鴻之所用進也。以其進之用，況上九進之道也。""君子之進②，自下而上，由微而著，跬步造次，莫不有序。不失其序，則无所不得其吉，故九雖窮高而不失其吉。可用爲儀法者，以其有序而不可亂也。"

案：《黄氏日鈔》云："程以儀爲儀法，恐儀法非可于鴻而言。朱以儀爲羽旄之飾，或疑亦未當于其飛（翔）而言。古注云：峨峨清遠，儀可貴也。似得飛翔③雲路之意。然朱之説，於可用字爲切，合古注與朱説參之，氣象斯可見。"④黄説近是。蓋言鴻飛于雲路，而其羽則可用爲物之儀表焉。所謂古注，即王弼《注》也。郝懿行《易説》："上與三皆處卦上，故并稱陸。先儒以爲當作逵，雲路也。最處上極，居无位之地，行迹高潔⑤，故爲鴻漸于陸，不在人境。然非爲无用，故又爲

---

① 李光地：《周易折中》，卷7，葉29引。

② 陳氏《參正》原作"道"，此處依積德堂本改。

③ 陳氏《參正》原作"飛翻"。此處依《黄氏日鈔》改。

④ 黄震：《黄氏日鈔·讀易》，卷6，葉40。

⑤ 陳氏《參正》原作"高絶"，此處依《易説》改。

其羽翼脩絜,可飾彼旌纛,用爲儀表,如是則吉。"①此以王《注》與《本義》相參而推演之,蓋本黃震説焉。

兌下
震上

**歸妹,六三,歸妹以須,反歸以娣。**

**《象》曰:歸妹以須,未當也。**

《程傳》:"三居下之上,本非賤者,以失德而无正應,故爲欲有歸而未得其歸。須,待也。待者,未有所適也。六居三,不當位,德不正也。柔而尚剛,行不順也。爲説之主,以説求歸,動非禮也。上无應,无受之者也。无所適,故須也。女子之處如是,人誰取之?不可以爲人配矣。當反歸而求爲娣媵,則可也,以不正而失其所也。""未當者,其處、其德、其求歸之道,皆不當,故无取之者,所以須也。"

案:《易》家解"須"有三義:《易》鄭《注》:"須,有才智之稱。"此其一。陸氏曰:"在天文,織女爲貴,須女爲賤。"②此其二。王弼《注》:"須,待也。"③謂:"進未值時,故有須也。不可以進,故反歸待時,以娣乃行。"此其三。然較此三義,以王《注》爲長,故《程傳》本之。《本義》云:"三陰柔而不中正,又爲説之主,女之不正,人莫之取者也。故爲未得所適,而反歸爲娣之象。或曰,須,女之賤者。"朱子蓋兼采陸、王之説焉。《周易折中》謂:"須當從《本義》賤女之解爲是。"而郝懿行又從之云:"須,待也。一曰賤女爲須。"④丁壽昌又以"王《注》謂有須不可以進。考須字古無待義","王《注》非也"⑤,此皆違爻象之義。

---

① 郝懿行:《易説·漸》,卷2,頁106。
② 郝懿行:《易説·漸》,卷2,頁107引陸氏語。
③ 案:王《注》未有"須,待也"三字,陳氏蓋揣摩其意而出之。
④ 郝懿行:《易説·歸妹》,卷2,頁107。
⑤ 丁壽昌:《易經會通·歸妹》,卷7,頁604。

蓋既爲娣媵，是已賤矣，何必更言須，女之賤也？《詩・衛風・匏有苦葉》曰"邛須我友"，豈"須"字古无"待"義耶？六三歸妹，既未得所適，故有所待，其終反歸爲人娣媵也，似當從《程傳》爲是。龍仁夫説："須，待也。""婚姻以應爻爲配偶，三无正應，是欲歸而有須待也。下卦兑體皆娣妾象，三陰不中正，説以從人，故反以娣妾而歸，非吉象。"①此根據《程傳》者。又云："《天官書》嫛四星，賤妾之稱，先儒本此以須爲妾者，非是。下云反歸以娣，則上不應複出妾義也。"此反駁朱説，亦甚當也。

䷷　艮下
　　離上

旅，初六，旅瑣瑣，斯其所取災。

《象》曰：旅瑣瑣，志窮災也。

《程傳》："六以陰柔在旅之時，處于卑下，是柔弱之人，處旅困而在卑賤，所存污下者也。志卑之人，既處旅困，鄙猥瑣細，无所不至，乃其所以致悔辱，取災咎也。瑣瑣，猥細之狀。當旅困之時，才質如是，上雖有援，无能爲也。四，陽性而離體，亦非就下者也。又在旅，與他卦爲大臣之位者異矣。""志意窮迫，益自取災也。災眚，對言則有分，獨言則謂災患耳。"

　　案：王弼《注》："最處下極，寄旅不得所安，而爲斯賤之役，所取致災，志窮且困。"王氏以"斯"字爲"厮役"，《程傳》作語辭。揆爻象之義，作語辭者是也。陸績曰："瑣瑣，小也。艮爲小石，故曰旅瑣瑣也。履非其正，應離之始，離爲火，艮爲山，以應火，災焚自取也，故曰斯其所取災也。"②此就爻體解之，義最明晰。伊川又本陸説也。蓋瑣瑣猥細鄙事，而厮賤亦寓於其中，故本爻斯字，只作"此"字解。至於"斯

---

① 　龍仁夫：《周易集傳・歸妹》，卷5，葉18。
② 　李鼎祚：《周易集解・旅》，卷11，葉17引。

賤"也,爲別一義。然王應麟、郝懿行、丁壽昌等,多從王説,以《程傳》爲非,何哉?龍仁夫説:"當旅之時,瑣瑣猥細,必无上下之交,此自取災禍之道也。"①亦以"斯"爲"此",與《程傳》同。

**旅,九三,旅焚其次,喪其童僕,貞厲。**

**《象》曰:旅焚其次,亦以傷矣,以旅與下,其義喪也。**

《程傳》:"處旅之道,以柔順謙下爲先。三剛而不中,又居下體之上,與艮之上,有自高之象。在旅而過剛自高,致困災之道也。自高則不順於上,故上不與而焚其次,失所安也。上離爲焚象,過剛則暴下,故下離而喪其童僕之貞信,謂失其心也。如此,則危厲之道也。""旅焚失其次舍,亦以困傷矣。以旅之時,而與下之道如此,義當喪也。在旅而以過剛自高待下,必喪其忠貞,謂失其心也。在旅而失其童僕之心,爲可危也。"

案:程子以"喪其童僕貞"爲一句,謂"失其心也"。此沿六二爻得童僕貞而誤也,故朱子不從之。《本義》云:"過剛不中,居下之上,故其象占如此。喪其童僕,則不止于失其心矣。故貞字連下句爲義。"朱説是也。郝懿行《易説》云九三:"旅貴柔順謙下,九三過剛不中,居下之上,亢然自高,故其象全與二反,爲旅焚其次,喪其童僕,居位雖正,所行則危,故曰貞厲。"②此從《本義》者。丁壽昌《讀易會通》云:"王《注》身危二字,即釋貞厲之義。孔《疏》云:喪其童僕之正,亦非王義也。《易》中貞厲,皆以二字連文,當從《本義》。虞仲翔曰:離爲火,艮爲童僕,三動艮壞,故焚③其次。坤爲喪,三動艮滅入坤,故喪其童僕。動而失正,故貞厲矣。是虞氏亦以貞厲爲句也。"④丁氏援證甚明確,蓋貞厲者,貞固守之,危厲之道也。

---

① 龍仁夫:《周易集傳·旅》,卷6,葉3。
② 郝懿行:《易説·旅》,卷2,頁110—111。
③ "焚",陳氏《參正》原作"喪"。
④ 丁壽昌:《易經會通·旅》,卷7,頁624—625。

旅，九四，旅于處，得其資斧，我心不快。

《象》曰：旅于處，未得位也。得其資斧，心未快也。

《程傳》：“四陽剛，雖不居中而處柔，在上體之下，有用柔能下之象，得旅之宜也。以剛明之才，爲五所與，爲初所應，在旅之善者也。然四非正位，故雖得其處止，不若二之就次舍也。有剛明之才，爲上下所與，乃旅而得貨財之資，器用之利也。雖在旅爲善，然上无剛陽之與，下唯陰柔之應，故不能伸其才，行其志，其心不快也。云我者，據四而言。”“四以近君爲當位，在《旅》，五不取君義，故四爲未得位也。曰：然則以九居四，不正，爲有咎矣。曰：以剛居柔，旅之宜也。九以剛明之才，欲得時而行其志，故雖得資斧，于旅爲善，其心志未快也。”

案：“資斧”古作“齊斧”。應劭曰：“齊，利也。”齊斧，利斧也。王弼《注》：“斧所以斫除荆棘。”又云“得其資斧之地”，并以“資斧”爲一物，甚是。《程傳》“貨財之資，器用之利”是以“資斧”爲二物，殊乖爻義矣，故《誠齋易傳》云：“得其資，而猶能富貴人，得其斧而猶能威罰人。”①此從《程傳》者。緣《程傳》所以誤者，以六二有“懷其資”之句，此又加“斧”，故以爲二物也。郝懿行説：“四又多懼之地，既是露處，須防患害，故得其所資之斧，斧取防衛，未忘戒心，故我心不快。”②此又因孔《疏》而誤也。③　李鼎祚説：“九四失位，而居艮上，艮爲山，山非平坦之地也，四體兑、巽，巽爲木，兑爲金，木貫于金，即資斧斫除荆棘之象者也。”④李説雖取互體三與五互體兑，二與四互體金，然其解“資

---

①　楊萬里：《誠齋易傳·旅》，卷 15，葉 11。

②　郝懿行：《易説·旅》，卷 2，頁 111。

③　孔穎達《疏》曰：“旅于處，得其資斧，我心不快者，九四處上體之下，不同九三之自尊。然不得其位，猶寄旅之人求其次舍，不獲平坦之所，而得用斧之地，言用斧除荆棘然後處，故曰旅于處，得其資斧也。求安處而得資斧之地，所以其心不快也。”卷 6，葉 5—6。

④　李鼎祚：《周易集解·旅》，卷 11，葉 19 引。

斧”，頗中肯綮，此有可取者。龍仁夫説：“資斧者，斧可爲資，如云以金刀爲貨耳。”“資斧語與貨貝略相似，故《旅》、《巽》通言之。或云：旅中備禦器，非是。二懷資，四資斧，義一也。”①案：龍説非是。資斧者，利斧也，可斫除荆棘，行旅以爲備禦者。今人藉以喻行旅之財貨，非謂資斧即貨貝也。

**旅，六五，射雉一矢亡，終以譽命。**

**《象》曰：終以譽命，上逮也。**

《程傳》：“六五有文明柔順之德，處得中道，而上下與之，處旅之至善者也。人之處旅，能合文明之道，可謂善矣。羈旅之人，動而或失，則困辱隨之，動而無失，然後爲善。離爲雉，文明之物。射雉，謂取則于文明之道而必合。如射雉，一矢而亡之，發无不中，則終能致譽命也。譽，令聞也。命，福禄也。五居文明之位，有文明之德，故動必中文明之道也。五，君位，人君无旅，旅則失位，故不取君義。”“有文明柔順之德，則上下與之。逮，與也。能順承於上而上與之，爲上所逮也。在②上而得乎下，爲下所上逮也。在旅而上下與之，所以致譽命也。旅者，困而未得所安之時也。終以譽命，終當致譽命也。已譽命則非旅也。困而親寡則爲旅，不必在外也。”

案：“一矢亡”，《程傳》説是。王弼《注》：“射雉以一矢而復亡之，明雖有雉，終不可得矣。”干寶亦云：“履非其位，下又無應，雖復射雉，終亦失之，故曰一矢亡也。一矢亡者，喻有損而小也。”③此并以“亡”訓“喪失”者，與此爻射雉之象不合。朱子《本義》則從《注》、《疏》之説，謂不无亡矢之費，而所喪不多，力駁《程傳》，故其《語類》云：“亡字，正如秦无亡矢遺鏃之費之亡，不是如伊川之説。”朱説誤矣。蓋射雉以一矢中者，故能獲譽命。若一矢而亡失之，則雉不可得，何終吉

① 龍仁夫：《周易集傳·旅》，卷六，葉4。
② 陳氏《參正》原作“言”，據積德堂本、武英殿本改。
③ 李鼎祚：《周易集解·旅》，卷11，葉19引。

之有？李光地説："一矢亡，謂①獲之易也。"②郝懿行亦云："雉，離象。射，謂中之。一矢亡，謂中之易也。五在《旅》卦，不取君義，以其柔順文明，故言君子所處，能中乎柔順文明之道而甚易，則雖其身尚處旅困，終必獲譽聞而被爵命也。士贄以雉，出疆載贄，有旅之義，此乃仕進之吉占。"③二説皆從《程傳》者，義甚切也。黃山谷《奉和文潛无咎詩》："晁張作薦書，射雉用一矢。"此云"用一矢"，即《程傳》發無不中也，可謂會通爻象者矣。

　　　　巽下
　　　　巽上

**巽，九二，巽在牀下，用史巫紛若，吉，无咎。**

　　《象》曰：紛若之吉，得中也。

　　《程傳》："二居巽時，以陽處陰而在下，過于巽者也。牀，人之所安。巽在牀下，是過于巽，過所安矣。人之過于卑巽，非恐怯則詔説，皆非正也。二實剛中，雖巽體而居柔，爲過于巽，非有邪心也。恭巽之過，雖非正禮，可以遠恥辱、絶怨咎，亦吉道也。史巫者，通誠意于神明者也。紛若，多也。苟至誠，安于謙巽，能使通其誠意者多，則吉而无咎，謂其誠足以動人也。人不察其誠意，則以過巽爲詔矣。""二以居柔在下，爲過巽之象，而能使通其誠意者，衆多紛然，由得中也。陽居中，爲中實之象。中既誠實，則人自當信之以誠意，則非詔畏也，所以吉而无咎。"

　　案：程以"史巫"爲通其誠意，誠則吉；朱以爲"竭誠于祭祀"之占，比而推之，《程傳》爲優。蓋此爻以人之謙巽太過，非怯則詔，惟如史巫之至誠通神，則吉而无咎，此借意于史巫言之，非真謂祭祀之吉占

---

① 李光地：《周易觀象》"謂"字作"言"，卷9，葉4。

② 李光地：《周易觀象·旅》，卷9，葉4。

③ 郝懿行：《易説·旅》"仕進"作"士進"，卷2，頁111。

也。王弼《注》："能以居中,而施至卑於神祇,而不用之于威勢,則乃至于紛若之吉,而亡其過矣。"《程傳》實出于此。丁壽昌説:"史巫紛若,《程傳》謂至誠足以動人,考史巫所以事神,非以動人,《本義》以爲祭祀之吉占是也。"①丁氏駁程從朱,亦以此爻似真若禱爾于上下神祇者,過矣。郝懿行《易説》云:"狀以安人,在狀下,非所安也。史司占筮,巫主被禳,皆達誠也。二以剛居柔,巽乎中正,勤宣政令,未敢即安,故曰巽在狀下,分命有司,布告誠信,紛然衆多,故曰用史巫紛若,如是則吉无咎。"②郝本伊川之説而推演其義,頗明曉,可謂辭達者矣。

**巽,九三,頻巽,吝。**

**《象》曰:頻巽之吝,志窮也。**

《程傳》:"三以陽處剛,不得其中,又在下體之上,以剛亢之質,而居巽順之時,非能巽者,勉而爲之,故屢失也。居巽之時,處下而上臨之以巽,又四以柔巽相親,所乘者剛,而上復有重剛,雖欲不巽,得乎?故頻失而頻巽,是可吝也。""三之才質,本非能巽,而上臨之以巽,承重剛而履剛,勢不得行其志,故頻失而頻巽,是其志窮困,可吝之甚也。"

案:王弼《注》:"頻,頻蹙不樂而窮不得已之謂也。以其剛正而爲四所乘,志窮而巽,是以吝也。"輔嗣以"頻"訓"頻顣",義似牽强。伊川則訓爲"屢",較輔嗣確當。蓋"頻巽"即"屢巽"也,故朱子《本義》從之,謂"過剛不中","非能巽者,勉爲屢失",故可吝。③ 是知此爻爲過極于巽也。《語類》云:"九三頻巽,不比頻復,復是好事,所以頻復爲

① 丁壽昌:《易經會通·巽》,卷8,頁633。
② 郝懿行:《易説·巽》,卷2,頁112。
③ 朱熹《周易本義》曰:"過剛不中,居下之上,非能巽者,勉爲屢失,吝之道也,故其象占如此。"

无咎；巽不是甚好底事，九三別無伎倆，只管今日巽了明日巽，自是可
吝。"①其説更明切矣。龍仁夫以頻巽，"非美德（也），故羞吝"②，亦依
據《程傳》，而能得爻象之旨者也。

**巽，六四，悔亡，田獲三品。**
　**《象》曰：田獲三品，有功也。**
　《程傳》："陰柔无援，而承乘皆剛，宜有悔也。而四以陰居陰，得
巽之正，在上體之下，居上而能下也。居上之下，巽於上也。以巽臨
下，巽于下也。善處如此，故得悔亡。所以得悔亡，以如田之獲三品
也。田獲三品，及于上下也。田獵之獲分三品，一爲乾豆，一供賓客
與充庖，一頒徒御。四能巽于上下之陽，如田之獲三品，謂遍及上下
也。四之地本有悔，以處之至善，故悔亡而復有功。天下之事苟善
處，則悔或可以爲功也。""巽于上下，如田之獲三品，而遍及上下，成
巽之功也。"
　案：《黃氏日鈔》云："《程傳》謂六四乘承皆剛，宜有悔，而悔亡者，
如田獲三品，遍及上下也。晦庵謂此説牽强，且當闕疑。臨川鄒氏
曰：惟悔亡，然後田獲三品也。巽若無能爲者，易于有悔。六四得巽
之正，非巽懦無立者，故悔亡。田以講武，且除苗害，興事之大者，田
而有獲，則爲有功，故《象》曰：田獲三品，有功也。愚按此説與《象》辭
相應，故録之以俟知者。"③黃氏不宗《程傳》，而以鄒説爲允，甚是。
蓋六四既非畏懦之儔，故能興事功焉。至于鄒説能本王弼《注》，云：
"雖以柔遇剛，而依尊履正，以斯行命，必能獲强暴，遠不仁者也。獲
而有益，莫善三品，故曰悔亡，田獲三品。"其説亦明切矣。郝懿行曰：
"田，況除害。獲，況興利。三品，況功多也。六四處陰履柔，非用武

①　朱熹：《朱子語類》，卷73，葉16。
②　龍仁夫：《周易集傳·巽》，卷6，葉5。
③　黃震：《黃氏日鈔·讀易》，卷6，葉41—42。

者，以其柔順乎剛，履正依尊，資其斷決，以斯行①命，必能害去利獲，令行功著，故既亡其悔，復如田獲三品然。"②此從王《注》而證成鄒氏之說者。又云："程、朱謂承乘皆剛，宜有悔，以其居陰，處上之下，故得悔亡，如田獲三品，偏及于上下。然此爻與初六對，竊意初居最下，故進退不決，四比于五，故決于進，所以悔亡。初利武人之貞，四則用武有功也。"③亦不以《程傳》爲然。六四志決于進，且能順乎剛，是以有所獲焉。《程傳》"三品"之說，與《禮》經不合。王《注》"田獲三品，一曰乾豆，二曰賓客，三曰充君之庖"，此本《王制》者，確有依據，故《本義》從之是也。

**巽，上九，巽在牀下，喪其資斧，貞凶。**

**《象》曰：巽在牀下，上窮也；喪其資斧，正乎？凶也。**

《程傳》："牀，人所安也。在牀下，過所安之義也。九居巽之極，過于巽者也。資，所有也。斧，以斷也。陽剛本有斷，以過巽而失其剛斷，失其所有，喪資斧也。居上而過巽，至于自失，在正道爲凶也。""巽在牀下，過于巽也。處卦之上，巽至于窮極也。居上而過極于巽，至于自失，得爲正乎？乃凶道也。巽本善行④，故疑之曰得爲正乎？復斷之曰：乃凶也。"

案：資斧，古本作"齊斧"。張晏曰："以整齊天下，故曰齊斧。"應劭曰："齊，利也。"蓋與"質斧"同。《程傳》謂"資，所有也；斧，以斷也"，是以"資""斧"爲二物，其失與《旅》卦同。王弼《注》："斧，所以斷者也。過巽失正，喪所以斷。故曰喪其資斧。"其說是也。胡瑗曰："斧，斤也，善于斷割，處无位之地，無剛明之才，不能斷割以自決其

---

① 　郝懿行《易説・巽》"行命"作"佈命"，卷2，頁113。
②③ 　郝懿行：《易説・巽》，卷2，頁113。
④ 　"善行"，陳氏《參正》原誤作"道行"，今據積德堂本改。

事,故凶也。"①此從王《注》者。伊川學《易》于安定,惟釋此爻與安定
異矣。龍仁夫曰:"上非无資斧者,居極巽之地,復制于陰,不能有其
有,遂喪之也。漢上朱氏以爲魯昭失國,无所竄伏之象,蓋近之。"②
説亦明晰矣。又伊川解《象傳》"正乎凶",謂"得爲正乎?乃凶也",亦
非。《本義》云:"正乎凶,言必凶。"此頗直截焉。

兑下
兑上

**兑,六三,來兑,凶。**

**《象》曰:來兑之凶,位不當也。**

《程傳》:"六三陰柔不中正之人,説不以道者也。來兑,就之求
説也。比于在下之陽,枉己非道,就以求説,所以凶也。之内爲來。
上下俱陽,而獨之内者,以同體而陰性下也,失道下行也。""自處不中
正,无與而妄求説,所以凶也。"

案:《程傳》以"來兑"爲來就于下二陽者,甚是。朱子《本義》亦從
之曰:"陰柔不中正,爲兑之主。上无所應,而反來就二陽以求説,凶
之道也。"③説亦明徹。蓋"來"讀爲"佞人來矣"之來,非正而來求説,
其邪佞可知。龍仁夫説:"自上而下曰來,凡陽喜上往,陰喜下來。三
又不中不正之陰,兼巽入體,身爲下兑之主,有來求説二陽之意,不正
甚矣,故凶。"④亦依據《程傳》者。然《周易折中》以"三居内體","非
來説于下二陽"。"凡外物之可説者,皆感之而來"。外物謂陽,以爲
陽來就陰。郝懿行亦云六三"陰柔不中正,爲兑之主。因物之來,便

①　李光地:《周易折中》,卷8,葉10引。
②　龍仁夫:《周易集傳·巽》,卷6,葉6。
③　朱熹:《周易本義·兑》,頁42。
④　龍仁夫:《周易集傳·兑》,卷6,葉6。

乃説之"①,不從程、朱之説,恐非是。《讀易會通》引惠半農曰:"六三
來兑,上六引兑,卦以三上而成,剛中柔外。柔説牽,引與牽同義,柔
道不能獨立,必附于剛,或進或退,或往或來,皆剛牽而引之,故上曰
引,三曰來。明上之引孚于五,三之來孚于二也,故二五皆稱孚,亦皆
孚于三上可知矣。八卦相蕩,故有往來。《春秋》書:佞人來。三之
來,其佞人之象乎? 案惠説可以發明爻義。孔《疏》謂三爲陽位,陰來
居之爲凶,非也。"②丁氏援證惠説,極有見地,可爲《程傳》助張目也。

## 兑,上六,引兑。

**《象》曰:上六引兑,未光也。**

《程傳》:"他卦至極則變,兑爲説極則愈説。上六成説之主,居説
之極,説不知已者也。故説既極矣,又引而長之。然而不至悔吝,何
也? 曰:方言其説不知已,未見其所説善惡也;又下乘九五之中正,无
所施其邪説。六三則承乘皆非正,是以(有)凶也③。""説既極矣,又
引而長之,雖説之(之)心不已④,而事理已過,實无所説。事之盛,則
有光輝。既極而強引之長,其无意味甚矣,豈有光也? 未,非必之辭,
《象》中多用。非必能有光輝,謂不能光也。

案:伊川釋此爻義甚晦。"引"爲牽引之義,非訓長也。王弼
《注》:"以夫陰質,最處説後,靜退者也。故必見引,然後乃説。"此最
明晢。劉牧曰:"執德不固,見誘則從,故稱引兑。"從輔嗣説也。"引
兑"者,謂上與三相引而成兑,即引誘而動者。《折中》曰:"引兑者,物
引我而去,《孟子》所謂物交物則引之而已矣。《樂記》所謂物至而人

①　郝懿行:《易説·兑》,卷2,頁115。
②　丁壽昌:《易經會通·兑》,卷8,頁640。按:"爻義"二字,《易經會通》作
"《程傳》之義"四字。
③　積德堂本作"是以有凶"。
④　積德堂本作"雖説之之心不已"。

化物(者)也。"①此蓋李光地之說,義正理當,有獨到者,較《程傳》爲優。其後郝懿行著《易說》亦本之云:"上本成兌之主,處說之極,志在說物,見誘則從,引之而去,雖不言凶,凶可知。"②亦不從《程傳》者,甚合爻旨。

坎下
巽上

渙,《彖》曰:渙亨,剛來而不窮,柔得位乎外而上同。

《程傳》:"渙之能亨者,以卦才如是也。渙之成渙,由九來居二,六上居四也。剛陽之來則不窮極于下而處得其中;柔之往,則得正位於外,而上同于五之中。巽順于五,乃上同也。四、五,君臣之位,當渙而比,其義相通,同五乃從中也。當渙之時,而守其中,則不至于離散,故能亨也。"

案:《程傳》以"卦變"釋之。此爻王《注》,亦用卦變之說。虞翻曰:"否四之二,成坎巽,天地交,故亨也。"③盧氏曰:"此本《否》卦,乾之九四,來居坤中,剛來成坎,水流而不窮。坤之六二,上升乾四,柔得位乎外,上承貴主,與上同也。"④此并以卦變釋卦辭者。至蘇東坡著《易傳》,力闢其說曰"凡《易》之所謂剛柔相易者,皆本諸乾坤也"⑤,故程子獨從之。丁壽昌曰:"《程傳》云:九來居二,六上居四,說本無弊。六十二卦,皆自乾坤而變,非《渙》自《否》而變也。"⑥是不

---

① 李光地:《周易折中》,卷8,葉10。上文劉牧語,亦見諸《周易折中》引。
② 郝懿行:《易説‧兌》,卷2,頁115。
③ 李鼎祚:《周易集解‧渙》,卷12,葉1引。
④ 李鼎祚:《周易集解‧渙》,卷12,葉1引。案:《周易集解》中"貴主"作"貴王"。
⑤ 蘇軾:《東坡易傳‧賁》,頁126。陳氏《參正》原誤作"凡《易》之所爲剛柔相易者",今據臺北成文出版社《易經集成》影印明萬曆二十五年刊《兩蘇經解》本改。
⑥ 丁壽昌:《易經會通‧渙》,卷8,頁645。

從漢儒"卦變自某卦來"之説,而一本蘇、程,有足多者。

**渙,初六,用拯馬壯,吉。**

《象》曰:初六之吉,順也。

《程傳》:"六居卦之初,渙之始也。始渙而拯之,又得馬壯,所以吉也。六爻獨初不云①渙者,離散之勢,辨之宜早,方始而拯之,則不至于渙也,爲教深矣。馬,人之所託也。託于壯馬,故能拯渙。馬謂二也。二有剛中之才,初陰柔順,兩皆无應,无應則親比相求。初之柔順,而託于剛中之才,以拯其渙,如得壯馬以致遠,必有濟矣,故吉也。渙拯于始,爲力則易,時之順也。""初之所以吉者,以其能順從剛中之才也。始渙而用拯,能順乎時也。"

　　案:虞翻曰"坎爲馬""承二故順也"②,《程傳》本此。朱子《本義》云:"初六非有濟渙之才,但能順乎九二,故其象占如此。"是程、朱皆以二爲壯馬,初能順之也。然郝氏《易説》云:"初居卦始,時未渙而急救之,故拯用馬壯則吉。以其才柔,故戒以用剛。"③郝以用壯馬爲剛,不從程、朱承二之義,亦有可通者,殆據王弼《注》而云然。王《注》:"渙,散也。處散之初,乖散未甚④,故可以游⑤行得其志而違于難也。""故曰用拯馬壯吉。""觀難而行,不與險爭,故曰順也。"輔嗣以馬之柔順而健行,故取義如此,甚合爻象之旨。

**渙,九二,渙奔其机,悔亡。**

《象》曰:渙奔其机,得願也。

《程傳》:"諸爻皆云渙,謂渙之時也。在渙離之時,而處險中,其

---

① "云",陳氏《參正》原作"言",據積德堂本改。
② 李鼎祚:《周易集解·渙》,卷12,葉2引。
③ 郝懿行:《易説·渙》,卷2,頁116。
④ "甚",陳氏《參正》原作"極",據南昌府學《重刊宋本十三經注疏》本改。
⑤ "游",陳氏《參正》原作"逝",據南昌府學《重刊宋本十三經注疏》本改。

有悔可知。若能奔就所安，則得悔亡也。机者，俯凴以爲安者也。俯，就下也。奔，急往也。二與初雖非正應，而當渙離之時，兩皆无與，以陰陽親比相求，則相賴者也。故二目初爲机，初謂二爲馬。二急就于初以爲安，則能亡其悔矣。初雖坎體，而不在險中也。或疑初之柔微，何足賴？蓋渙之時，合力爲勝。先儒皆以五爲机，非也。方渙離之時，二陽豈能同也？若能同，則成濟渙之功當大，豈止悔亡而已？机謂俯就也。""渙散之時，以合爲安。二居險中，急就于初，求安也。賴之如机，而亡其悔，乃得所願也。"

案：王弼《注》："机，承物者也，謂初也，二俱无應，與初相得，而初得散道，離散而奔，得其所安，故悔亡也。"《程傳》謂"二奔初机"，其說本輔嗣，亦言之成理者。然朱子《本義》則以二爲机，云："九而居二，宜有悔也。然當渙之時，來而不窮，能亡其悔者也，故其象占如此。蓋九奔而二机也。"此以卦變言，其說又本郭雍。雍云："九二之剛，自外來而得中，得去危就安之義，故有奔其机之象。""惟得中就安，故《象》所以言不窮。"[1]郭說以《渙》下卦本坎體，自乾四來居二，故云剛自外來。若以人事言之，是來就安處也。其義較《程傳》爲長。惠士奇說："机當作丌。丌，猶居也。剛來居二，故稱丌。《説文》（曰）：丌，下基也，所以薦物，亦居[2]之義。""卦上巽下坎。""巽風行坎水，故稱奔。剛來而不窮，有丌以薦之，故不陷于險。丌爲下基，得所凴依，如劉季入漢中，終以下基而得天下之象，不王關中而入漢中，悔也。仍從漢中還定三秦，故《象》曰得願，爻曰悔亡。二雖坎體，而互有震象，動乎險中，其義不困窮矣，悔亡得願，亦以此。"[3]惠氏就《本義》而推

---

[1]　陳氏《參正》原作"故《象傳》所以言不窮也"，今據郭雍《郭氏傳家易說》（臺北成文出版社《易經集成》影印清乾隆三十九年武英殿聚珍本，卷6，葉23）改正。

[2]　"居"，陳氏《參正》原作"丌"。

[3]　惠士奇：《易說》，臺北成文出版社《易經集成》影印清道光九年刊《皇清經解》本，頁185—186。

演之，又證之以史，俱合爻象之旨，亦有獨到者。郝氏《易説》云："机，所凴以安，謂二也。二在險中，宜有悔，以剛得中，來而不窮，去危就安。當渙之時，奔就其机，故悔亡之。"①此即從郭、朱之説者。程子謂二急就于初而以爲安，有違爻旨矣。

**渙，六三，渙其躬，无悔。**

　　**《象》曰：渙其躬，志在外也。**

　　《程傳》："三在渙時，獨有應與，无渙散之悔也。然以陰柔之質，不中正之才，上居无位之地，豈能拯時之渙而及人也？止於其身，可以无悔而已。上加渙字，在渙之時，躬无渙之悔也。""志應于上，在外也。與上相應，故其身得免于渙而无悔。悔亡者，本有而得亡；无悔者，本无也。"

　　案：王弼《注》："渙之爲義，内險而外安者也。散躬志外，不固所守，與剛合志，故得无悔也。"王説蓋謂外應上九，是能渙其躬者，此爻之旨也。《程傳》謂不能拯渙而及人，止于其身，非是。朱子《本義》云："陰柔而不中正，有私於己之象。然居陽得位，志在濟時，能散其私，以得无悔。"是不從《程傳》者。《周易折中》曰："當渙時，（則）有應于上者，忘身徇上之象也。《蹇》之二曰：王臣蹇蹇，匪躬之故。亦以當蹇難之時，而與五相應。此爻之義同之。"是能得其意者。故郝氏《易説》云："當渙時，有應于上，所當渙散其躬，忘身徇國，乃得无悔。"亦本"匪躬"爲説也。丁壽昌曰："《程傳》謂：在渙之時，躬无渙之悔。則當以渙爲一句，其躬无悔爲一句，與下渙其群、渙其血之文法，皆不合矣，故《本義》不從。"②此駁《程傳》甚是。

---

①②　　郝懿行：《易説·渙》，卷2，頁116。

渙，六四，渙其群，元吉。渙有丘，匪夷所思。

　　《象》曰：渙其群，元吉，光大也。

　　《程傳》："渙，四五二爻義相須，故通言之，《象》故曰上同也。四巽順而正，居大臣之位；五剛中而正，居君位。君臣合力，剛柔相濟，以拯天下之渙者也。方渙散之時，用剛則不能使之懷附，用柔則不足爲之依歸。四以巽順之正道，輔剛中正之君，君臣同功，所以能濟渙也。天下渙散，而能使之群聚，可謂大善之吉也。渙有丘，匪夷所思，贊美之辭也。丘，聚之大也。方渙散而能致其大聚，其功甚大，其事甚難，其用至妙。夷，平常也。非平常之見，所能思及也。非大賢智，孰能如是？""稱元吉者，謂其功德光大也。元吉光大，不在五而在四者，二爻之義通言也。於四言其施用，於五言其成功，君臣之分也。"

　　案：伊川謂"天下渙散而能使群聚"，其義乖戾不可從。王弼《注》："踰乎險難，得位體巽，與五合志。内掌機密，外宣化命者也，故能散群之險，以光其道。"王説"渙其群"者，蓋謂能爲群小散其險害，其意甚明，故胡瑗本之曰："天下之渙，起于衆心乖離，人自爲群。六四上承九五，當濟渙之任，而居陰得正，下無私應，是大臣秉大公之道，使天下之黨盡散，則天下之心，不至于乖散，而兼得以萃聚，故得盡善，元大之吉也。"①甚合爻象之旨。伊川從安定受《易》，何獨于此爻立異也？朱子《語類》曰："老蘇云：《渙》之六四曰'渙其群，元吉'。夫群者，聖人之所欲渙以混一天下者也。此説雖《程傳》有所不及，如《程傳》之説，則是'群其渙'，非'渙其群'也。蓋當人心渙散之時，各相朋黨，不能混一。惟六四能渙小人之私群，成天下之公道，此所以'元吉'也。"②朱子以六四居陰得正，又上承九五，下無應與，爲能散其朋黨之象，其説本胡安定，甚是。郝懿行《易説》亦從之，謂爲"大臣

---

　　①　李光地：《周易折中》，卷8，葉17。
　　②　黎靖德：《朱子語類》，卷73，葉18。

奉公體國，能散其群黨"①也。

**渙，上九，渙其血去逖出，无咎。**

**《象》曰：渙其血，遠害也。**

《程傳》："渙之諸爻，皆无繫應，亦渙離之象。惟上應于三，三居險陷之極，上若下從于彼，則不能出於渙也。險有傷害畏懼之象，故云血惕。然九以陽剛處渙之外，有出渙之象，又居巽之極，爲能巽順于事理，故云若能使其血去，其惕出，則无咎也。其者，所有也。渙之時，以能合爲功，獨九居渙之極，有繫而臨險，故以能出渙遠害爲善也。""若如《象》文爲渙其血，乃與屯其膏同也，義則不然。蓋血字下脫去字，血去惕出，謂能遠害則无咎也。"

案：此爻有二讀。王弼《注》："逖，遠也。最遠于害，不近侵害，散其憂傷，遠出者也。"輔嗣蓋以"渙其血"爲句，"去逖出"爲句也。虞翻說"逖，憂也"，"故其血去逖出无咎"②，此以"渙其血去"爲句也。《程傳》讀"逖"爲"惕"，以"血去逖出"連文，蓋承仲翔之說。朱子《本義》云："逖當作惕，與《小畜》六四同。言渙其血則去，渙其惕則出也。"此從《程傳》者。然俱乖爻義矣。項安世曰："上九爻辭，血與出，韻諧，皆三字成句，不以血連去字也。《小畜》之血去惕出，與此不同。此血已散，不假更去，又惕與逖，文義自殊。據《小象》言遠害也，則逖義甚明，不容作惕矣。卦中惟上九一爻，去險最遠，故其辭如此。"③項氏駁之甚切當。蓋上九處渙之極，能渙散其血，超然遠出，去坎險之害，故云"无咎"。郝懿行《易說》："逖，遠也。剛居渙極，能出乎渙，去坎甚遠，而無傷害。坎爲血卦，故渙其血也。去逖出者，遠離而去，避害全身，可以无咎。"此解爻義最爲明確。又云："程、朱皆以逖爲惕，而

① 　郝懿行：《易說·渙》，卷2，頁117。
② 　李鼎祚：《周易集解·渙》，卷12，葉4引。
③ 　李光地：《周易折中》，卷12，葉66引。

以血去逖出爲句，與《小畜》四同。然以《小象》觀之，以渙其血爲句，以遠害爲釋，恐不當易逖爲惕也。"①此就爻象之義而反駁程、朱者，其理頗正大也。

　　　　　兌下
　　　　　坎上

**節，六三，不節若，則嗟若，无咎。**

　　**《象》曰：不節之嗟，又誰咎也？**

　　《程傳》："六三不中正，乘剛而臨險，固宜有咎。然柔順而和説，若能自節而順於義，則可以无過。不然，則凶咎必至，可傷嗟也。故不節若則嗟若，己所自致，无所歸咎也。""節則可以免過，而不能自節，以致可嗟，將誰咎乎？"

　　案：王弼《注》："若，辭也。以陰處陽，以柔乘剛，違節之道，以至哀嗟，自己所致，无所怨咎，故曰无咎。"輔嗣于此"无咎"別立一例，云"无所歸咎"。《程傳》及《本義》皆從其説。張橫渠非之曰："處非其位，失節也。然能嗟其不節，則亦无咎矣。"②其義較王《注》爲明切。又云："王弼于此'无咎'，別立一例，只舊例亦可推行，但能嗟其不節，有補過之心，則亦无咎矣。"張子解"无咎"，主從舊例，甚是。《繫辭》曰："无咎者，善補過也。"諸卦爻辭，言"无咎"者，九十有九，多"補過"之辭，未嘗有破例者。王安石謂能嗟怨自治，亦无咎，其義最精。伊川勸人讀荊公《易》，獨此爻何不從之立説乎？郝懿行《易説》云："澤滿則溢，三處兌極，陰不中正，驕奢盈溢，傷材害民，不節若也。知其不節，則嗟及之。因嗟悔過，故得无咎。"③此從橫渠、荊公之説而演繹之，得其爻旨。

────────────

　　①　郝懿行：《易説·渙》，卷2，頁117。

　　②　李光地：《周易折中》，卷8，葉22引。案：此蓋《折中》約取張載《橫渠易説》語，臺北成文出版社《易經集成》影印清康熙十九年通志堂原刊本，卷2，葉43。

　　③　郝懿行：《易説·節》，卷2，頁118。

節,上六,苦節貞凶,悔亡。

《象》曰:苦節貞凶,其道窮也。

《程傳》:"上六居節之極,節之苦者也。居險之極,亦爲苦義。固守則凶,悔則凶亡。悔,損過從中之謂也。節之悔亡,與他卦之悔亡,辭同而義異也。""節既苦,而貞固守之則凶,蓋節之道,至于窮極矣。"

案:程子釋"悔亡",與他卦異。謂"悔則凶亡",非是。《繫辭》曰:"悔吝者,憂虞之象也。"上六居不失義,自無憂虞,故悔亡焉。且各家解"悔亡"皆同義,王弼《注》:"以斯修身,行在无妄,故得悔亡。"虞翻曰:"得位,故悔亡。"①朱子《本義》曰:"禮奢寧儉,故雖有悔而終得亡之。"李光地曰:"苦節者,道之窮也。不利于行,故凶;無疚于身,故悔亡。或疑上之苦節,失時之極,比二爲甚,而猶悔亡,何也? 曰:上在事外,雖道之窮,獨善其身而已,何所悔乎? 二當時用而如此,此其所以凶也。韓愈之論陽城,引《蠱》上與《蹇》二,意正若此。"②諸解皆同,并合爻之旨。李氏以《蠱》上"高尚其事"解此爻,尤爲獨到,可以得其意矣。郝懿行曰:"朱子釋貞凶,謂雖正亦凶。竊意,《象》辭:苦節不可貞,此爻當之。不可貞而貞之,故凶也。合從程子,又程子釋悔亡,與他卦異,謂悔則凶亡,朱子不從也。"③郝氏亦以程子解"悔亡"爲非是,蓋物雖不堪,于己寡過,此爻"貞凶悔亡"之旨也。

兌下
巽上

中孚,初九,虞吉,有他不燕。

《象》曰:初九,虞吉,志未變也。

《程傳》:"九當中孚之初,故戒在審其所信。虞,度也,度其可信而

---

① 李鼎祚:《周易集解·節》,卷12,葉7引。
② 李光地:《周易觀象·節》,卷9,葉19。
③ 郝懿行:《易説·節》,卷2,頁119。

後從也。雖有至信,若不得其所,則有悔咎,故虞度而後信則吉也。既得所信,則當誠一,若有他,則不得其燕安矣。燕,安裕也。有他,志不定也。人志不定,則惑而不安。初與四爲正應,四巽體而居正,无不善也。爻以謀始之義大,故不取相應之義。若用應,則非虞也。""當信之始,志未有所從,而虞度所信,則得其正,是以吉也。蓋其志未有變動,志有所從,則是變動,虞之不得其正矣。在初,言求所信之道也。"

　　案:荀爽曰:"虞,安也。"①蓋初以陽剛居下,宜安虞自守焉。禮有虞祭,亦訓安。荀氏解甚切。程子以"虞"爲"度",謂度其可信而信之,與爻象不合矣。諸家解此爻"有他",皆指上應六四而言。荀爽曰:"四者承五,有他意於四則不安,故曰有他不燕。"②李光地曰:"中孚之爻,不以相應爲善。中孚,虛也,應則有所係矣。""剛居孚初,初心不失,然上應六四,則慮爲所遷,故其占爲能安以自守則吉。若動于外而有他,則不安也。"③郝懿行亦曰"若意在應四,則有他不燕"④,并非。惠定宇曰:"初正宜應四,不得言有他,卦爻相應,情同夫婦,故非應者曰它。《柏舟》詩曰:之死矢靡它,是也。當云四絕類上,初宜安處於下則吉,若妄求他應,則志變而失所安矣。《本義》謂戒占者之辭,是也。《比》初六:有它吉,《大過》九⑤四有它吝,凡言它者,皆以過應言之。"⑥惠説是也。《比》之初六"有它"者,指應九五也。《大過》之九四"有它"者,謂應上六也。此爻之初九"有它"者,恐應六三也。《易》爻言"有它"者三,皆謂非應。丁壽昌辨之詳矣。《程傳》,《中孚》"有它",謂志不定,甚是。然窺其大意,殆亦指求孚於四焉耳。

---

① 李鼎祚:《周易集解·中孚》,卷12,葉6引。
② 李鼎祚:《周易集解·中孚》,卷12,葉10引。
③ 李光地:《周易觀象·中孚》,卷9,葉21。
④ 郝懿行:《易説·中孚》,卷2,頁119。
⑤ "九",陳氏《參正》、丁壽昌《易經會通》均誤作"初"。
⑥ 丁壽昌:《易經會通·中孚》,卷8,頁661—662。

中孚，九二，鳴鶴在陰，其子和之，我有好爵，吾與爾靡之。

《象》曰：其子和之，中心願也。

《程傳》："二剛實于中，孚之至者也①，孚至則能感通。鶴鳴于幽隱之處，不聞也，而其子相應和，中心之願相通也。好爵我有，而彼亦繫慕，説好爵之意同也。有孚于中，物无不應，誠同故也。至誠无遠近幽深之間，故《繫辭》云：善則千里之外應之，不善則千里違之，言誠通也。至誠感通之理，知道者爲能識之。""中心願，謂誠意所願也，故通而相應。"

案："其子和之"，諸家説解不同。王弼《注》："處②内而居重陰之下，而履不失中，不徇于外，任其真者也。立誠篤志③，雖在闇昧，物亦應焉，故曰：'鶴鳴在陰，其子和之'。"王安石曰："君子之言行，至誠而善，則雖在幽遠，爲己類者，亦以至誠從而應之，中孚之至也。"④二王之説，蓋謂爲同類之所應，初未明言其子爲九五、爲初九焉。《程傳》"有孚于中，物无不應，誠同故也"，本二王説而亦渾言之。朱子《本義》云："九二中孚之實，而九五亦以中孚之實應之，故有鶴鳴、子和，我爵、爾靡之象。"《誠齋易傳》從之，亦云"其子同類"⑤也，此并謂

---

① 陳氏《參正》原作"二剛實中孚之至者也"，據積德堂本改正。

② "處"，陳氏《參正》原作"居"。

③ 案：南昌府學《重刊宋本十三經注疏》本，"志"作"至"。

④ 李光地：《周易折中》，卷8，葉27引。

⑤ 楊萬里：《誠齋易傳·中孚》曰："九二以剛正誠實之德，而遇九五剛中誠實之君，進而居大臣之位，其孚何先？惟以賢事君，以心感賢乎。夫惟九二剛而不諛，正而不忌，誠實而不欺，以此號召天下之同類，是心一萌，微而章，隱而顯，群賢孰不響然而和之者？蓋有此爵禄者，我九五之君也。不私此爵禄於己，而樂與群賢共之者，九二中心之至願也。出於中心之至願，而无一毫之忌疾，同類何疑而不孚，何畏而不應乎？彼有實忌仲舒之經術，而薦之以相悍藩；不悦真卿之剛正，而薦之以使叛臣，豈中心之孚也哉！鶴，祥禽也，以喻九二之賢。在陰，以陽處陰也。其子，同類也。"卷16，葉8。

其子爲九五也。然丁壽昌則非之,曰:“九五陽剛尊位,不當稱子
也。”①張浚《紫巖易傳》曰:“二處二陰下(爲在陰),其子和之謂初。”②
《周易折中》本之云:“《易》例凡言子言童者,皆初之象,故張氏以其子
和之爲初者近是。”③“九二有剛中之實德,無應于上,而初與之同德,
故有鶴鳴子和、好爵爾靡之象。言父子,明不出户庭也;言爾我,明不
踰同類也。”郝懿行《易説》亦云:“子,謂初也。”“曰子曰爾,皆言同
類。”④此皆以其子爲初九者,三説必持之有故,言之成理,未可爲定
論焉。竊以爲《繫辭》曰“震爲長子”,此卦二至四互體爲震,爻言其子
和之,蓋指三、四兩爻;且《易》例陰陽始相應,而同類則非應,此卦初
與五皆陽爻,故與九二无應。陽倡陰和,應者其六三、六四者乎? 俟
考。龍仁夫曰:“鶴謂二,子謂三、四。”“《經》因二中實,三、四中虛,而
相孚感,故著此象。”⑤龍氏亦不主二、五者,以陰陽相感則鳴,而中孚
二、五,无鳴和象,故也。

**中孚,六三,得敵,或鼓,或罷,或泣,或歌。**
　　**《象》曰:或鼓或罷,位不當也。**

　　《程傳》:“敵,對敵也,謂所交孚者,正應上九是也。三、四皆以虛
中爲成孚之主,然所處則異。四得位居正,故亡匹⑥以從上,三不中
失正,故得敵以累志。以柔説之質,既有所繫,唯所信是從,或鼓張,
或罷廢,或悲泣,或歌樂,動息憂樂,皆繫乎所信也。唯繫所信,故未
知吉凶,然非明達君子之所爲也。”“居不當位,故無所主,唯所信是
從。所處得正,則所信有方矣。”

　　案:此爻有二解。王弼《注》:“三居少陰之上,四居長陰之下,對

　　①　丁壽昌:《易經會通·中孚》,卷8,頁661—662。
　　②③　丁壽昌:《易經會通·中孚》,卷8,頁663引。
　　④　郝懿行:《易説·中孚》,卷2,頁120。
　　⑤　龍仁夫:《周易集傳·中孚》,卷6,葉10。
　　⑥　“匹”,陳氏《參正》原誤作“四”,據積德堂本改正。

而不相比，敵之謂也。以陰居陽，欲進者也。欲進而閡敵，故或鼓也。四履正而承五，非己所克，故或罷也。不勝而退，懼見侵陵，故或泣也。四履乎順，不與物校，退而不見害，故或歌也。不量其力，進退無恒，憊可知也。"荀爽曰："三、四俱陰，故稱得也。"①此以四爲敵者。《程傳》：敵謂所交孚者，正應上九。朱子《本義》從之曰："敵謂上九，信之窮者。六三陰柔不中正，以居説極，而與之爲應，故不能自主，而其象如此。"李光地曰："不中不正，有應于上，心繫于物，而實德亡矣。"②郝懿行《易説》曰："陰柔不中正，居説極以應上九，是爲得敵。"③此皆以上爲敵者。二説相較，似王氏爲長。蓋《易》例三與上應，不可謂之敵。《中孚》惟有二陰相敵，故稱"得敵"。且六三據非其位，有疑于四，是以鼓罷泣歌，變動無常，皆爲物所誘矣。龍仁夫曰："敵，匹敵，謂六四也。""兩偶相匹，皆内無所守者。"④此亦從荀爽説者。

**中孚，六四，月幾望，馬匹亡，无咎。**

**《象》曰：馬匹亡，絶類上也。**

《程傳》："四爲成孚之主，居近君之位，處得其正，而上信之至，當孚之任者也。如月之幾望，盛之至也。（已）望則敵矣，⑤臣而敵君，禍敗必至，故以幾望爲至盛。馬匹亡，四與初爲正應，匹也。古者駕車用四馬，不能備純色，則兩服兩驂各一色，又小大必相稱，故兩馬爲匹，謂對也。馬者，行物也。初上應四，而四亦進從五，皆上行，故以馬爲象。孚道在一，四既從五，若復下繫于初，則不一而害于孚，爲有咎矣，故馬匹亡則无咎也。上從五而不繫于初，是亡其匹也。繫初則

---

① 李鼎祚：《周易集解·中孚》，卷 12，葉 10 引。
② 李光地：《周易觀彖·中孚》，卷 9，葉 22。
③ 郝懿行：《易説·中孚》，卷 2，頁 120。
④ 龍仁夫：《周易集傳·中孚》，卷 6，葉 10。
⑤ 積德堂本有"已"字。

不進,不能成孚之功也。”“絕其類而上從五也。類,謂應也。”

案:《程傳》“馬匹亡,四與初爲正應,匹也”,“上從五而不繫于初,是亡其匹也”,伊川以“馬匹亡”爲遠初之象,《本義》從之曰:“馬匹,謂初與已爲匹。四乃絕之而上,以信于五,故爲馬匹亡之象,占者如是,則无咎也。”李光地、郝懿行并以“匹”爲初九,本程、朱之説,竊以爲非是。《中孚》六三以四爲敵,六四則以三爲匹。匹,敵也,亦類也。蓋二陰爻同德,始可稱匹類。王弼《注》:“居中孚之時,處巽之始,應説之初,居正履順,以承于五,内毗元首,外宣德化者也。充①乎陰德之盛,故曰:月幾望。馬匹亡者,棄群類也。若夫居盛德之位,而與物校其競争,則失其所盛矣,故曰:絕類而上。履正承尊,不與三争,乃得无咎也。”“類謂三,俱陰爻,故曰類也。”王説是。《程傳》“月幾望”,爲上承于五,與王同旨;唯謂“類”爲“應”,指初爻,“絕類”謂“去初”,則非爻義矣。絕類者,絕三之類,不係于私,此大臣之無朋者也,誠以獲上,唯此爻足以當之。

☷☳ 艮下
震上

**小過,《象》曰:有飛鳥之象焉。**

《程傳》:“有飛鳥之象焉,此一句不類《象》體,蓋解者之辭,誤入《象》中。中剛外柔,飛鳥之象,卦有此象,故就飛鳥爲義。”

案:各家《易》説皆有此一句。宋衷曰:“二陽在内,上下各陰,有似飛鳥舒翮之象,故曰飛鳥。”②此即解釋此句者。丁壽昌云:“王《注》‘不宜上宜下,即飛鳥之象’,是輔嗣本有此句。《正義》云:‘釋不

---

① “充”,陳氏《參正》原作“光”,據南昌府學《重刊宋本十三經注疏》本改正。

② 李鼎祚:《周易集解·小過》,卷12,葉13引。

取餘物爲況①，惟取飛鳥者，以不宜上宜下，有飛鳥之象，故也。則此句非衍文矣。'"②丁氏據《注疏》而證成有此句，甚是。然尚有宋儒之說可參正者。胡瑗説："四陰在外，二陽在内，是内實外虚，故有飛鳥之象也。"③《誠齋易傳》云："内二陽，外四陰，有飛鳥舒翼之象。聖人因其飛之象，而戒其飛之過。"④此兩家并釋此句，可知其非羨文也。蓋聖人因此卦有飛鳥之象，遂繫之以辭焉。

**小過，六二，過其祖，遇其妣，不及其君，遇其臣，无咎。**

**《象》曰：不及其君，臣不可過也。**

《程傳》："陽之在上者，父之象；尊於父者，祖之象。四在三上，故爲祖。二與五居相應之地，同有柔中之德，志不從于三四，故過四而遇五，是過其祖也。五陰而尊，祖妣之象；與二同德相應，在他卦，則陰陽相求，過之時，必過其常，故異也。无所不過，故二從五，亦戒其過。不及其君遇其臣，謂上進而不陵及于君，適當臣道，則无咎也。遇，當也。過臣之分，則其咎可知。""過之時，事无不過其常，故于上進則戒及其君，臣不可過，臣之分也。"

案：此爻"祖妣"，諸家解説不同。王弼《注》："祖，始也，謂初也。妣者，居内履中而正者也。過初而履二位，故曰過其祖而遇其妣。過而不至于僭，盡于臣位而已。"是輔嗣以"祖"爲初，"妣"爲二。然祖、妣對稱，《斯干》詩"似續妣祖"，則祖非始義也。《程傳》謂"五陰而尊，祖妣之象"，甚是。唯以四爲祖，亦未有所據。龍仁夫以"《小過》二不遇九五而遇六五，乃妣象，故曰過其祖而遇其妣"，"《小過》六五，乃震

---

①　"況"，陳氏《參正》原作"説"，據《易經會通》本與南昌府學《重刊宋本十三經注疏》本改正。

②　丁壽昌：《易經會通·小過》，卷 8，頁 667。

③　李光地：《周易折中》，卷 10，葉 47 引。陳氏《參正》"二陽在内"四字，原誤作"二陰在内"。

④　楊萬里：《誠齋易傳·小過》，卷 16，葉 12。

體,震爲公侯,臣象也,故曰不及其君遇其臣。《小過》乃陰過之卦",
"遇妣遇臣",乃"過而不過之象也。六居二,蓋柔而得中,故假象如
此,宜爲无咎","《大過》☰九二應九五,爲遇祖、遇君;《小過》☶六二
應六五,爲遇妣、遇臣"①。其説甚確切,似可從。王引之説:"過,不
遇也,不及,亦不遇也,皆彼此相失之謂(也)。二與五相應,五爻若爲
陽爻,則爲祖、爲君。今六五是陰爻,則爲妣、爲臣。六二失九五之
應,而應六五,故曰'過其祖,遇其妣,不及其君,遇其臣',謂不遇其祖
而遇其妣,不遇其君而遇其臣也。《象傳》(曰):不及其君,臣不可過
也。謂己不遇其君,不可又不遇其臣也。臣不可過,乃釋經文'遇其
臣'三字。不及也、過也,皆不遇之謂也。"②王氏蓋本龍説,唯解《象》
辭"臣不可過",與諸家不同耳。丁壽昌以"王氏之説與經文胳合,上
下兩'遇'字,皆遇六五,不當解下'遇其臣'爲本爻也。五本君位,以
在小過之時,故爲妣、爲臣,此《易》之變例"③,其辯證有足多者。

**小過,九四,无咎,弗過,遇之,往厲必戒,勿用永貞。**

**《象》曰:弗過遇之,位不當也。往厲必戒,終不可長也。**

　　《程傳》:"四當小過之時,以剛處柔,剛不過也,是以无咎。既弗
過,則合其宜矣,故云遇之,謂得其道也。若往則有危,必當戒懼也。
往,去柔而以剛進也。勿用永貞,陽性堅剛,故戒以隨宜,不可固守
也。方陰過之時,陽剛失位,則君子當隨時順處,不可固守其常也。
四居高位,而无上下之交,雖比五應初,方陰過之時,彼豈肯從陽也?
故往則有厲。""位不當,謂處柔。九四當過之時,不過剛而反居柔,乃
得其宜,故曰遇之,遇其宜也。以九居四,位不當也,居柔乃遇其宜
也。當陰過之時,陽退縮自保足矣,終豈能長而過盛也? 故往則有危,

---

①　龍仁夫:《周易集傳·小過》,卷6,葉12。

②　王引之:《經義述聞·第一》,臺北:廣文書局,1963年,頁21—22。

③　丁壽昌:《易經會通·小過》,卷8,頁672。

必當戒也。長，上聲，作平聲則大失《易》意，以《夬》與《剝》，觀之可見。與《夬》之象，文同而音異也。"

案：王弼《注》："失位在下，不能過者也。以其不能過，故得合于免咎之宜，故曰：弗過遇之。"王氏以"弗過"兩字絶句，《程傳》謂弗過于剛，而適合其宜，故曰遇之。往則過，故有厲當戒。此亦以兩字絶句，蓋本輔嗣説焉。朱子《本義》云："當過之時，以剛處柔，過乎恭矣，无咎之道也。弗過遇之，言弗過于剛，而適合其宜也，往則過矣，故有厲而當戒。陽性堅剛，故又戒以勿用永貞①，言當隨時之宜，不可固守也。或曰：弗過遇之，若以六二爻例，則當如此説。若依九三爻例，則過遇當如過防之義，未詳孰是，當闕以俟知者。"朱子前説從《程傳》，或曰之説，乃以四字爲絶句，故其《語類》云："過遇，猶言加意待之也。""與九三弗過防之，文體正同。"②李光地、郝懿行皆從其説。竊以爲當依《程傳》，且玩味《象》辭，可證焉。龍仁夫説："四所以无咎者，雖弗能過極盛之陰，而與之相遇，謂上二爻也。陰陽相遇，宜有相得之理。"其解頗明晢。又云："三弗過防之，四弗過遇之，上弗遇過之，語勢并同。"③合中分兩字爲句，亦依王、程之説者，可知舊説以過遇爲義者，非也。

**小過，上六，弗遇過之，飛鳥離之，凶，是謂災眚。**

**《象》曰：弗遇過之，已亢也。**

《程傳》："六，陰而動體，處過之極，不與理遇，動皆過之，其違理過常，如飛鳥之迅速，所以凶也。離，過之遠也。是謂災眚，是當有災眚也。災者，天殃；眚者，人爲。既過之極，豈唯人眚？天災亦至，其凶可知，天理人事皆然也。""居過之終，弗遇于理而過之，過已亢極，

---

① "勿用永貞"四字，陳氏《參正》原作"毋用永貞"，今據經文改正。
② 黎靖德：《朱子語類》，卷73，葉22。
③ 龍仁夫：《周易集傳·小過》，卷6，葉12。

其凶宜也。"

案：王弼《注》："小人之過，遂至上極，過而不知限，至于亢也。過至于亢，將何所遇？飛而不已，將何所託？災[1]自己致，復何言哉？"《程傳》之義，實與之同。唯皆未明言所遇何爻焉。胡瑗説："上六過而不已，若鳥之高翔，不知所止，以至窮極而罹于凶禍，不能反于下以圖其所安，猶人之不近人情；亢己而行，故外來之災，自招之損，皆有之也。"[2]胡氏此解，較《程傳》爲切。所謂"不能反于下以圖其所安"，蓋指九三而言，以上與三剛柔相應也。《程傳》以"離"爲遠，亦非。"離"之讀如"鴻則離之"之離，謂離于網羅也。飛鳥上而不已，必離矰繳，凶可知也。此切卦象而言。《本義》云："或曰'遇過'，恐亦只當作'過遇'，義同九四，未知是否？"愚以爲非是，諸家《易》説，并以"弗遇"絕句，王引之説："上六弗遇，過之，處過之極，一无所遇，雖以可與相應者，亦必相失，故上六與九三，若可剛柔相應，而驕亢之勢已成，終于不相遇而相失也，故傳曰：弗遇過之。已亢也，過與遇相反，而曰弗過遇之、弗遇過之者，猶明與晦相反，而《明夷》之上六云：不明晦；損與益相反，而《損》之九二、上九云：弗損，益之也。"[3]王氏亦以"弗遇"句絕，且以弗遇九三爲失，甚合爻旨。丁壽昌以王説于《小過》諸爻，皆涵泳經文，確有心得，實能發前人所未發，洵不虛也。

離下
坎上

**既濟，初九，曳其輪，濡其尾，无咎。**

**《象》曰：曳其輪，義无咎也。**

---

① "災"，陳氏《參正》原作"失"，據南昌府學《重刊宋本十三經注疏》本改正。

② 李光地：《周易折中》，卷8，葉36引。

③ 王引之：《經義述聞·第一》，臺北：廣文書局，1963年，頁22。

《程傳》：“初以陽居下，上應于四，又火體，其進之志銳也。然時既濟矣，進不已，則及于悔咎，故曳其輪，濡其尾，乃得无咎。輪所以行，倒曳之使不進也。獸之涉水，必揭其尾，濡其尾則不能濟。方既濟之初，能止其進，乃得无咎，不知已，則至于咎也。”“既濟之初，而能止其進，則不至于極，其義自无咎也。”

案：曳輪、濡尾有二解。王弼《注》：“最處既濟之初，始濟者也。始濟未涉于燥，故輪曳而尾濡也。雖未造易，心无顧戀，志弃難者也。其爲義也，无所咎也。”此謂處既濟之初，志在拯難，曳其輪者，蓋行之難也。《未濟》九二“曳其輪”“中以行正也”，此爻當與之同。《程傳》以曳輪、濡尾對言，謂既濟之初，能止其進，乃得无咎。朱子《本義》亦從之曰“曳輪則車不前，濡尾則狐不濟”，此則非既濟之象，且與《未濟》九二《象》傳不合，程、朱之説，非也。《誠齋易傳》云：“初九濟難之初，將去危亂而之吉亨也。（惟）初九以剛居剛，有濟難之才，又能竭濟難之力，如良馬焉，駕大車、涉大川。”“自非竭力以曳其輪，至于濡尾而不之卹，何以能濟乎？宜其无咎也。此周公東征之事乎？”[1]楊氏解此爻，義本輔嗣，甚合爻象之旨。又以史事證之，理尤明切。

**既濟，九三，高宗伐鬼方，三年克之，小人勿用。**

**《象》曰：三年克之，憊也。**

《程傳》：“九三當既濟之時，以剛居剛，用剛之至也。既濟而用剛如是，乃高宗伐鬼方之事。高宗，必商之高宗。天下之事既濟，而遠伐暴亂也。威武可及，而以救民爲心，乃王者之事也，唯聖賢之君則可。若騁威武、忿不服、貪土地，則殘民肆欲也，故戒不可用小人。小人爲之，則以貪忿，私意也。非貪忿，則莫肯爲也。三年克之，見其勞憊之甚。聖人因九三當既濟而用剛，發此義以示人，爲法爲戒，豈淺見所能及也？”“言憊，以見其事之至難。在高宗爲之則可，无高宗之

---

①　楊萬里：《誠齋易傳·既濟》，卷16，葉19。

心,則貪忿以殃民也。"

案:《程傳》解此爻,義頗明析。蓋九陽爻,三又當陽位,故云以剛居剛也。丁壽昌謂:"《未濟》九四亦言伐鬼方,則非以剛居剛之義。"①丁說非也。蓋天下之事既濟,而猶有暴亂者,非挾重剛之資,不足以濟之,故處此爻者,當如高宗之伐鬼方,乃可濟也。若《未濟》九四,方出于險,有可濟之道,然非具剛健之才,不足以濟此艱難。以四居柔,故爲之戒,故《未濟》九四亦言伐鬼方也。二爻皆論其時,故同引高宗之事以證之。郝懿行《易説》云:"三當既濟之時,居剛用剛,如彼高宗撻伐鬼方,三年克之。"②亦從《程傳》立説焉。

**既濟,九五,東鄰殺牛,不如西鄰之禴祭,實受其福。**

**《象》曰:東鄰殺牛,不如西鄰之時也。實受其福,吉大來也。**

《程傳》:"五,中實,孚也。二,虛中,誠也,故皆取祭祀爲義。東鄰,陽也,謂五。西鄰,陰也,謂二。殺牛,盛祭也。禴,薄祭也。盛不如薄者,時不同也。二五皆有孚誠中正之德,二在濟下,尚有進也,故受福。五處濟極,无所進矣,以至誠中正守之,尚③未至于反耳。理无極而(終)不反者也。已至于極,雖善處,无如之何矣,故爻象唯言其時也。""五之才德非不善,不如二之時也。二在下,有進之時,故中正而孚,則其吉大來,所謂受福也。吉大來者,在既濟之時爲大來也,亨小、初吉是也。"

案:王輔嗣注此爻④,未明言東鄰、西鄰何所指? 僅謂"在于合

---

① 丁壽昌:《易經會通・小過》,卷8,頁682。惟陳氏《參正》"則"字原作"此"。
② 郝懿行:《易説・既濟》,卷2,頁124。
③ 積德堂本"尚"字作"苟",惟按上下文氣推斷之,宜以陳氏《參正》爲佳。
④ 王弼《注》曰:"牛,祭之盛者也。禴,祭之薄者也。居既濟之時而處尊位,物皆盛矣,將何爲焉? 其所務者,祭祀而已。祭祀之盛,莫盛脩德,故沼沚之毛、蘋蘩之菜,可羞於鬼神。故黍稷非馨,明德惟馨,是以東鄰殺牛,不如西鄰之禴祭,實受其福也。"又曰:"在於合時,不在於豐也。"《周易正義》,卷1,葉33。

時,不在於豐也",似專指九五而言。崔憬説:"五,坎爲月,月出西方,西鄰之謂也。二應在離,離爲日,日出東方,東鄰之謂也。"①此就卦體而始證成東鄰指二、西鄰指五者。于是《程傳》本之曰"東鄰,陽也,謂五;西鄰,陰也,謂二",是以東西汎言陰陽也。朱子《本義》亦從之云"東陽西陰,言九五居尊而時已過,不如六二之在下而始得時也",愚以爲程、朱皆非。東、西者,蓋彼此之詞。來知德曰:"殺牛不如禴祭者,言當既濟之終,不當侈盛,當損約也。""實受其福者,陽實陰虛。陽大陰小,《象》曰:吉大來也。大字即實字,吉字即福字;大與實皆指五也。言如此損約,則五吉而受其福矣。《泰》入《否》,聖人曰:勿恤其孚,于食有福。《既濟》將終,聖人曰:不如禴祭,實受其福,聖人之情見矣。六四不衣美衣而衣惡衣;九五不尚盛祭而尚薄祭,皆善于處終亂者也。"②來氏解"受福"專指九五,可謂入微,較程、朱義長。李光地曰:"當受報收功,極熾而豐之時,而能行恭敬、撙節、退讓、明禮之事,此其所以受福也。與《泰》三于食有福同,皆就本爻設戒爾。若以西鄰爲六二,則受福爲六二受福,《易》無此例。"③此駁《程傳》者亦當,殆據來《注》而云然歟。

䷿　坎下
　　離上

**未濟,九二,曳其輪,貞吉。**

**《象》曰:九二貞吉,中以行正也。**

《程傳》:"在他卦,九居二,爲居柔得中,无過剛之義也。于《未濟》,聖人深取卦象以爲戒,明事上恭順之道。未濟者,君道艱難之時

---

①　李鼎祚:《周易集解·既濟》,卷 12,葉 19 引。

②　來知德:《周易來注》,臺北成文出版社《易經集成》影印清朝爽堂重刊本,卷 12,葉 31。

③　李光地:《周易折中》,卷 8,葉 42。

也。五以柔處君位，而二乃剛陽之才，而居相應之地，當用者也。剛有陵柔之義，水有勝火之象。方艱難之時，所賴者才臣耳，尤當盡恭順之道，故戒曳其輪，則得正而吉也。倒曳其輪，殺其勢，緩其進，戒用剛之過也。剛過，則好犯上而順不足。唐之郭子儀、李晟，當艱危未濟之時，能極其恭順，所以爲得正而能保其終吉也。于六五，則言其貞吉、光輝，盡君道之善。于九二，則戒其恭順，盡臣道之正，盡上下之道也。”“九二得正而吉者，以曳輪而得中道，乃正也。”

　　案：丁壽昌説“《傳》云：中以行正，則非不行之謂。《程傳》云：倒曳其輪、緩其進”，“似與傳文不合”①，丁説是也。蓋曳其輪者，言其戮力靖難也。當艱危未濟之時，豈可殺其勢以敗事哉？王弼《注》：“體剛履中，而尚②應于五。五體陰柔，應與而不自任者也。居未濟之時，處險難之中，體剛中之質，而見任與、拯救危難，經綸屯塞者也。用健拯難，靖難在正而不違中，故曳其輪貞吉也。”“位雖不正，中以行正也。”此頗合爻象之旨。干寶説：“坎爲輪，離爲牛，牛曳輪。上以承五命，猶東蕃之諸侯共攻三監，以康周道，故曰貞吉也。”③令升以卦象與史事證之，亦自明晰，其意與輔嗣同。程子所引郭、李之事，殊不當也。

---

　　①　丁壽昌：《易經會通・未濟》，卷8，頁690。惟其中“則非不行之謂”一句，陳氏《參正》原作“則非不正之謂”，今據《易經會通》改正。

　　②　案：陳氏《參正》衍一“尚”字。

　　③　李鼎祚：《周易集解・未濟》，卷12，葉22引。

# 詩序解

陳延傑 著　車行健 整理

江寧陳延傑學

# 國風

周南十一篇

【關雎】　后妃之德也風之始也所以風天下而正夫婦焉.

〔案〕關雎一篇古今聚訟大抵多以為求賢妃配君子諷刺王室然終覺詩意有未能達者崔述讀風偶識謂關雎一篇言夫婦也乃君子自求良配而他人代寫其哀樂之情耳不牽涉后妃一語真千古卓識可謂能逆詩人之志者方玉潤詩經原始云風者省采自民間者若言君妃則以頌體為宜此詩蓋周邑之詠初昏者亦足以攻序說焉此詩為陜以東之風殆一初昏時抒情之俚謠而率直醇朴自

書影一

不可及周公爲東伯遂乃采其風耳若附會后妃不免學究之見何
足與言詩

【葛覃】后妃之本也后妃在父母家則志在於女功之事躬儉節用
服澣濯之衣尊敬師傅則可以歸安父母化天下以婦道也

〔案〕葛覃之詩本以歸寧而作首章寫景物即感物思親意焉次
言婦功既成可以歸矣末敍歸寧全篇意旨宛然在目此真民間詩
也小序以爲后妃之本不知何所據朱子以此詩后妃所自作亦爲
未是但以在父母家者一句爲未安而斥序之淺拙頗當方玉潤說
此亦采之民間前詠初昏此賦歸寧蓋深得詩旨者穀梁傳曰婦人
既嫁不踰竟踰竟非禮也若言后妃自作則歸寧之句不可通況禮

書影二

# 目 錄

# 導　讀<sup>*</sup>

## 一　前言

陳延傑《詩序解》始作於 1926 年，1930 年成書，1932 年由上海開明書店正式出版。① 此書顧名思義，似係針對傳統《詩經》學中極具權威地位，向來被視爲可以"該括章指"、"總測篇意"的《毛詩序》（本文簡稱《詩序》、《毛序》或《序》）②，所做的説解或解析。然而陳延傑却以爲：

> 太史公曰："《詩》三百篇，大抵聖賢發憤之所爲作也。"故《詩》可以興，可以怨。竊獨怪夫《詩》緣情若此，而世人往往不能涵泳其言外之趣者，何哉？ 蓋厄於《詩序》耳。

絲毫没有尊重《詩序》的味道，不只如此，他更聲稱：

＊　本文爲"民國時期罕傳經學論著之整理與研究：以羅倬漢、陳延傑與蘇維嶽三家之著作爲中心（Ⅱ）"（項目編號：NSC 101 - 2410 - H - 004 - 109 -）之部分研究成果。

①　陳氏自云此書"作於丙寅年，迄今歲庚午始成"。丙寅爲 1926 年，庚午爲 1930 年，則是書當成於 1930 年，遲至 1932 年方正式出版。見陳延傑：《詩序解・叙》，上海：開明書店，1932 年初版，頁 1b。

②　程大昌（1123—1195）語，見氏撰：《考古編》，收入《叢書集成新編》第 11 册，臺北：新文豐出版公司，1985 年，卷 3，頁 17。

　　　　余以詩言《詩》，不假《序》説。每治一篇，則朝夕隱几反誦，
　　如讀唐宋人詩然者，必直尋其歸趣而後已。

可見他寫作此書的目的是要直尋《詩經》的歸趣，而非僅止於對《毛
序》的説解闡析，如朱熹（1130—1200）《詩序辨説》之類的著作，雖然
朱熹的目的是欲"以大小《序》自爲一編，而辨其是非。"①
　　其所尋之《三百篇》歸趣，從該書實際内容來看，大體就是一詩的
詩旨大義，如其解《衛風·碩人》云：

　　　　此篇凡四章，首言其貴，次言其美，三章叙愛君之情，末詠河
　　之水與物，蓋思歸齊，故所望如此，大抵是詩寫婦人被棄，不安于
　　衛，故其詞凄怨，有味外味。

　　陳延傑在尋味詩篇歸趣時，雖"以詩言《詩》"，"朝夕隱几反誦"，
但仍需廣稽博取，在前人研究的基礎上，探討出合理可信的説法，如
其對《魏風·園有桃》做如此闡解：

　　　　《集傳》云："詩人憂其國小而無政，故作是詩。"蓋不從《續
　　序》刺儉之説焉。《讀風偶識》云："《園桃》乃憂時，非刺時。""《園
　　桃》所憂在國無政。"《詩古微》亦云："是興非賦，非刺儉之詩。"
　　崔、魏二説近是。此詩寫憂國之感頗沉著，殊不在《黍離》、《兔
　　爰》下，方玉潤所謂"悲愁之辭易工"者也。

　　不過，陳氏説《詩》雖"不假《序》説"，但《詩序》畢竟是《詩經》學史
中，流傳下來最早且亦最具權威的解説，對《詩經》詩旨大義的把握，

────────────

　　①　陳振孫撰，徐小蠻、顧美華點校：《直齋書録解題》，上海：上海古籍出版
社，2015 年，上册，頁 39。陳氏之説本於朱熹《詩序辨説·序》。

若完全不假借《詩序》之説，是極不切實際的。所以《詩序解》在論列三百一十一首詩篇時，其所撰述的體例亦是按照《毛詩》的編排方式，依十五《國風》、《小雅》、《大雅》與三《頌》的次第，將各詩的篇名與《小序》的文字逐一録出，在各詩的《小序》後面，加案語闡發其所直尋之詩旨歸趣，而在案語中，時可見其對《詩序》及諸家之説加以評析權衡；其個人之心得見解亦時表露於其中，此陳氏自謂"每有欣會，輒筆之於紙，又集諸家之説"也。試舉一例以觀之：

> 《江有汜》，美媵也。勤而無怨，嫡能悔過也。文王之時，江沱之間，有嫡不以其媵備數，媵遇勞而無怨，嫡亦自悔也。
>
> 案：《序》説殊非，朱子駁之曰"詩中未見勤勞無怨之意"，頗當。蓋此篇正所以寫怨也。崔述説："或果媵妾之所自作，或士不遇時者託之媵妾，以喻其意，均不可知。"此二説皆可通。《詩經原始》以爲"詩人託言棄婦，以寫其一生遭際淪落不偶之心"，得詩旨矣。

其論述模式大致如下：先列《小序》之説，案語首先否定《序》説，次引朱子辨駁《小序》之説，再引崔述（1740—1816）之説，以爲朱、崔二説皆可通。復引方玉潤（1811—1883）《詩經原始》説，以爲確得詩旨。

由於陳延傑并不完全信從《詩序》，其立説又不假《詩序》，雖然《詩序解》一書逐一引録《詩經》各篇《詩序》之説，但陳延傑并未對各詩《小序》加以疏解，無論是持正面的遵從或負面的疑廢態度；所以該書以《詩序解》命名，頗有名實不符之嫌。而從其實際表現來看，陳延傑此書反而是在進行解消《詩序》權威的作爲（見第二節），這適與民國初年所興起的"反《詩序》運動"的潮流一致。林慶彰先生曾對此運動的源起、背景和內涵做過深入的觀察，他指出：

> 晚清的今古文學之爭，康有爲以古文經爲劉歆僞造，章太炎以六經爲史料，都足以降低經書的權威性。在清末民初內外交

迫的形勢中，學者逐漸拋開今古文之爭的格局，擴大範圍來看傳統學術問題。當時的傳統學者，如劉師培等人；新文化運動者，如胡適等人，都提出整理國故的想法。胡適強調要還國故本來面目，并親自整理國故。如就《詩經》的整理來説，就是要把《詩經》從聖經的束縛中解放出來。進行的方法，先是切斷孔子與《詩經》的關係，斷定孔子并未刪詩。其次是論定《詩序》非子夏所作，與孔門無關。并指出《詩序》解釋觀點的不合理。這種批判《詩序》運動，實爲整理國故的一環。①

由此看來，陳延傑在當時撰作《詩序解》，似乎頗能反映和體現時代的風氣。

其所呈現的反《詩序》運動成果，據林先生對當時相關著作搜集與整理的心得可知，從 1923 年起，陸續有批判《詩序》文章出現，一直延續到抗戰期間，批判的文章和專著約有二十餘種。② 但這些著作大多是以專題論文的形式出現的，陳延傑的《詩序解》卻是用較傳統的表述方式，以《詩序》爲基礎，來將《詩經》三百一十一首的詩旨歸趣加以論析闡解，從而爲《詩經》學界留下一部足以代表民初時期反《詩

---

① 林慶彰：《民國初年的反詩序運動》，《中國經學研究的新視野》，臺北：萬卷樓圖書公司，2012 年，頁 221。

② 林慶彰：《民國初年的反詩序運動》，《中國經學研究的新視野》，頁 204。案：林先生係以鄭振鐸（1898—1958）於 1923 年 1 月發表在《小説月報》14 卷 1 期的《讀毛詩序》（後收入《古史辨》第三册）作爲起始的時間，因此他在《陳延傑及其詩序解》（收入《王叔岷先生學術成就與薪傳研討會論文集》，臺北：臺灣大學中國文學系，2001 年）一文中，就以 1923 年作爲批判《詩序》文章出現的起始點（頁416）。然林文中又有謂始於 1922 年者，惟未見其體佐證，今姑以 1923 年爲起始年份。相關討論又見陳文采：《清末民初詩經學史論》（臺北：花木蘭文化出版社，2007，頁 104—118、130—131）。又夏傳才（1924—2017）《二十世紀詩經學》（北京：學苑出版社，2005 年）第三章第二節亦討論反《詩序》運動，頗有襲用林先生之説者，參見頁 95—98。

序》一派的完整《詩》義説解著作。以此來看陳氏該書,此或爲其極具特色之學術表現。

## 二　《詩序解》的《詩》學立場與詮解進路

陳延傑言《詩》,既不假《序》説,復認爲世人"厄於《詩序》",故往往不能涵泳《詩》篇言外之趣。且其於《詩序》之文辭表述、傳授來歷和解《詩》效果亦多所致疑,如其於《詩序解・叙》文中云:

> 《毛序》辭平衍,又多支蔓,絶不類三代之文,其不出子夏、毛公而爲衛宏所附益者,唐人已嘗言之矣。泊宋蘇轍起,始黜《序》,鄭樵著《詩辨妄》,朱子著《集傳》,詆之尤甚。其後若吕祖謙、嚴粲、王質等,咸相與附和,大都擺落舊説,争出新意。繼而清儒崔述、方玉潤、魏源輩,又掊擊《序》不遺力。凡此諸家説《詩》,類多能以意逆志,頗見詩人趣味。雖百代之下,難以情測,然以視夫《毛序》之委曲遷就,穿鑿傅會,使《詩》之本意隱蔽不彰者,個乎遠矣。

觀此可知其蔑棄《詩序》甚矣!然而對照陳延傑於 1934 年刊於《金陵女子文理學院校刊》的《讀詩經的幾個方法》演講稿,却又發現其對《詩序》的態度似乎不甚如此決絶强烈,其云:

> 《詩經》爲無題之詩,正如《古詩十九首》及阮籍《詠懷詩》等,蓋古人作詩多先有詩而後有題,又恒以篇首二字名篇,如《關雎》、《葛覃》等是。故欲知一篇之意義如何,必先讀其詩,不可以篇名測之也。然《詩》義又可于《詩序》中得之,因《詩序》可爲《詩》之題。《詩經》之《序》決非一人所作,而《毛詩》、《詩序》與《傳》亦頗多矛盾之處,迨宋人歐陽修輩出,《毛序》遂整個被推翻矣。如《卷耳》一篇《詩序》云"后妃之志也",《傳》解"后妃爲使臣勞役而作"、《凱風》一首爲頌揚母德之辭,陶淵明爲母作傳曾引

徵之,《詩序》以爲七子之母不安於室,則荒謬極矣。《毛序》之中亦有與《詩》意相合者,讀者若能先明《毛序》而後取各家之説而參證之,自能得《詩》之要旨矣。①

從此演講稿中可以看到,陳延傑對《詩序》并非持完全蔑棄的態度,而是承認其説解中亦有與詩意相合者,因此他建議的做法是"先明《毛序》而後取各家之説而參證之"。將《詩序》作爲理解《詩》意的基礎,這個態度從今天的角度來看,算是相當平實的。

但陳延傑實際的做法又是如何呢? 根據陳文采的統計,《詩序解》對各篇詩旨的闡釋,《風》詩駁《序》者一三三篇,采《序》説者二十七篇;二《雅》駁《序》者九十六篇,采《序》説者十五篇;三《頌》駁《序》者二十二篇,采《序》説者十八篇。② 雖然陳文采没將具體駁《序》與采《序》的篇目列出來,但經覆核檢證,上述數據大致不差。由此可知,在全部三百一十一首詩中,采《序》説者總共只有六十篇,連五分之一都不到,僅占百分十九的比例。陳文采以此認爲陳延傑"對《序》説的絶大部分内容都提出了批駁"③。這個判斷應是可以成立的。

但無論是采用《序》説或反駁《序》説,在他來看,《詩序》只是理解《詩》意的一個起點。他即使肯定《詩序》的説法,也還是會再加以補充、申述,甚至修訂,并不會只滿足停留在《詩序》既有的闡説上。對他來説,對《詩序》的反思與辨析只是達到理解《詩》旨的一個必經程序和基礎罷了,解析《詩序》和理解《詩》旨可説是二而一,一而二的過程。

大體而言,陳延傑解析《序》説和理解《詩》旨的方法依據,主要就是靠著詩文内證得出的文本判斷,以及根據詩文外證所做的論證。後者細分,又有先秦兩漢典籍(包括《尚書》、《左傳》、《史記》)、漢人

---

① 陳延傑講,秀徵記:《讀詩經的幾個方法》,《金陵女子文理學院校刊》,第10期,頁9,1934年。案:本文爲陳氏應金陵女子大學國學系同學所組織之國學研究會邀請之演講,由秀徵記録。

②③ 陳文采:《清末民初詩經學史論》,頁119。

《三家詩》說和前賢《詩》說三類。這種判斷方式類似於朱熹在《詩序辨說》中所提出的兩種判斷理據，即"詩文明白，直指其事"與"證驗的切，見於書史"①。在這三類詩文外證的運用中，發揮最大作用的厥爲前賢《詩》說的參證，這正是他在《詩序解》的《叙》文明確提及所謂"集諸家之說"的撰作方式。所集諸家包括《叙》中提及的宋儒蘇轍（1039—1112）、鄭樵（1104—1162）、王質（1127—1188）、朱子、吕祖謙（1137—1181）、嚴粲（1197—?）等人，陳延傑贊美他們能"擺落舊說，爭出新意"；以及清儒崔述、魏源（1794—1857）、方玉潤等人，亦稱許他們"掊擊《序》不遺力"。他對上述諸家說《詩》的整體表現，給予"類多能以意逆志，頗見詩人趣味"的極高評價，遠勝乎《毛序》的"委曲遷就，穿鑿傅會，使《詩》之本意隱蔽不彰"。陳延傑顯然有意將他們視爲同道，繼承著他們的說《詩》路向。

　　在《詩序解》中，若將采《序》和駁《序》二種情況一起考慮，則可發現在上述諸家中，引用蘇轍說者有九處，鄭樵說者一處，朱熹說者二百一處，王質說者一百二十五處，吕祖謙說者二十處，嚴粲說者三十九處，崔述說者五十一處，魏源說者六十九處，方玉潤說者十三處。其中朱熹和王質之說占最大宗，幾乎可說構成了陳延傑說《詩》的最主要參照系統。② 此外，在其實際徵引的前賢《詩》說中，尚有《詩序解·叙》中未直接稱道的歐陽修（1007—1072，九處）、王安石（1021—1086，一處）、曹粹中（一處）、章潢（1527—1608，二處）、毛奇齡（1623—1716，二處）、王士禎（1634—1711，一處）、姚際恒（1647—約1715，二十處）、臧琳（1650—1713，一處）、陳啓源（十八處）、惠周惕

---

　　① 朱熹集撰，趙長征點校：《詩集傳》，北京：中華書局，2017 年，頁 21。
　　② 陳延傑對王質評價甚高，對其《詩》說極度贊賞，在《小明》一詩之《序》解中，誇許他說《詩》"每毅然獨出心裁，不與人雷同，妙得縣解，其堅銳之氣，究越人一等矣"。又，陳書受魏源《詩古微》的影響亦極大，除觀點論說的明襲暗用外，在《詩》學材料，尤其是所謂漢人《三家詩》遺說的徵引使用上，更有不少直接取於《詩古微》。

（一處）、戴震（1724—1777，一處）、王引之（1766—1834，一處）、胡承
珙（1776—1832，七處）、馬瑞辰（1777—1853，一處）等人。陳延傑表
現在《詩序解》中的研《詩》取徑，與其《讀詩經的幾個方法》的演講中
所提出之"讀者若能先明《毛序》而後取各家之説而參證之，自能得
《詩》之要旨矣"的主張，可謂若合符節。

　　林慶彰先生對陳延傑運用這三類詩文外證（包含《詩序》）以探求
《詩》旨的做法，提出三個面向的觀察：

　　　　其一，（陳氏認爲）《詩序》雖爲衛宏所作，所論詩旨如果合理
　　的，仍加以采用。其二，不受今古文的影響，《毛詩》屬古文，《魯
　　詩》《韓詩》屬今文，魏源《詩古微》也是今文，祇要詩旨合理的，陳
　　氏都加以采用。其三，在宋人中既引疑古派的朱熹、王質，也引
　　傳統派的嚴粲、吕祖謙。清代學者則偏重引疑古派的姚際恒、崔
　　述、方玉潤等人。由這些現象，可以得知陳延傑在考訂各詩篇詩
　　旨時，并没有漢宋學、今古文學派的意識，祇要認爲正確的，即加
　　以引用。①

由此可知，陳延傑在研治《詩經》時，并未拘執於某一特定的門户成
見，這種立場與其治《易》學的態度可説是一以貫之的。錢穆（1895—
1990）對陳氏的另一本經學專著《周易程傳參正》也有"不守門户，不
矜創獲，實事求是，不知則闕"②的評論。

　　除了詩文外證的參照論證外，陳氏探求《詩》旨的方式主要還是
從詩文本身入手，強調對詩意的正確理解和詩趣的涵泳體會。如其

---

　　①　林慶彰：《陳延傑及其詩序解》，《王叔岷先生學術成就與薪傳研討會論
文集》，頁 422—423。
　　②　錢穆爲陳延傑此書申請教育部學術審議委員會辦理之學術獎勵所撰
《審查意見表》之評語，寫作日期爲 1947 年 1 月 26 日。原件藏於南京中國第二
歷史檔案館，檔案編號：5-1360(2)。

討論《定之方中》詩旨，謂"此篇經有明文，《序》說當得實"；又謂"《葛屨》一篇，殆刺褊之作，詩中已明言之"；於《玄鳥》亦云"詩稱'武丁孫子'，則作於武丁之後者，其爲祭高宗者近是，故《序》得以爲據也"。以爲此三詩之《序》說可信，其所采取的判斷方式，即從作品詩文的內證中得到直接的證明。同樣地，他也是從詩歌文意的理解出發，來判斷《序》說之不合理，如其謂《菁菁者莪》"詩中未見有育材之義，《序》失之"，《庭燎》"詩無箴意，《序》說非是"，《蜉蝣》"《序》謂刺奢，恐未當"，《卷耳》"《序》以此詩爲后妃思念君子，恐不然"。批評《車舝》"是篇詞旨和平，無風刺之意，《序》說太迂曲矣"，《鵲巢》"《序》以爲夫人之德，意頗牽強"，《木瓜》"通篇無一語及齊桓者，《序》說殊牽合"，《駉》"詩中無務農重穀之意，《序》說殊鑿"，《鴛鴦》"《序》說殊附會"。又直斥《公劉》"《序》說殊晦"，《甫田》"《序》語太泛"，《都人士》"《序》說殊謬"，《四牡》"《序》說殊疏鄙"，《韓奕》"《序》說淺陋"，《甫田》"《小序》所說膚淺，非此詩之旨"。復以爲《卷阿》"《序》說不切"，《下泉》"《大序》疾共公侵刻，殊不得詩旨"，《東山》"《序》說似未得其旨"，《君子陽陽》"《序》說殊窒礙"，《魚麗》"《後序》內外始終之說，殊失理"，《蘀兮》"此篇謂刺忽，尤無情理"，《墻有茨》"《序》說又斥宣姜，蓋亦揣度之詞耳"。

　　不止如此，陳延傑還會從意念或情意表達的完整、豐富及深刻與否的角度，來評判《序》說。如其謂《六月》"《序》僅言北伐，猶未盡詩意"，《我行其野》"《小序》泛言之，似未能達意"，《白駒》"《序》說未必達詩人之意"。又認爲《關雎》"古今聚訟，大抵多以爲求賢妃，配君子，諷刺王室，然終覺詩意有未能達者"。更以爲《桃夭》"若如《序》說，則其意愈狹，且不知何預后妃事焉？"此外，陳延傑有時也會從詩歌創作主體與詩歌表達方式的方向進行判斷，前者如判斷《正月》"《序》以爲刺幽王，恐非詩人語氣"。後者則如謂《螽斯》之《序》"不妒忌則子孫衆多"，爲"殊不達此詩之體"。不論是對《詩序》的駁斥或對詩旨文意的理解，對陳延傑來說，基礎還是建立在對詩歌的涵泳體會

上,在論《頍弁》詩意時,他有如此的心得:

> 此詩寫王者燕兄弟親戚,其情頗相通,而優柔紆餘,甚有悲凉之概,非涵泳浸漬,何能得其意哉?

陳延傑結合詩文内部文意的理解和詩文外部典籍的參證之詮解進路,使其得以藉由對漢人《詩序》舊説反思辨證爲基礎,"先明《毛序》而後取各家之説而參證之";且進一步通過"以詩言《詩》"的方式,涵泳詩歌的言外之趣,擺脱《毛序》的權威鋼桎,"不假《序》説",直尋《三百篇》的歸趣。這種箋注方式,與他早年的《詩品注》可説是一致的,他在 1925 年寫就的《詩品注·跋》中即聲稱:

> 昔裴松之注《三國志》,劉孝標注《世説新語》,并旁稽博考,發揮妙解,且以補本書之所不及,非但釋文已也。余今所注,竊慕斯義,所以擁篲清道者,亦企望將來君子之塵躅云爾。①

《詩序解》不純然爲完整的《詩經》注釋,難以比擬裴、劉二書之注。但陳延傑所標舉的"旁稽博考,發揮妙解"的原則,依然可見其貫徹運用於《詩序解》中。

旁稽博考者,廣泛參證先儒説《詩》成果也;發揮妙解者,涵泳言外之趣,以詩言《詩》,直尋歸趣也。②

---

① 陳延傑:《詩品注·跋》,北京:人民出版社,1998 年,頁 158。案:此《跋》原爲該書 1927 年初版之書前自序,1961 年重排版將此序移至書末,改稱《跋》。
② 陳文采歸納陳延傑説《詩》原則有三:"一是駁《毛詩序》的牽强附會;二是主張三百篇皆緣情之作,當'以意逆志',涵泳言外之趣;三是取歷代反《序》論點,斟酌情理、史事,以推求最接近作詩者情意爲依歸。"(陳文采:《清末民初詩經學史論》,頁 123)論述方式雖稍有不同,但結論大體一致。

## 三　陳延傑《詩序解》對詩意的涵泳體會及其整體《詩》觀

陳延傑既持《詩》緣情説，深怪世人往往不能涵泳其言外之趣，主張以詩言《詩》，用讀唐宋人詩歌的方式，直尋《詩三百》之歸趣，冀可探求其中之"風雅餘味"，"而悠然見詩人之志"。在他看來，《詩》所緣之"情"和《三百篇》詩人所言之"志"是相同的，"情即志也"①。而"《三百篇》、《楚辭》，以及漢、魏以來各時代詩人，莫不有所感，而一發之于詩也"②。如何感？又如何發？他嘗揭櫫作詩的三個條件：

> 情、事、景是也。事者，據事直書，無所假借，凡題中所有事皆叙之。景者，即境界也。凡草木鳥獸，山水蟲魚，能迴巧獻技者，皆可資助之。所謂放之則彌六合；卷之則退藏于密者，庶幾近之。情者，詩人之懷抱也。人秉七情，應物斯感；感物吟志，莫非自然，故志即情也。《詩三百篇》，大抵聖賢發憤之所爲作也，三者缺一不可，缺則不復能成格，遑論詩乎？③

他也從這三個面向來涵泳《詩三百》之歸趣。論詩中所叙之事者，有《唐風・無衣》一詩，謂此詩"蓋詩人據事直書，而（晉武公）其惡亦自昭著于萬世者焉"。又如説《大田》，"此詩專寫農家播種西成，極閒淡有味"。對《載芟》所叙之事尤有深刻把握：

> 此詩歷言耕作之勤，收穫之豐，以及祭祀等。其間物態事情，燦然可睹，慨然想治世和樂之氣象。

---

①②　陳延傑《詩品注・總論》"故搖蕩性情，形諸舞詠"句注，見頁 6。
③　陳延傑：《論以一部論語入詩》，《斯文》，第 2 卷第 12 期（1942 年 5 月），頁 2。

　　陳延傑又常從詩畫合一的觀點，來對詩人的敘事技巧予以贊揚，如說《定之方中》"是詩寫卜築勸農情景，宛然入畫"，《良耜》"此篇寫農人冬作，情景若畫"，又論《六月》，"此詩叙吉甫盛暑出師，有栖栖不遑之勢，末言凱旋飲至，意閒而冷，真筆端之良工也"。

　　對詩境的闡述者，如謂《何草不黃》與《苕之華》"詩境并窮仄，皆近乎風者"。説《東門之墠》"造境超遠，甚有懷想之志，令人讀之，忘其淫靡矣"，《蒹葭》"寫蒹葭霜露，其境悠以遠，故反復嘆美，若不勝其驚喜之情焉，其風味固亦复絕矣"。其對《月出》詩境之抉發尤甚富美感：

　　　　蓋當皓月之際，感其所見，思而不可得，憂愁静默，託興無端，此風詩之旨焉，而意境幽峭矣。

　　對詩中情感的體會，更是陳延傑説《詩》的一大特色，如謂《邶風·柏舟》"寫婦人煩冤壹鬱之情頗沉著"（卷上，頁 11a），從《渭陽》詩中讀出其中"情意勤拳不已，自可動人，慨然想見攜手渭南之狀，蓋離思蒼然矣"（卷上，頁 45b）。但他所體會出的情感，不只是詩人在詩中所表現出來的，更有身爲讀者的陳氏在閲讀時所引發出來者，如其讀《凱風》，"寫其母劬勞困苦之狀，凄然若泣，讀此詩者，誰不爲之酸楚哉？"（卷上，頁 13a—b）讀《載馳》，"此篇寫其傷宗國之滅，苦語真情，頗微婉動聽，千載下讀之，亦不覺悲愴生于心矣"（卷上，頁 20a）。讀《白華》，"蓋此詩詞旨凄惋，情喻淵深，讀之輒令人悲咽不自已"（卷中，頁 78b）。

　　陳氏從詩歌創作的角度，認爲事、景、情，三者缺一不可，這也體現在他對《詩三百》詩意的掌握上，如謂《東門之楊》：

　　　　蓋是詩寫男女相約，昏以爲期，而女留他邑，星曉不至，詩人造此境界，足以抒情矣。

男女相約，昏以爲期，女留他邑，星曉不至，乃詩中所述之事；東門枝葉茂盛的楊樹與黃昏、星曉，皆詩中所述之景；而藉由事在景中所塑造出的整體詩境，詩中情感即由其中烘托出。又如其謂《采薇》詩意：

> 此篇寫征戍之苦，及歸途景物，淒愴動人，非身歷其境者，不能道其彷彿，殆戍役歸者所自作也。

戍者征戍及歸鄉，所叙之事也。詩人歸途所歷之景物，所造之境也。詩人所寫征戍之苦和歸途景物之淒愴動人，其情則由所叙之事和所造之境中生出也。

　　有趣的是，陳延傑在涵泳體會詩旨之餘，也常會對詩歌作品生發"反照自身"的生命存在通感，從而展現出"反身性詮釋效用"[1]，甚至做出"情境式的詮釋"。這種反身性的情境式詮釋，有針對陳延傑所身處之大時代者，如其論《王風》十篇：

> 王即東都王城，乃平王以亂徙居者，故其風多亂離之作，詞怨以怒，怊悵不已，亦可想見當世之困且散矣。蓋王室播遷，人民飄蕩，或故宮禾黍，蒿目傷懷；或征夫移軍，金閨永嘆；或隱居避亂；或遠戍不歸；又有室家相棄，流離失所，非陳詩何以寫其悲憤哉？

《詩序解》作於 1926 年至 1930 年間，但陳延傑却曾於 1924 至 1925 年間，兩度躲避軍閥戰亂，逃離南京。作於 1924 年的《甲子十月十三日自滁州避亂，乘土車行三十五里，是夕宿水口，翌日早發，行七十

---

　　① 　此概念係顏崑陽先生所提出者，參見氏撰：《生命存在的通感與政教意識型態的寄託：中國古代文學"情志批評"的"反身性詮釋效用"》，《思與言》第 53 卷第 4 期"情志批評與中國文學研究"專號，2015 年 12 月。

里,抵浦口,晚過江還家,作一首》,和作於 1925 年的《乙丑九月十八夜發板浦避兵,廿四日抵鹽城,越二日乘舟還金陵,中遭風覆舟,幾沉溺,盡然賦此》二詩①,皆述其"隱居避亂"情狀,豈其所謂"非陳詩何以寫其悲憤哉?"。

又有聚焦於其個人遭遇之小時代者,如其對下述諸詩的詮釋:

○《北門》:此篇寫窮困之狀,直無所告訴,詩殆寫苦悶者耶?

○《考槃》:此敘賢者肥遯山中,不交當世,翛然有以自樂,初與君不相涉。孔子曰:"吾于《考槃》,見遯世之士而無悶於世。"信夫! 余讀此詩,神爲之往矣。

○《汾沮洳》,魏源説:"《汾沮洳》,刺賢者不得用,用者未必賢也。'公行''公路''公族',皆貴游子弟,無功食禄,而賢者隱處沮洳之間,采蔬自給,誰知其才德高出在位之上乎?"其説本《韓詩外傳》,頗足以達意。余讀是篇,心爲之嚮往矣。

陳氏感《北門》寫窮困之狀,以爲詩寫苦悶者;又因孔子讀《考槃》見遯世之士而無悶於世,神爲之往;復因魏源説《汾沮洳》係賢者隱處,采蔬自給,而心爲之嚮往。陳氏早年詩作,常有苦吟飢貧之句,如《雨晴過田舍》有"我負窮巷居,文字愧碌碌。簞食亦不營,何以自結束? 儻遇植杖翁,躬耕山之麓"句。又如《秋夕貧居書懷》有"古簾缺月寥天碧,吾愛吾廬貧更幽"句;於《江行曉望赤壁山》發出"我爲飢所驅,栖栖羈塵鞿"之嘆;《冬月廿四日自武昌還金陵》亦自訴"我一蓬廬士,養真不待賈,頭責寒與飢,行役鄂之渚";而《雪中溪行》更苦吟"貧居莫問鎗無粥,吟雪溪頭可療飢",儼然一窮困文士。② 其詮解上述諸詩

---

① 此二詩皆見其撰《晞陽詩》,家藏手抄本。

② 《雨晴過田舍》刊於《學衡》14 期(1923 年),文苑·詩録一,頁 1。餘四詩皆收入《晞陽詩》中,創作年代在 1921 至 1925 年間。

時,或不免有自身處境及情感的投入,而產生"反身性詮釋效用"
歟?①

　　身兼詩人與詩文評家的陳延傑,論《詩經》固然重視詩歌緣情的
一面,但他亦没有忽視《三百篇》攸關政教風俗的詩用的一面。他於
1936年,應中央大學國文系同學會之邀,發表題爲"學詩之法"的演
講,完整地闡述了他的詩教觀:

　　　　清焦里堂謂詩非説理,迺在言情,此與《書》所謂"詩言志"
　　者,意正同也。蓋詩由心生,觸物而發,動於自然,感於無形,有
　　關于政教風俗者,至大且巨。世之碩彦或有未省,以詩多吟風弄
　　月之作,模山範水之什,遂詆爲小道,視若末技,從而非之,不亦
　　謬與? 旨哉孔氏之論《詩》也,其言曰:"《詩》可以興,可以觀,可
　　以群,可以怨。"……本是四者,證諸《葩經》三百,亦無不一一吻
　　合。《關雎》述淑女之配君子,《樛木》興黎民之附人君,《葛覃》黄
　　鳥之辭,或比盛德,或喻令聞,若此之屬,借物興感,或美或刺,皆
　　所謂"可以興"者是也。讀《汝墳》而識政教之暴;誦《漢廣》而知
　　世化之淳;夏日冬夜,《葛生》寫思夫之怨;御窮詒肄,《谷風》道逐
　　婦之情;《螽斯》美周室子孫之盛;《七月》述農家耕稼之勞;夷狄
　　交侵,淮土之鼓鐘不絕;兵亂相仍,室家之常道乃乖;(《中谷有

───────

　　①　陳氏的反身性詮釋行爲,在他後來的著作中仍持續有所表現,如其出版
於1938年的《張籍詩注》(上海:商務印書館),在其《序》中他自述寫作動機,云:
"籍廢于俗輩,而獨以詩名,其天將窮餓其身,思愁其心腸,而使自鳴其不平者歟?
水部詩自宋以來無注者,余頗惜之。余窮臥溪山,亦以身廢,既爲郊、島詩作注,
又感水部之寒餓,復注其詩,令後之學者,得以知其志焉。"見氏撰:《張籍詩注·
序》,臺北:臺灣商務印書館,1967年,頁1—2。陳延傑本任教於南京中央大學中
文系,卻於1936年7月被裁員,不再延聘,主其事者,系主任汪東(旭初,1890—
1963)也,此當爲陳延傑窮餓之因(參見拙作:《南雍學人陳延傑及其經學論著之
整理》)。其《序》、其《注》,迨亦有感而發,與張籍遭際適產生反照自身的生命存
在通感,而有不平之鳴也。

蓷》），黎侯興《式微》之嘆；周士有《黍離》之感；《載馳》載驅，閔
祖國之顛覆；《何草不黃》，傷宗周之漸彫；若此之屬，讀其詩而
識其國之盛衰，辨其辭而明其俗之隆殺，皆所謂"可以觀"者是
也。《鹿鳴》呦呦，嘉賓式樂；《伐木》丁丁，友生是求；《常棣》之
華，傷管蔡之失道焉；《女曰雞鳴》，警君子之好朋焉，若此之
屬，皆所謂"可以群"者是也。《伐檀》譏小人之尸位；《碩鼠》刺
有司之重斂，《節南山》見忠臣之憂世；《正月》識賢者之傷遇，而
《小雅》尤多怨誹之音，比興之辭，若此之屬，皆所謂"可以怨"者
是也。①

在他看來，這些原則不只適用於《三百篇》，"漢魏以來詩篇，亦罔不如
是"。他呼籲聽者：

　　當今神州板蕩，海內鼎沸，誠能有具此四者之詩人，出而砥
勵氣節，評隲得失，以詩作諫，以情感人，則抑亦國家人民之幸。
赴仁蹈義，願同希夫前賢；勵志篤行，是所望于諸生。②

最後總結道：

　　觀文山（案：即文天祥）、疊山（案：即謝枋得）之蹈死不悔，詩

---

　　①　陳延傑演講，尤敦誼紀録：《學詩之法》，《國風》月刊，第 8 卷第 5 期
（1936 年），頁 194—195。又此場演講彭鐸（1913—1985）亦將其重點筆記整理下
來，以《學詩之法——陳仲子先生在國文系同學會講》爲題，刊於《國立中央大學
日刊》，1936 年 4 月 28 日（1669 期，頁 3482）和 4 月 30 日（1671 期，頁 3488—
3490），可以參看。
　　②　陳延傑演講，尤敦誼紀録：《學詩之法》，《國風》月刊，第 8 卷第 5 期
（1936 年），頁 195。

教之爲力豈小也哉！①

　　整體來看，陳延傑對《詩經》的看法有重視其具有詩歌緣情本質的一面，亦有強調興觀群怨的政教致用的一面；前者可謂之"詩之體"，後者則可謂之"詩之用"。而此體用觀亦可貫徹至後世的詩歌中，因此其《詩》觀"即其"詩觀"，《詩三百》與漢魏以下詩歌原理相通一致。此所以其論《詩三百》可以用讀唐宋人詩歌的方式來"以詩言《詩》"的理論基礎。

## 四　結論

　　從陳延傑不假《詩序》，不拘執今古漢宋的門户之見，以及以詩言《詩》的説《詩》立場與進路來看，他確實較近於林慶彰先生所謂民國初年反《詩序》運動陣營的一方，而遠離强調專門之學，嚴守今古或漢宋立場的《詩經》學者。且其直尋詩之歸趣，不沾黏於名物訓詁之詮解方式，亦頗近於梁啓超（1873—1929）所謂清代獨立治《詩》三大家姚際恒、崔述和方玉潤等之《説》詩風格。②

　　陳延傑出身兩江師範學堂，嘗任教於南京中央大學中文系，與王瀣（伯沆，1871—1944）、吳梅（1884—1939）、黄侃（1886—1935）、汪辟疆（1887—1966）、胡小石（1888—1962）和汪東等人同事，同爲南雍學術的一員。一般認爲，南雍學術整體學風偏於守舊，不同於新文化運

---

　　①　陳延傑演講，彭鐸整理：《學詩之法——陳仲子先生在國文系同學會講》（續完），《國立中央大學日刊》，1936 年 4 月 30 日（1671 期），頁 3490。
　　②　見梁啓超撰：《中國近三百年學術史》，臺北：中華書局，1987 年，頁 184—185。黄忠慎《清代獨立治詩三大家研究：姚際恒、崔述、方玉潤》（臺北：五南圖書公司，2012 年）一書對此三家進行了專門深入的研究，可參看。

動者所倡導的趨新學風。① 其中黃侃與汪東皆爲章太炎（1869—
1936）門下，對國學研究和傳統文化所持之保守立場，與北方新文化
運動健將，更形成一種强烈的對比。以黃侃的治學態度而言，章太炎
在黃侃過世後曾對他做了蓋棺論定式的評論：

> 説經獨本漢唐傳注正義，讀之數周，然不欲輕著書，以爲敦
> 古不暇，無勞于自造。清世説制度者若金氏《求古録》，辨義訓者
> 若王氏《經義述聞》，陳義精審，能道人所不能道，季剛猶不好也。
> 或病其執守泰篤者，余以爲昔明清間説經者，人自爲師，無所取
> 正。元和惠氏出，獨以漢儒爲歸，雖迂滯不可通者，猶順之不改。
> 非惠氏之戀，不如是不足以斷倚魁之説也。自清末訖今幾四十
> 歲，學者好爲傀異，又過于明清間，故季剛所守視惠氏彌篤焉。
> 獨取注疏，所謂猶愈于野者也。②

黃侃於 1927 年 11 月 14 日（陽曆 12 月 7 日）的日記中，曾有如下記
録，或可印證章太炎之説：

> 講《毛詩》，以牟廷相《詩切》中諸妄説録示學士，俾知今日新
> 學小生率臆説經之不足爲奇，祇足爲戒。③

---

①　在現代中國人文學術發展過程中，以北京高校和研究機構爲主體所形
成的北方學統，和以南方江浙高校所形成的南方學統，其差異性和對立性是極爲
明顯的。相關論述可參考：彭明輝：《現代中國南方學術網絡的初始（1911—
1945）》，《臺灣政治大學歷史學報》第 29 期，2008 年；桑兵：《晚清民國的國學研
究》，上海：上海古籍出版社，2001 年，頁 49—50、76—81；桑兵：《學術江湖：晚清
民國的學人與學風》，桂林：廣西師範大學出版社，2017 年，頁 163—191；沈衛威：
《民國大學的文脉》，臺北：花木蘭文化出版社，2014。

②　章太炎：《中央大學文藝叢刊黃季剛先生遺著專號序》，收入程千帆、唐
文編：《量守廬學記》，北京：三聯書店，2006 年，頁 7。

③　黃延祖重輯：《黃侃日記》，北京：中華書局，2007 年，上冊，頁 285。

　　南雍國學的另一代表人物曲學大家吳梅，雖不以治經名世，然其日記中亦記載許多研讀經書的心得，如其於 1936 年 8 月 25 日（陽曆 10 月 10 日）記道：

　　　　取朱子《詩經集傳》讀之，至《鄭風》止。細按仍宗《小序》，惟所指淫奔諸篇，雖各有所本，愚意終覺未安。①

又其於 1935 年 8 月 28 日（陽曆 9 月 25 日）更如此記道：

　　　　與伯沉論《詩經原始》，渠竭力推服，余以爲不宗毛、鄭立說，憑臆論斷，雖所疑甚是，已開後人非聖之漸。況遠如姚際恒、崔東（璧）[壁]，近如胡適之、顧頡剛等，不主故訓，肆口武斷，我輩正不必爲之推助矣。伯沉亦知此弊，故云語語有根柢，實則亦姚氏之學而已。②

　　陳延傑治經，於《易》參正《程傳》，說《詩》不取《詩序》，獨許王質，雖云不守門户，然於漢宋學術以及敦古和趨新的學風之間，其所表現者似頗與黄侃、吳梅等南雍學術之主流人物異趣。③ 然觀其治《詩》，

──────────

　　①　王衛民編校：《吳梅全集》，日記卷下，石家莊：河北教育出版社，2002 年，頁 791—792。
　　②　王衛民編校：《吳梅全集》，日記卷下，頁 617。據向達（1900—1966）回憶："民國八、九年間，在南京聽王伯沉先生講《詩經》，往往妙緒紛綸，豁然開朗。王先生講說之餘，常提到方玉潤的《詩經原始》，稱道不置；後來在王先生那裏看到《原始》，纔明白王先生的議論全是得力於方氏的書。"見氏撰《方玉潤著述考》，《唐代長安與西域文明》，臺北明文書局翻印，1981 年，頁 579。
　　③　南雍學人對傳統國學所持之立場，亦非一律。吳梅不喜方玉潤《詩經原始》之說《詩》，與王伯沉爭論。然汪辟疆就曾在《讀書舉要》"下篇"中將方書與陳奂《詩毛氏傳疏》和朱熹《詩集傳》并舉，以爲"頗多新解"，可與其他二書"任取其一讀之"。見《汪辟疆文集》，上海：上海古籍出版社，1988 年，頁 20—21。

雖不假《序》説，却不曾廢棄孔子興觀群怨之詩教立場；又嘗力倡讀經
之重要①，與北方新文化運動之反《序》疑經，甚至及於反對以孔子爲
代表的儒家主流學術文化等之激烈主張，仍有天壤之隔。以此觀之，
陳延傑實仍近於南學而遠於北學也。

---

① 陳延傑：《大學國文教材應注重讀經》，《高等教育季刊》，第 2 卷第 3 期
（1942 年 9 月），頁 74—78。

# 整理説明

一、開明版原書已有用黑點斷句，此或爲陳延傑原有之理解原文方式，今大體沿用，惟將黑點改爲通用標點符號。既有版式、排列方式，也一體遵照，不作太大的更動。

二、原書徵引《詩經》與《詩序》文句及斷句方式，容或有與其他通行版本不同者，爲保持原書既有樣態，基本上仍大體遵用，不作更動。惟《詩經》與《詩序》文句取阮刻本覆校，標點符號則斟酌參考上海古籍出版社《十三經注疏》整理本之《毛詩注疏》(2013 年)與上海古籍出版社、安徽教育出版社《朱子全書》本(2010 年修訂本)之《詩集傳》，以及北京中華書局趙長征點校之《詩集傳》(2017 年)所附之《詩序辨説》。若有明顯舛誤或違異者，則另出校記説明。

三、書中其他徵引文獻之文句及斷句，亦皆取通行之本子覆核校對。除明顯舛誤或違異者，需另出校記説明外，大體上皆概依原書，基本不作改動，以求儘量符合原書之貌。

四、明顯的字詞譌誤、缺漏及排版造成的舛誤，皆逕予在正文中校正，原則上不另出校記。校正的方式爲加方括號[ ]標示改正後或增補的字詞，以圓括號( )標示原來訛舛的字詞。

# 叙

隋以前，《詩》齊魯韓三家之説絶，而《毛傳》孤行，經師老宿，罔不尊信《毛序》者。《毛序》辭平衍，又多支蔓，絶不類三代之文，其不出子夏、毛公而爲衛宏所附益者，唐人已嘗言之矣。洎宋蘇轍起，始黜《序》，鄭樵著《詩辨妄》，朱子著《集傳》，詆之尤甚。其後若吕祖謙、嚴粲、王質等，咸相與附和，大都擺落舊説，争出新意。繼而清儒崔述、方玉潤、魏源輩，又掊擊《序》不遺力。凡此諸家説《詩》，類多能以意逆志，頗見詩人趣味。雖百代之下，難以情測，然以視夫《毛序》之委曲遷就，穿鑿傅會，使《詩》之本意隱蔽不彰者，侗乎遠矣。太史公曰："《詩》三百篇，大抵聖賢發憤之所爲作也。"故《詩》可以興，可以怨。竊獨怪夫《詩》緣情若此，而世人往往不能涵泳其言外之趣者，何哉？蓋厄於《詩序》耳。

余以詩言《詩》，不假《序》説。每治一篇，則朝夕隱几反誦，如讀唐宋人詩然者，必直尋其歸趣而後已，雖暑雨祈寒，未或稍輟，亦實有感於心也。每有欣會，輒筆之於紙，又集諸家之説，爲《詩序解》三卷，冀可得風雅餘味，而悠然見詩人之志焉。《解》作於丙寅年，迄今歲庚午始成，爲序之以發其端云。庚午三月陳延傑。

# 詩序解卷上

## 國　風

### 周南十一篇

《關雎》，后妃之德也。《風》之始也，所以風天下而正夫婦焉。

〔案〕《關雎》一篇，古今聚訟，大抵多以爲求賢妃，配君子，諷刺王室，然終覺詩意有未能達者。崔述《讀風偶識》謂"《關雎》一篇，言夫婦也"，"乃君子自求良配，而他人代寫其哀樂之情耳"。不牽涉后妃一語，真千古卓識，可謂能逆詩人之志者。方玉潤《詩經原始》云："風者，皆采自民間者，若言君妃①，則以頌體爲宜。此詩蓋周邑之詠初昏者。"亦足以攻《序》說焉。此詩爲陝以東之風，殆一初昏時抒情之俚謠，而率直醇朴，自不可及。周公爲東伯，遂乃采其風耳。若附會后妃，不免學究之見，何足與言詩？

《葛覃》，后妃之本也。后妃在父母家，則志在於女功之事，躬儉節用，服澣濯之衣，尊敬師傅，則可以歸安父母，化天下以婦道也。

〔案〕《葛覃》之詩，本以歸寧而作。首章寫景物，蓋即感物思親意

---

① "若言君妃"句，北京中華書局李先耕點校本（1986 年）及《雲南叢書》本《詩經原始》皆作"若君妃"。

焉；次言婦功既成，可以歸矣；末叙歸寧。全篇意旨，宛然在目，此真民間詩也。《小序》以爲后妃之本，不知何所據？朱子以此詩后妃所自作，亦爲未是。但以“在父母家”者一句爲未安，而斥《序》之淺拙，頗當。方玉潤説：此亦采之民間，前詠初昏，此賦歸寧。蓋深得詩旨者。《穀梁傳》曰：“婦人既嫁不踰竟，踰竟，非禮也。”若言后妃自作，則歸寧之句不可通。況禮有后夫人親桑，不聞采葛。葛覃之刈，豈諸侯夫人事乎？以此知《序》、《傳》皆妄也。

《卷耳》，后妃之志也。又當輔佐君子，求賢審官，知臣下之勤勞，内有進賢之志，而無險詖私謁之心，朝夕思念至于憂勤也。

〔案〕《序》以此詩爲后妃思念君子，恐不然。歐陽修駁之云：婦人無外事，求賢審官，非后妃責。其説近是。朱子既斥《序》爲鑿説，云：“后妃雖知臣下之勤勞而憂之，然曰‘嗟我懷人’，則其言親暱，非后妃之所得施于使臣者矣。”駁之甚當。而又云“亦后妃所自作”，謬矣。此篇蓋民家婦女思念其夫，而形諸詠嘆者。陳啓源《毛詩稽古編》以爲婦人思夫之詩；崔述亦以《卷耳》爲婦愛夫之作，不似后妃事；方氏謂此當是婦人念夫行役而憫其勞苦之作，皆極合理。

《樛木》，后妃逮下也。言能逮下而無嫉妒之心焉。

〔案〕《集傳》謂此《序》稍平，以爲衆妾樂德之詞，亦非。《文選·寡婦賦注》言：“二草之託樛木，喻婦人之託夫家也。”此蓋寫婦人得配君子以成其德，正不必牽涉后妃，以逮下不妒爲誼焉。崔述説：“若《樛木》則未有以見其必爲女子而非男子也。玩其詞意，頗與《南有嘉魚》、《南山有臺》之詩相類；或爲群臣頌禱其君，亦未可知。”足備一説也。

《螽斯》，后妃子孫衆多也。言若螽斯不妒忌，則子孫衆多也。

〔案〕《韓詩外傳》引《螽斯》詩，言賢母能使子賢也。此蓋風人借詠螽斯，以喻周家子孫之賢者。恍然見盛世熙皞之象。《大序》謂不妒忌則子孫衆多，殊不達此詩之體。且螽斯微蟲，詩人又安能知其不妒耶？歐陽、朱子，并已譏之矣。

《桃夭》，后妃之所致也。不妒忌，則男女以正，婚姻以時，國無鰥民也。

〔案〕《韓詩外傳》：《桃夭》，美嫁取及時也。甚合詩旨。故方氏謂此亦詠新昏詩也。若如《序》說，則其意愈狹，且不知何預后妃事焉？朱子亦攻之。此篇造詞頗清麗，而其意又遠，讀之猶可想見古初風俗之醇也已。

《兔罝》，后妃之化也。《關雎》之化行，則莫不好德，賢人衆多也。

〔案〕此篇又牽涉后妃，殊無理，故朱子亦云此《序》首句非是也。《文選注》引《三家詩》，以爲殷紂時，賢人退于山林，網禽獸而食之，故《兔罝》之詩作。《鹽鐵論》亦云：《兔罝》之詩，刺紂時所任小人，非干城腹心。并較《序》說義長。蓋寫賢才不登于王廷，而終身淪棄于山澤者，意在言外也。崔述以此篇似有惋惜之意，殊不類盛世之音，武夫難以逢世，故詩人惜之曰：此林中之施兔罝者，其才皆公侯之干城腹心也。得詩旨矣。

《芣苢》，后妃之美也。和平，則婦人樂有子矣。

〔案〕《序》說殊悠謬，且于后妃何預焉？《毛傳》：芣苢，車前也，宜懷任焉。姚際恒駁之，謂車前非宜男草。據此知《序》之非。《列女傳》：《芣苢》，蔡人之妻作。宋人之女，既嫁于蔡，夫有惡疾，其母將改嫁之。女曰：夫不幸，乃妾之不幸也。夫采采芣苢之草，雖其臭惡，猶始于将采之，終于懷擷之，浸以日親，况夫婦乎？乃作《芣苢》之詩。此《魯詩》說也。《文選注》引《韓詩》：《芣苢》，傷夫有惡疾也。薛君曰：芣苢，澤瀉也，臭惡之草，詩人傷其君子有惡疾，發憤而作。并與

詩旨合,反復諷誦,誠有足興感者。(《詩古微》:陶宏景《別録》云:澤
瀉生汝南蔡地,正足徵韓義之確。)

《漢廣》,德廣所及也。文王之道,被于南國,美化行乎江漢之域,
無思犯禮,求而不可得也。

〔案〕《文選·七啓注》引《韓詩序》曰:"《漢廣》,悦人也。"又《琴賦
注》引《薛君章句》曰:"游女,漢神也。言漢神時見,不可求而得之。"
魏源據此説,以爲"'喬木''漢女'①,二皆比興,如《楚詞》之'湘君'
'湘夫人',皆江漢典故,傳自上古,詩人以比貞静之女,可望不可即。
上章'游女'是興,下章'之子'是賦,不可即以'游女'爲'之子'。"此亦
有可取者。崔述説:"此詩乃周衰時作,雖不能閑于理,而尚未敢大潰
其防,猶有先王之遺澤焉。以爲文王之世,失之遠矣。"其攻《序》亦甚
是。此爲男悦貞女者所作,又以禮自防,所謂發乎情,止乎義者,庶幾
《國風》好色不淫之旨焉。

《汝墳》,道化行也。文王之化,行乎汝墳之國,婦人能閔其君子,
猶勉之以正也。

〔案〕《韓詩故》:《汝墳》,辭家也,思親之詩。《薛君章句》曰:以王
室政教如烈火矣,猶冒觸而仕者,以父母迫近飢寒之憂,爲此禄仕。
《魯詩故》:《汝墳》,周南大夫妻作,言國家多難,惟勉强之,無有譴怒,
遺父母憂。此二説爲《箋》義所本,甚合詩旨。且王肅、孫毓述毛,并
謂大夫行役,其妻所作,是《毛詩》亦有本三家者。後儒以詩在《周
南》,當美文王,謬矣。又況岐周去汝墳何啻千里,不可謂邇焉。是篇
寫婦人離思之深,猶能勉其君子以忠孝,信所謂《北門》大夫之妻,不
及《汝墳》之婦人者矣。

---

《麟之趾》,《關雎》之應也。《關雎》之化行,則天下無犯非禮,雖衰世之公子,皆信厚如《麟趾》之時也。

〔案〕此篇詠周國公族,皆有盛世之休祥,又何與乎《關雎》之應也?且未必在文王時。崔述説:"《麟趾》一篇","而以'公子'屬之衰世,則非是。此篇極言仁厚之德浹于子姓,非極盛之世不能,安得反謂之衰?其所云'無犯非禮'者,語亦殊淺"。其攻之頗是。

以上《周南》詩凡十有一篇。《小序》章章多歸美后妃,似《周南》諸篇,皆爲后妃作,信方玉潤所謂直可曰《周頌》曰《太姒頌》者也。《集傳》以爲首五詩,皆言后妃之德,以《桃夭》以下諸詩,皆言文王風化之事。是《周南》又一似專美文王后妃也者,其亦誤矣。崔述説:《關雎》三篇,立夫婦之準;《樛木》兩篇,通上下之情,非盛治之世,烏能若是。《桃夭》祝婦宜家,淳風未改,爲盛世之詩無疑。《兔罝》賢才在野,已由盛之衰矣。其《喬木》、《汝墳》,顯然衰世之音。《周南》固非一世詩,概訓以爲文王之化,失之遠矣。以此推之,則各篇意旨,皆可直尋。若一牽涉文王后妃,則往往有窒礙難通者。崔氏可謂善讀《詩》者矣。竊意《周南》各什,皆周人自詠其里巷歌謠之作,所謂發情止義者,蓋一國之風也。周地濱雍州岐山之陽,且及乎江漢之間,其氣蔽塞,故其爲詩也,多含蓄演迤和平中正之音,不涉于侈靡,季札謂"勤而不怨者",庶幾近之。

## 召南十四篇

《鵲巢》,夫人之德也。國君積行累功,以致爵位,夫人起家,而居有之,德如鳲鳩,乃可以配焉。

〔案〕《序》以爲夫人之德,意頗牽強。此蓋寫女子于歸,禮甚隆重,于以使其内助,毋愧婦職焉耳。鵲鳩殊種,所以喻二姓之好者,崔述斷此詩爲言初昏者近是。姚際恒説:"此詩之意,其言鵲、鳩者,以鳥之異類,況人之異類也。其言巢與居者,以鳩之居鵲巢,況女之居男室也。"可謂善説詩者,正不必附會德如鳲鳩焉。

《采蘩》,夫人不失職也。夫人可以奉祭祀,則不失職矣。

《采蘋》,大夫妻能循法度也。能循法度,則可以承先祖、共祭祀矣。

〔案〕《采蘩》詩,毛鄭皆主祭祀,言甚是。朱子既從《序》説,又以爲親蠶事,則岐矣。《采蘋》篇,毛鄭皆以爲教成之祭,曰季女者,所以成其婦禮也。據此則非大夫妻明矣。《序》于《召南》,章章多牽合諸侯夫人及大夫妻,殊近附會。崔述説:"《采蘩》、《采蘋》","所以教女子使重宗廟也"。言簡而賅。蓋此二詩所叙,不過蘋蘩以及享奠等事,而祭祀之誠,亦可以言外見之,其意深遠矣。

《齊詩傳》:《鵲巢》、《采蘩》、《采蘋》,皆康王時詩(見《詩考》引晁氏)。《讀風偶識》:"《鵲巢》三篇皆燕射時所歌,當爲成周盛時所作。"以此推之,可證其不在文王之世。崔述又云:"按《采蘋》一篇,《齊詩》在《草蟲》前,今《毛詩》則在《草蟲》後。據《禮·燕》、《射》篇文,笙入,立于縣中,北面,乃合樂《周南·關雎》、《葛覃》、《卷耳》;《召南·鵲巢》、《采蘩》、《采蘋》。'則是《采蘋》當與《鵲巢》、《采蘩》相屬,不當反在《草蟲》後。《齊詩》之次是也,《毛詩》誤矣。"其考訂甚確。

《草蟲》,大夫妻能以禮自防也。

〔案〕《序》説非是,故朱子駁之云:"未見以禮自防之意也。"《集傳》以爲"大夫行役在外,其妻獨居,感時物之變,而思其君子如此",意頗當。

《甘棠》,美召伯也。召伯之教,明於南國。

〔案〕《魯詩故》:召公巡行鄉邑,有棠樹,決獄政事其下,自侯伯至庶人,各得其所,無失職者。召公卒,而民人思召公之政,懷棠樹不敢伐,歌詠之,作《甘棠》之詩(見《史記·燕世家》)。此解詩意最明白,爲《鄭箋》所本,朱子《集傳》亦本之立説。蓋此詩乃召公既殁之後,百姓思慕而作之者也。《讀風偶識》謂："召公没于康王之世，則此詩作于康、昭之際。"其説近是。睹樹思人，信可以風矣。

《行露》，召伯聽訟也。衰亂之俗微，貞信之教興，强暴之男，不能侵陵貞女也。

〔案〕《魯詩故》：申女既嫁于酆，夫家禮不備，而欲迎之，女不行，夫家訟之于理，致之于獄，故女作此詩（見《詩考》引《列女傳》）。此頗合詩旨。《序》説召伯聽訟，恐非。崔述説："此篇在《甘棠》之後，召伯既殁，《甘棠》乃作，則此必非文王時詩。"亦其一證焉。此詩寫女子守貞不阿，誠有如《詩》所謂"誠不以富，亦祗以異"者，詩人信可言志矣。

《羔羊》，鵲巢之功致也。召南之國，化文王之政，在位皆節儉正直，德如羔羊也。

〔案〕《薛君章句》云：詩人賢仕爲大夫者，言其德能稱，有絜白之性，柔屈之行，進退有度數也。此頗合詩意。讀是篇者，亦足以抑苟進之風矣。《序》説《鵲巢》之語亦太泥。其"德如羔羊"一句，朱子以爲衍説，甚是。然《稽古編》、《後箋》皆偏袒《序》説，何哉？姚際恒説："此篇美大夫之詩，詩人適見其服羔裘而退食，即其服飾步履之間，以嘆美之。"本《韓詩》説焉。《讀風偶識》謂："此篇特言國家無事，大臣得以優游暇豫，無王事靡盬，政事遺我之憂耳。初無美其節儉正直之意，不得遂以爲文王之化也。"駁之亦近理。

《殷其靁》[①]，勸以義也。召南之大夫，遠行從政，不遑寧處，其室家能閔其勤勞，勸以義也。

〔案〕朱子駁《序》説，謂此詩無勸以義之意，甚是。又云：婦人以其君子從役在外而思念之，故作是詩，且冀其還歸。頗得詩旨，不似

____

① 陳書原作"《殷其雷》"，據南昌府學本《毛詩注疏》校改。

《鄭箋》之與經相乖戾也。崔述説:"此篇《序》以爲大夫遠行,其室家勸以義。今玩其詞意,但有思夫之情,絶不見所謂勸義者何在。"蓋又衍朱説矣。

《摽有梅》,男女及時也。召南之國,被文王之化,男女得以及時也。

〔案〕《稽古編》謂:"《摽有梅》詩,女之求男汲汲矣。《箋》、《疏》皆謂詩人代述其情,良是也。後世閨情艷體,出文人墨士筆,正與此相類。朱子以爲女子所自言,閨中處女何其顏厚乃爾耶?"陳氏此解,甚得風人之旨。此寫嫁取恐失其盛年,故其詞汲汲然,意悲而遠矣。魏源説:"蓋父母爲女擇夫之詞。"

《小星》,惠及下也。夫人無妒忌之行,惠及賤妾,進御于君,知其命有貴賤,能盡其心矣。

〔案〕王質《詩總聞》曰:"君子以王事行役,婦人送之。指星,是入夜也。"此頗合詩旨。姚際恒解此詩,亦引章俊卿之言,以爲小臣行役作,理或然歟。此詩寫征行夜景,寥落可念,後代詩人,莫不宗之矣。魏源説:"《三百篇》中言征役,言征夫,言徂征者,皆遠道長役之謂,若宮闈寢興,可言'宵征'乎?"足破《序》之惑。

《江有汜》,美媵也。勤而無怨,嫡能悔過也。文王之時,江沱之間,有嫡不以其媵備數,媵遇勞而無怨,嫡亦自悔也。

〔案〕《序》説殊非,朱子駁之曰:"詩中未見勤勞無怨之意。"頗當。蓋此篇正所以寫怨也。崔述説:"或果媵妾之所自作,或士不遇時者託之媵妾,以喻其意,均不可知。"此二説皆可通。《詩經原始》以爲"詩人託言棄婦,以寫其一生遭際淪落不偶之心",得詩旨矣。

《野有死麕》,惡無禮也。天下大亂,强暴相陵,遂成淫風。被文王之化，雖當亂世，猶惡無禮也。

〔案〕此篇《序》説，頗貽後儒口實。有以爲淫詩者，有以爲刺淫詩者，大抵皆臆斷也。唯章潢謂“野有死麕”，亦比體也。詩人不過託言懷春之女，以諷士之炫才求用，而又欲人勿迫于己者。此差爲可據。《詩經原始》云：“此必高人逸士，抱璞懷貞，不肯出而用世，故託言以謝當世也①。”其識似勝章氏焉。昔鄭伯享晉趙孟，子皮賦《野有死麕》之卒章，揆諸方氏之説，亦甚合也。《内則》男子亦左佩紛帨，蓋男子亦有帨矣。

《何彼襛矣》，美王姬也。雖則王姬，亦下嫁於諸侯。車服不繫其夫，下王后一等，猶執婦道以成肅雝之德也。

〔案〕此篇時代，其説不一。或謂平王指文王，或謂即春秋時平王。崔述則主後説，云：“《何彼襛矣》一篇，明言‘平王之孫’，其爲東遷後詩無疑。”并力駁毛鄭之非，差爲得之。又云：“以王姬下嫁，而不侈言其貴寵，盛稱其車服，但以‘肅雝’美之，則是猶有先代淳樸之遺。”洵善説《詩》者也。

《騶虞》，《鵲巢》之應也。《鵲巢》之化行，人倫既正，朝廷既治，天下純被文王之化，則庶類蕃殖，搜田以時，仁如騶虞，則王道成也。

〔案〕《周官疏》引《異義》今《詩》韓、魯説，《詩考》引《齊詩傳》，并以騶虞爲天子掌鳥獸官。自來解《詩》者，并指爲義獸名，失其旨矣。此詩殆叙其得人愛物者，其事深，故其嘆之長也。

以上《召南》十有四篇。説《詩》者以爲在文王之世，皆陳述夫人大夫妻之德，亦非。余嘗謂《鵲巢》三篇，乃燕射時所歌，其音旨醇粹，

---

① “故託言以謝當世也”句，北京中華書局李先耕點校本及《雲南叢書》本《詩經原始》皆作“故託言以謝當世求才之賢也”。

誠周之盛時作也。至若《草蟲》、《行露》以降，往往婉轉怊悵，殊類衰世音，又豈盡文王德化所被也哉！蓋此亦委巷男女所歌者，太師采其風，亦各從得詩之地而繫之曰"召"，遂以被之管弦，謳吟諷誦，以風化天下焉耳。

## 邶鄘衛風三十九篇

《柏舟》，言仁而不遇也。衛頃公之時，仁人不遇，小人在側。

〔案〕此篇有二解，以為仁者不遇，憂讒憫亂者，《毛詩》說也；以為婦人之詩者，若《魯詩》云衛寡姜夫人作，《韓詩》云衛宣姜自誓所作者是也。余嘗細繹之，《柏舟》詩寫婦人煩冤壹鬱之情頗沉著，且志節凜然有不可犯之概，或係不得志于其夫者所作。至若仁不逢時，退隱窮居者，絕無此口吻，《毛詩》說誤，而《韓》、《魯詩》指為宣姜者，亦恐未然也。《集傳》云：婦人不得于其夫，故以柏舟自比。且考其辭氣卑順柔弱，定以為莊姜詩。朱子解此詩，頗得其旨，特指為莊姜作，又不免欺罔者矣！

《綠衣》，衛莊姜傷己也。妾上僭，夫人失位，而作是詩也。

〔案〕此詩，毛鄭以為衛莊姜之作，朱子謂莊姜事見《春秋傳》，此詩無所考，姑從《序》說。是朱子不決以為莊姜作也。余玩詩意，乃婦人喻己之過時，蓋不得于其夫者之作耳，其傷己而不怨，最得詩人忠厚之旨。

《燕燕》，衛莊姜送歸妾也。

〔案〕毛鄭并以此為戴媯大歸于陳而莊姜送之作，《集傳》亦證之云："'遠送于南'一句，可為送戴媯之驗。"今徵之《春秋傳》，絕無是事，此真以臆度之也。《魯詩》謂定姜送婦作，《韓詩》又以為歸其娣送之而作，殆皆揣辭焉。崔述謂："此篇之文，但有惜別之意，絕無感時悲遇之情。而詩稱'之子于歸'者，皆指女子之嫁者言之，未聞有稱大歸為于歸者。恐係衛女嫁于南國，而其兄送之之詩，絕不類莊姜、戴嫣事也。”其説頗有理。總之此詩摹寫訣別之情景，黯然真切，其辭意亦沉痛，彌可諷云。

《日月》，衛莊姜傷己也。遭州吁之難，傷己不見答于先君，以至困窮之詩也。

〔案〕此篇詩意，無指莊姜者，且即以《春秋傳》證之，亦無莊姜失位而不見答之事。諸儒并以爲莊姜傷己之作，謬矣。此蓋夫人見棄者，其低回不已，猶有望之之意。崔述説：《綠衣》、《日月》二詩，“或係婦人①不得志于夫者所作，其所處之地，必有甚難堪者，斷斷非莊姜詩也”。其解詩之識，究高人一等。

《終風》，衛莊姜傷己也。遭州吁之暴，見侮慢而不能正也。

〔案〕《序》説似莊姜爲州吁作，朱子詳味此詩，有夫婦之情，無母子之意，以此爲指莊公者，皆非也。余嘗細玩之，覺與莊姜之事絕不類，即歸之于州吁、莊公，亦無確證。此蓋寫婦人見暴虐于其夫，故疾苦之深，情見乎詞。若篇篇傅會莊姜，轉窒礙難通，且使古人受誣，殊非風人之意焉。

《擊鼓》，怨州吁也。衛州吁用兵暴亂，使公孫文仲將而平陳與宋，國人怨其勇而無禮也。

〔案〕大小《序》所説，是即《春秋》魯隱公四年宋、衛、陳、蔡伐鄭之事。崔述證其非是，甚明確。姚際恒疑爲“衛穆公背清丘之盟，救陳，爲宋所伐，平陳、宋之難，數興軍旅，其下怨之而作”，理或然與。此詩寫戍卒怨嗟，思歸不得，所以有居處喪馬死生契闊之悲，然亦凄愴矣！

---

① “婦人”，陳書原作“夫人”，今據顧頡剛編訂《崔東壁遺書》本《讀風偶識》校改。

《凱風》,美孝子也。衛之淫風流行,雖有七子之母,猶不能安其室,故美七子能盡其孝道,以慰其母心而成其志爾。

〔案〕《詩古微》云:"《凱風序》以爲'淫風流行,雖有七子之母,猶不能安其室'。如其說,則宜爲千古母儀所羞道。乃漢明帝賜東平王書曰:今送光烈皇后衣巾一篋,可時奉瞻,以慰《凱風》'寒泉'之思。又《衡方碑》:'感邶人之《凱風》,悼《蓼莪》之勤劬。'①"古樂府《長歌行》:'遠游使心思,游子戀所生。''凱風吹長棘,夭夭枝葉傾。黃鳥鳴相追,咬咬弄好音,竚立望西河,泣下沾羅縷。'咸以頌母德,比劬勞,毫無忌諱,何爲者耶?"魏氏證《續序》之謬,可謂明徹。總之《凱風》一篇,寫其母劬勞困苦之狀,凄然若泣,讀此詩者,誰不爲之酸楚哉?其節操懍懍若此,尚安忍坐以欲嫁之惡名者耶?後儒多拘拘《序》説,不亦惑乎?

《雄雉》,刺衛宣公也。淫亂不恤國事,軍旅數起,大夫久役,男女怨曠,國人患之,而作是詩。

〔案〕朱子以"《序》所謂'大夫久役,男女怨曠'者得之,但未有以見其爲宣公之時,與'淫亂不恤國事'意耳。兼此詩亦婦人作,非國人之所爲也"。其説頗近是。蓋即大夫久役,室家思念之辭焉。馬瑞辰説"此詩當從朱子《集傳》,以爲夫人思其君子久役于外而作"。今以經文繹之,前二章睹物起興,以雄雉之在目前,羽可得見,音可得聞,以興君子久役,不見其人,不聞其聲也。第三章以日月之迭往迭來,興其君子之久役不歸。末章則推其君子久役之故,此以責君子之仕于亂世也,亦足以發此篇之旨。

《匏有苦葉》,刺衛宣公也。公與夫人,并爲淫亂。

〔案〕朱子攻《序》云"未有以見其爲刺宣公夫人"者,以此爲刺淫亂之詩,其言之頗成理。然魏源則非之,以爲衛賢者感遇自重之詞,

---

①　《詩古微》原文引作:"《衡方碑》:'感郿人之《凱風》,悼《蓼儀》之勤劬。'"

非刺淫之詩。謂夫子在衛，荷蕢引詩曰"深則厲，淺則揭"，以諷夫子之求仕。叔孫穆子賦《匏有苦葉》，果刺淫，何叔向又稱之乎？據此二證，是較《序》、《傳》義長矣。

《谷風》，刺夫婦失道也。衛人化其上，淫於新昏，而棄其舊室，夫婦離絶，國俗傷敗焉。

〔案〕此《序》得之，蓋逐婦之辭焉，其情亦苦矣。《集傳》云："婦人爲夫所棄，故作此詩，以叙其悲怨之情。"頗合詩旨。

《式微》，黎侯寓于衛，其臣勸以歸也。

《旄丘》，責衛伯也。狄人迫逐黎侯，黎侯寓于衛。衛不能修方伯連率之職，黎之臣子以責于衛也。

〔案〕朱子《序辨》云："詩中無黎侯字，未詳是否。""《序》見詩有'伯兮'二字，而以爲責衛伯之詞，誤矣。"其攻《序》頗當。《讀風偶識》云：《春秋》宣十五年，"酆舒殺晉伯姬，晉侯將伐之，伯宗斥酆舒有五罪，而奪黎氏地居其一焉。其年，晉侯滅赤狄潞氏，立黎侯而還。則是黎之失國在魯文、宣之世，酆舒爲政之時，上距衛之渡河，已數十年，黎侯何由得寄于衛，衛亦安能復黎之國乎？其時不符，一也。黎在山西，衛在山東，而詩乃云：'狐裘蒙茸，匪車不東。'方欲西歸，而反以'不東'爲解，豈非所謂'北轅將適楚'乎？其地不合，二也。"此崔氏以《傳》文證《序》説之謬。余細玩二詩之旨，當如崔氏所謂或有鄰國之君寓于衛者，其寫一種流離顛沛之狀，頗凄愴動人，不必傅會黎侯以曲全《序》説也。

《簡兮》，刺不用賢也。衛之賢者，仕於伶官，皆可以承事王者也。

〔案〕朱子云："此《序》略得詩意，而詞不足以達之。"因曰："賢者不得志而仕于伶官，有輕世肆志之心焉，故其言如此，若自譽而實自嘲也。"據此知爲賢者所自作。《魯詩故》:簡作倲,云:"倲,伶官①,耻居亂邦,故自呼而嘆曰:倲兮倲兮,汝乃白晝而舞于此。"其謂伶官自呼其名,則是賢者自作也,其憐哀之情,溢于言表,《集傳》蓋本《魯詩》説焉。

《泉水》,衛女思歸也。嫁於諸侯,父母終,思歸寧而不得,故作是詩以自見也。

〔案〕《集傳》亦本《序》説,方玉潤以爲"詩詞未見有父母終意",其駁之甚是。此蓋衛女思歸之詩,其懷念親屬及想慕故國游釣之處,亦自悲愴,可以寫憂矣。

《北門》,刺仕不得志也。言衛之忠臣,不得其志爾。

〔案〕《序》説得之,《集傳》云:"賢者處亂世,事闇君,不得其志,故因出北門而賦此,亦自比。"亦申《序》説者也。此篇寫窮困之狀,直無所告訴,詩殆寫苦悶者耶?

《北風》,刺虐也。衛國并爲威虐,百姓不親,莫不相攜持而去焉。

〔案〕朱子《序辨》云:"衛以淫亂亡國,未聞其有威虐之政如《序》所云者。"故其《集傳》云:"言北風雨雪,以比國家危亂將至,而氣象愁慘也。故欲與其相好之人去而避之。"意頗當。姚際恒謂:"此篇自是賢者見幾之作,不必説及百姓。"亦合詩旨也。

《静女》,刺時也。衛君無道,夫人無德。

〔案〕此篇毛鄭皆以爲陳説女德貞静,可以配人君。歐陽修《詩經本義》則反是,直例諸《溱洧》之類。暨朱子著《集傳》,遂本其説,以此

---

① 《古經解彙函》本《魯詩故》作"伶官名"。京都中文出版社據清光緒十四年上海蜚英館石印本影印,1998年。

爲淫奔期會之詩，而斥此《序》全然不似詩意者。余玩其詩旨，覺毛鄭之説拘，而歐朱之説肆，皆非也。《文選‧思玄賦注》引《韓詩故》曰："静，貞也。"既言貞女，其非淫奔可知。《韓詩外傳》以是詩爲陳情欲歌道義之作，《説苑》略同，則此爲懷昏姻之詩，蓋里巷歌之，所以抒情者。王質説："當是其夫出外爲役，婦人思而候之。"亦近理。

《新臺》，刺衛宣公也。納伋之妻，作新臺于河上而要之，國人惡之而作是詩也。

〔案〕《序》説與《左傳》所載者殊不類，《朱傳》云："于《詩》未有考。"崔述亦辨其非此事。王質説此非詠宣公之詩，"當是此地之人，娶妻不如始言，故下有不悅之辭，本求燕婉，乃得惡疾者，爲可恨也"。頗近是。

《二子乘舟》，思伋、壽也。衛宣公之二子，爭相爲死，國人傷而思之，作是詩也。

〔案〕此詩之詞，與《春秋傳》所載伋、壽事了不相涉。《衛世家》所説與《左傳》略同，未嘗言乘舟也。大小《序》特本《左傳》以附會之耳。毛奇齡説：莘在河西，齊在河東，以《左傳》"西至于河"一語證之，盜殺二子于莘，未嘗渡河，無乘舟事，疑是詩非爲二子作。毛説是也。《讀風偶識》又明其非此事，云："壽死于盜，伋始至莘，詩何以稱'二子乘舟'？自衛至齊，皆遵陸而行，特濟水時偶一乘舟耳。既非于河上遇盜，何不言其乘車，而獨于其乘舟詠之思之？"又證《左傳》猶有誤者，據此知《詩序》不可盡信矣。是詩或送人之作，未可知也。

以上《邶詩》凡十有九篇。

《柏舟》，共姜自誓也。衛世子共伯蚤死，其妻守義，父母欲奪而嫁之，誓而弗許，故作是詩以絕之。

〔案〕朱子《序辨》云："此事無所見于他書，序者或有所傳，今姑從之。"故其《集傳》稱舊説者，蓋以無確據不敢實指焉。姚際恒説："此詩不可以事實，當是貞婦有夫蚤死，其母欲嫁之，而誓不願之作。"今玩其詞，多決絕之語，姚説是也。

《墻有茨》，衛人刺其上也。公子頑通乎君母，國人疾之，而不可道也。

〔案〕《序》説又斥宣姜，蓋亦揣度之詞耳。此篇初不明斥其惡，而但云不可道，言之醜，必以宣姜當之，何爲者？竊意此刺衛土閨門之私者，詩人特本迷其事，作爲自歌其土風焉。

《君子偕老》，刺衛夫人也。夫人淫亂，失事君子之道，故陳人君之德，服飾之盛，宜與君子偕老也。

〔案〕朱子云："公子頑事見《春秋傳》，但此詩所以作，亦未可考。"是不從《序》説也。魏源説："當爲衛人哀輓夷姜詩。""胡天、胡帝，《招魂》之義也。"此較大小《序》義長。

《桑中》，刺奔也。衛之公室淫亂，男女相奔，至于世族在位，相竊妻妾，期於幽遠，政散民流，而不可止。

〔案〕朱子以《桑中》詩乃淫奔者所自作，《序》以爲刺奔，誤矣。其説頗有理，然後儒多駁《集傳》，直以爲刺奔而作，蓋尊崇《序》説太過焉。《讀風偶識》云："《桑中》一篇，但有嘆美之意，絕無規戒之言，若如是而可以爲刺，則曹植之《洛神賦》、李商隱之《無題詩》、韓偓之《香奩集》，莫非刺淫者矣。""《桑中序》首言'刺奔'，而下但言'衛之公室淫亂、男女相奔'。""疑作《序》者以録此詩于《國風》中，以垂誡于後世，故謂之刺，未必果謂作此詩者之刺之也。"崔氏亦不主言刺，而以此詩爲比于慢矣。

《鶉之奔奔》，刺衛宣姜也。衛人以爲宣姜鶉鵲之不若也。

〔案〕此詩或謂刺宣姜，或謂指頑，其説不一。《集傳》以爲假惠公之言以刺之，崔述又駁其非是，云：“觀其稱‘君’而不稱母，或衛之群公子所作，未可知也。”魏源以此爲“左、右公子怨宣公之詩”，本崔説焉。

《定之方中》，美衛文公也。衛爲狄所滅，東徙渡河，野處漕邑，齊桓公攘戎狄而封之。文公徙居楚丘，始建城市而營宮室，得其時制，百姓説之，國家殷富焉。

〔案〕此篇經有明文，《序》説當得實，是詩寫卜築勸農情景，宛然入畫，蓋故都移民隨徙渡河者所作，真所謂民風者矣。

《蝃蝀》，止奔也。衛文公能以道化其民，淫奔之耻，國人不齒也。

〔案〕《序》言止奔，恐非。《韓詩故》：“《蝃蝀》，刺奔女也。”（見《後漢書·楊賜傳注》引）《朱傳》亦以爲此刺淫奔之詩，甚得詩意。

《相鼠》，刺無禮也。衛文公能正其群臣，而刺在位承先君之化，無禮儀也。

〔案〕《白虎通》以《相鼠》爲妻諫夫之詩，曰夫婦榮耻共之，甚合詩旨。《毛序》繫之文公，而又以爲在位風刺之什，失之矣。崔述説：“《相鼠》，刺無禮儀，亦足以見風俗之美。”可謂善體會者。

《干旄》，美好善也。衛文公臣子多好善，賢者樂告以善道也。

〔案〕《序》説是也。崔述説：“旌旄之貴于浚，所以下賢也，即所以勸賢也。”其説明白，此蓋卿大夫下士，躬訪賢才于畎畝之中，故詩人美之，讀者可以知衛多君子矣。

《載馳》，許穆夫人作也。閔其宗國顛覆，自傷不能救也。衛懿公爲狄人所滅，國人分散，露于漕邑。許穆夫人閔衛之亡，傷許之小，力不能救，思歸唁其兄，又義不得，故賦是詩也。

〔案〕《序辨》云："此亦經［文］明白而《序》不誤者，又有《春秋傳》可證。"此《序》説之最可據者。陳氏《稽古編》曰："《衛詩》三十九篇，唯許夫人之《載馳》，乃其自作。今誦其詞，清婉而深至，誠女子之能言者也。"亦以《載馳》爲獨得其實也。此篇寫其傷宗國之滅，苦語真情，頗微婉動聽，千載下讀之，亦不覺悲愴生于心矣。

以上《鄘風》十篇。

《淇奥》，美武公之德也。有文章，又能聽其規諫，以禮自防，故能入相于周，美而作是詩也。

〔案〕朱子云："此《序》疑得之。"近是。胡承珙引徐幹《中論》云："昔衛武公年過九十，猶夙夜不怠，思聞訓道，命其群臣曰：'無謂我老耄而舍我，必朝夕交戒。'又作《抑》詩以自儆也。衛人誦其德，爲賦《淇奥》。"據以爲武公耄年國人誦美之詩，當不誣也。

《考槃》，刺莊公也。不能繼先公之業，使賢者退而窮處。

〔案〕《序辨》云："此爲美賢者窮處而能安其樂之詩，文意甚明。然詩文未有見棄于君之意，則亦不得爲刺莊公矣，《序》蓋失之。"其識見甚卓，彼從《序》而攻朱子者，皆遁詞也。方玉潤謂"此美賢者隱居自樂之詞"，蓋本《朱傳》焉。此叙賢者肥遯山中，不交當世，翛然有以自樂，初與君不相涉。孔子曰："吾于《考槃》，見遯世之士而無悶于世。"①信夫！余讀此詩，神爲之往矣。

《碩人》，閔莊姜也。莊公惑于嬖妾，使驕上僭，莊姜賢而不答，終

---

① 謹案：語見《孔叢子·記義》，原文作"於《考槃》，見遯世之士而不悶也"。

以無子，國人閔而憂之。

〔案〕此篇凡四章，首言其貴，次言其美，三章叙愛君之情，末詠河之水與物，蓋思歸齊，故所望如此。大抵是詩寫婦人被棄，不安于衛，故其詞凄怨，有味外味。王質説："古者婦人失愛于國君者，則有本邦可歸。後世居尊而弛情者，幸則再見，不幸則終殞，如長門陳后。"此最足以達此詩之意也。

《氓》，刺時也。宣公之時，禮義消亡，淫風大行，男女無别，遂相奔誘。華落色衰①，復相棄背，或乃困而自悔，喪其妃耦，故序其事以風焉。美反正，刺淫佚也。

〔案〕朱子云："此非刺詩，宣公未有考，'故序其事'以下，亦非是。其曰'美反正'者，尤無理。""此淫婦爲人所棄而自叙其事，以道其悔恨之意。"甚是。此是婦人歷數之詞，故頗婉委周悉，然亦悲矣。王質説："失行之婦人，如此可愍，而不可絶，况其終有悔辭，此聖人所以存之。"其言亦近厚。

《竹竿》，衛女思歸也。適異國而不見答，思而能以禮者也。

〔案〕朱子駁《序》云"未見不見答之意"，甚是。此篇蓋衛女思歸而不得，故泛舟垂綸，以寫其幽怨之情耳。《詩總聞》："此去家歸人，猶在衛，故不離淇水也。舉目不見，舉足難至，雖近亦以爲遠，所謂寸步千里，前人已常見吟詠之間。"得詩旨矣。

《芄蘭》②，刺惠公也。驕而無禮，大夫刺之。

〔案〕《叙》以爲刺惠公，而朱子不信，云："此詩不可考，當闕。"異乎大小《序》之强解也。《詩總聞》曰："此貴家飾童子，而不知其不可

---

①　"衰"，陳書原作"襄"，據南昌府學本《毛詩注疏》校改。
②　"芄蘭"之"芄"，陳書原訛作"芃"，據南昌府學本《毛詩注疏》校改。

勝也。"亦頗近詩意。

《河廣》,宋襄公母歸于衛,思而不止,故作是詩也。

〔案〕宋襄公之世,衛已在河南,此時自衛適宋,不待杭渡也,孔《疏》:"此假有渡者之辭,非喻夫人之嚮宋渡河①也。"亦爲曲解。嚴《緝》謂:《河廣》詩作于衛未遷之時,是未知桓公尚在,《序》不當稱襄公母也。《詩總聞》曰:"此宋人而僑居衛地者,欲歸必有嫌,而不可歸。"殆以意達之者。

《伯兮》,刺時也。言君子行役,爲王前驅,過時而不反焉。

〔案〕《集傳》謂:"婦人以夫久從征役而作是詩。"較《序》説明白,此皆舉物寄意,其寫一種怨思之苦,可謂至矣。

《有狐》,刺時也。衛之男女失時,喪其妃耦焉。古者國有凶荒,則殺禮而多昏,會男女之無夫家者,所以育人民也。

〔案〕《序》説頗紆曲,《集傳》謂:"有寡婦見鰥夫而欲嫁之。"亦太煅煉矣。崔述説:"狐在淇梁,寒將至矣;衣裳未具,何以禦冬? 其爲丈夫行役,婦人憂念之詩顯然。"與詩旨合。

《木瓜》,美齊桓公也。衛國有狄人之敗,出處于漕。齊桓公救而封之,遺之車馬器服焉。衛人思之,欲厚報之,而作是詩也。

〔案〕通篇無一語及齊桓者,《序》説殊牽合。此蓋朋輩(增)〔贈〕答之作。朱子《集傳》:"疑亦男女相贈答之辭,如《静女》之類。"其説太肆矣。《讀風偶識》云:"'(報)〔投〕桃''報李',《詩》有之矣。'木瓜''瓊琚',施于朋友饋遺之事,未嘗不可,非若'子嗟''子國''狡童''狂且'之屬,必蕩子與淫女而後有此語也,即以尋常贈答視之可也。"

---

① "嚮宋渡河",陳書原作"傷宋渡河",據南昌府學本《毛詩注疏》校改。

此折衷之論。

　　以上《衛風》九篇。

　　《邶》《鄘》《衛》都爲三十九篇。《漢書·地理志》曰："邶、庸①、衛三國之詩，相與同風。《邶》詩曰'在浚之下'，《庸》曰'在浚之郊'；《邶》又曰'亦流于淇'，'河水洋洋'，《庸》曰'送我淇上'，'在彼中河'，《衛》曰'瞻彼淇奧'，'河水洋洋'。故吳公子札聘魯，觀周樂，聞《邶》《庸》《衛》之歌，曰：'美哉淵乎！吾聞康叔之德如是，是其《衛風》乎？'"以此推之，邶、鄘、衛者，猶曰殷商，曰荆楚，蓋皆故衛之稱耳。衛地濱大河，其俗輕慢，故民風頗有邪僻者，然其音靡靡者，亦不過《桑中》數篇焉耳。其他各什，大都多沉鬱頓挫、古質悲涼，使人讀之，輒感慨唏嘘而不已。季札觀辭，實非大謬，故《衛風》非盡淫靡矣。

## 王風十篇

　　《黍離》，閔宗周也。周大夫行役，至于宗周，過故宗廟宮室，盡爲禾黍，閔周室之顛覆，彷徨不忍去，而作是詩也。

　　〔案〕《黍離》一篇，《韓詩故》以爲伯封作。昔尹吉甫信後妻之説，而殺孝子伯奇，其弟伯封求而不得，憂懣不識于物，視黍離離，反以爲稷之苗，作《黍離》之詩。《魯詩》以爲壽閔其兄之且見害，作憂思之詩，《黍離》之詩是也。二家説同，而事與人皆異。胡承珙説："尹吉甫在宣王時，尚是西周，不應其詩列於東都也。""使《黍離》果爲壽作，當列之《衛風》，何爲冠于《王風》之首？不足據也。"其駁之甚是。今玩其詞，大抵多感傷時事，凄愴無已，則《毛》得而《魯》《韓》失者。王質以爲："東周懷恩抱義之士，來陳秦庭，以奉今主歸舊都爲意。"可謂善説《詩》者。

---

①　陳書引《地理志》文皆作"鄘"，據北京中華書局點校本《漢書》原文校改。

《君子于役》，刺平王也。君子行役無期度，大夫思其危難以風焉。

〔案〕朱子《序辨》云："此國人行役而室家念之之辭，《序》説誤矣。其曰'刺平王'，亦未有考。"其説頗近理。《毛序》"大夫思其危難以風"，夷考其詞，未見其然，且民《風》不當有大夫作也。此寫婦人思夫，遠行無定，故日暮興懷，其情景真摯，可以怨矣。

《君子陽陽》，閔周也。君子遭亂，相招爲禄仕，全身遠害而已。

〔案〕《序》説殊窒礙。朱子："疑亦前篇婦人所作，蓋其夫既歸，不以行役爲勞，而安于貧賤以自樂。其家人又識其意而深嘆美之。"頗合詩旨。王質謂："當是婦人之辭。""以酒銷憂，夫婦相爲樂也。"與朱説同。

《揚之水》，刺平王也。不撫其民，而遠屯戍于母家，周人怨思焉。

〔案〕此詩初無刺王之意，王質説"當是役夫遠戍"，而"憫其妻貧苦獨處，願與之同戍，而有所不可，則逆計月以數歸期也"。頗近是。此篇寫戍者怨思之狀，頗沉著切情。蓋征人久役不得歸，其懷戀室家，遂形諸歌詠而不已，誠足悲也。

《中谷有蓷》，閔周也。夫婦日以衰薄，凶年饑饉，室家相棄爾。

〔案〕朱子《集傳》全用《序》説，云："婦人覽物起興，而自述其悲嘆之辭。"甚是。此篇叙夫婦分攜，凄焉若可泣，殆爲情而造歟？

《兔爰》，閔周也。桓王失信，諸侯背叛，構怨連禍，王師傷敗，君子不樂其生焉。

〔案〕朱子云："'君子不樂其生'一句得之，餘皆衍説。"蓋不信其爲桓王伐鄭之事，所見甚允。愚玩其詩旨，大概遭逢亂世，多有罹禍者，故寫其胸中憤懣之氣，以苟全性命，亦明哲見幾之作也。然則此詩其作于平王之世耶?《讀風偶識》云:"其人當生于宣王之末年,王室未騷,是以謂之'無爲';既而幽王昏暴,戎狄侵陵,平王播遷,室家飄蕩,是以謂之'逢此百罹'。故朱子云:'爲此詩者,蓋猶及見西周之盛。'可謂得其旨矣。若以爲在桓王之時,則其人當生于平王之世,仳離遷徙之餘,豈得反謂之'無爲'?"其言頗近理,當從之。魏源説:"'我生之初',宣王承平之世;'我生之後',幽、平喪亂之年。《王風》終于平王而《春秋》作,無平王以後之詩。"以此推之,亦信崔説之足徵矣。

《葛藟》,王族刺平王也。周室道衰,棄其九族焉。

〔案〕朱子以"《序》説未有據,詩意亦不類",謂爲"世衰民散,有去其鄉里家族①而流離失所者"自作,頗近是。蓋葛藟猶能庇其本根,以嘆身世之不若也。王質説:"皆以兄弟爲辭,當是爲不友之兄弟所隔而不得安處者也。"亦能得詩之真情者。

《采葛》,懼讒也。

〔案〕《序》説蓋本《楚辭》,以蕭艾喻讒佞焉,朱子直以爲淫奔之詩,云:"其篇與《大車》相屬,其事與采唐、采葑、采麥相似,其辭與《鄭·子衿》正同。"二説似是而非。《詩總聞》曰:"當是同志在野之人,獨適而不與俱,故有此辭。"較《序》、《傳》爲近理。

《大車》,刺周大夫也。禮義凌遲,男女淫奔,故陳古以刺今大夫不能聽男女之訟焉。

〔案〕《集傳》攻《序》,以爲"淫奔者畏而歌之如此",甚是。姚際恒

---

①　"家族",陳書原作"宗族",今據上海古籍出版社、安徽教育出版社《朱子全書》本(2010年修訂本)《詩集傳》及北京中華書局趙長征點校本《詩集傳》(2017)校改。

則以爲周人從軍諷其室家之詩,意似可通,然未見詩有征役之意也。

《丘中有麻》,思賢也。莊王不明,賢人放逐,國人思之,而作是詩也。

〔案〕《序》云思賢,固非。朱子定以爲淫奔之詞,亦未爲得也。方玉潤説:"周衰,賢人放廢,或越在他邦,或尚留本國,故互相招集,退處丘園以自樂。"殆所謂以意逆志者歟?

以上《王風》十篇。王即東都王城,乃平王以亂徙居者,故其風多亂離之作,詞怨以怒,怊悵不已,亦可想見當世之困且散矣。蓋王室播遷,人民飄蕩,或故宮禾黍,蒿目傷懷;或征夫戍軍,金閨永嘆;或隱居避亂;或遠戍不歸;又有室家相棄,流離失所,非陳詩何以寫其悲憤哉?故季札聞《王》之歌曰:"美哉! 思而不懼,其周之東乎?"觀辭可以知民風,不其然與!

## 鄭風二十一篇

《緇衣》,美武公也。父子并爲周司徒,善于其職,國人宜之,故美其德,以明有國善善之功焉。

〔案〕《記》曰:"好賢如《緇衣》。"又曰:"于《緇衣》見好賢之至。"今讀其詞,其禮貌之隆,誠有如《記》所云者。《序》説殊非是。《讀風偶識》云:"《緇衣》,言好賢也。""'適子之館',屈身以見賢也。""'授子之粲',大享以養賢也。""鄭開國之規模,其在此矣。"亦從《記》説者。

《將仲子》,刺莊公也。不勝其母以害其弟。弟叔失道①而公弗制,祭仲諫而公弗聽,小不忍以致大亂焉。

〔案〕《序》以爲刺莊公、叔段之事,頗牽強難可盡信。鄭樵謂"此

---

① "弟叔失道",陳書原作"二叔失道",據南昌府學本《毛詩注疏》校改。

淫奔者之辭”,《集傳》從之,蓋與詩旨甚相合焉。崔述説:“以此爲淫
奔之詩,則猶未得詩人之本意也。”“細玩此詩,其言婉而不迫,其志確
而不渝,此必有恃勢以相强者,故託爲此言以拒絶之。”“與唐張籍却
李師古聘而賦《節婦吟》之意相類。所謂‘仲可懷’者,猶所謂‘感君纏
綿意’也。所謂‘豈敢愛之? 畏我父母諸兄’云者,猶所謂‘君知妾有
夫’,‘還君明珠雙淚垂’也。”得其意矣,此詩當是仲氏逞横,婉爲拒
辭,而能申禮防以自持者。

　　《叔于田》,刺莊公也。叔處于京,繕甲治兵以出于田,國人説而
歸之。
　　〔案〕世儒説經,僉以此爲刺莊公縱弟游獵之作,牢不可破,甚矣。
《序》説之中于人心也。崔述説:“叔者,男子之字,周人尚叔,鄭之以
叔稱者,當不下十之五。使余爲《詩》傳,必不敢謂此叔之爲共叔也。”
頗近理,此與前篇稱仲爲祭仲同一紕謬。蓋皆不問其情勢之合與否
焉。《序辨》云:“段以國君貴弟,受封大邑,有人民兵甲之衆,不得出
居閭巷,下雜民伍,此詩恐亦民間男女相説之詞耳。”朱説是也。余嘗
玩其詞,多夸飾,殆愛慕者一抒其情焉。使稱譽共叔者,必不如是,且
共叔者,又豈直與里巷人較妍媸哉?

　　《大叔于田》,刺莊公也。叔多才而好勇,不義而得衆也。
　　〔案〕崔述又辨此詩非稱共叔者有二事:共叔“收二鄙爲己邑,目
中豈復有莊公者? 而《詩》曰:‘襢裼暴虎,獻于公所。’彼共叔者,豈尚
肯獲禽而獻于莊公者乎?”京既叛共叔,而《序》乃云得衆,此足以證其
非實也。此詩摹寫游獵之狀頗工艶,蓋亦盛稱其人之勇捷耳,非即詠
共叔焉。

　　《清人》,刺文公也。高克好利而不顧其君,文公惡而欲遠之不

能,使高克將兵而禦狄于竟①。陳其師旅,翱翔河上,久而不召,衆散而歸,高克奔陳。公子素惡高克,進之不以禮,文公退之不以道,危國亡師之本,故作是詩也。

〔案〕《序》說本《春秋傳》,《春秋》閔公二年冬十二月,"狄入衛,鄭棄其師","鄭人爲之賦《清人》"。② 此最可信者。篇中寫河上諸軍,直同兒戲。其辭亦《傳》曰:"鄭人惡高克,使帥師次於河上,久而不召,師潰而歸,高克奔陳。"危矣!

《羔裘》,刺朝也。言古之君子,以風其朝焉。

〔案〕《序》以爲刺朝,而詩無刺意,朱子所謂"美其大夫之辭"者是也。昭十六年,鄭六卿餞韓宣子,子產賦鄭之《羔裘》,蓋藉以美韓宣子,可證焉。此篇只述其衣服威儀之合度,而語殊平淡,想見鄭當時必有一守死善道見危授命之大夫,能捍禦國難者,故民間歌詠之如此,惜不知其所指,悲夫!

《遵大路》,思君子也。莊公失道,君子去之,國人思望焉。

〔案〕朱子攻《序》,以此爲淫亂詩,證之云:"宋玉賦有'遵大路兮攬子袪'之句,亦男女相悅之辭也。"頗得其旨,魏源以是"託男女之詞爲留賢之什",雖折衷《序》說,然鄭俗浮薄,恐不爾爾,當以朱說爲近理。

《女曰雞鳴》,刺不說德也。陳古義,以刺今不說德而好色也。

〔案〕《集傳》謂"此詩人述賢夫婦相警戒之詞",蓋本《鄭箋》焉,然崔述則又駁之曰:"蓋鄭俗浮薄,不知勤于職業,男女相說者,不必論

---

① "禦狄于竟",陳書原作"禦敵於竟",據南昌府學本《毛詩注疏》校改。

② 謹案:"狄入衛,鄭棄其師"爲《春秋》經文。"鄭人爲之賦《清人》"爲《左傳》文句。"鄭人爲之賦"句,陳書在"鄭"字前原衍一"左"字,據南昌府學本《左傳注疏》校删。

矣。即夫婦居室，不爲冶蕩，而亦不過弋游醉飽之是好，初無唐、魏勤儉之風，秦人雄勇之俗也。君子是以知其國勢之不振。① 以此爲賢而相警戒，誤矣！以爲陳古刺今，則尤大誤，豈古之人亦惟弋獵飲酒之是好哉！"崔説是也。

《有女同車》，刺忽也。鄭人刺忽之不昏于齊。太子忽嘗有功于齊，齊侯請妻之。齊女賢而不取，卒以無大國之助，至于見逐，故國人刺之。

〔案〕《辨説》云："此詩未必爲忽而作，序者但見'孟姜'二字，遂指以爲齊女而附之于忽耳。"王質亦云："《左氏》鄭忽辭婚之事甚詳，此專拾其説，不惟尋詩無見，而亦與《左氏》不合。當是因姜姓爲齊女，遂以鄭忽附之。"二家説略同，皆攻《序》者。余嘗讀是篇，其寫女子容顏之麗，服飾之華，亦太冶蕩矣。朱子疑亦淫奔之詩，似妙得其旨，奈何説《詩》者獨偏從《序》説，文致忽辭昏之罪而不肯赦焉？

《山有扶蘇》，刺忽也。所美非美然。

〔案〕此詩謂刺昭公者，殊無據，朱子深闢之，以此爲"淫女戲其所私者"，玩其詞旨，殆近是乎！王質説："當是媒妁始以美相欺，相見乃不如所言，怨怒之辭也。"其言亦成理。

《蘀兮》，刺忽也。君弱臣强，不倡而和也。

〔案〕此篇謂刺忽，尤無情理，朱子以爲淫女之辭，亦太過。蓋《蘀兮》一喻，乃憂懼之詞，施之于男女戲謔者，又與詩旨相乖戾。此恐國難將至，人民弗堪其細，故爲此詩以乞扶危者乎？昭十六年："鄭六卿餞宣子于郊。""子柳賦《蘀兮》。宣子喜曰：'鄭其庶乎！'"蓋亦贊其有

① "君子是以知其國勢之不振"句，陳書原闕"其"字，今據顧頡剛編訂《崔東壁遺書》本《讀風偶織》補。

憂國之心焉。

《狡童》，刺忽也。不能與賢人圖事，權臣擅命也。

〔案〕此詩又刺忽，殊無謂，且忽何辜，而使其屢受謗而不已也？《集傳》云：“此亦淫女見絕而戲其人之詞。”以《鄭風》證之，殆然與？

《褰裳》，思見正也。狂童恣行，國人思大國之正己也。

〔案〕朱子亦攻《序》，謂爲男女戲謔之辭，近是。《讀風偶識》亦力排衆議，而獨從朱説，非無見焉。

《丰》，刺亂也。昏姻之道缺，陽倡而陰不和，男行而女不隨。

〔案〕朱子云：“此淫奔之詩。”“婦人所期之男子已俟乎巷，而婦人以有異志不從，既則悔之，而作是詩。”較《序》説爲明快。

《東門之墠》，刺亂也。男女有不待禮而相奔者也。

〔案〕《鄭箋》云：“此女欲奔男之辭。”《序》蓋本此。王質説：“此詩從容悄悒，與棄不同，蓋謀昏而未諧也。”“然以爲奔則過也。”甚是。余獨念是篇造境超遠，甚有懷想之志，令人讀之，忘其淫靡矣，風人亦狡獪哉。

《風雨》，思君子也。亂世則思君子不改其度焉。

〔案〕六朝以來引此詩者，皆借以喻亂世君子不變其節操，蓋猶本《序》説焉。朱子云：“《序》意甚美，然考詩之詞，輕佻狎暱，非思賢之意。”是又以此爲淫奔之詩矣。崔述説：“《風雨》之見君子，擬諸《草蟲》、《隰桑》之詩①，初無大異。”甚是，大抵處亂世，見夫行役而歸，故有興悦愈疾之辭也。

---

① “詩”，陳書原作“間”，據顧頡剛編訂《崔東壁遺書》本《讀風偶識》校改。

《子衿》，刺學校廢也。亂世則學校不修焉。

〔案〕朱子以此篇"詞意儇薄，施之學校，尤不相似"，謂爲淫奔之詩，及後作《白鹿洞賦》，引青衿傷學校語，又以爲《序》不可廢，蓋覺此詩之意，實刺廢學，非以城闕爲偷期之所也。毛大可説："《青衿》一詩，原屬風刺，未嘗儇薄，且亦漢唐以來行文之甚有據者，如北魏獻文詔高允曰：'道肆陵遲，學業遂廢，《子衿》之嘆，復見于今。'《北史》：大寧中，徵虞喜爲博士，詔曰：'喪亂以來，儒軌陵夷，每攬《子衿》之詩，未嘗不慨然。'如此引用，不一而足。朱子作《白鹿洞賦》①，亦云'廣青衿之疑問'，"則"又從《序》説矣"。此平允之論。然王質又有別解，謂故人在野，有所相思者，"曹氏'青青子衿，悠悠我心。但爲君故，沉吟至今。'正引此詩無爽"。可謂獨出新裁者矣。

《揚之水》，閔無臣也。君子閔忽之無忠臣良士，終以死亡，而作是詩也。

〔案〕此非閔忽之作，莊公之子十有一人，何得謂忽終鮮兄弟也？魏源説："《丰》以後皆民俗之詩，不爲國事。"其言頗明快，足以破衆惑矣。《朱傳》謂"此男女要結之詞"，王質以爲兄弟"爲人所間而不協者"，崔述又謂："施諸朋友之間，亦無不可。"蓋皆不從《序》説，而能發詩旨者。

《出其東門》，閔亂也。公子五爭，兵革不息，男女相棄，民人思保其室家焉。

〔案〕《序辨》云："五爭，事見《春秋傳》，然非此之謂也，此乃惡淫奔者之詞，《序》誤。"朱説是也。《魯詩》以《出其東門》爲刺淫之詩，朱子殆本此歟？王質説："《出其東門》、《東門之墠》，皆言東門，蓋其國

---

①　毛奇齡《皇清經解續編》本《白鷺洲主客説詩》此句作"即朱氏《白鹿洞賦》"。見卷21，頁8b。

都湊集冶樂之地。"亦以此爲淫詩焉。

《野有蔓草》，思遇時也。君之澤不下流，民窮于兵革，男女失時，思不期而會焉。

〔案〕韋昭《毛詩答問》曰：國多兵役，男女怨曠，於是女感傷而思男，託采芳香之草，爲淫佚之行。時草始生，而云蔓者，女情急欲以促時。蓋此本淫詩，故《朱傳》本之。魏源説：《韓詩外傳》以爲遇賢之詩，"而託諸男女之詞，美人香草以比君子，蓋仿諸此也"。以遇賢假託閨情，其説亦有可通者。此篇造境幽遠，初不見有媟狎之意。子太叔賦之，良有以也。余嘗玩其旨，輒欣慕不置云。

《溱洧》，刺亂也。兵革不息，男女相棄，淫風大行，莫之能救焉。

〔案〕《薛君章句》云：鄭俗，三月上巳，于溱洧兩水之上，招魂續魄，祓除不祥。故詩人願與所説者俱往焉，言三月桃花水下，方盛流洹洹然。衆士與女執蘭而祓除，芍藥離草，言將離而贈此草也。《吕覽·本生篇注》云："鄭國淫僻，男女私會于溱、洧之上，有'詢訏'之樂，'芍藥'之和。"《漢書·地理志》亦述爲淫俗，是《溱洧》一詩，殆淫奔者自叙之辭焉。朱子云："鄭俗淫亂，乃其風聲氣習流傳已久，不爲'兵革不息，男女相棄'而後然也。"朱説本《韓詩》，庶幾近之。

以上《鄭風》廿一篇。《漢書·地理志》云："鄭國，今河南之新鄭。""右雒左泲，食溱、洧焉。土陿而險，山居谷汲，男女亟聚會，故其俗淫。《鄭詩》曰：'出其東門，有女如雲。'又曰：'溱與洧，方渙渙兮，士與女，方秉蕳兮。''洵訏且樂，惟士與女，伊其相謔。'①此其風也。

---

① 《漢書》引《詩》文句頗與有《毛詩》不同者，陳書微引概依《毛詩》，"渙渙"班書作"灌灌"，"秉蕳"作"秉菅"，"洵訏"作"恂盱"。案："洵訏"，陳書原作"詢訏"，今據南昌府學本《毛詩注疏》校改。

吴札聞《鄭》之歌曰：‘美哉！其細已甚，民弗堪也。是其先亡乎？’”班氏叙鄭俗淫佚甲諸國，故其音聲細弱，足爲亡國之徵，《詩》可以觀，豈不信哉！然其人物美秀而文，文采風流，掩映一時，故鄭國善言情，又風教使然歟。魏源説：“俗文而富者，其民易淫，鄭、衛是也。”此言誠可味焉。許氏《五經異議》言：“《鄭詩》二十一篇，説婦人者九，故鄭聲淫也。”魏源謂：“婦人九篇，則《遵大路》、《女曰雞鳴》、《有女同車》、《丰》、《東門之墠》、《子衿》、《出其東門》、《野有蔓草》、《溱洧》，其詩非必皆淫詩，而風聲習氣所漸靡，雖思賢諷政之詩，常同綺靡流連之詠，雖詩人亦有不自知其然者矣。”以是知風俗之移人心情有如是者。

## 齊風十一篇

《雞鳴》，思賢妃也。哀公荒淫怠慢，故陳賢妃貞女夙夜警戒相成之道焉。

〔案〕《韓詩》曰：《雞鳴》，讒人也。《薛君章句》：“蒼蠅之聲，雞遠鳴，蠅聲相似也。”此刺讒者，與《序》説異。臧琳説：“據《韓詩序》及薛君説，知《雞鳴》爲刺讒詩。《小雅·青蠅》曰：‘營營青蠅，止于樊。豈弟君子，無信讒言。’彼乃直言，此爲婉諷。”頗合詩之旨。魏源謂此篇“非婦人戒夫詞”，亦從《韓詩》説。

《還》，刺荒也。哀公好田獵，從禽獸而無厭，國人化之，遂成風俗。習于田獵謂之賢，閑于馳逐謂之好焉。

〔案〕“還”，《齊詩》作“營”，即太公封於營丘者也。魏源説：“獵者或往營丘，或往昌地，或往茂地，而中道相逢於猙山之左右。”此似比《毛傳》義長。至於此詩之旨，全寫獵者旁午於道，義氣驕夸，朱子所謂“以便捷輕利相稱譽”者是矣，云刺哀公，無徵焉。

《著》，刺時也。時不親迎也。

〔案〕此《序》得之。唯“著”有二説，有以著爲齊地者，蓋用魯、韓

古訓,魏源本之,以爲"齊先世刺親迎中途不至女家之詩"。有以著爲
宁者,李巡所謂正門内兩塾間曰宁者是也。王質説:"當是貴勢專事
服飾,稍虧禮文,故女子有望辭,三進而三見易服。'乎',疑辭。
'而',鄙辭。""今東人下流相語,皆以而殺聲,玩易之意也。"可謂善説
《詩》者。

《東方之日》,刺衰也。君臣失道,男女淫奔,不能以禮化也。

〔案〕朱子云:"此男女淫奔者所自作,非有刺也。其曰'君臣失
道'者,尤無所謂。"甚是。若夫《韓詩章句》與毛、鄭以日月分喻君臣
及陳古之刺,義殊迂曲矣。此蓋刺男女倡隨而行,非真謂禮焉。

《東方未明》,刺無節也。朝廷興居無節,號令不時,挈壺氏不能
掌其職焉。

〔案〕朱子、嚴粲并主此詩爲刺其君號令不時,非刺挈壺氏者。王
質謂:"此臣當是忮腸兇德者。""舊説歸過於君,恐未然;又歸過於壺
人,似亦無謂。"余細繹詩旨,殆然也。

《南山》,刺襄公也。鳥獸之行,淫乎其妹。大夫遇是惡,作詩而
去之。

〔案〕《辨説》云:"此《序》據《春秋》經傳爲文。"故朱子作《集傳》亦
本是説,以其足徵也。南山屬齊,此蓋齊人之在田野者所作,故以南
山野狐起辭,所以刺襄公者。"《正義》所謂"詩人自歌土風山川,不出
其境"者也。

《甫田》,大夫刺襄公也。無禮義而求大功,不脩德而求諸侯,志
大心勞,所以求者非其道也。

〔案〕《小序》所説膚淺,非此詩之旨。朱子謂"未見其爲襄公之
詩"者,是也。余嘗妄稱其意,一若似懷戀遠人者。宿昔婉孌童子,已

自長成,而遠人尚未歸,其感時撫懷爲何如哉!

《盧令》,刺荒也。襄公好田獵畢弋,而不脩民事,百姓苦之,陳古以風焉。

〔案〕齊俗好田獵,此詩正寫獵獸之狀,旁觀又從而爲之誇譽,反覆詠嘆,亦以見其盤戲之至樂也,《序》説刺襄公,不可考。

《敝笱》,刺文姜也。齊人惡魯桓公微弱,不能防閑文姜,使至淫亂,爲二國患焉。

〔案〕此刺文姜如齊之作也,"敝笱""魴鰥",情見乎詞矣。王質説:"'敝笱在梁',則魚之恣適可知,齊姜之狀如此。"是能發明詩旨者。

《載驅》,齊人刺襄公也。無禮義,故盛其車服,疾驅于通道大都。與文姜淫,播其惡于萬民焉。

〔案〕朱子云:"此亦刺文姜之詩。"甚是。王質説:"'簟茀朱鞹',自是文姜所乘之飾,不必言襄公。"亦其一證焉。

《猗嗟》,刺魯莊公也。齊人傷魯莊公有威儀技藝,然而不能以禮防閑其母,失子之道,人以爲齊侯之子焉。

〔案〕朱子從《序》説,《詩總聞》以爲"莊公早年,而桓公已没",文姜"縱橫往來魯齊之間,挾母之尊,倚齊之强,安可防閑?"此爲魯莊逭罪焉。嚴粲説:"中間有'展我甥兮'一句,只一'甥'字,便見得是刺魯莊公,另一'展'字,便見得是人以魯莊爲齊侯之子。詩人設爲諱護之辭以譏之,讀者既默會其意,乃再諷詠之,方見得自'猗嗟'而下,句句稱美處,節節是嘆息不滿處,辭不急迫,而意深切矣。"可謂能得詩人言外之趣者。

以上《齊風》十一篇。齊俗舒緩,闊達而足智,又多放縱,故其風亦頗迂慢。子夏言"齊音敖辟喬志","蓋淫于色而害于德"者焉。《漢書·地理志》:"《齊詩》曰:'子之營兮,遭我乎嶩之間兮。'又曰:'竢我于著乎而。'此亦其舒緩之體也。吳札聞《齊》之歌曰:'泱泱乎,大風也哉!其太公乎? 國未可量也。'"以此推之,足以知齊始霸。

## 魏風七篇

《葛屨》,刺褊也。魏地陿隘①,其民機巧趨利,其君儉嗇褊急,而無德以將之。

〔案〕《葛屨》一篇,殆刺褊之作,詩中已明言之。王質説:"婚嫁太速,其意欲早使夫力婦功,以濟其家,不虛度也,此所以爲褊而可刺也,今河東風俗如此。"誠能發前之所未道者。

《汾沮洳》,刺儉也。其君儉以能勤,刺不得禮也。

〔案〕諸家解此詩,多從《序》説,以爲賦丰美之容,而躬窮賤之役,殊不似貴族。然揆之詩旨,甚不切也。魏源説:"《汾沮洳》,刺賢者不得用,用者未必賢也。'公行''公路''公族',皆貴游子弟,無功食禄,而賢者隱處沮洳之間,采蔬自給,誰知其才德高出在位之上乎?"其説本《韓詩外傳》,頗足以達意。余讀是篇,心爲之嚮往矣。

《園有桃》,刺時也。大夫憂其君國小而迫,而儉以嗇,不能用其民,而無德教,日以侵削,故作是詩也。

〔案〕《集傳》云:"詩人憂其國小而無政,故作是詩。"蓋不從《續序》刺儉之説焉。《讀風偶識》云:"《園桃》乃憂時,非刺時。""園桃所憂,在國無政。"《詩古微》亦云:"是興非賦,非刺儉之詩。"崔、魏二説近是。此詩寫憂國之感頗沉著,殊不在《黍離》、《兔爰》下,方玉潤所

———————————

① "陿隘",陳書原作"陿陋",據南昌府學本《毛詩注疏》校改。

謂"悲愁之辭易工"者也。

《陟岵》,孝子行役,思念父母也。國迫而數侵削,役乎大國,父母兄弟離散,而作是詩也。

〔案〕崔述説:《陟岵》,以爲行役思親者得之。然謂國迫而數侵削,則篇中未見此意,甚是。此寫身入部伍,臨行猶相顧,乃述家人督勉之辭以自慰,信無如此悲矣!

《十畝之閒》,刺時也。言其國削小,民無所居焉。

〔案〕朱子斥《序》説爲無理,以爲"政亂國危,賢者不樂仕于其朝,而思與其友歸于農圃,故其辭如此"。甚得詩人之旨。姚際恒説:"夫之呼其妻,亦未可知。"蓋又謂夫婦偕隱者矣。

《伐檀》,刺貪也。在位貪鄙,無功而受禄,君子不得進仕爾。

〔案〕張揖引《齊詩》曰:《伐檀》,刺賢者不遇明主也。與《毛序》義同。《琴操》:《伐檀》者,魏國女作焉,傷賢者隱退伐木,小人在位食禄,縣珍奇,積百穀,①德澤不加百姓,痛上之不知,仰天長嘆,援琴而鼓之。此本《三家詩》焉。大率詩人見遺侠危窮,遂觸境興辭也。

《碩鼠》,刺重斂也。國人刺其君重斂,蠶食于民,不修其政,貪而畏人,若大鼠也。

〔案〕朱子云:"此亦託于碩鼠,以刺其有司之詞,未必直以碩鼠比其君也。"其説頗有理。蓋以鼠斥君,度民心雖甚怨之,亦不至此。故魏源本之而以爲刺貪吏也。是篇寫賢人去國,彌自沉婉,以愈見魏之臲卼不安,而國遂以亡,悲夫!

———————

① 此數句陳書斷作:"小人在位,食禄縣珍,奇積百穀。"

以上《魏風》七篇。魏亦姬姓也，在晉之南河曲，故其詩曰"彼汾一曲"，"寘諸河之側"。其俗有儉約之化。季札聞《魏》之歌曰："美哉，渢渢乎！大而婉，儉而易行①，以德輔此，則明主也。"蓋深慨魏多貪鄙，而不知求賢以自輔也。崔述云：《魏風》"其詩樸茂深厚，元氣未漓，蓋其俗猶爲近古焉。《葛屨》之刺褊心，止篇終一語。彼《汾》之譏貴游，僅微露其意，皆不失溫柔敦厚之旨。《陟岵》有思親之念，無怨上之心"，"慈孝之情，尤爲篤摯。《十畝》但言退居之樂，不及服官之難，意在言表，殊耐人思。《伐檀》命意尤高，托興尤遠，爲美爲刺，一毫不露圭角，而一唱三嘆，誦之使人塵鄙之心都消。惟《園桃》與《碩鼠》，憂時感事，語頗沉痛"，"惜乎其君之不足以有爲耳"。此論《魏風》，可謂明澈者矣。

### 唐風十二篇

《蟋蟀》，刺晉僖公也。儉不中禮，故作是詩以閔之，欲其及時以禮自虞樂也。此晉也，而謂之唐，本其風俗憂深思遠，儉而用禮，乃有堯之遺風焉。

〔案〕朱辨《序》之非，頗得其要，其《集傳》云："唐俗勤儉，故其民間終歲勞苦，不敢少休。及其歲晚務閒之時，乃敢相與燕飲爲樂。"得詩人之旨。崔述說："此三章者，即高宗'不敢荒寧'，文王'小心翼翼'之意，非陶唐之遺民，安能如是！第以勤儉美之，猶失其旨。況反以爲刺儉，不但與詩意相枘鑿，而與季札所言'思深憂遠'者，亦大相逕庭矣。"此亦本朱子之說而以《序》爲不可信也。王質說："此士大夫之相警戒者也。杜氏所謂'人生歡會豈有極，毋使霜露沾人衣'。"甚確，余嘗讀是詩，不覺有感時憂生之嗟矣。

---

① "儉而易行"句，《左傳》原作"險而易行"，陳氏當據杜預《注》，逕將"險"改爲"儉"。

《山有樞》，刺晉昭公也。不能脩道以正其國，有財不能用，有鐘鼓不能以自樂，有朝廷不能洒埽。政荒民散，將以危亡。四鄰謀取其國家而不知，國人作詩以刺之也。

〔案〕《詩緝》云："《後序》所謂有財不能用，有鐘鼓不能自樂，其辭衍矣。"甚是。《詩總聞》曰："山木其茂幾時，其彫有日，所謂此樹婆娑，無復生意，何不爲樂以度日？必有事至于無可若何，而朋友之間，姑道此以開之也。"王説真能體會詩旨者。此篇寫來日已短，宜及今爲樂，語雖曠達，而意亦苦矣，後世《將進酒》、《箜篌引》、《來日大難》之類，多濫觴于此。

《揚之水》，刺晉昭公也。昭公分國以封沃。沃盛强，昭公微弱，國人將叛而歸沃焉。

〔案〕《詩緝》云："將叛者，潘父之徒而已。國人拳拳于昭公，無叛心也，《後序》言過矣。異時潘父弑昭公，迎桓叔，晉人發兵攻桓叔，桓叔敗還，歸曲沃，皆可以見國人之心矣，亦《唐風》之厚也。"嚴氏之説，可謂能以意逆志也。蓋此詩微辭深意，所以泄其謀者，欲昭公知之也，主文譎諫，殆此之謂歟！魏源亦主是説，非茫然莽以意推焉。

《椒聊》，刺晉昭公也。君子見沃之盛强，能脩其政，知其蕃衍盛大，子孫將有晉國焉。

〔案〕朱子以此詩未見其必爲沃而作，而又不知其何所指，蓋深譏夫大小《序》之附會太過焉。魏源説："《椒聊》，美晉之忠臣不黨于沃也，自曲沃構難以來，翼人滅一君，復立一君，'彼其之子，碩大無朋'，'碩大且篤'，蓋謂九宗五正之徒，不入沃黨，臨大節而不可奪也。蕃衍遠條，喪君有君，豈顧枝幹之强弱，衆寡之不敵乎？無刺昭公而美曲沃之義。"魏説本《韓詩》，意亦甚切，信可以發明《詩》教矣。

《綢繆》，刺晉亂也。國亂則昏姻不得其時焉。

〔案〕魏源説："此蓋亂世憂昏姻之難常聚，而非刺昏姻之不得時。若曰：此何世何時而乃相逢聚首乎？未卜偕老之歡①，已虞新昏之別。""魚之响，鳥之集，蟲之蜍，聚以崇朝，而樂以今夕。其情激，其詞悲，其聲寒②，而國事可知矣。"此説頗能體會詩中之旨，意蓋有所憐也。

《杕杜》，刺時也。君不能親其宗族，骨肉離散，獨居而無兄弟，將爲沃所并爾。

〔案〕《詩序辨説》云："此乃人無兄弟而自嘆之詞，未必如《序》之説也。況曲沃實晉之同姓，其服屬又未遠乎？"朱説是也。此獨行野樹之間，無比侶者，故詩人興憐，語意可悲，其感事深矣。

《羔裘》，刺時也。晉人刺其在位不恤其民也。

〔案〕王質《詩總聞》曰："此朋友切責之辭。切責之中，忠厚所寓，此風亦可嘉也。"較《序》意明確。

《鴇羽》，刺時也。昭公之後，大亂五世。君子下從征役，不得養其父母，而作是詩也。

〔案〕此詩寫征役苦民之狀，可歌可泣，而小民有感興悲，一無咨怨，直愬之于天，且猶有唐堯質朴之遺風也歟。朱子謂"《序》意得之"，近是。

《無衣》，美晉武公也。武公始并晉國，其大夫爲之請命乎天子之使，而作是詩也。

---

① "未卜偕老之歡"，陳書原作"未卜偕老之懷"，據何慎怡點校本及《魏源全集》本《詩古微》校改。
② "其情激，其詞悲，其聲寒"句，陳書原作"其情急，其詞悲，其聲塞"，據何慎怡點校本及《魏源全集》本《詩古微》校改。

〔案〕朱子云："此詩若非武公自作,以遂其賂王請命之意,則詩人所作,以著其事而陰刺之耳。《序》乃以爲美,失其旨矣。"甚是！此蓋詩人據事直書,而其惡亦自昭著于萬世者焉。魏源説："讀《唐風·無衣》之詩,知西虢必滅于晉,而王轍從此不西矣！"誠有味乎其言之也。

《有杕之杜》,刺晉武公也。武公寡特,兼其宗族,而不求賢以自輔焉。

〔案〕王質《詩總聞》曰："此當是山林之君子,杕杜生道左道周,而未嘗剪除,是無招來之迹及於山林也,冀其自至誠難。"其説頗得詩人紆餘涵泳之趣,不似大小《序》之膚淺焉。蓋賢者肥遁山林,超然埃塯之表,人孰肯無因而至哉？

《葛生》,刺晉獻公也。好攻戰,則國人多喪矣。

〔案〕《鄭箋》①云："夫從征役,棄亡不反,則其妻居家而怨思。"王質亦謂："君子出役而不歸,婦人獨處而興哀也。"并得其意旨。蓋此詩寫征婦之怨,凄愴動人,角枕錦衾之燦爛,夏日冬夜之懷思,其情亦大可哀矣。

《采苓》,刺晉獻公也。獻公好聽讒焉。

〔案〕王質説："尋詩恐專是申生之事。""國人憐申生,不欲其死,而欲其逃,以爲其讒少待而自明也。"較《序》意明白。魏源説："其士蔿輩勸申生出亡之詩乎？故三舉首陽以寄興,勸之爲夷、齊,猶勸之爲吳太伯也。"此本《詩總聞》,而以意逆志,有足多者。

以上《唐風》十二篇。唐本帝堯舊都,今之太原也。其地土瘠民

① 　"《鄭箋》",陳書原訛作"《毛傳》",據《詩經注疏》原文校改。

貧,甚勤樸。吳札聞《唐》之歌曰:"思深哉! 其有陶唐氏之遺風①乎! 不然,何憂之遠也? 非令德之後,誰能若是?"蓋情發乎聲,故能探其底蘊焉,亦足以寫《唐風》矣。班固説:"其民有先王遺教,君子深思②,小人儉陋,故《唐詩》、《蟋蟀》、《山樞》、《葛生》之篇曰:'今我不樂,日月其邁','宛其死矣③,他人是愉','百歲之後,歸於其居'。皆思奢儉之中,念死生之慮。"班氏亦可謂善觀辭者矣。

## 秦風十篇

《車鄰》,美秦仲也。秦仲始大,有車馬禮樂侍御之好焉。

〔案〕秦世保西垂,入仕王室,始漸以恢崇。此詩蓋言土地饒衍如此,豈可虚度此生,亦及時行樂之意,朱子謂未見其必爲秦仲詩者是也。余嘗玩其旨,下二章寫日月易邁,壽命不常,殊凄愴,讀之不覺悲從中來。蓋人命易脆,如朝露焉,後世樂府詩辭中,每叙宴樂,輒作是語以勸慰之,信於此濫觴矣。

《駟驖》,美襄公也。始命有田狩之事④,園囿之樂焉。

〔案〕鄭氏亦言襄公親賢。王質説:"使果親賢,造端必不如此。"蓋譏首章有"公之媚子"句也。此詩盛稱其田獵園囿之樂,乃西人常俗,不必始命方有,《序》謂美襄公,恐不然。

《小戎》美襄公也。備其兵甲以討西戎。西戎方强,而征伐不休,國人則矜其車甲,婦人能閔其君子焉。

---

①　"遺風",南昌府學本《左傳注疏》作"遺民",其《校勘記》云:"《杜注》云'晉本唐國,故有堯之遺風。'《詩·唐風正義》、《史記·吳世家》引《傳》作'遺風'。"此當爲陳氏所本。

②　"君子深思",陳書原作"君子思深",據北京中華書局點校本《漢書》校改。

③　"宛其死矣",陳書原作"今我死矣",據《詩經》及《漢書》原文校改。

④　"田狩之事",陳書原作"狩田之事",據南昌府學本《毛詩注疏》校改。

〔案〕嚴粲説:"《小戎》之詩,鋪陳兵車器械之事,津津然夸説不已。以婦人閔其君子,猶有鼓勇之意,其真《秦風》也哉!"其説涵泳,最足以寫是篇之旨,較大小《序》明白可味焉。

《蒹葭》,刺襄公也。未能用周禮,將無以固其國焉。

〔案〕《序》説之鑿,朱子攻之是也。余以爲此蓋賢者肥遁于河上,詩人訪尋之作。寫蒹葭霜露,其境悠以遠,故反復嘆美,若不勝其驚喜之情焉,其風味固亦夐絶矣。

《終南》,戒襄公也。能取周地,始爲諸侯,受顯服,大夫美之,故作是詩以戒勸之。

〔案〕王質説:"得地如此,而又儀服之盛,位號之隆,初其君也哉,次壽考不忘①,皆戒勸之辭也。"甚合詩之旨。魏源謂:"襄公受賜岐西,雖地未至岐,而兵已至岐,則其南望終南,徘徊形勝,情所必有,此詩所由作也②。"此從《序》説,亦即朱子所謂秦人美其君之辭也。

《黃鳥》,哀三良也。國人刺穆公以人從死,而作是詩也。

〔案〕《辨説》云:"此《序》最爲有據。"蓋事見《春秋傳》,故朱子云然。《漢書》匡衡上疏曰:"秦穆貴信,而士多從死。"③應劭注:"秦穆公與群臣飲酒,酒酣,公曰④:'生共此樂,死共此哀。'于是奄息、仲行、鍼虎許諾。及公薨,皆從死。《黃鳥》詩所爲作也。'"衡學《齊詩》

---

①　"次壽考不忘",陳書原作"次壽考不亡",據《詩經》原文及道光二十六年錢氏刊本《詩總聞》校改。

②　"此詩所由作也"句,陳書原闕"詩"字,據何慎怡點校本及《魏源全集》本《詩古微》校補。

③　陳書原作"秦伯貴信,而民多從死",據北京中華書局點校本《漢書》校改。

④　陳書原作"秦穆公與群臣飲,酒酣言曰",據北京中華書局點校本《漢書》校改。

者,此必有所受也。是篇寫三良以身殉葬,真凄心傷骨,至今讀之,猶覺黃鳥悲聲未虧焉。《左傳》言:秦收其良以死,君子知秦之不復東征。信夫!

《晨風》,刺康公也。忘穆公之業,始棄其賢臣也。

〔案〕王質說:"當是有舊勞以間見棄,而遂相忘者也。欲見其君,吐其情,又不得見,所以懷憂久而至于如醉也。"此頗足以達詩之意,崔述亦從是說也。此篇寫賢者遁居山林,反愧不若晨風之飛空栖樹,殆似未能忘懷于世者歟?

《無衣》,刺用兵也。秦人刺其君好攻戰,亟用兵,而不與民同欲焉。

〔案〕《集傳》云:"秦人之俗,大抵尚氣概,先勇力,忘生輕死,故其見于《詩》如此。"朱子之論是篇,深得其旨,《序》以爲刺用兵,失之遠矣。《讀風偶識》云:"《無衣》,平日詩也,而志切於戈矛,意在於同仇。行陣也而衽席視之,鋒鏑也而寢寐依之,則臨敵可知矣。其風俗之勁悍如是,天下誰復能當其鋒者!"其說與《朱傳》同趣。

《渭陽》,康公念母也。康公之母,晉獻公之女。文公遭麗姬之難,未反而秦姬卒。穆公納文公,康公時爲太子,贈送文公於渭之陽,念母之不見也。我見舅氏,如母存焉。及其即位,思而作是詩也。

〔案〕《集傳》云:"穆姬之卒不可考,此但別其舅而懷思耳。"朱子說《詩》,簡絜明快,無揚滯之病者,此類是也。余嘗讀是詩,情意勤拳不已,自可動人,慨然想見攜手渭南之狀,蓋離思蒼然矣。《序》又以爲康公即位後追作者,亦謬,殊不知此詩是寫當時情景者,故朱子駁之曰:"'及其即位而作是詩',蓋亦但見首句云'康公',而下云'時爲太子',故生此說。"魏源說:"穆公納文公於晉,康公時爲太子,贈送於渭之陽,念母之不見也,思而作是詩,無即位後追作之義。"此能證成朱説者。

《權輿》，刺康公也。忘先君之舊臣與賢者，有始而無終也。

〔案〕諸家解此詩，并從《序》説，皆以爲秦之待士，始重之而終替之也。魏源以爲此非棄賢者，謂"康公嗣位，思紹霸業，始亦適館授餐，虛市駿骨"，"此夏屋四篇所由來也"。既而賢才百不得一，"類多虛浮嗜利無恥之徒，秦人深厭之"，"乃不飽以困之，坐老旅食，垂死關中"，"君子於此無譏焉？"長鋏歸來食無魚，"《權輿》詩人，其馮諼之流乎？"此頗合詩旨，而深中游士之病者。

以上《秦風》十篇。秦地於《禹貢》時跨雍、梁二州。《漢書·地理志》曰："天水、隴西，山多林木，民以板爲室屋。及安定、北地、上郡、西河，皆迫近戎狄，修習戰備，高上氣力，以射獵爲先。故《秦詩》曰'在其板屋'；又曰'王于興師，修我甲兵，與子偕行'。及《車轔》、《駟驖》、《小戎》之篇，皆言車馬田狩之事。"此寫秦人窮兵黷武之狀頗明晰，蓋風氣使然焉。吳札觀樂，爲之歌《秦》曰："此之謂夏聲，夫能夏則大，大之至也。其周之舊乎！"秦俗樂戰鬥，因以大其國，其聲似之，然其辭亦若是也。季札之言，非僅聽聲者已。

## 陳風十篇

《宛丘》，刺幽公也。淫荒昏亂，游蕩無度焉。

〔案〕《樂記》言《陳風》好巫，《漢書·匡衡傳》："陳夫人好巫，而民淫祀。"衡治《齊詩》者，所言當可信。此詩蓋寫民俗事巫之狀者，非刺幽公也。魏源説："刺臣民習俗，非刺幽公游蕩之詩。"近是。

《東門之枌》，疾亂也。幽公淫荒，風化之所行，男女棄其舊業，亟會於道路，歌舞於市井爾。

〔案〕《毛傳》：宛邱，國之交會，男女所聚。故朱子本之云："此男女聚會歌舞,而賦其事以相樂也。"甚合詩旨。《首序》疾亂之説,殊非是。

《衡門》,誘僖公也。愿而無立志,故作是詩以誘掖其君也。

〔案〕《韓詩外傳》:《衡門》,賢者不用世而隱處也。① 較《序》説安穩。《讀風偶識》云:"《衡門》,《序》以爲'誘僖公',朱子以爲'隱居自樂而無求者之詞'。今按:'衡門',貧士之居;'樂飢',貧士之事;'食魚''取妻',亦與人君毫不相涉。朱子之説是也。"崔氏蓋駁《序》而申《朱傳》者,得其旨矣。此篇寫賢者窮處自解,正反其義以取義,信可以息躁寧神矣。

《東門之池》,刺時也。疾其君之淫昏,而思賢女以配君子也。

〔案〕此詩叙男女相晤,清高拔俗,有隨分自足之趣,詩人真善於抒情者。《序》説謂思賢女以配君子,殊迂曲。《集傳》云:"此亦男女會遇之辭。"甚是。

《東門之楊》,刺時也。昏姻失時,男女多違,親迎,女猶有不至者也。

〔案〕《集傳》云:"此亦男女期會而有負約不至者。"朱説是也。蓋是詩寫男女相約,昏以爲期,而女留他邑,星曉不至,詩人造此境界,足以抒情矣。魏源説:"亦刺淫之詩,無昏姻失時,親迎不至之義。"此又攻《序》者。

《墓門》,刺陳佗也。陳佗無良師傅,以至於不義,惡加於萬民焉。

---

① 謹案:《韓詩外傳》無此語,此係魏源《詩古微》下編之一《詩序集義》概括《韓詩外傳》、《列女傳》、漢碑及蔡邕賦引此詩時所述之《三家詩》義而推衍出之詩義,陳氏誤以爲此係《韓詩外傳》釋此詩義旨之語。

〔案〕朱子《集傳》亦不信《序》説，《讀風偶識》亦云："以《墓門》爲刺陳陀，則絶不類。陳佗不聞他惡，但爭國耳。而篇中訖無一語針對陳佗者，此必別有所刺之人，既失其傳，而《序》遂强以佗當之耳。若此果爲刺佗，則語皆索然無味。"崔説亦攻《序》者。蓋墓門爲陳之城門（見《詩總聞》）。古木翳薈，而樵斧不禁，有鴞萃止，而無人逐之，亦一期會之所也。雖所刺之人，不見於詩，其言荒淫者，則甚著也。魏源以爲陳人刺佗淫佚之詩，并引《列女傳》《楚詞・王逸注》《公羊傳》爲證，理或然與。

《防有鵲巢》，憂讒賊也。宣公多信讒，君子憂懼焉。

〔案〕《爾雅注》引《韓詩》"心焉惕惕"，以爲悦人。① 《集傳》遂本之云："此男女之有私，而憂或間之之辭。"較《序》説爲近理。是篇每章寫林中之禽，丘上之草，皆各適其性，以興予美爲人所侜張，使我懷憂不安。詩人睹景生情，可謂婉轉者矣。王質以爲適野懷賢，亦近是。

《月出》，刺好色也。在位不好德而説美色焉。

〔案〕朱子云"此不得爲刺詩"，"亦男女相悦而相念之辭"，甚是。蓋當皓月之際，感其所見，思而不可得，憂愁静默，託興無端，此風詩之旨焉，而意境幽峭矣。

《株林》，刺靈公也。淫乎夏姬，驅馳而往，朝夕不休息焉。

〔案〕朱子云"《陳風》獨此篇爲有據"，甚是。蓋夏姬之事太褻，詩人不欲斥言之，故託辭於其子。此詩得諷諭之致矣。崔述説："其言

---

①　謹案：郭璞《爾雅注》原文作"《詩》云'心焉惕惕'，《韓詩》以爲悦人"（南昌府學本《爾雅注疏》卷四，頁 2b）。"以爲悦人"句，陳書原作"亦爲説人"，今據以校改。

語之妙，與《鄘風·墻茨》篇略同，但用筆各異耳。”

《澤陂》，刺時也。言靈公君臣淫于其國，男女相説，憂思感傷焉。

〔案〕此篇與《月出》相類，亦男女不相依，思而念之之辭。初章蒲荷，次章蒲蓮，三章蒲菡萏，皆物美可愛而相因依者，以興美好之女，不得如蒲荷之相依，故以憂傷，造境抒情，并清怨可誦，真筆端之良工也。或疑此爲慕賢之詩，非是。古人固以荷花比婦人者矣。

以上《陳風》十篇。《地理志》：“陳本太昊之墟，周武王封舜後嬀滿于陳，是爲胡公，妻以元女大姬。婦人尊貴，好祭祀，用史巫，故其俗巫鬼①。《陳詩》曰：‘坎其擊鼓，宛丘之下，亡冬亡夏、值其鷺羽。’又曰：‘東門之枌，宛丘之栩，子仲之子，婆娑其下。’此其風也。”吳札聞《陳》之歌曰：“國亡主，其能久乎！”班氏説陳之風俗之失，蓋本《三家詩》，信乎，《詩》可以觀也！大抵《陳風》刺淫者十居七八，皆巫覡歌舞化之焉，獨《衡門》、《東門之池》二篇爲佳詩耳。

## 檜風四篇

《羔裘》，大夫以道去其君也。國小而迫，君不用道，好絜其衣服，逍遙遊燕，而不能自强於政治，故作是詩也。

〔案〕《詩總聞》曰：“史伯曰‘濟、洛、河、潁之間，子男之國，虢、檜爲大。恃勢與險，崇侈貪冒，序者遂以《羔裘》而歸諸君之好絜，以《隰有萇楚》而歸諸君之淫恣。又檜君少見，不能如他詩指名某公某侯，而大概稱君。”其攻序者不博，頗極深刻，非無理也。王質以爲此國人憂傷賢大夫之去者云。度逍遙翱翔者，必與以朝在堂者異趣。彼在位而此在野，人情不無過慮，其賢可愛如此，較《序》説爲優。

---

① “故其俗巫鬼”，陳書原作“故其風巫鬼”，據北京中華書局點校本《漢書》校改。

《素冠》，刺不能三年也。

〔案〕《序》説非是。《詩總聞》曰："當是在位之賢宅憂，而國事①無人任之，所以急欲挽之也。"亦能得詩旨者。

《隰有萇楚》，疾恣也。國人疾其君之淫恣，而思無情欲者也。

〔案〕《序》説亦非，《集傳》云："政煩賦重，人不堪其苦，嘆其不如草木之無知而無憂也。"此真得詩人之旨。蓋身處亂世，顛沛辛苦，其室家有不能相保者，以視草木之生意沃沃然，能不有慨於中耶？

《匪風》，思周道也。國小政亂，憂及禍難，而思周道焉。

〔案〕《序》説似不足以達意，此詩蓋寫周室東遷，而西周之地爲秦所據。檜迫於鄭，恐不能安存，故詩人憂之，王質所謂"人情不忘舊壤也"。無復大國亨鮮之政，有同舊都破甑之思，傷平王之大夫不復歸，其詞亦悲愴矣。

## 曹風四篇

《蜉蝣》，刺奢也。昭公國小而迫，無法以自守，好奢而任小人，將無所依焉。

〔案〕《序》謂刺奢，恐未當，且昭公亦無所考。《詩總聞》曰："此必在野之君子，以己所處爲避患。"王説是也。蓋蜉蝣采楚，其生能幾？此真虛華者，轉不若歸處休閒，可以得安其餘生焉。詩人寫此，意見言外矣。

《候人》，刺近小人也。共公遠君子，而好近小人焉。

〔案〕《左傳》僖二十八年，晉文公入曹，數之以不用僖負羈，而乘軒者三百人，朱子、嚴粲并據此以證是篇爲刺曹公遠君子而近小人之

----

① "國事"，陳書原作"國是"，據道光二十六年錢氏刊本《詩總聞》校改。

辭。魏源駁之曰：“《左氏》乘軒，不言何人，《史記》始以美女實之，蓋《魯詩》説，非《毛傳》大夫乘軒之謂。”魏説是也。又云：“古時曹濮爲貨財聲色之都會，故國小而色荒，若斯之盛。”魏以此詩對女寵而言，與《史記》、《魯詩》甚相符，且合詩旨。此篇寫曹國燕女溺志，不用賢士，頗微婉，乃曹竟不悟，卒滅於宋，詩人警之者深矣。

《鳲鳩》，刺不壹也。在位無居子，用心之不壹也。

〔案〕《集傳》謂此詩不知其何所指，故衆説紛紜，莫衷一是。或以爲思古之作，或以爲夫婦之辭，或又以爲曹人美晉文公之復曹伯，故感是詩。然終覺於詩旨有未合者。方玉潤説：“因曹君失德，而追述其先公之德之純以刺之。”意頗有似處，識者更詳。

《下泉》，思治也。曹人疾共公侵刻，下民不得其所，憂而思明王賢伯也。

〔案〕《大序》疾共公侵刻，殊不得詩旨。《集傳》云：“王室凌夷，而小國困弊，故以寒泉下流，而苞稂見傷爲比，遂興其愾然以念周京也。”頗近是。蓋《下泉》詩甚有念王都之心，詩人寫曹被大國之伐，若苞稂之見浸下泉，日以荒蕪，徒自傷耳。作此詩者，殊不減《匪風》之沉著矣。

以上《檜風》四篇、《曹風》四篇。檜、曹皆小國，詩亦相似，多鄙促之音。其後檜滅於鄭，曹滅於宋，其亡國不能自存又相類，故《檜》、《曹》并列，以著亡國之風焉。季札聞此二國歌云：“自《鄶》以下無譏焉。”亦以其國小政狹，故不復譏之。

## 豳風七篇

《七月》，陳王業也。周公遭變，故陳后稷先公風化之所由致，王業之艱難也。

〔案〕先儒皆以《七月》爲周公居東之作，非是。崔述《豐鎬考信錄》："且玩此詩，醇古樸茂，與成、康時詩皆不類。竊嘗譬之，讀《大雅》，如登廊廟之上，貂蟬滿座，進退秩然，煌煌乎大觀也；讀《七月》，如入桃源之中，衣冠樸古，天真爛漫，熙熙乎太古也。""此詩當爲大王以前豳之舊詩，蓋周公述之。""而後世因誤爲周公所作耳。"崔説是也。此篇寫田家情景，各道其歲時生活之狀，篤意真古，不類周公作，信爲豳土舊風焉已。魏源説："蓋豳國舊風，至周公而乃陳于王。若周公所自作，則當列於《雅》，不當入民《風》。"亦其一證歟！

《鴟鴞》，周公救亂也。成王未知周公之志，公乃爲詩以遺王，名之曰鴟鴞焉。

〔案〕朱子謂此《序》以《金縢》爲文，最爲有據。故其《詩集傳》即本是説，斷以爲周公居東之作，非東征也，崔東壁亦從之。余讀是篇，意旨淒婉，寫鳥所以愛護其子者甚至，蓋豳土之人借以寄諷諭者，《齊詩》所謂刺邠君曾不如此鳥者是也。當成王之時，王室不安，諸侯攜貳，周公眷眷慮患，故陳述是詩，以儆戒國人，非其自作也。魏源説："此豳國舊風，而公陳諸王。"甚是。

《東山》，周公東征也。周公東征三年而歸，勞歸士，大夫美之，故作是詩也。一章言其完也，二章言其思也，三章言其室家之望女也，四章樂男女之得及時也。君子之于人，序其情而閔其勞，所以説也。説以使民，民忘其死，其唯《東山》乎？！

〔案〕《序》説似未得其旨。朱子謂"此周公勞歸士之詞，非大夫美之而作"，亦非。《豐鎬考信錄》云："此篇毫無稱美周公一語，其非大夫所作顯然，然亦非周公勞士之詩也。細玩其詞，乃歸士自述其離合之情耳。三年東征，不爲不久，破斧缺斨，不爲不勞，而其詞絶無一毫怨意，若《邶》之《擊鼓》，《雅》之《漸石》者，即此可見盛世景象。以爲勞歸士，美周公，此意索然矣。"崔説頗足以達意，信可謂善讀《詩》者。

《東山》詩叙室家離合之狀，曲盡人情，非後代詩人所可及矣。魏源說："亦豳民從征者所作①，故列于民《風》，非大夫所作。"足以掃空一切矣。

《破斧》，美周公也。周大夫以惡四國焉。

〔案〕崔述說："'破斧缺斨'，即叙東征之事。東征三年，爲日久矣，斧破斨缺，則其人之辛勤可知，猶宋人詞所云'征衫著破，著衫人可知矣'之意，不得以'我'屬之大夫，而謂'斧'爲周公，'斨'爲成王也。《朱傳》以爲從軍之士所作，'破斧缺斨'，自言其勞是也。又援'斬伐四國'之文，斥《序》以爲管、蔡、商、奄之謬，其說尤正。然謂'答前篇周公之勞也，故作此詩以美周公'，則尚似有未盡合者。詳味此詩，乃東征之士自述其勞苦，絶無稱美周公一語。"舊說是也。《後漢書·班固傳·注》引《孫卿子》曰周公東征西國怨，南征北國怨。此可見豳人從征者兵閒勞苦四方，蓋一寫其志耳，非周大夫作也。

《伐柯》，美周公也。周大夫刺朝廷之不知也。

〔案〕王質以爲賢者感悟成王，使致周公，云："此詩當是諸史百執事之徒所作，願爲媒者也。"甚合詩旨。

《九罭》，美周公也。周大夫刺朝廷之不知也。

〔案〕朱子謂《伐柯》、《九罭》二詩，"東人喜周公之至，而願其留之詞，《序》說皆非"，差得之。王質亦云："國人憂周公而未孚成王，故欲且留再宿，以觀其變。"此說極有理。味其詩，頗勤懇悲惻，絶無大夫刺朝廷義也。

---

　　①　"亦豳民從征者所作"句，陳書原闕"所作"二字，據何慎怡點校本及《魏源全集》本《詩古微》校補。

《狼跋》，美周公也。周公攝政，遠則四國流言，近則王不知。周大夫美其不失其聖也。

〔案〕王質説："此必逆周公之使者行道所見也，詩人未有無故而興辭，觸物吐情，此非以狼而詆其人也。"王氏蓋借狼指與周公異意者所露之狀，而周公能以大包之，得其真情矣。

以上《豳風》七篇。《地理志》云："右扶風枸邑縣，有豳鄉，《詩》豳國，公劉所都。"此可證《豳詩》皆民《風》，異乎《雅》之爲公侯自作者焉。豳俗好稼穡，務本業，有先王遺風。班固謂《豳詩》言農桑衣食甚備，此雖專指《七月》而言，然《鴟鴞》各什，急公奉上，其詞多沉婉不迫，實足以寓豳人誠摰之志。故季札聞《豳》之歌曰："美哉[1]，蕩乎！樂而不淫，其周公之東乎！"蓋聲音之道與政通矣。《詩古微》云：《七月》、《鴟鴞》"皆豳國舊風，而公陳諸王。以下五篇，皆幽人從公東征所作，而太師采以入什"。是《豳詩》不但非周公作，非東人作，更非周大夫作也已。

---

# 詩序解卷中

## 周小雅

### 鹿鳴之什

《鹿鳴》，燕群臣嘉賓也。既飲食之，又實幣帛筐篚以將其厚意，然後忠臣嘉賓得盡其心矣。

〔案〕《詩序辨説》云："《序》得詩意，但未盡其用耳。"其攻之甚是，又以此爲燕饗賓客之詩，味其旨，信然。此篇寫園囿之間，與賓客燕樂，從容款曲，所以風規者至矣，其辭亦舒緩不迫。杜詩云："聖人筐篚恩，實欲邦國活。"可謂妙得詩人之志矣。

《四牡》，勞使臣之來也。有功而見知，則説矣。

〔案〕《序》説殊疏鄙。此篇叙行役思親，頗沉摯動人，悲情之中有願意，蓋使臣自嘆耳。姚際恒説："試將此詩平心讀去，作使臣自詠極順，作代使臣詠極不順。"頗近理。末章作歌，亦所以告哀。魏源所謂"與《卷耳》、《汝墳》同一諷諭焉"者是也。

《皇皇者華》，君遣使臣也。道之以禮樂，言遠而有光華也①。

---

① "言遠而有光華也"句，陳書原闕"有"字，據南昌府學本《毛詩注疏》校補。

〔案〕《序》説亦謬，故朱子譏之曰：“詩所謂‘華’者，草木之華，非光華也。”此爲使臣之辭，博咨民隱，欲以達下情。首章蓋寫其道中之景與夫征行懷思耳。《序》言君遣使臣，《内》、《外傳》言君教使臣，并非。

《常棣》，燕兄弟也。閔管、蔡之失道，故作《常棣》焉。

〔案〕《左傳》召穆公思周德之不類，故糾合宗族于成周而作是詩，此甚可據者，乃《國語》以爲周文公之詩，撰《詩序》者遂本之以爲管、蔡之事，失之矣。《豐鎬考信録》云：“其詩云‘死喪之威，兄弟孔懷’，又云‘喪亂既平，既安且寧’，皆似中衰之後，不類初定鼎時語。況作亂者，管、蔡兄弟也，以殷畔者，管、蔡兄弟之親其所疏而疏其所親也，而此詩反云‘兄弟急難，良朋永嘆’，‘兄弟外禦其侮，良朋烝也無戎’，語語與其事相反，何耶？”此就經文以證其非周公作，亦甚確焉。是詩著兄弟之義頗深切，其叙死喪急難鬩閱等，一若垂涕泣而道之者，其情亦惻然矣。《詩總聞》曰：“此詩未嘗有切責深恚之辭，特以情以理感悟而已。”王氏亦以其辭似非周公之作也。

《伐木》，燕朋友故舊也。自天子至于庶人，未有不須友以成者。親親以睦，友賢不棄，不遺故舊，則民德歸厚矣。

〔案〕《詩緝》云：“《後序》之言，無害於理，而以説此詩，則支離矣。”嚴説是也。《韓詩序》曰：“勞者歌其事。”又“鳥，微物也”①。飢者歌食，勞者歌事，蓋用鳥意推人情，讀此詩者，可想見古風矣。其詞旨婉曲，可質神明，或以爲指文王敬故之作，恐非。王質説：“鄭氏《伐木》謂昔日未居位在農之時，與友生于山巖伐木爲勤苦之事，今有酒而釃之，本其故也。此意甚嘉，但不當以爲王者。”此能得詩人本意者。

---

① “鳥，微物也”句，語出《韓詩章句》。“微”字，陳書原作“徵”，據《文選》卷13 禰衡《鸚鵡賦》及卷20 顏延年《應詔讌曲水作詩一首》李善《注》所引校改。

《天保》，下報上也。君能下下以成其政，臣能歸美以報其上焉。

〔案〕此篇寫臣下祝頌君上，又恐失之諛，乃藉天神爲辭，反復告戒，使君受其禄，民享其福，其詞亦喬皇奇詭，若後世之頌然，詩人寫愛君之誠有如是者，《序》說迂曲，似不足以達意。魏源以爲《天保》"營雒邑宗祀文、武時嘏祝之詞"，殆然也。

《采薇》，遣戍役也。文王之時，西有昆夷之患，北有玁狁之難，以天子之命，命將帥、遣戍役，以守衛中國，故歌《采薇》以遣之，《出車》以勞還，《杕杜》以勤歸也。

〔案〕《序》謂遣戍役，《集傳》從之，恐非。王質說："當是將佐述離家還家之狀。"甚合詩旨。此篇寫征戍之苦，及歸途景物，凄愴動人，非身歷其境者，不能道其彷彿，殆戍役歸者所自作也。至《序》謂文王時詩，朱子已攻之，魏源定以爲宣王時，頗近是。蓋《六月》、《采芑》，宣王時詩稱玁狁，是宣王以前，止有玁鬻、昆夷，未有稱玁狁者。

《出車》，勞還率①也。

〔案〕王質說："其詩皆以王命爲辭，此亦是將佐叙離家還家之狀，與《采薇》同。"甚是。《序》言勞師者，非也。此詩叙出平二寇，往返不逾春。又述其西方歸附之情，最婉曲詳盡。陳啓源所謂今千載後讀之，如目睹當年用兵方略者也。《漢書》以《出車》、《六月》同爲宣王時詩，當從之。

《杕杜》，勞還役也。

〔案〕《序》謂勞之，乃代其室家述思念之詞也，《稽古編》亦從是說，恐非詩意。王質謂"此當是師徒之室家所叙"，可謂能以意達志者。此詩寫萬里長征，逾期不還，父母憂愁，妻子永嘆，其思望之切如

---

① "勞還率"，陳書原作"勞還歸"，據南昌府學本《毛詩注疏》校改。

此，而深婉不迫，情見乎辭矣，非歌以勤歸也。

《魚麗》，美萬物盛多能備禮也。文、武以《天保》以上治內，《采薇》以下治外，始于憂勤，終于逸樂，故美萬物盛多，可以告于神明矣。

〔案〕《集傳》云：“此燕饗通用之樂歌，即燕饗所薦之羞，而極道其美且多，見主人禮意之勤，以優賓也。”詳味詩之旨，信然。《後序》內外始終之說，殊失理，且告神明之詩，則非雅體，而又近於頌矣。

## 南陔之什

蘇轍說：毛公“推改什首，予以爲非古。于是復爲《南陔之什》，則《小雅之什》，皆復孔子之舊”。

《南陔》，孝子相戒以養也。

《白華》，孝子之潔白也。

《華黍》，時和歲豐，宜黍稷也。有其義而無其辭。

〔案〕此三詩辭皆闕，不知序者何從而得推衍之也？其無理甚矣。《詩總聞》曰：“有其義者，以題推之也。亡其辭者，莫知其中謂何也。”甚是。朱子謂此三篇笙詩，本無辭，云：“鄉飲酒禮，鼓瑟而歌《鹿鳴》、《四牡》、《皇皇者華》。然後笙入堂下，磬南北面立，樂《南陔》、《白華》、《華黍》。燕禮亦鼓瑟而歌《鹿鳴》、《四牡》、《皇華》，然後笙入立于縣中，奏《南陔》、《白華》、《華黍》。《南陔》以下，今無以考其名篇之義。然曰笙、曰樂、曰奏，而不言歌，則有聲而無辭明矣。”王質亦云笙者，有腔無辭者也。大率《南陔》以下六篇，多以爲有聲無詩，恐非也。蓋古本有其辭，專以笙吹而不歌，故此詩易亡耳。

《南有嘉魚》，樂與賢也。太平之君子，至誠樂與賢者共之也。

〔案〕朱子謂"《序》得詩意,而不明其用。其曰'太平之君子'本無謂①,而説者又以專指成王,皆失之矣",甚是。此詩寫賓主勸侑殷勤極可念,而魚雛之屬,皆燕賓侑酒者,非以喻賢焉。此亦燕臣工之樂,故可與《魚麗》同時間歌。

《南山有臺》,樂得賢也。得賢,則能爲邦家立太平之基矣。

〔案〕此篇有以爲臣工頌天子之詩(吕《記》、嚴《緝》、王《總聞》皆以君子指人君),有以爲尊賓者。竊謂《鄉飲酒》及《燕禮》皆笙《崇丘》、歌《南山有臺》,似此詩非專頌人君聲華福壽者矣。襄二十年,季武子如宋,報向戌之聘。歸復命,公享之,賦《魚麗》之卒章。公賦《南山有臺》,武子去所,曰:"臣不堪也。"此則可證者。《集傳》于《魚麗》曰優賓,于《嘉魚》曰樂賓,于此曰尊賓,甚得燕樂次序。魏源又以此爲養老太學,云:"《毛序》泛言'樂得賢'而不及養老②,則于詩詞不切。"甚是。蓋養老亦所以尊賓也。

《由庚》,萬物得由其道也。
《崇丘》,萬物得極其高大也。
《由儀》,萬物之生,各得其宜也。有其義而亡其辭。

〔案〕此三詩《序》説殊迂淺,又王質所謂序者以題推義者,皆漢儒之學也。《儀禮·鄉飲酒》及《燕禮》:前樂既畢,皆間歌《魚麗》,笙《由庚》;歌《南有嘉魚》,笙《崇丘》;歌《南山有臺》,笙《由儀》。間,代也,言一歌一吹也。以此觀之,此三詩亦以笙吹易亡耳,非有聲無辭者焉。

---

①　"其曰'太平之君子'本無謂"句,《朱子全書》本及趙長征點校本《詩集傳》皆作"其曰'太平之君子'者本無謂"。
②　陳書此句中"樂得賢"語,原訛作"得樂賢",今據《詩序》原文及魏源《詩古微》校改。

《蓼蕭》，澤及四海也。

〔案〕朱子云：“《序》不知此爲燕諸侯之詩，但見‘零露’之云，即以爲澤及四海，其失與《野有蔓草》同。臆説淺妄，類如此云。”其攻《序》頗是。但此詩皆稱贊天子之詞，《集傳》謂“天子與之燕以示慈惠，故歌此詩”，恐不切。嚴氏所謂“不應自稱己之美而不稱諸侯之美”者是也。王質説：“當是諸侯見王者燕飲至夜分，露零見于蕭也。”“二章而下，皆頌君也。”“此詩止于露盛，禮飲也。次詩至于露晞，情飲也。”可謂善説《詩》者。

《湛露》，天子燕諸侯也。

〔案〕《序》意得之。文四年《左傳》寧武子云：“昔諸侯朝正于王，王宴樂之，于是乎賦《湛露》。”其明證也。此詩寫夜飲之境，彌覺可念，殆亦詩人睹物起興者歟？

## 彤弓之什

《彤弓》，天子錫有功諸侯也。

〔案〕《春秋傳》寧武子曰：“諸侯敵王所愾而獻其功。”“于是乎賜之彤弓一，彤矢百，旅弓矢千，以覺報宴。”此爲《序》及《朱傳》所本。《詩總聞》曰：“諸侯賜弓矢，然後得專征伐。此詩當是太公，或是其倫。”余以爲此篇寫人君錫命，其辭多誠摯，所謂本末情文，無所不稱，恐非太公不足當此也。

《菁菁者莪》，樂育材也。君子能長育人材，則天下喜樂之矣。

〔案〕詩中未見有育材之義，《序》失之。《集傳》謂此亦燕飲賓客之詩，亦未爲得。尋詩不見有燕飲意也。唯王質以爲諸侯朝王者，云：“諸侯喜見王者，凡經歷覽觀，皆樂事賞心也。”王氏之説，深得詩人觸景生興之趣。

《六月》,宣王北伐也。

〔案〕《序》僅言北伐,猶未盡詩意。朱子以爲宣王"命尹吉甫帥師伐之,有功而歸,詩人作歌以序其事如此",其說婉轉有旨趣。此詩叙吉甫盛暑出師,有栖栖不遑之勢,末言凱旋飲至,意閒而冷,真筆端之良工也。


《采芑》,宣王南征也。

〔案〕《采芑》寫南征班師,專美方叔,其辭亦威而不迫,蓋蠻事比獫狁差緩,王質所謂獫狁侵雍都,蠻不過荆土而已。嚴粲說:"《六月》之詩,事勢急迫,《采芑》之詩,辭氣雍容。蓋北伐則四夷交侵,初用兵也。南征則北方已服,中國粗定,方叔乘北伐之威以臨蠻荆也。"最得詩之旨。


《車攻》,宣王復古也。宣王能内修政事,外攘夷狄,復文、武之竟土。修車馬,備器械,復會諸侯于東都,因田獵而選車徒焉。

〔案〕朱子云:"此詩所賦,自修車馬備器械以下,其修政事、攘夷狄,則前乎此矣。"[1]頗近是,蓋序者泛而不當焉。此篇止叙田獵與會同二事,其辭亦鋪張揚厲,蓋詩人喜復見中興威儀之盛也。《墨子》:昔"周宣王合諸侯而田于圃,田車數百乘"。此又魏源所謂"宣王會諸侯于王城,而因講武于雒邑"者是也。


《吉日》,美宣王田也。能慎微接下,無不自盡以奉其上焉。

〔案〕嚴粲說:"詩美田獵耳,《後序》舉三隅言之。"甚是。蓋譏其自慎微以下,非詩本意焉。此宣王獵于東都之作,寫狩搜頗嚴肅,呂《記》所謂可以見軍實之盛也。《詩總聞》曰:"戊不言辰,蓋以戊協禱

---

① 陳書引朱子此語不見今本《詩集傳》,見於吕祖謙《吕氏家塾讀詩記》所引朱子舊說。

也。次言庚午，則前爲戊辰可見，文體自有古意。"其玩味甚細。

《鴻鴈》，美宣王也。萬民離散，不安其居，而能勞來還定安集之，至于矜寡無不得其所焉。

〔案〕諸家解此詩者多異，有以爲使臣作者，若毛鄭以鴻雁喻流民，以之子爲侯伯卿士之安集衆民者是也，歐陽《本義》亦本是説。王質《詩總聞》曰："此士大夫將王命而定民所者也。三章劬勞，皆士大夫自謂。"解與《傳》、《箋》同，此一説也。有以爲流民自作者，若《朱傳》云："周室中衰，萬民離散，而宣王能勞來、還定、安集之，故流民喜之而作是詩。"嚴《緝》云："此詩流民自作①，述使臣之勤勞，能布宣其上之德意也。"此又一説也。余玩繹詩意，究以前説爲長。蓋此寫鴻雁初歸故鄉，新栖未定，舊迹已湮，而使臣授民以田及舍者，亦甚劬勞也。胡承珙説："《小雅》自《鹿鳴》而下至此。""皆朝廷制作，不應忽采民謠一篇，雜入其中。"此足以破後説之非矣。

《庭燎》，美宣王也。因以箴之。

〔案〕詩無箴意，《序》説非是。此爲勤于視朝之詩，寫夜景如繪，其辭亦雍容不迫。《詩總聞》曰："鄭氏宣王問早晚之辭，人君數問夜，亦非體②。此當是執事之人，夜未央未艾而聞車音，夜向晨而見旂色，嘆夜漏之未盡，而朝臣之已集也。"王説頗近理。

《沔水》，規宣王也。

〔案〕《集傳》謂此憂亂之詩，尚不足以達意焉，呂氏《讀詩記》曰："讒人在朝，乃諸侯疑畏之本。"嚴《緝》謂："規其聽讒而諸侯攜貳也。"

---

以此推之，是詩寫諸侯之叛，半在讒言，故憂危如此。順流之水，自適之禽，皆所以喻其不如，其慮深矣。方玉潤謂非宣王世，余甚然之。

《鶴鳴》，誨宣王也。

〔案〕《序》説殊晦，毛鄭以爲誨宣王求賢人之未仕者，差得之。嚴《緝》云：“此詩説者多異，毛鄭在衆説之先，皆謂興求賢，必有師承，當從之。”大抵亦主此篇爲求賢山林者，故全賦禽魚木石之景，知賢者退處自樂，其意境絶佳，蓋即招隱詩焉。此篇與《秦》之《蒹葭》、《陳》之《衡門》，體制相似，爲《雅》詩之近乎《風》者。

## 祈父之什

《祈父》，刺宣王也。

〔案〕《集傳》謂“軍士怨于久役”，《讀詩記》及《詩緝》皆主久戍言，較《小序》明白，且得其旨。蓋是詩寫遠役不已，不得奉養，而母反尸薪水之勞，彌足怨矣。王質説：“此士卒怨將帥之辭。”

《白駒》，大夫刺宣王也。

〔案〕《序》説未必達詩人之意。王質説：“此必舊爲公侯，而今遁山林者也。度斯人浪適，其來無期，少寄丁寧頌禱之詞，愛賢之親也。”斯妙得意趣。此詩寫賢者遠遁空谷，長往不返，雖欲挽之而亦不可得，是白駒一賢之去，詩人有不勝惋惜者矣。《稽古編》曰：“《白駒》詩是賢人既去，願望其來之詞。”甚是。

《黄鳥》，刺宣王也。

〔案〕此詩未見其爲宣王之世，毛鄭并以爲室家相棄，是又爲民《風》，而非王《雅》矣。《集傳》云：“民適異國，不得其所，故作此詩。”味詩旨，信然。嚴《緝》亦主朱説，謂：“與黄鳥告別之辭也。杜詩‘岸花飛送客，檣燕語留人’，謂送留惟花燕，亦此詩告別惟黄鳥之意也。”

此説最有味，頗得言外之趣。《詩總聞》曰："當是爲生異方，必經多時，種木植禾已成，不復戀而決舍去也，此邦必有所不可留而非得已也。"以此推之，此詩殆賢者不得志而去者歟？

《我行其野》，刺宣王也。

〔案〕《小序》泛言之，似未能達意。《集傳》云："民適異國，依其昏姻，而不見收恤，故作此詩。"其説亦允。蘇轍説："甥舅之諸侯，求入爲王卿而不獲者所作①。"是此詩借昏姻而託諷者，蘇氏蓋以意達志焉。

《斯干》，宣王考室也。

〔案〕歐陽修説："古人成室而落之，必有稱頌禱祝之言，如歌于斯，哭于斯，聚國族于斯，謂之善頌善禱者是矣。若知斯干爲考室之辭，則一篇之義，簡易而通明矣。"其體會是詩之旨甚善。惟有從《小序》之説以爲宣王詩者，若劉向、呂《記》、嚴《緝》、陳《稽古編》等是。有以爲非宣王詩者，朱子云："舊説厲王既流于彘，宮室圮壞。故宣王即位，更作宮室，既成而落之。今亦②未有以見其必爲是時之詩也。"王質《詩總聞》："此士大夫卜地于室③者也，以爲王者無見。"夷考其詩，自一章至五章，述宮室之面勢及其軒豁之狀，乃士大夫制度。六章已下，皆頌禱之辭，又士大夫常態耳。當從朱、王説爲是。

《無羊》，宣王考牧也。

---

①　此句，《續修四庫全書》影印宋淳熙七年蘇詡筠州公使庫刻本《詩集傳》作"求入爲王卿士而不獲者之所作也"。

②　"今亦"，陳書原作"今此"，據《朱子全書》本及趙長征點校本《詩集傳》校改。

③　"卜地于室"，陳書原作"下地于室"，據道光二十六年錢氏刊本《詩總聞》校改。

〔案〕《序》說非是。朱子云:"此詩言牧事有成,而牛羊眾多也。"王質亦謂:"此士大夫檢校畜産,料理生業者也。喪亂之後,零替者多,忽然見之,人相與生驚,故曰'誰謂爾無'也。"其說并與詩合。此篇寫情賦景,殆若畫工。王士禎說《小雅·無羊》之什云:"或降于阿,或飲于池,或寢或訛。爾牧來思,何蓑何笠,或負其餱。""麾之以肱,畢來既升。"即使史道碩、戴嵩畫手擅場,未能至此,後人如何著筆?①此真善于體會者也。

《節南山》,家父刺幽王也。

〔案〕吕《記》云:《左傳》韓宣子來聘,季武子賦《節》之卒章,杜《注》謂取"式訛爾心,以畜萬邦"之義,此詩在古止名《節》也。余以爲《十月之交》,《箋》云"《節》刺師尹不平"②,亦其證焉。《集傳》謂"此詩家父所作,刺王用尹氏以致亂",不從《序》刺幽王之説,差爲得之。蓋家父見魯桓八年,桓王也,而非幽王世矣。此詩寫政壞,其辭頗含蓄,信《孔叢子》所謂"于《節南山》見忠臣之憂世也"。

《正月》,大夫刺幽王也。

〔案〕《集傳》云"此詩亦大夫所作",甚是。蓋生罹厄運,感時傷遇,嚴《緝》所謂憂亂之作者也。《序》以爲刺幽王,恐非詩人語氣。此篇及憂者八,而言憂之狀又不一,所以傷于獨也,亦云悲矣。

《十月之交》,大夫刺幽王也。

〔案〕《漢書·梅福傳注》及《魯》、《韓詩》説并以《十月之交》爲刺幽王后族太盛,甚合詩旨。嚴粲説"刺用七子以致災變也",亦本《魯》

---

①　王士禎《漁洋詩話》此段話作:"恐史道碩、戴嵩畫手,未能如此極妍盡態也。"

②　"《節》刺師尹不平",陳書原作"《節》刺師尹以平",據南昌府學本《毛詩注疏》校改。

《韓》説。詳味此詩,其辭多危憤。王質所謂“賢者責君終淺,愛君終深”者,能達詩人之志矣。

　　《雨無正》,大夫刺幽王也。雨自上下者也,衆多如雨,而非所以爲政也。

　　〔案〕《雨無正》,《韓詩》作“雨無極”,比《毛詩》篇首多“雨無其極,傷我稼穡”八字,是此篇命名,蓋取詩中之意焉。歐陽修説:“古之人于詩多不命題,而篇名往往無義例。其或有命名者,則必述詩之意。”“今《雨無正》之名,據《序》曰‘雨自上下者也’,言衆多如雨而非政也。”“今考詩七章,都無此意,與《序》絶異”,當“闕其所疑”。其考《序》頗當,而未言其詩名之所以然。《詩總聞》曰:“據詩‘周宗既滅’,鄭氏屬王流虣之時;考詩‘正大夫離居’,言不從王者也;‘三事大夫,莫肯夙夜,邦君諸侯,莫肯朝夕’,言雖從王而不以君事王者也。在鎬無君,在虣有君,與無君同,兩地皆無,正可宗也。雨恐當作兩字之轉。雨、兩字全相類,古雨作㒼,兩亦作㒼,易差。”其説頗成理,識者更詳。此詩爲瞀御之臣所作,痛王大夫離居,匡國無人,又傷又憤,其辭亦沉痛。讀此可以見君臣之際焉已。

## 小旻之什

　　《小旻》,大夫刺幽王也。

　　〔案〕王質説:“此詩多及謀猶,當是與圖事者,君子之言不用,小人之言是從,故君子爲憂。”較《序》意明白可曉。蓋此篇主刺謀夫孔多,聽言不明,而國是不能决,故詩人惕焉,若凜冰淵之戒,其慮患深,故其辭危。魏源所謂第五章見謀國之忠,卒章見處患之智者,得詩人之志矣。

　　《小宛》,大夫刺幽王也。

　　〔案〕朱子謂:“此詩不爲刺王而作,但兄弟遭亂畏禍而相戒之詞。”以爲“此詩之辭，最爲明白，而意極懇至。説者必欲爲刺王之言，故其説穿鑿破碎，無理尤甚”。朱説亦自明快，且與詩旨合。陳啓源謂《朱傳》兄弟相戒免禍之説，盡掃紛紜，獨得詞義，獨“天命不又”一語，終屬難通，謂惟天子受命于天，若大夫相戒，不得言天命。此不然，天命者，猶言己分耳，大夫未始不可言之，魏源引《國策》、枚乘《諫吳王書》、揚雄《法言》、陶潛《歸去來辭》諸説以證之，可信也。

《小弁》，刺幽王也。太子之傅作焉。

〔案〕孟子曰：“《小弁》，親之過大者也。”親之過大而不怨，是愈疏也，故朱子《辨説》本之云：“此詩明白爲放子之作無疑，但未有以見其必爲宜臼耳。《序》又以爲宜臼之傅，尤不知其所據也。”甚是。姚際恒説：“詩可代作，哀怨出于中情，其可代乎？”亦不以爲太子之傅作也。《詩總聞》曰：“尋詩蓋士大夫之在下位者，被讒懼罪，其所感之物，鳥獸草木山水以至舟楫薪蒸梁筍，皆民間所見所用者。末章與《谷風》民婦怨民夫之辭全同，言己不能保，物于何有？當是君既不察，親又不救，故末章有自決之辭也。”王氏不附會《序》説，斷以爲逐子之作，與朱説同，其識有獨到者。此詩哀怨痛切，殆尤甚者，信所謂孤臣孽子，其操心也危，其慮患也深者耶！

《巧言》，刺幽王也。大夫傷于讒，故作是詩也。

〔案〕王質説：“第五章始有巧言之文，于《詩》罕見，識者更詳。”“當是以讒獲罪于父母。”“父當是幽王，母當是褒姒，此辭似是平王也。”竊謂《三百篇》言父母者，皆指二親，是篇凡八言亂，子得罪于父母，何遽至此？且子又不得暴露二親之過若此，王説非也。此詩當是大夫傷己被讒，故歷指亂源，一一如越人之視病，且辭亦嚴且厲矣。嚴粲説：“《小弁》、《巧言》、《何人斯》、《巷伯》之詩作，而内外上下皆困于讒矣。”頗得其旨。

《何人斯》，蘇公刺暴公也。暴公爲卿士而譖蘇公焉，故蘇公作是詩以絶之。

〔案〕朱子云："此詩中只有'暴'字，而無'公'字及'蘇公'字，不知《序》何所據而得此事也。""此詩①與上篇文意相似，疑出一手，但上篇先刺聽者，此篇專責讒人耳。"朱説是也。王質亦云："鄭氏謂暴爲暴公，恐亦如前詩'亂是用暴'之暴。"此又不附會《序》説者。是詩多鄙賤之詞，足斫梟獍矣。

《巷伯》，刺幽王也。寺人傷于讒，故作是詩也。

〔案〕詩中無巷伯之字，而名篇曰"巷伯"者，蓋以寺人即巷伯焉。胡承珙説："《詩》篇名有作詩者自名，亦有采詩者所名。此詩或作者自稱'寺人'，而采詩者名之以'巷伯'。"非無見也。至解此詩者有二説，《朱傳》以爲遭讒被宮爲巷伯，故作此詩，引班固《司馬遷贊》云："迹其所以自傷悼，《小雅·巷伯》之倫。""其意亦謂巷伯本以被讒而遭刑也。"王質亦謂"尋詩當爲寺人所讒而被刑如司馬遷者也"。魏源又引張晏曰："寺人孟子，賢者被讒，見宮刑，作《巷伯》之詩。"孔融《駁復肉刑議》亦有"冤如巷伯"之語，皆主遭讒而後爲巷伯者，此一説也。《集傳》引楊氏曰："寺人，内侍之微者，出入于王之左右，親近于王而日見之，宜無間之可伺矣。今也亦傷于讒，則疏遠者可知。"是本爲寺人，又被讒語而作是詩者。陳氏《稽古編》本之，此又一説也。竊謂朱説較有理，蓋是詩多憤怨之辭，悲悼痛絶，真腐遷之流也，使巷伯不遭刑，其文亦何能至此？

《谷風》，刺幽王也。天下俗薄，朋友道絶焉。

〔案〕此交朋相怨之詩，《序》言刺幽王，殊迂曲。王質説："此必同

---

①　"此詩"，陳書原訛作"此事"，據《朱子全書》本及趙長征點校本《詩集傳》校改。

經患難，而他時稍達，棄恩忘舊者也。"此得詩人之志者。此詩寫人之急則相求，一旦得時逞志，轉相棄置，故其怨恨一託之于詩，而微婉諷刺，頗類乎《國風》，此其所以爲《小雅》歟！

《蓼莪》，刺幽王也。民人勞苦，孝子不得終養爾。

〔案〕《序》又以爲刺幽王，殊牽强。《集傳》："晉王裒以父死非罪，每讀《詩》至'哀哀父母，生我劬勞'，未嘗不三復流涕，受業者爲廢此篇。《詩》之感人如此。"朱子引此事，最爲合旨。是篇叙大夫行役而喪其二親，不得終養，故寫其中心之哀，體亦類乎風，一字一淚，真至性之文，信嚴粲所謂"千載之下讀之者猶感動也"矣！

《大東》，刺亂也。東國困于役而傷于財，譚大夫作是詩以告病焉。

〔案〕朱子謂："譚大夫未有考，不知何據？"甚是。若謂譚大夫作，則是下國之《風》，安得入王朝之《雅》也？王質説："此詩當是傷怨王室之詩，是時周已遷東，而秦踞西。"大率首章睠言顧之，潸焉出涕，此其真情之大端也，洵所謂以意達志者，故魏源本之，謂"憂宗周之隕，非徒哀東人之困也"。此詩寫東人貧勞，感傷今昔，且歷陳天象，以喻其讒諛在旁，大權倒柄，極沉痛之致，後世李、杜歌行，多濫觴于此矣。

《四月》，大夫刺幽王也。在位貪殘，下國構禍，怨亂并興焉。

〔案〕《序》説甚迂，《韓詩》作"《四月》，嘆征役也"。嚴粲謂："此詩憂世之辭，《韓詩》止以爲嘆征役，未盡詩意。"差得之。是篇寫初夏出征，歷秋及冬，又次年歷春秋二時，在道凡經年有餘，勞苦甚矣。其辭凄愴，有遭亂自傷之感。王質説："大率年餘在外，道塗江山之間，可謂盡瘁，而不知有我，視若無人，可謂太無情，是可哀也。"亦以此爲君子當亂而行役之詩者焉。

# 北山之什

《北山》，大夫刺幽王也。役使不均，己勞於從事，而不得養其父母焉。

〔案〕孟子云：是詩也，“勞於王事而不得養父母也”。《後序》與孟子之言合。《集傳》云“大夫行役而作是詩”，而《詩總聞》謂：“不均歸咎于大夫，大夫以君命而役庶位者也。大率詩人于君多婉。”是以爲此士者所作以怨大夫也，較朱説近理，姚際恒亦從是説。是篇“或”字作十二疊，皆勞逸對言，所以抒胸中之憤懣者，信可以怨矣。

《無將大車》，大夫悔將小人也。

〔案〕《荀子·大略篇》引此詩，言無與小人處。《韓詩外傳》亦引是詩，爲所樹非人之證，是《毛序》與《三家》説同，陳啓源、魏源皆從之。《集傳》以爲行役勞苦之詞，恐非是，尋詩亦不見有行役意也。王質説：“當是大車皆小人乘之，我乘大車，亦與小人同倫，但自污而已。”則又以爲賢者不願居高位，自顧爲安，殆詩人感時傷亂之作歟？

《小明》，大夫悔仕于亂世也。

〔案〕諸家解此詩者多從《序》説，顧自悔其出仕，乃反勉人以靖共，恐詩人之意不若是之矛盾焉。《詩總聞》曰：“徂西，往舊都也。此必有求于秦，而識者知秦之心無厭。”“故以王命使西土者，皆恐蹈不測也。”王説與詩旨頗相合，且與末二章理亦不背。蓋斤斤以不偷安爲念，可免禍患，相寬之辭也。王質説《詩》，每毅然獨出心裁，不與人雷同，妙得縣解，其堅鋭之氣，究越人一等矣。

《鼓鐘》，刺幽王也。

〔案〕毛、鄭釋《鼓鐘篇》，皆以爲幽王作樂于淮上，歐陽氏疑史無幽王東巡事，甚是。而朱子亦不詳此詩之義。呂《記》引董氏曰：“用于淮上，則其地遠也。用于三洲，則其役久也。其地遠，其役久，則民

怨而音變，淒苦之氣貫金石，入陶匏，故聞之者憂傷也。"此雖不言何
王何世，然又以知此詩爲刺今王之荒亂，所以傷今思古者，蘇轍所謂
樂是人非者是矣。

《楚茨》，刺幽王也。政煩賦重，田萊多荒，饑饉降喪，民卒流亡，
祭祀不饗，故君子思古焉。

〔案〕《辨説》云：自此篇至《車舝》，凡十篇，似出一手，謂其和平詳
雅，無風刺之意，《序》以爲傷今思古，不應十篇無一語見衰世之意。
其攻《序》頗當。又謂"此詩述公卿有田禄者，力于農事，以奉其宗廟
之祭"，亦極有理。蓋公侯祭祀樂章，列于《雅》。若天子祀樂，當列于
《頌》矣。此詩叙公侯春秋祫嘗之祭詳且備，且先述農事，其體然也。
王質説："大凡詩人言祭祀，必以農事起辭。言農事，必以祭祀續辭。
言農事祭祀，必以福禄結辭。三者未有闕一者也。"亦可謂深于《詩》
者。至此詩之體亦甚佳，姚際恒謂："煌煌大篇，備極典制。其中自始
至終，一一可案。雖繁不亂，《儀禮·特牲》、《少牢》兩篇，皆從此脱
胎。"其説頗入微。讀此詩，慨然想太平之盛者矣。

《信南山》，刺幽王也。不能脩成王之業，疆理天下，以奉禹功，故
君子思古焉。

〔案〕《辨説》云："'曾孫'，古者事神之稱，《序》專以爲成王，則陋
矣。"甚是。此亦公侯烝祭之雅者，與《楚茨》一體之詩也。王質説：
"《楚茨》，烝嘗之祭也，其儀差詳。《信南山》，薦新之祭也，其儀差
略。"真善讀《詩》者。《楚茨》叙祭祊之事甚宏整，此篇則專寫薦新，跌
宕有逸致，古詩之格調，良足多者。

《甫田》，刺幽王也。君子傷今而思古焉。

〔案〕《序》語太泛，朱子云："此《序》專以'自古有年'一句生説①，而不察其下文'今適南畝'以下，亦未嘗不有年也。"真深文之論。是詩述徹法興畆雩祭社方田祖以及祈年省耕之事，皆援古及今者，王質所謂"雖未敢即以爲某王之盛時，亦未敢即以爲某王之亂世"者是已。

《大田》，刺幽王也。言矜寡不能自存焉。

〔案〕朱子云："此《序》專以'寡婦之利'一句生説。"甚當。唯以此詩爲農夫之詞，以頌美其上。若以答前篇之意者，則非是。果爾，則又當入民《風》矣。此詩專寫農家播種西成，極閒淡有味，王質説："大率此詩言收成之事爲多。"得其旨矣。

《瞻彼洛矣》，刺幽王也。思古明王能爵命諸侯，賞善罰惡焉。

〔案〕《序》説殊謬，且又非詩之本意。《集傳》云："此天子會諸侯于東都②，以講武事，而諸侯美天子之詩。"頗可達旨。王質亦謂："此必宣王會諸侯東都之時③也，君子指宣王也。"近是。詳味詩辭，多感嘆有味，詩人之曲寫人情有如是者。

《裳裳者華》，刺幽王也。古之仕者世禄，小人在位，則讒諂并進，棄賢者之類，絶功臣之世焉。

〔案〕《序》謂刺幽王，失之。《集傳》云："此天子美諸侯之辭，蓋以答《瞻彼洛矣》。"玩其詞，亦頗類者。王質説："《江漢》'無曰予小子，

① 陳書闕"一句"二字，據《朱子全書》本及趙長征點校本《詩集傳》校補。

② "東都"，陳書原作"京都"，據《朱子全書》本及趙長征點校本《詩集傳》校改。

③ "東都之時"，陳書原作"東都之詩"，據道光二十六年錢氏刊本《詩總聞》校改。

召公是似'，此當是召公之流①，其先有令名，而其後能繼世象賢者也。"與朱説略同。《詩古微》云："《裳裳者華》，亦諸侯嗣位初朝見之詩，故與《瞻洛》相次。孔子曰：'于《裳裳者華》，見賢者世保其祿也。'次《瞻洛》後，蓋朝于東都所作。"亦不附會刺幽者。

## 桑扈之什

《桑扈》，刺幽王也。君臣上下，動無禮文焉。

〔案〕朱子云："此《序》只用'彼交匪敖'一句生説。"其攻之甚切，又以爲此天子燕諸侯之詩，頗當。王質説："當是諸侯來朝，而歸國餞送之際，美戒兼存。"亦與朱説同，非刺幽王詩也。是篇多和平莊雅之音，信所謂以觀威儀省禍福者。

《鴛鴦》，刺幽王也。思古明王交于萬物有道，自奉養有節焉。

〔案〕呂《詩記》："此詩獨以鴛鴦爲興者，詩人偶見人之掩捕，適有所感耳。"甚是。《序》説殊附會，故朱子斥之爲穿鑿無理焉。朱子有謂此諸侯所以答《桑扈》也，而王質亦云《鴛鴦》似是諸侯答君之辭，每章歸福于君，謝之辭也。并得詩旨。

《頍弁》，諸公刺幽王也。暴戾無親，不能宴樂同姓，親睦九族，孤危將亡，故作是詩也。

〔案〕《辨説》云："《序》見詩言'死喪無日'，便謂'孤危將亡'，不知古人勸人燕樂，多爲此言，如'逝者其耋''他人是保'之類。且漢魏以來樂府，猶多如此，如'少壯幾時''人生幾何'之類是也。"朱子之説，妙得言外趣。此詩寫王者燕兄弟親戚，其情頗相通，而優柔紆餘，甚有悲涼之概，非涵泳浸漬，何能得其意哉？諸家多拘于大小《序》之

① "此當是召公之流"句，陳書原闕"此"，據道光二十六年錢氏刊本《詩總聞》校補。

説，刺幽刺厲，輒乖戾不當，以是知《三百篇》之厄于傳疏，信然。

《車舝》，大夫刺幽王也。褒姒嫉妒，無道并進，讒巧敗國，德澤不加于民，周人思得賢女以配君子，故作是詩也。

〔案〕《左傳》叔孫婼如宋逆女，賦《車舝》，爲《集傳》宴樂新昏之所本。是篇詞旨和平，無風刺之意，《序》説太迂曲矣。《詩總聞》曰："此士大夫欲得賢女以自慰也。""尋詩不見思君得女之意，如是則似太褻也。此欽慕賢婦而難得婦相見，及此願有期，則慰其心，皆動于己情，非施于君也。"其説亦涵泳得之。

《青蠅》，大夫刺幽王也。

〔案〕《集傳》云："詩人以王好聽讒言，故以青蠅飛聲比之，而戒王以勿聽也。"較《序》意明白。詩人以讒人甚于嘈膚，故多以蠅譬之，其惡之者深矣。

《賓之初筵》，衛武公刺時也。幽王荒廢，媟近小人，飲酒無度，天下化之。君臣①上下，沉湎淫佚，武公既入，而作是詩也。

〔案〕《後漢書·注》引《韓詩序》曰："《賓之初筵》，衛武公飲酒悔過也。"與《毛序》異。《集傳》云："今按此詩意，與《大雅·抑》戒相類，必武公自悔之作，當從《韓》義。"朱説是也。是篇述燕射祭祀，既以宏敞，而摹寫醉容失儀之狀，又自委曲，蓋所謂令儀者，殆武公其人歟！

《魚藻》，刺幽王也。言萬物失其性，王居鎬京，將不能以自樂，故君子思古之武王焉。

〔案〕是篇寫魚之樂，蒲藻相依，悠然自得，蓋興王之在鎬，頗安所處，其體近乎風，其旨與《楚茨》相類，朱子所謂"此天子燕諸侯而諸侯

---

①　陳書原作"群臣"，據南昌府學本《毛詩注疏》校改。

美天子之詩"者是也。此非刺幽王者,《詩總聞》曰:"治亂之世,辭意氣象自可見無疑,非推演①得以委曲扳援者,皆盛世之詩,强生辭以爲亂世,則恐錯亂情實,非考古之正法也。"王説得之。蓋若萬物失其性,則其辭必噍殺,安得有此閒適之詠哉?

《采菽》,刺幽王也。侮謾諸侯,諸侯來朝,不能錫命以禮,數徵會之,而無信義,君子見微而思古焉。

〔案〕《序》説非是。朱子云:"此天子所以答《魚藻》也。"亦未得其意。蓋詩中明言"天子所予""殿天子之邦",絶非天子自言可知。此詩寫王者錫諸侯命服頗謙虛,當是諸侯來朝,人君致禮,詩人睹此情景,慨然而賦,于以見盛世之象焉。孔子曰:"于《采菽》,見明王所以敬諸侯也。"②信夫!

《角弓》,父兄刺幽王也。不親九族而好讒佞,骨肉相怨,故作是詩也。

〔案〕嚴粲説:"此詩皆言王無恩于骨肉,骨肉怨之,欲王厚親親之恩以消平之也。"較《序》説明曉。是篇所以勸君子慮後患者甚懇至,杜鄩謂:"戚而不見殊,孰能無怨"者,得其旨矣。

《菀柳》,刺幽王也。暴虐無親,而刑罰不中,諸侯皆不欲朝,言王者之不可朝事也。

〔案〕《集傳》亦從《序》説,謂:"王者暴虐,諸侯不朝而作此詩。"姚際恒非之云:"君雖不淑,臣節宜敦,不朝豈可訓耶! 大概是王待諸侯不以禮③,諸侯相與憂危之詩。"此義理較正。胡承珙説:"此爲幽王

① "非可推演",道光二十六年錢氏刊本《詩總聞》作"似可推演"。
② 語見《孔叢子·記義》,原文作"於《采菽》,見古之明王所以敬諸侯也"。
③ "大概是王"句,陳書原闕"是"字,據顧頡剛點校本《詩經通論》(收入林慶彰主編《姚際恒著作集》)校補。

暴虐，諸侯畏禍，不敢朝王。于是在王朝者，作詩以著其事而原其情，故得列之于《雅》。其曰'予'者，蓋代諸侯自予。"此解最明白。是篇不敢斥言王之惡，乃託諷上帝，所謂以天自警也。然其危疑之辭，翛然若見，蓋絕意于王室焉。

## 都人士之什

《都人士》，周人刺衣服無常也。古者長民，衣服不貳，從容有常，以齊其民，則民德歸壹。傷今不復見古人也。

〔案〕詩篇所述，蓋東遷以後，追想舊都人物之丰采，爲詠服飾如此。體頗近乎風，有諷諭之致，《序》説殊謬，蓋雜出于古之遺言焉。《集傳》云："亂離之後，人不復見昔日都邑之盛，人物儀容之美，而作此詩①以嘆惜之也。"揆之詩旨，亦甚吻合者。

《采緑》，刺怨曠也。幽王之時，多怨曠者也。

〔案〕朱子《辨説》云："此詩怨曠者所自作，非人刺之，亦非怨曠者有所刺于上也。"味詩旨，良然，《序》説未當。是篇寫室家睽隔之狀，殊自淒婉，蓋雜乎風之體焉。

《黍苗》，刺幽王也。不能膏潤天下，卿士不能行召伯之職焉。

〔案〕朱子以此爲宣王時美召穆公之詩，非刺幽王者。《集傳》云："宣王封申伯于謝，命召穆公往（管）〔營〕城邑，故將徒役南行，而行者作此。"真得詩人之志者。是篇敍召穆公營謝、平淮二役，詞頗蘊藉，與《大雅·崧高》相表裏，亦近乎《風》者，皆宣王全盛時詩，決非刺幽王者。

---

① "而作此詩"，陳書原作"爲作此詩"，據《朱子全書》本及趙長征點校本《詩集傳》校改。

《隰桑》，刺幽王也。小人在位，君子在野，思見君子，盡心以事之。

〔案〕此亦非刺幽王者，東周之世，賢人隱于隰桑間，詩人滿懷欲言，思得一見而傾寫之也，故作此。其辭亦雜乎風體，陳啓源所謂“《隰桑》詩音節略與《風雨》同”者是也。

《白華》，周人刺幽后也。幽王取申女以爲后，又得褒姒而黜申后，故下國化之，以妾爲妻，以孽代宗，而王弗能治，周人爲之作是詩也。

〔案〕《辨説》云：“此事有據，《序》蓋得之，但‘幽后’字誤，當爲‘申后刺幽王也’。‘下國化之’以下，皆衍説耳。”朱子攻《序》，以此詩爲申后所自作，甚是。蓋此詩詞旨凄惋，情喻淵深，讀之輒令人悲咽不自已。使申后不遭辛苦，其文又何能至此？諸家概從《序》，以爲周人代申后言之，失之矣。魏源説：“申后之于幽王，固已溝水矣。然其詞怨而不怒，若終猶有望者。”“故《小雅》之怨悱與《離騷》之往復，皆不知情之生文，文之生情也。”斯言誠有味焉。

《緜蠻》，微臣刺亂也。大臣不用仁心，遺忘微賤，不肯飲食教載之，故作是詩也。

〔案〕《辨説》云：“此詩未有刺大臣之意，蓋方道其心之所欲耳。若如序者之言，則褊狹之甚，無復溫柔敦厚之意。”甚是。此詩蓋微賤勞苦而思有所託者。《大學》“《詩》云：‘緜蠻黃鳥，止于丘隅。’子曰：‘于止，知其所止，可以人而不如鳥乎！’”是篇殆寫小臣栖栖不遑寧處，而嘆其不若鳥之止于丘焉。王質説：“當是重臣出行，而下士冗役告勞者也。聞其告勞，而旋生憫心，亦必賢者，當是營謝之流也①。”王氏之説，即召伯營苗陰雨時，理或然與。

————————

① 句中“營謝”二字，陳書訛作“管謝”，據王質《詩總聞》校改。

《瓠葉》，大夫刺幽王也。上棄禮而不能行，雖有牲牢饗餼，不肯用也，故思古之人，不以微薄廢禮焉。

〔案〕朱子云"《序》説非是"，"此亦燕飲之詩"，甚當。此詩初言瓠葉以爲菹，又以兔侑酒，意雖簡儉，有不任欣喜之狀。王質所謂"當在野君子相見爲禮者"是也。

《漸漸之石》，下國刺幽王也。戎狄叛之，荊舒不至，乃命將率東征，役久病於外，故作是詩也。

〔案〕此詩寫將士東征，跋涉山川，不堪勞苦，其辭切而哀，頗近風體。《序》説刺幽王，未可據也。是篇三章，《毛傳》不言興，鄭、王述毛，皆以興釋之。朱《傳》、呂《記》、嚴《緝》，并主言征役險阻之苦，陳啓源謂："詩止言道塗之險艱，跋涉之勞苦，直是賦體，非興也，宋諸儒之説得之。"斯平允之論。

《苕之華》，大夫閔時也。幽王之時，西戎東夷交侵中國，師旅并起，因之以饑饉。君子閔周室之將亡，傷己逢之，故作是詩也。

〔案〕《序》頗得詩意，但未見其爲幽王時耳。詩人自以身逢周室之衰，毫無生意，故見苕華而興感，蓋傷國漸就彫，不復榮焉。《集傳》引陳氏曰："此詩其辭簡，其情哀。周室將亡，不可救矣，詩人傷之而已。"此説微而婉，亦足以達意矣。

《何草不黃》，下國刺幽王也。四夷交侵，中國背叛，用兵不息，視民如禽獸。君子憂之，故作是詩也。

〔案〕此詩寫征役不息，甚有悲涼之概，所述草自黃而玄，遂漸槁，爲秋冬之時，其景物亦自荒瑟，殆所謂亡國之音哀以思已。是篇與《苕之華》詩境并窮仄，皆近乎風者。

以上《小雅》凡八十篇，六篇無辭。雅與風體異，《風》詩多作于小夫賤隸，所謂男女有不得所者，相與各言其傷者也。《雅》詩爲廟堂之音，多公卿大夫所作，所以諷朝政臧否，蓋詠事之詩焉。先儒謂《雅》有小大，爲政之小大之别，是不然。嚴粲説："《雅》之小大，特以其體之不同耳。蓋優柔委曲，意在言外者，風之體也。明白正大，直言其事者，雅之體也。純乎雅之體者爲《雅》之大，雜乎風之體者爲《雅》之小。"其言最簡而有味。嘗讀《小雅》詩，其文約，其辭微，寂寥短簡，多近乎《風》，誠哉其怨誹而不亂者也。吴季札聞歌《小雅》曰："美哉！思而不貳，怨而不言，其周德之衰乎？猶有先王之遺民焉。"此足以寫《小雅》矣。世人論《詩》者，以爲《風》有正《風》、變《風》，又以爲《雅》有正《雅》、變《雅》。正《雅》止及文武成宣之世，變《雅》則止及幽厲。至幽厲之世無干涉者，則以爲思古。思古不思文王而專思武王，不思康王而專思成王，此皆王質所謂不可曉者也。王質謂："且如《無將大車》悔將小人，《小明》悔仕亂世，小人亂世①，豈非爲君之罪，而不以幽王爲刺，何也？《采菽》婦人怨曠，《瓠葉》士大夫饔飱微薄，何預于人君，而乃以幽王爲刺，何也？且如《漸漸之石》以征役久病而作，《苕之華》以師旅并起而作，《何草不黄》亦以用兵不息而作，而前後兩詩皆刺幽王，中一詩不刺幽王，何也？《瞻卬》、《召旻》皆凡伯刺幽王大壞②，一稱昊天，一稱旻天，獨以旻爲閔，《小旻》又不以爲閔，何也？《節南山》、《正月》、《十月之交》、《雨無正》、《小旻》、《小宛》，《序》皆刺幽王，而毛氏以二詩爲刺幽王，四詩爲刺厲王，何也？序者如此，釋者如此，皆所不曉也。"王氏之砭《序》，甚中肯綮。蓋《雅》有寫周世之盛者，有寫其衰者，無所謂正變也。至于時世，多疑不可考，不得彊以爲某世某王之詩，是在讀《詩》者反覆涵泳之斯可耳。

---

① 陳氏徵引王質此段話原闕"小人亂世"句，今據《詩總聞》校補。

② "大壞"，陳書原訛作"大懷"，據《詩序》及《詩總聞》校改。

# 大雅

## 文王之什

《文王》，文王受命作周也。

〔案〕《辨説》云："受命，受天命也。作周，造周室也。""此《序》本亦得詩之大旨，而于其曲折之意有所未盡。"朱子之説，蓋譏夫漢儒惑于讖緯，謂文王稱王而改元，故辨之，亦甚當也。此詩當作于文王既没之後，王質所謂"以稱謚知之"者是也。《集傳》云："周公追述文王之德，明周家所以受命而代商者，皆由于此。"呂《詩記》①亦本《呂氏春秋》，謂非周公莫能作，并是。蓋此篇述文王之德業純亦不已，而其辭尤正大，殆所以發天人之奧甚至，誠周公之作焉已。

《大明》，文王有明德，故天復命武王也。

〔案〕朱子云："此詩言王季、大任、文王、太姒、武王，皆有明德而天命之，非必如《序》説也。"甚是。王質亦云："此詩先及王季，次及大任；先及文王，次及大姒；先及武王，次及尚父。始未集天命，有天下者五人而已。""《文王》、《大明》兩詩，有周之發生作成，皆具于此。"與朱説同，皆推本之論也。是詩述殷之所以亡及周之所以興者甚懇至。中叙文王宜家事，辭婉而摯。叙武王伐商，則又煌煌然類《牧誓》、《武成》，真《大雅》之體也。

《緜》，文王之興，本由大王也。

〔案〕此篇述大王去豳居岐之迹甚詳，凡計功興役分官賦事等，靡不委曲言之，王質所謂"大王肇基王迹"者是也。且八章以下又言文王事昆夷，九章言虞芮質成，殆所謂文王克成厥勳，誕膺天命，以撫方夏者歟！詳味此詩，其辭多奇肆，《集傳》謂"此亦周公戒成王之詩"，

---

① 　《詩記》即呂祖謙《呂氏家塾讀詩記》簡稱，陳書偶作"《詩紀》"，今據以改正。

王質乃云武王作，識者更詳。

《棫樸》，文王能官人也。

〔案〕朱子謂“《序》誤”，“此亦以詠歌文王之德”，甚是。此詩前寫祀與戎二事，頗嚴肅。後述文王之壽考無窮，而有以綱紀天下。此即《春秋繁露》所謂美文王郊祭出征，而四方歸心者是矣。《詩總聞》曰：“前人多言文王受命稱王之事，亦無定論。凡稱文王者，死而追述爲詩者也。凡言辟王、我王，或單稱王，或以國繫王者，生而即事爲詩者也。死稱謚，生稱位，可該凡稱文王者也。此詩當是文王在位之時。”其説可備考。

《旱麓》，受祖也。周之先祖，世修后稷、公劉之業，大王、王季申以百福干禄焉。

〔案〕《詩記》曰：“周之先祖以下，皆講師所附麗。此篇師傳以爲文王之詩，故有‘大王、王季申以百福干禄’之説，于理雖無害，然‘干禄百福’之語，則不辭矣。”朱子亦云：“《序》大誤，其曰‘百福干禄’者，尤不成文理。”嚴《緝》又謂《後序》之辭贅，皆攻《序》者，亦甚當。是詩爲美文王者，其旨深，寄興亦遠。魏源所謂“文王祭祖受祜”者也。

《思齊》，文王所以聖也。

〔案〕《序》説似指首章姜任大姒而言，其實是詩五章，歷道文王盛德，皆是聖之事。凡賢母賢妃，以及事先事神，治内治外，待人接物，靡不慎重言之，而其辭頗類典誥，《大雅》之喬皇，其體有如是者。

《皇矣》，美周也。天監代殷莫若周，周世世修德莫若文王。

〔案〕如《序》説，則是詩爲專美文王者，恐非詩意。《集傳》云：“此詩叙大王、大伯、王季之德，以及文王伐密伐崇之事也。”其説頗簡括，得詩人之志矣，故嚴《緝》因之曰：首章原天①初眷大王之意，次章述大王遷岐，三章述大伯、王季相遜之事，四章述王季之德以及文王。五章以下述文王討伐崇與密之事，章指極明晰，王質亦從是説。雖此詩其初皆引辭，然周家始發端者，大王也。其迹漸著者，王季也。詩人想其人，德庸可没乎？愚以爲朱説較大小《序》爲長，乃《稽古編》謂首二章②非大王之事，應屬文王，《詩古微》又附和之，遂謂"首四章即言文王之德"，何其謬耶！此詩歷叙周始大之狀，躊躇滿志，其辭溫以屬，詩人意想無所不有也。

《靈臺》，民始附也。文王受命，而民樂其有靈德以及鳥獸昆蟲焉。

〔案〕《詩記》曰："所以謂之'靈臺'者，不過如孟子之説而已。自'文王受命而民樂其有靈德'③以下，皆講師之贅説也。"《辨説》云："文王作靈臺之時，民之歸周也久矣，非至此而始附。其曰'有靈德'者，亦非命名之本意。"呂、朱二氏之攻《序》，可謂深刻。是詩前三章，寫臺池鳥獸，體貼入微，孟子所謂民樂其有麋鹿魚鱉者，真道盡詩意。末二章述辟廱作樂之事，慨然見盛世景象，唯王質謂"此規模制度不若《緜》差詳"，亦甚然也。

《下武》，繼文也。武王有聖德，復受天命，能昭先人之功焉。

〔案〕此頌武王之詩，而祝其萬年受祜者，其體亦類乎誥。《集傳》云："或疑此詩有'成王'字，當爲康王以後之詩。然考尋文意，恐當只

---

①　"天"，陳書訛作"夫"，今據臺北廣文書局 1960 年影印胡今予家藏赵府味經堂刻本《詩緝》校改。

②　"首二章"，陳書原作"首三章"，據庚申補刊《皇清經解》本《毛詩稽古編》校改。

③　"文王受命而民樂其有靈德"句，陳書原闕"而民"二字，今據呂祖謙《呂氏家塾讀詩記》（1934 年上海商務印書館《四部叢刊續編》影宋本）校補。

如舊説。且其文體亦與上下篇血脉通貫,非有誤也。"朱説是。王質以此爲康王時歌詠成王者,恐爲朱子所譏矣。

《文王有聲》,繼伐也。武王能廣文王之聲,卒其伐功也。

〔案〕《序》説非是。東萊所謂"《序》言武王繼伐,而此詩未嘗一言及武王之伐功"者是也。此詩專述文王遷豐,武王遷鎬之事,形勢宏壯,于以見文武之氣象,而周家始末之迹,昭然若揭。其辭亦渾噩,蓋純乎雅之體也。

## 生民之什

《生民》,尊祖也。后稷生于姜嫄,文、武之功起于后稷,故推以配天焉。

〔案〕《小序》但云"尊祖",義殊茫然。《大雅》,《詩疏》引服虔《韓詩説》:以《鳧鷖》以上十四詩皆頌文、武詩,而《靈臺》以上爲文,以下爲武,則《生民》蓋武王之詩焉。《詩古微》云:"《生民》,其祀稷之明日,繹賓稷尸,故歌其降生教穡之祥,以爲武王有天下之本,揚祖烈,告嗣王歟?"魏説是也。毛鄭謂專頌稷自郊祀,若然,則當列于告神之頌,安得《大雅》中有郊祀樂章哉? 此詩八章,其辭意極奇詭,雅近誥體,而層次井然,蓋《雅》詩之最工者焉。

《行葦》,忠厚也。周家忠厚,仁及草木,故能内睦九族,外尊事黄耇,養老乞言,以成其福禄焉。

〔案〕吕《記》曰:"自'周家忠厚'以下,論成周盛德至治則得之,然非此詩之義也。意者講師見《序》有忠厚之語而附益之歟?"其疑《後序》甚當,故朱子亦譏其"隨文生義,無復倫理"者也。此爲成王燕父兄耆老之詩,寫醻酢燕射,亦自若繪。而三章言射者,蓋古行燕禮未有不射者,讀《儀禮·燕禮》篇可證焉。或疑此爲美公劉之詩,殆據《吴越春秋》、《列女傳》、《潛夫論》、《後漢書·桓榮傳》、班彪《北征賦》

諸説而云然，今無已考矣，識者更詳。

《既醉》，太平也。醉酒飽德，人有士君子之行焉。

〔案〕《詩緝》曰："此詩成王祭畢而燕群臣也。太平無事而後君臣可以燕飲相樂，故曰'太平'也。講師言'醉酒飽德'，止是首章二語。又言'人有士君子之行'，非詩意矣。"嚴説是也。此詩寫人臣祝頌君上，其辭多醇質，而嘉告之詞亦自有序，王質所謂"畢祀飲福"者是矣。

《鳧鷖》，守成也。太平之君子，能持盈守成，神祇祖考安樂之也。

〔案〕《序》説殊泛。朱子謂："此祭之明日，繹而賓尸之樂。"最得詩旨。是詩叙燕飲頗欣欣至樂，然亦嚴且蕭矣。詩人措詞，何其工也。王質説："有尸必有祝，凡此稱酒殽及福禄者，皆嘏辭也。"亦善説《詩》者。

《假樂》，嘉成王也。

〔案〕《辨説》云："'假'本'嘉'字，然非爲嘉成王也。"此攻《序》之失者，朱子又疑此即公尸之所以答《鳧鷖》者。玩其詞，與《鳧鷖》皆體兼《小雅》者，朱説殆然焉。是詩皆媚上之辭，先美後勸，信所謂有皋陶賡歌之意者矣。

《公劉》，召康公戒成王也。成王將莅政，戒以民事，美公劉之厚于民，而獻是詩也。

〔案〕《序》説殊晦，朱子謂"此詩未有以見其爲康公之作"者近是。惟《集傳》則又從舊説，故姚際恒非之云："《小序》謂'召康公戒成王'。按詩無戒辭，召康公亦未有據。《集傳》漫從之①，何耶？"姚説是也。余以爲此篇乃豳之遺詩，所以叙公劉經營遷國之事，以及疆宇之闊，

_____

① "漫從之"，陳書原作"復從之"，據顧頡剛點校本《詩經通論》校改之。

生聚之繁，幷記其徹法所從始，其言情狀物之詳切如此，豈召康公所能道其仿佛哉？此殆周、召之徒陳于嗣王者。《詩總聞》曰：“觀《七月》人情如此，則此時雖勞，民所樂從事也。”亦以此詩爲豳土之詠公劉者，周之王業，基于此矣。

《泂酌》，召康公戒成王也。言皇天親有德饗有道也。

〔案〕《詩總聞》曰：“《序》以爲召康公戒成王，凡三詩，《公劉》則成王莅政，美公劉之厚于民而獻是詩。《卷阿》則求賢用吉士，猶之可也。此則言皇天親有德饗有道，尋詩蓋無見。蓋見詩之所述者小，故廣而言之者大，以附合其爲《大雅》也。如《既醉》不見太平而言太平，《鳧鷖》不見守成而言守成，皆有意于附合。”“而此則不可以不略辨，或者如何爲德？如何爲道？德如何親？道如何饗？道德析爲兩位，親饗别爲兩岐。”“開拘儒曲士之門，不知爲《序》者何人，其遺害未易可言也。”王氏之説，甚中其弊，亦即朱子所謂“語意亦疏”①焉。又以君子指《公劉》，云“尋詩似是草創之時，遠外之地，而又在《公劉》之後，氣象相肖也”，亦極合詩旨。揚雄《博士箴》、《鹽鐵論》，幷以爲美公劉之作。王説殆本此歟？此詩之體頗近于《豳風》。

《卷阿》，召康公戒成王也。言求賢用吉士也。

〔案〕《序》説不切。《竹書紀年》云：“成王三十三年②，王游于卷阿，召康公從。”故《集傳》本之云召康公“從成王游歌于卷阿之上，因王之歌而作此以爲戒”。然《紀年》本僞書，未可信焉。詩言君子指成王，恐語意不合，當指賢人而言，即《毛傳》所謂“王使公卿獻詩以陳其志，遂爲工師之歌”者也。《詩總聞》曰：“此詩當歸文王，或述文王之

---

① “語意亦疏”，陳書原作“語意太疏”，據朱子《詩集傳》校改。

② “三十三年”，陳書原作三十二年，據《今本竹書紀年》校改，參見王國維《今本竹書紀年疏證》，《王國維全集》，杭州：浙江教育出版社，2009 年，第 5 卷，頁263。

事于成王之時，以相諷勸，容或有之。”王説是也。是詩寫卷阿君子來陳其所言，宛轉反覆，其氣象頗似文王時焉。

《民勞》，召穆公刺厲王也。

〔案〕《序》説非是。詩末句云：“王欲玉女，是用大諫。”則《民勞》迺諫小人之辭也。朱子以此詩乃同列相戒之辭，未必專爲刺王而發，然其感時憂事之意，亦可見矣。其説是也。此篇寫惽怓、無良、罔極、醜厲、繾綣，皆極小人之情狀，而總之以詭隨，王質所謂“辭簡而肅”者是也。

《板》，凡伯刺厲王也。

〔案〕此詩與前篇大旨相同，其作恐出一人，皆警同僚者。朱子以此詩爲切責其寮友用事之人，味其辭甚周而和，朱説是也。王質説：“此老而練少而儇者之辭也。終始曲折勸之，無怒心，無峻語，至王則仍有美辭。以聖言，以明言①，以旦言，斯人其愛君憂國②者也。”其涵泳詩旨，可謂深矣。

## 蕩之什

《蕩》，召穆公傷周室大壞也。厲王無道，天下蕩蕩無綱紀文章，故作是詩也。

〔案〕蘇轍説：“《蕩》之所以爲蕩，由詩有‘蕩蕩上帝’也。《詩序》以爲天下蕩蕩無綱紀文章，則非詩之意也。③”其説甚是。《集傳》謂：“詩人知厲王之將亡，故爲此詩，託於④文王所以嗟嘆殷紂者。”諸家

---

①　陳書原闕“以明言”句，據《詩總聞》校補。

②　“愛君憂國”，陳書原作“憂君憂國”，據《詩總聞》校改。

③　“《詩序》以爲”至“則非詩之意也”，蘇轍《詩集傳》作“《毛詩》之《序》以爲天下蕩蕩無綱紀文章，則其所以名篇非其詩之意矣”。陳氏所引略有刪節。

④　“託於”，陳書原作“託言”，據《朱子全書》本及趙長征點校本《詩集傳》校改。

并以爲屬惡類紂,故屢託殷商以陳刺,此嚴粲所謂“借秦爲喻”者焉。是詩寫臣子惓惓憂國之忠,所以感悟者甚至,故其詞頗類弔古之作矣。

《抑》,衛武公刺厲王,亦以自警也。

〔案〕《辨說》謂此《序》有得有失,以刺厲王有五失,以自警有五得。是朱子專以此爲衛武公自警之詞,非刺厲王者也。而姚際恒層駁之,謂:此刺厲王之詩,非武公《懿戒》。以“抑”作“懿”,乃韋昭之言,非《國語》左史之言。且篇中句句刺王,無一語自警,若爲衛武公自警之詩,何以不入《衛風》而入《大雅》乎?姚說是也。余詳味詩旨,蓋深刺王室者,非爲自警之作,《史記》、《國語》未可據也。且其詞多戒勸之意,頗類《周書》,使武公自作,信當爲侯國詩矣。

《桑柔》,芮伯刺厲王也。

〔案〕《序》以爲芮伯,毛氏以爲芮良夫,蓋承《春秋傳》之說焉。《潛夫論》:周厲王好專利,芮良夫諫而不聽,退賦《桑柔》之詩。與《序》說略同。厲王之世,諸侯叛者多,此詩本厲王之亂,任用小人,故反覆委曲若此,信可以諷矣。小人蓋榮夷公之徒也,王質說。

《雲漢》,仍叔美宣王也。宣王承厲王之烈,內有撥亂之志,遇災而懼,側身修行,欲銷去之。天下喜于王化復行,百姓見憂,故作是詩也。

〔案〕《韓詩序》:《雲漢》,宣王遭旱仰天也。昧詩旨,信然。此詩敘宣王憂旱,告困于后稷上帝群公先祖以及庶正群臣,其號冤之情,靄然若見,而描寫無雨之狀,亦甚切當。此蓋宣王初年禱旱之詩,《序》以爲仍叔美之者,尋詩無此意。《詩總聞》曰:“兩言大命近止,言將亡也。非是哀辭,實有此理。不諱此字,然後可以感人動神也。”此妙得詩旨者。

《崧高》，尹吉甫美宣王也。天下復平，能建國親諸侯，襃賞申伯焉。

〔案〕朱子《辨說》云："此尹吉甫送申伯之詩，因可以見宣王中興之業耳，非專爲①美宣王而作也。"其攻《序》頗當，故嚴《緝》直本之，謂："申伯出封于謝，尹吉甫送其行之詩也。"最明白可據。詩末云"以贈申伯"，則此詩之作，主美申伯而已。其辭不迫切，且足以動人，甚近乎風。呂《記》曰："是篇雖雅，其間固有風之體也。"亦以詩有"其風肆好"一句也。

《烝民》，尹吉甫美宣王也。任賢使能，周室中興焉。

〔案〕《烝民》與《崧高》二篇，皆尹吉甫贈行之詩，而序者并以爲美宣王，殊乖戾不切。朱子、嚴《緝》并謂：宣王命仲山甫築城於齊，而吉甫作詩以送之。甚得詩旨。此詩前備舉仲山甫之政事德行，所謂出類拔萃者。末二章方寫作詩送行，篇法極整飭，後代贈行之什，莫不宗之矣。

《韓奕》，尹吉甫美宣王也。能錫命諸侯。

〔案〕此詩又非美宣王者，《序》說淺陋。《集傳》云："韓侯初立來朝，始受王命而歸。詩人作此以送之。《序》亦以爲尹吉甫作，今未有據。"朱說是也。此詩專美韓侯，首章自"纘戎祖考"至"以佐戎辟"，皆册命之辭。中述韓侯入覲公卿餞送以及親迎歸國之事，并有法度。其辭亦喬皇，信可聲之於雅者矣。

《江漢》，尹吉甫美宣王也。能興衰撥亂，命召公平淮夷。

〔案〕《集傳》云："宣王命召穆公平淮南之夷，詩人美之。"《詩緝》亦云："此詩王命召虎平淮南之夷也。"皆不言其爲吉甫所作。而《稽

---

①　陳書原闕"爲"字，據《朱子全書》本及趙長征點校本《詩集傳》校補。

古編》、《詩古微》并從《序》説，以爲尹作，未可信也。此詩前三章叙召
公經略江漢之事，後三章專言召公受賜事，朱子所謂"大抵類今人所
藏古器物銘識，蓋古人文字之常體"者是也。王質説："後二章，一則
宣王册命及俾作彝器大略之辭。""亦當是采當時册命實語，又采當時
彝器實語，合而成此詩。韓侯止有册命一節，比此差略。"其辨微矣。

《常武》，召穆公美宣王也。有常德以立武事，因以爲戒然。
〔案〕此詩未見其必爲召穆公所作，且所解名篇之義，亦近於迂
曲。王質説："此詩無命題字義。""當是自南仲以來，累世著武。故曰
'常武'。或曰：古者有功則書之太常，舉南仲載在太常之武功以命其
孫。"此二義較《序》説安穩。《常武》詩記淮北用兵之事，設辭甚周，且
謹嚴有法度，殆宣王中興之樂歟？

《瞻卬》，凡伯刺幽王大壞也。
〔案〕《集傳》云：此刺幽王嬖褒姒以致亂之詩，甚是。《序》説凡伯
作，所未詳也。此篇痛言女禍之害，以爲亂自婦人，曰"傾城"、曰"長
舌"、曰"厲階"，皆描寫女寵，痛乎言之，詩人亦微矣哉！《詩總聞》曰：
"'一顧傾人城，再顧傾人國，非不知傾城與傾國，佳人難再得。'此語
所從來已久也，聰明才略之君，不以再傾爲懼，而以再得爲難，所謂
'懿厥哲婦'也。"王説微而婉，足以寫此詩矣。

《召旻》，凡伯刺幽王大壞也。旻，閔也。閔天下無如召公之臣
也。
〔案〕《序》説殊鑿，朱子所謂"不成文理者"是也。蘇轍説："首章
稱'旻天'，卒章稱'召公'，故謂之'召旻'，以別'小旻'而已。"其義差
長，此篇寫群小致亂，發爲歌詠。其文頗遒健，而長句兀崒，又近乎
風。殆所謂《風》之終以《豳》，所以思周。《雅》之終以《召》，亦以思召
者歟！

　　以上《大雅》三十一篇。《大雅》之體渾而噩，無隱諷譎諫之巧。其辭亦嚴而有法，其音節又自與《小雅》不同，煌煌乎《雅》之純者，真廟堂之音也。吳札聞歌《大雅》曰："廣哉，熙熙乎！曲而有直體，其文王之德乎！"此非僅聽聲，亦足以寫《大雅》之規模氣象者也。

# 詩序解卷下

江寧陳延傑學

## 頌

### 周頌　清廟之什

《清廟》，祀文王也。周公既成洛邑，朝諸侯，率以祀文王焉。

〔案〕《鄭箋》云："成洛邑，居攝五年時。"呂東萊不以爲然，據《洛誥》"在十有二月，惟周公誕保文、武受命，惟七年"，謂周公成洛邑在七年，不在五年。朱子亦云："‘王在新邑，烝，祭歲，文王騂牛一，武王騂牛一’①，實周公居攝②之七年。"戴震《詩考正》亦據《洛誥》以爲是成王七年周正之十二月戊辰，在新邑烝祭文、武之詩，王引之《述聞》從之，此皆可信者。《書大傳》曰：周公升歌《清廟》，"茍在廟中嘗見文王者，愀然如復見文王焉"。胡承珙謂"此爲《清廟》祀文王之確證"，甚是。詳味此詩，其詞約而盡，真頌之體焉已。《樂記》曰："《清廟》之瑟，朱弦而疏越，一唱而三嘆，有遺音者矣。"此説古《清廟》之趣，最爲得之。

---

① 謹案：朱子所云"王在新邑"等句，《詩集傳》原文係作"《書》稱：‘王在新邑……。’"。

② "居攝"，《詩集傳》作"攝政"。

《維天之命》，太平告文王也。

〔案〕朱子云"詩中未見告太平之意"，甚是。此亦祭文王之詩，魏源所謂"周公營洛祀文王樂章之二"者是也。此頌寬而静，意味深長。若從《中庸》之説，則近於談理，而無復餘味矣。王質説："《詩》稱文王，多以'於'爲辭。於，嘆聲也，亦見一唱三嘆遺音之意。大率文王之樂，自《清廟》而外，皆有《清廟》之音也。"此亦得其古趣者。

《維清》，奏象舞也。

〔案〕《小序》謂"奏象舞"，殊謬，朱子以爲詩中無此意是也。蓋頌者，容也。《頌》詩無不舞者，此亦祭文王之詩。其辭簡而意則永，亦非有關文焉。王質説："合兩詩一純一清，則見文王氣象。《清廟》亦一清，氣象尤著。"此真涵泳心會者。

《烈文》，成王即政，諸侯助祭也。

〔案〕朱子攻《序》，以爲詩中未見即政意，云：此祭于宗廟而獻助祭諸侯之詞，甚是。《詩總聞》曰："大率《序》拘于《頌》以成功告神明之意，故皆以神明祭祀爲言。雖無見者，且强而歸之。此以爲即政助祭，《臣工》以爲助祭遣廟，二者以《序》參詩言之，皆助祭受遣之詩也。"王氏之説與朱子略同。《烈文》篇首四語，爲君譽臣之辭，以下則爲君戒臣者，其體頗類乎誥敕，而神味亦屬，斯宗廟之正歌焉。

《天作》，祀先王先公也。

〔案〕《詩總聞》曰："高山，岐山也。周家之興自岐，《緜》詩可見。"王氏之説，殆以此篇爲祭大王者。《詩古微》亦云："《天作》，成王祀大王于岐，以王季、文王配也。"甚合詩之旨。蓋此詩專頌作山遷岐之事，其體謹嚴，且首言"天作"，末言"子孫"，亦所以告神歟？

《昊天有成命》，郊祀天地也。

〔案〕《國語》:《昊天有成命》,"道成王之德也",是此詩爲祀成王者,《序》謂"郊祀天地",未可信也。然後之説《詩》者多從之,至宋歐陽修始著其謬,朱子《辨説》論之尤詳,云:"此詩詳考經文,而以《國語》證之,其爲康王以後祀成王之詩無疑。而毛鄭舊説定以《頌》爲成王之時周公所作。故凡《頌》中有'成王'及'成康'字者,例皆曲爲之説,以附己意。其迂滯僻澀,不成文理,甚不難見。而古今諸儒無有覺其謬者,獨歐陽公著《時世論》以斥之,其辨明矣。"《小序》又以此詩篇首有'昊天'二字,遂定以爲郊祀天地之詩,諸儒往往亦襲其誤。殊不知其首言天命者,止于一句。次言文、武受之者,亦止一句。至于成王以下,然後詳説不敢康寧,緝熙安静之意,乃至五句而後已。則其不爲祀天地而爲祀成王,無可疑者。"朱説是也。此詩述成王能明文昭、定武烈,亦自遹厲,姚際恒所謂"通首密練"者也。

《我將》,祀文王于明堂也。

〔案〕《正義》云:此言祀文王于明堂以配上帝,孔説是也。此明堂在國南近郊,蓋周公營洛宗祀文王者。魏源以爲"夏后氏之世室、鎬京之文王廟、魯之太廟,并同其制"。或謂明堂即文王之廟,非是。此爲王居聽政者,且宗祀之禮,未可饗于國中也。此詩多言文王之典,亦自深肅,吕東萊所謂法文王即所以法天者也。

《時邁》,巡守告祭柴望也。

〔案〕《序》説得之,但未定其爲何王之世。孔穎達説:"宣十二年①《左傳》云:'昔武王克商,作《頌》曰"載戢干戈"。'明此篇武王事也。《國語》稱周文公之《頌》曰'載戢干戈'。明此詩周公作也。"《白虎通》曰:'何以知太平乃巡守?以武王不巡守,至成王乃巡守。'其言違《詩》反《傳》,所説非也。"孔氏以此詩爲頌武王巡守者,而駁班固成

---

① "宣十二年",陳書原訛作"宣二年",據南昌府學本《毛詩注疏》校改。

王巡守之非,頗近是。《史記·周本紀》:武王既克殷,"命宗祝享祠于軍,乃罷兵西歸。行狩,記政事,作《武成》"。與此詩意合。實武王初克商後告祭柴望朝會之樂,詳味其辭,沉静而肅穆,信非武王不足以當之。

《執競》,祀武王也。

〔案〕歐陽修《時世論》云:據《詩》"不顯成康",以爲祭武王、成王、康王之詩。《集傳》因之云:"此詩并及成、康,則《序》説誤矣。"其義差長,然三王并祭,于禮無徵,故《詩古微》譏之曰:"以《天作》之詩考之,祀大王廟于岐周,以王季、文王配之,則此詩其祀武王于鎬京,而以成、康配之歟?"魏説是也。此詩敷揚武王功烈,以及成、康奄有之勤。末又言祭祀之威儀,彌自儆惕,殆召公之作乎?

《思文》,后稷配天也。

〔案〕《國語》云:周文公之爲《頌》曰"思文后稷,克配彼天"。是此篇周公所自作。此詩述后稷播時百穀,其辭頗簡質,曰"貽我來牟",與《生民》"誕降嘉種"所以述事者異趣,其告神之辭歟?

## 臣工之什

《臣工》,諸侯助祭遣于廟也。

〔案〕《序》爲遣助祭諸侯,與"嗟保介"不合,誠誤也。朱子以爲"此戒農官之詩",亦非,此又姚際恒所謂"當在《雅》何以列于《頌》"者也。《詩總聞》曰:"此恐是藉田之禮。禮,天子乃以元日祈穀于上帝。乃擇元辰,天子親載末耜,措之于參保介之御間。帥三公、九卿、諸侯、大夫,躬耕帝藉。""此臣工,公卿侯大夫也。保介,參保介也。元日,正月一日也。元辰,三月一日也。故謂莫春。"王説是也。故魏源本之云:"此詩蓋執爵勞酒時所歌。首戒公侯大夫,'保介'以下,戒百吏庶民。'將受厥明'以下,則受釐嘏祝詞也。"其説亦明晰。此詩温而厲，甚有淒婉之詞。王質説："嗟嗟之意，可以動人，亦又如何？皆于人有感，古人相與皆真情，故發語吐懷有餘味也。"可謂能涵泳詩趣者。

《噫嘻》，春夏祈穀于上帝也。

〔案〕魏源説："《噫嘻》有成王'既昭假爾'及'播厥百穀'之言，明爲孟春卜祈穀而後耕耤之事①。"《序》兼夏月言，于詩不合。魏説是也。此詩告先農之所歌，故入《頌》，其辭亦忠愛矣。

《振鷺》，二王之後來助祭也。

〔案〕《詩總聞》曰："不必以'客'遂衍意爲二王之後，賓亦客也，何不以《鹿鳴》、《彤弓》比？此詩恐止是群臣也。"王氏不從《序》説，甚是。《薛君章句》云："西雍，文王之辟雍也②。言文王之時，辟雍學士皆絜白之人也。"然則此殆賓客與祭文王，故列于《頌》歟？此詩有贊有戒，姚氏謂："全在意象之間，絶不著迹。"信夫！

《豐年》，秋冬報也。

〔案〕《序》云"秋冬報"，不云報何神。《鄭箋》謂烝、嘗，據《詩》"烝畀祖妣"而言也，至宋王安石以爲祭上帝，蘇轍以爲秋祭四方，冬祭八蜡。《朱傳》又以爲報賽田事，蓋祀田祖、先農、方社之屬。曹粹中又謂：秋冬大饗及祭四方八蜡天地百神，無所不報。諸説無確證。陳啓源説："宗廟之祭以展孝思，非報田功，鄭云烝嘗，未可信也。報祭上帝，即大享明堂爾。歲止一祭，不容分用秋冬兩時。""田租之祭在孟春吉亥，不在秋冬。"王、曹與《集傳》之説，俱未必然也。蘇氏以爲方

---

① "孟春卜祈穀而後耕耤之事"句，陳書原作"孟春祈穀而後耕藉之事"，據何慎怡點校本及《魏源全集》本《詩古微》校改。

② 陳氏引此句原作"文王之雍也"，據點校本《後漢書·邊讓傳》李賢《注》所引《薛君章句》文校補。

蜡，或近之，陳説是也。《豐年》詩爲蜡祭樂章，寫收入之多，可以供
祭，其辭甚簡而有味。魏源亦以此爲報賽八蜡者，蓋本蘇説也。

《有瞽》，始作樂而合乎祖也。

〔案〕《序》説得之。《鄭箋》："合者，大合諸樂而奏之。"蓋以樂初
成而薦之祖也。祖者，明堂也。魏源説："《周禮·大司樂》、《大胥》，
《月令·季春》、《文王世子》，皆有大合樂之事。于明堂辟雍行之。其
地爲宗祀文王之所，故合六代之樂於明堂，而嘉客觀成，'先祖是聽'。
'先祖'，謂文王也。《韓詩外傳》'有瞽有瞽，在周之庭'，言殷紂之餘
民也。蓋抱樂器奔周之儔，非祫祭祖廟，非夏禴時祭，亦非祀瞽宗樂
祖之詩。"魏説與《鄭箋》合，甚得詩旨。此詩辭雖簡，合樂略備，頗似
《大雅·靈臺》篇，讀之彌覺和諧可念焉。

《潛》，季冬薦魚春獻鮪也。

〔案〕《月令·季冬》，乃"命漁師始漁。天子親往，乃嘗魚先薦寢
廟"。《季春》，"薦鮪於寢廟"，《序》蓋本此。是篇寫魚與水，寥寥數
語，而景物可味，信可以告神矣。王質説："《四月》，'匪鱣匪鮪，潛逃
於淵'；《鶴鳴》，'魚在於渚，或潛在淵'，何必他求？或謂周家起自漆
沮，故取此地之魚以祀先祖。若爾，他物皆取初興之地則可，似未甚
通也。"王説蓋謂鎬京去岐周較近，故薦獻取之，非有他意也。

《雝》，禘大祖也。

〔案〕朱子云："《序》云'禘大祖'，則宜爲禘嚳於后稷之廟矣。而
其詩之詞無及於嚳、稷者。若以爲吉禘於文王，則與《序》已不協，而
詩文亦無此意，恐《序》之誤也。"甚是。唯謂此但爲武王祭文王而徹
俎之詩，則恐非。詩言"烈考"，武王也；"孝子"，成王也。呂東萊以爲
成王特禘文、武之詩，得其旨矣。《洛誥》："王在新邑，烝祭歲。"《鄭
注》：祫祭文、武於文王廟。祫即禘也。《詩古微》本之，亦云：此爲成

王烝祭文、武詩。與呂説同。此篇頌天子肅穆，又祈眉壽，其辭亦儆惕矣。

《載見》，諸侯始見乎武王廟也。

〔案〕朱子謂："《序》以'載'訓'始'，故云'始見'，恐未必然也。"以此爲"諸侯助祭於武王廟之詩"。王質亦謂："諸侯來朝成王，又從成王而享武王也。"二説義同，并較《序》明白。此詩光大其辭，殆所以祈眉壽祝純嘏者歟？

《有客》，微子來見祖朝也。

〔案〕《白虎通義・三正》篇引《周頌》曰："'有客有客，亦白其馬'，此微子朝周也。"義與《小序》同，朱《傳》、呂《記》、嚴《緝》并從之。此獨頌微子者，蓋存二王之後也。魏源説："成王既黜殷命，殺武庚，命微子啓代殷後，故有淫威降福之語。王者封國，必受策命於太祖之廟，明不敢自專，故留之餕之皆於廟，重其賢也。"其言之頗成理。此詩甚飄逸，列於《頌》者，亦告於祖廟之樂乎？

《武》，奏《大武》也。

〔案〕《武頌》爲《大武》樂章之一成。《左》宣十二年，楚子曰：武王克商作《武》，其卒章曰："耆定爾功。"蓋《武》凡六成，此其一終焉。《詩總聞》曰："《文王世子》，武王九十三而終，則是武王癸丑生，乙酉崩。方其觀兵盟津，已八十五，及其克商，已八十七。所謂'耆定爾功'，既老而始定功也。"王説甚明確。是篇語甚約，而止戈之誼，已自暴於言外，誠措辭之工者。

## 閔予小子之什

《閔予小子》，嗣王朝於廟也。

〔案〕匡衡述《齊詩》，以此爲成王喪畢思慕之作，而《鄭箋》用《韓》

説,亦以爲成王免喪朝廟而作是詩,其義似允,故朱《傳》、吕《記》并從之。毛公、王肅皆以爲七年致政後成王廟見之作,恐非。蓋"嬛嬛在疚",其語足徵驗焉。是篇與《烈文》末辭皆同,而音甚淒愴,此又朱子所謂"玩其辭,知其哀未忘"者矣。

《訪落》,嗣王謀於廟也。

〔案〕蘇轍説:"《閔予小子》,成王朝廟言將繼其祖考之詩也。《訪落》,謀所以繼之之詩也。"甚是。此與上篇同時作,其辭多謙虛,彌可諷云。

《敬之》,群臣進戒嗣王也。

〔案〕《序》誤。毛鄭以此爲君臣相酬酢之辭,亦非。前二詩皆禱祖考者,故稱"皇祖""皇考"。此爲禱天之詩,故稱天。并成王自發,辭意甚警切,有規戒,有勉屬,并非兩人語也。陳启源謂"《敬之》篇述成王君臣相告語之言,皆旁人代爲之詞",恐語勢不爾也。

《小毖》,嗣王求助也。

〔案〕序者以其意爲説,未可據也。《詩總聞》曰:"《閔予小子》、《訪落》、《敬之》、《小毖》四詩,或當在《雅》,而今在《頌》,必有不得其所者。"王説非是。此詩雖不言在廟,而"未堪家多難",與《訪落》同辭,亦告神之意焉。且篇止一章,真《頌》體也,《雅》之體無一章者。此當是征淮時告廟之作,蓋管蔡纔息,淮夷又騷,其懲毖之辭可味也,然憂慮亦深遠矣。

《載芟》,春藉田而祈社稷也。

〔案〕朱子不從《序》説,姚際恒亦云"詩無耕藉事,亦未見有祈意",甚是。魏源説:"《載芟》,臘先祖五祀也。《月令》:臘先祖五祀,勞農以休息之。及《黨正》:以禮屬民飲酒,正其齒位,故有烝祖妣,寧

胡考之語。”“非春藉田而祈社稷之詩。”玩詩旨亦當。此詩歷言耕作
之勤，收穫之豐，以及祭祀等。其間物態事情，燦然可睹，慨然想治世
和樂之氣象，此即朱子所謂“辭意與《豐年》相似”者。

《良耜》，秋報社稷也。

〔案〕《詩緝》云：“此詩爲報社稷，必陳農功之本末，故當秋時而追
述春耕，預言冬穫也。”嚴氏本《序》說，特加詳焉。然魏源則非之，云：
“‘百室盈止’，當在十月納稼之後，非秋時事。而‘殺時犉牡’爲報社，
與稷何與乎？”魏氏蓋主此詩爲蜡祭報社者，味詩旨信然。此篇寫農
人冬作，情景若畫。王質說：“兩詩皆稱‘實函斯活’，此非習知田野，
深探物情，不能道此語。”可謂抉詩人之肝鬲者矣。

《絲衣》，繹賓尸也。高子曰：“靈星之尸也。”

〔案〕《稽古編》云：“絲衣載弁，士助祭之服也。正祭視濯視牲則
使小宗伯，今使士，則非正祭矣，故爲繹賓尸。此《序》與詩相符合有
明證者也。《集傳》改爲祭而飲酒之詩，夫祭而飲酒，正《楚茨》所謂
‘燕私’，《湛露》所謂‘在宗’也。乃燕也，非祭也，燕飲樂章，不應列之
於《頌》。”陳氏以此爲繹祭非正祭，又駁《朱傳》之非，最得詩旨。《郊
特牲疏》云：“‘自堂徂基，自羊徂牛’，是祭神也。”“‘兕觥其觩，旨酒思
柔’，是接尸也。”《詩古微》亦云：“《絲衣》，成王繹農祥靈星之尸也。
周室農事發祥，歷世有農星之祭，配以后稷。此蓋祭之明日繹稷尸所
歌。”并與《序》同。此詩寫視牲、視饌、視器及燕勞等，皆簡而有法，蓋
《頌》之體然也。

《酌》，告成《大武》也。言能酌先祖之道以養天下也。

〔案〕《朱傳》云：“此詩與《賚》、《般》皆不用詩中字名篇，疑取樂節
之名，如曰《武宿夜》云爾。”如朱說，則是《酌》與《賚》、《般》一體，蓋亦
《大武》篇中之一章者也，《序》說殊不能以達意，故嚴粲攻之曰：“講師

見此頌名‘酌’，遂以酌祖道養天下之説攙入之。”頗近是。王質説：“尋詩無酌字，亦無酌意，恐鑠是灼字。陸氏，酌亦作汋，與酌同意，而與灼同形。”“恐初傳是灼字，已而漸轉作汋，又漸轉作酌。”王氏辨字體甚佳，蓋此篇“酌”或有作“汋”者。其述武王用兵創業，辭簡而奧，亦告廟之體已。

《桓》，講武類禡也。桓，武志也。

〔案〕《左傳》楚莊王曰：武王克商，又作《武》。其六曰：“綏萬邦，屢豐年。”是《桓頌》爲《大武》樂章六成也。故《朱傳》本之曰：“《春秋傳》以此爲《大武》之六章，則今之篇次蓋已失其舊矣。又篇内已有武王之謚，則其謂武王時作者亦誤矣。《序》以爲‘講武類禡’之詩，豈後世取其義而用之於其事也歟？”朱説是也。此篇名在第四句詩，其主意在“桓”，蓋所以祀武王者，其辭亦閑肅矣。

《賚》，大封于廟也。賚，予也。言所以錫予善人也。

〔案〕《左傳》，楚子引“鋪時繹思”惟求定爲《大武》之三章，是《賚頌》爲《大武》樂章三成也。《序》以爲大封于廟者，蓋即克殷後大封賚諸侯之事耶？王質説：“《武成》，一戎衣，天下大定。此‘徂維求定’，則是大定也。此時周之命，則是《武成》列爵分土之命也。”甚合詩旨。是篇語簡而味永，其詠嘆之辭，有餘音者矣。

《般》，巡守而祀四嶽河海也。

〔案〕此篇名，於《詩》無見。《鄭箋》謂“般，樂”，蘇轍説“般游”①，蓋推衍詩意而云然。魏源説：“《般》，《大武》樂章四成也。《三家詩》章末作‘時周之命，於繹思’，與《賚》詩章末同。《記》曰‘四成而南國

---

① “般游”，陳書原作“游般”，據《續修四庫全書》影印宋淳熙七年蘇詡筠州公使庫刻本《詩集傳》校改。

是疆’，詩言‘隨山喬嶽，允猶翕河’，蓋按山川之圖①，次第望祭。”此從《序》説，亦有可徵者。是詩叙商周之際，其意甚遠，其辭婉而約矣。

　　以上《周頌》三十一篇。《頌》有周、有魯、有商，名曰《周頌》者，亦所以別於商、魯二《頌》者也。頌之義有二，一以美盛德，一以告神明。《詩譜疏》謂：“祖父未太平，子孫太平，頌聲之興，係於子孫，《周頌》是也。祖父太平，子孫未太平，所頌之詩，係其父祖，《商頌》是也。”“復有借其美名”，“止頌德政之容，無復告神之事”，全類《小雅》，又非風體，《魯頌》是也。以此觀之，商、周二《頌》皆用以告神明，而《魯頌》乃用以詠功德，頌亦無定體也。頌與雅異，其詞頗質直，且哀而不愁，樂而不荒。季子所觀，極天下之美，信非盛德不足以當之。章潢説：“頌有頌之體，其詞則簡，其義味則雋永而不盡也②。如《天作》與《雅》之《綿》，均之美大王也。《清廟》、《維天之命》與《雅》之《文王》，均之美文王也。《酌》、《桓》與《雅》之《下武》，均之美武王也。試取而同誦之，同乎否乎？蓋《雅》之詞俱昌大③，在《頌》何其約而盡也？”此可識頌之體焉已。

## 魯頌

　　《駉》，頌僖公也。僖公能遵伯禽之法，儉以足用，寬以愛民，務農重穀，牧於坰野。魯人尊之，於是季孫行父請命於周，而史克作是頌。

　　〔案〕詩中無務農重穀之意，《序》説殊鑿。又以此爲史克所作，史克之名，始見於文十八年《傳》，鄭《譜》知其時世不合，乃謂作於僖公

---

　　①　“山川之圖”，陳書原作“山川之國”，據何慎怡點校本及《魏源全集》本《詩古微》校改。

　　②　章潢原文出自章氏撰《圖書編》卷十一，“其義味則雋永而不盡也”句，陳書原闕“味”字，據文淵閣本《圖書編》補。

　　③　此句陳書原作“蓋《雅》之昌大”，闕“詞俱”二字；據文淵閣《四庫全書》本《圖書編》補。

身後,非也。《魯頌》多頌禱祝願之詞,皆頌生存之君者。此詩蓋在於僖公生前者,且爲奚斯作。《正義》云:"此雖借名爲頌①,而體實國風。非告神之歌,故有章句。"孔説是也。此寫僖公養馬,其詞夸飾,異乎商、周二《頌》所以詠先祖之功烈者矣。魏源謂爲奚斯頌僖公恤牧者,信然。

《有駜》,頌僖公君臣之有道也。

〔案〕嚴粲説:"《有駜》止述燕飲,《序》辭衍矣。"甚是。此詩叙夜飲歡舞之狀,婉而多味,又以頌禱之情結之,其辭亦雋永矣。王質説:"頌禱之詞,多言福言禄,而此獨言豐年。自今以始,言昔多無年也。春秋自莊閔至僖十餘年之間,莊二十五年大水,廿七年無麥禾,廿九年有蜚,僖二年、三年冬春夏不雨。此詩當此年以後也。"亦甄而核實者。

《泮水》,頌僖公能修泮宫也。

〔案〕《序》誤,《王制》,天子將出征,"受成於學。出征,執有罪;反,釋奠於學,以訊馘告"。《注》云:"釋菜奠幣②,禮先師。"僖公既伐淮夷,而反在泮宫獻馘獻囚,即《王制》禮先師以告克也。詩言采芹、采藻、采茆,即《王制》釋菜之用。惠周惕説:"此詩始終言魯侯在泮宫事,是克淮夷之後,釋菜而儐賓也。"其説甚允。是篇叙僖公成功,頗夸大其詞。俘馘之勳,金琭之賂,蹻馬飲酒之樂,無一不鋪張揚厲,有類於雅體,魏源所謂視《周頌》之敬畏陳規,何啻天壤者,真篤論也。

《閟宫》,頌僖公能復周公之宇也。

〔案〕《閟宫》一頌,朱子、嚴粲并以爲僖公能修寝廟之作,非其本

①　陳書此句原闕"借"字,據南昌府學本《毛詩注疏》校補。
②　"奠幣",陳書原作"釋奠",據南昌府學本《禮記注疏》校改。

旨焉。《文選》引《韓詩章句》云："言其新廟弈弈然盛,是詩公子奚斯所作也。"故《詩古微》云："以全詩爲美修廟,由誤以奚斯作詩爲作廟,此大蔽也。此詩全主於頌僖公之僭,郊祀用王禮,而推及於闢疆土,服蠻夷。其首言閟宮者,不過爲后稷發端;其首言后稷,又不過爲郊祀發端耳。於修廟何與?"魏説是也。此詩侈言僖公能興復祖業,故追述遠祖,上陳姜嫄后稷,至於大王文武,爰及成王封建之辭,魯公受賜之命。《序》謂頌僖公能復周公之宇者,蓋取經第七章語蔽全詩之義也。《閟宮》詩百二十句,爲《詩》篇之最長者,特炫耀其辭,如扣木築土之喧,此又王夫之所謂"窮於辭而興起之意微"者矣。

　　以上《魯頌》四篇。《魯頌》多分章,且其體又近乎《風》,蓋實《魯風》焉。舍告神之義,爲美上之詞,遂爲秦漢以來刻石銘功之所祖。若李斯《嶧山》、揚雄《美新》、班固《典引》、《文選》應制諸作,皆濫觴於兹焉。《魯頌》爲奚斯作,考《三家詩》説可知之,然以視夫《商頌》,則不可及矣。

## 商頌

　　《那》,祀成湯也。微子至於戴公,其間禮樂廢壞,有正考甫者,得《商頌》十二篇於周之大師,以《那》爲首。

　　〔案〕《序》説本《國語》者,《史記》注引《韓詩章句》云美襄公祀成湯也①,差得之。王質説："此詩三稱湯孫,自是三節。一進告升堂也,謂奠神也。二燔幣有先也,謂畢事也。三受胙均享也,謂飲福也。開其夷懌之容,述其溫恭之職,執事有勞,而助祭有能也。"其涵詠詩趣有獨到者。此篇甚古奧,而又專言聲,殆所謂殷人尚聲者耶!

--------

　　① 謹案:《史記·宋世家》裴駰《集解》引《韓詩章句》僅云"美襄公",陳氏所引係襲自魏源《詩古微·詩序集義》。

《烈祖》，祀中宗也。

〔案〕朱子云："詳此詩，未見其爲祀中宗，而末言'湯孫'，則亦祭成湯之詩耳。《序》但不欲連篇重出，又以中宗商之賢君，不欲遺之耳。"其説是也。今觀兩詩，"烈祖"既同辭，"顧予烝嘗，湯孫之將"又同意，殆一人之作焉。而兩詩異者，一主聲，一主酒饌故耳。王質説："前詩聲也，所言皆音樂。此詩臭也，所言皆飲食也。商尚聲亦尚臭，二詩當是各一節。《那》奏聲之詩，此薦臭之詩也。商尚聲，故以樂居先。"此説最有文理，可謂獨得詩人優柔之意者矣。

《玄鳥》，祀高宗也。

〔案〕此頌或以爲祀成湯，或以爲祀高宗，而詩稱"武丁孫子"，則作於武丁之後者，其爲祭高宗者近是，故《序》得以爲據也。嚴粲説："此詩祀高宗，而先述祖德，謂其能中興不墜先烈也。"甚合詩之旨。是篇造語奇特，曰"玄鳥"者，所以紀節也。其辭亦渾穆，三《頌》所不及矣。

《長發》，大禘也。

〔案〕蘇轍説："大禘之祭，所及者遠，故其詩歷言商之先後，又及其卿士伊尹，蓋與祭於禘者也。"①頗近是。雖不及群廟之主，非祫祭也。《詩古微》云："《長發》，大禘於元王大祖之廟，契、湯皆百世不遷，故詩惟頌二王，禘及功臣，故有阿衡，其餘毀不毀之廟②，皆不及焉。"亦本蘇説而推演之者。此篇辭甚簡質，王質所謂"與《大明》相符"者是也。

---

①　謹案：陳氏引自朱熹《詩集傳》所引蘇轍語，然蘇轍《詩集傳》原文作："大禘，宗廟之禘也，故其詩歷言商之先君，又及其卿士伊尹，伊尹蓋與祭於禘也。"

②　"其餘毀不毀之廟"，陳書原作"其餘毀不毀之主"，據何慎怡點校本及《魏源全集》本《詩古微》校改。

《殷武》,祀高宗也。

〔案〕《序》説得之。殷武者,商武丁也。此詩首言戍荆楚事,二三四章則敕荆楚之辭。五章六章則爲高宗子孫祀武丁,即朱子所謂廟成始祔而祭之之詩也。詳味此篇之辭,既温而厲,真灝灝焉已。

以上《商頌》五篇。《史記·宋世家》:"襄公之時,修仁行義,欲爲盟主①。其大夫正考父美之,故追道契、湯、高宗,殷所以興,作《商頌》。"《樂記》:"肆直而慈愛者,宜歌《商》。"《注》:"《商》,宋詩。"此《韓詩》説也,而朱子非之云:"今考此《頌》,皆天子之事,非宋所有。且其辭古奥,亦不類周世之文,而《國語》閔馬父之言,亦與今《序》合。《韓詩》、太史公之説誤矣。"朱説是也。蓋宋實無詩焉,《河廣》一篇,入之《衛風》可證也。《商頌》之辭多古質,又甚敷愉,其頌體之始歟?

---

① "欲爲盟主",陳書原作"欲與盟主",據北京中華書局點校本《史記》校改。

經學概論

陳延傑 著　盧啟聰 整理

經學概論

第一章　五經原始

說文：『經，織從絲也。』推經之意，本與緯並稱，今借爲載籍之名者，蓋以簡册渙散須從絲編連之者也。史記云：『孔子讀易，韋編三絕。』許愼說：『册象其札一長一短，中有二編之形』亦以連編諸簡始名爲册也。南史王僧虔傳：『有盜發楚王家獲竹簡書靑絲編』則編册用韋連綴用絲，故借從絲之名爲典籍之號。漢儒經訓爲常道乃引申之義而非經之本意也。

經之數說者不一：有以禮樂、詩、書易、春秋爲六藝者；有以爲樂經旣亡，止有五經者；淸邵懿辰則謂樂本無經，實止五經，辨之頗詳矣今從之。茲述五經述作之淵原，庶得其梗槪云耳。

書影一

## （一）　易之作者及其名義

漢書藝文志序云：『易曰「宓戲氏仰觀象於天，俯觀法於地，觀鳥獸之文與地之宜，近取諸身，遠取諸物，於是始作八卦以通神明之德，以類萬物之情。」至於殷周之際，紂在上位，逆天暴物；文王以諸侯順命而行道，天人之占，可得而效；於是重易六爻作上下篇。孔氏為彖、象、繫辭、文言、序卦之屬十篇。故曰易道深矣，人更三聖，世歷三古。』推班氏之說，蓋畫卦者伏羲；重卦、文王；繫辭者孔子也，此最可據。先儒論重卦之人不一。周易正義第二論重卦之人曰：『重卦之人，諸儒不同，凡有四說：王輔嗣等以為伏羲重卦；鄭玄之徒以為神農重卦；孫盛以為夏禹重卦；史遷等以為文王重卦其人也。』按此四說，案繫辭神農之時，已有蓋取益與噬嗑以此論之，不攻自破。其言神農重卦，亦未為得今以諸文驗之，按說卦云：『昔者聖人之作易也，幽贊於神明而生蓍。』凡言作者，創造之謂也；神農以後便是述修，

# 目　録

# 導　讀 *

## 一　現代大學經學課程中的"經學概論"類教材

　　通論性儒家經學著作的出現，與晚清、民國以來新式學制下經學課程的建制密切相關。1904 年，清政府參酌日本學制及西方學術的分科概念，改革教育制度，頒布《奏定學堂章程》（癸卯學制），具體安排小學、中學設立"讀經講經"課，高等學堂必修"經學大義"課，大學堂將經學列爲專科，此爲經學在現代高等教育獨立成科之始。① 然而，到了 1912 年，國民政府發布"普通教育暫行辦法"，通令全國"小學讀經科一律廢止"。② 自此，中、小學校的讀經失去其法定地位，并成爲學界、思想界一項曠日持久的爭議。至於《十三經》的專門內容，則作爲一種國粹，爲現代大學中的各種文科課程吸收。

　　經學從基礎教育中退場的結果，導致在新學制底下成長的學生，在進入大學以前，對經書的認識，較之過往，顯得十分有限。因此，在

---

　　*　據 1930 年 11 月上海商務印書館"國學小叢書"排印本整理。

　　①　案：其中，經學科分十一學門，限學生修讀一門或兩門，每學門設"本經研究法"，講授一經要義，旨在"將經義推之於實用"；又設補助課（如説文學、四庫提要學、法制史、教育史等）若干，并要求學生畢業時，要"呈出畢業課藝及自著論説"。《奏定學堂章程》（1904 年 1 月 13 日）各項內容，詳見璩鑫圭、唐良炎編：《中國近代教育史資料匯編·學制演變》，上海：上海教育出版社，2007 年，頁 296—435。

　　②　《教育部通電各省頒布普通教育暫行辦法》（1912 年 1 月 19 日），詳李桂林、戚名琇、錢曼倩編：《中國近代教育史資料匯編·普通教育》，上海：上海教育出版社，2007 年，頁 473—474。

高等教育的範圍裏，經學雖然不再作爲獨立的專門學科，但是出於研習所需，概論性的經學課程則應運而生。以"經學史""經學通論"爲名的課程，在民國時期持續地出現在各地大學中文系、國文系的開課清單上，作爲文、史學科的基礎課程。①

回顧早期"經學史""經學通論"課程，多采用皮錫瑞《經學歷史》《經學通論》、劉師培《經學教科書》、章炳麟《國故論衡》爲教本。但與此同時，大學教員在回顧、反思經學歷史與經學問題時，也開始自發性地整理所見、編寫講義，以備課堂講授之用。因之，民國時期便曾出現過爲數不少的"經學教本"。林慶彰編輯《民國時期經學叢書》時，曾按其性質，分爲三大類，即："經學概論""專精的導讀性的著作"和"經學史"。這三類著作，實與當時大學中經學課程的形態相對應。② 其中"經學概論"一類，林慶彰曾指出民國時期約出版過二十多種，但沒有提供確切的數字，目前爲《民國時期經學叢書》收錄者則有十餘種。此外就筆者所知，又有因故而未及出版，僅以手稿方式流傳，或未以"經學通論""概論"等題名而性質實同之書若干種。兹就目前所見，整理書目如下：

|  | 書名 | 作者 | 出版年 | 出版機構 |
|---|---|---|---|---|
| 1 | 經學舉要 | 姚永樸 | 1912 年 | 北京大學 |
| 2 | 經學通誥 | 葉德輝 | 1915 年 | 長沙鴻華公司 |
| 3 | 經學通論 | 龔向農 | 1917 年 | 成都薛崇禮堂 |
| 4 | 經學概論 | 王國維 | 1918 年 | 倉聖明智大學排印③ |

① 王應憲：《民國時期大學經學教育檢視》，《中國學術年刊》第 35 期（2013年 9 月），頁 116—119，表二"民國時期大學經學課程檢視"。

② 林慶彰主編：《出版説明》，《民國時期經學叢書》第 3 輯第 1 册，臺中：文听閣圖書公司，2009 年，頁 11。

③ 據《王國維全集·整理説明》，此講義爲 1918 年王國維在哈園倉聖明智大學講授經學時所編，初爲排印本。1932、1935 年又曾在吉林女子師範學校、吉林師範學校翻印。

續表

|   | 書名 | 作者 | 出版年 | 出版機構 |
|---|------|------|--------|----------|
| 5 | 新體經學講義 | 江瑔 | 1921 年 | 上海商務印書館 |
| 6 | 經學通論 | 陳鐘凡 | 1923 年 | 東南大學鉛印 |
| 7 | 五經釋要 | 崔適 | 1924 年 | 北京大學 |
| 8 | 經學通論 | 吳承仕 | 1925 年 | 中國大學講義 |
| 9 | 經學通論 | 陳漢章 | 約 20 世紀 20 年代 | 北京大學排印 |
| 10 | 經學概論 | 陳延傑 | 1930 年 | 上海商務印書館 |
| 11 | 經學提要 | 朱劍芒 | 1930 年 | 上海世界書局 |
| 12 | 群經概論 | 周予同 | 1931 年 | 上海商務印書館 |
| 13 | 群經概論 | 范文瀾 | 1933 年 | 北平樸社 |
| 14 | 經學概論 | 樂調甫 | 1933 年 | 齊魯大學 |
| 15 | 經學通論 | 胡熊鍔 | 1935 年 | 廣州龍藏街大眾印刷公司 |
| 16 | 十三經概論 | 衛聚賢 | 1935 年 | 上海開明書店 |
| 17 | 經學通論 | 伍憲子 | 1936 年 | 上海東方文化出版社 |
| 18 | 經學概論 | 李松伍 | 1938 年 | 新京藝文書房 |
| 19 | 六藝通論 | 劉異 | 1941 年 | 《武漢大學文哲季刊》1941 年第 7 卷第 1—3 期 |
| 20 | 經學概論 | 金景芳 | 1942 年 | 東北大學 |
| 21 | 經學通論 | 李源澄 | 1944 年 | 成都路明書店 |
| 22 | 十三經概論 | 蔣伯潛 | 1944 年 | 上海世界書局 |
| 23 | 經學通論 | 馬宗霍 | 20 世紀 30—40 年代 | 未刊① |

① 案:此著多年以後爲家屬整理和改寫後出版,馬巨《前言》指出:"先君於1936 年出版其《中國經學史》後,旋即着手撰寫《經學通論》。計劃中之《經學通論》分'經學簡史'與'群經略論'兩部分。'經學簡史'之部大致完成,内容與《中國經學史》基本相同。'群經略論'之部則尚在草創階段:資料收集尚未（轉下頁）

| | 書名 | 作者 | 出版年 | 出版機構 |
|---|---|---|---|---|
| 24 | 經學通義 | 不著撰人 | 民國間 | 《民國時期經學叢書》第六輯收錄 |

　　相關著作的數量實不止此數，例如"經學史"類著作，往往多兼及總論經學概念的內容。他如錢基博《經學通志》、呂思勉《經子解題》、蒙文通《經學抉原》、唐文治《十三經提綱》、熊十力《讀經示要》等等，雖然均屬入門性質的著作，但是其述旨、架構，與大學課程之下的"概論""通論"教材亦有差異。然凡此，仍可見民國時期爲迎合課程教學而編寫概論性經學著作的風氣頗盛，陳延傑的《經學概論》也當屬此背景下的產物。

　　陳延傑《經學概論》，1930 年 11 月上海商務印書館初版，收入王雲五"國學小叢書"之一種。陳延傑目前較爲人知的學術研究，主要在古典文學與古典詩論方面，然其人在經學研究方面，也完成了包括《詩序解》、《周易程傳參正》等專著，《詩經鄘風載馳補證》、《禮經釋服》、《讖緯考》、《説文經字考疏證》等單篇論文，以及因應教學所需而編撰的《經學概論》。其中，《周易程傳參正》曾被譽爲"治經有榘矱者"、《經學概論》則"廣徵博引，不乏獨到之處"[①]，可見其人在經學研究方面之實績。

　　當時這類以"概論""通論"等爲名的書籍，所簡介的內容、引導的議題往往相近，多離不開對經之名義，經學的定義，孔子與六經的關係，經學傳授與流派，經書的淵源、性質、大義、義例，以及經學發展歷史的介紹。雖然諸家在章節、篇幅的安排上，時有偏重，不會面面俱

---

（接上頁）完畢，評述與考證當未展開。無奈抗戰爆發，流離顛沛，生活艱難，圖書不便，無以完成。"詳馬宗霍、馬巨：《經學通論》，北京：中華書局，2011 年，頁 1。

　　①　南京市地方志編纂委員會編：《南京人物志》，上海：學林出版社，2001年，頁 216—217。

到。但大體而言，導論之內容，多半不出以"經""經書""經學史"爲核心的知識框架。可是，儘管這類著作有相近的內容，但隨着撰者立場不同，對同一議題的詮釋、觀點便時有差異，而且通常深受晚清以來今文經學的流行所影響。即以課程言，周予同便曾指出，當時"南方各校主'古文'的多，北方各校主'今文'的多"①，錢穆亦稱"故都各大學本都開設經學史及經學通論諸課，都主康南海今文家言"②。這種今文派、古文派的分野，在諸家經學教本中同樣有迹可尋。例如對"經之名義"和"孔子與六經之關係"的解説，主今文家的撰作者，與主古文派者便有明顯分歧。

　　周予同《羣經概論》曾扼要指出兩派的主要差別是，今文家將"經"訓爲常道，古文家則以"經"爲書籍之通稱。今文家以"經"爲孔子著作之專名，古文家認爲他書亦可稱"經"。今文家的觀點，"始於清龔自珍《六經正名》及《六經正名答問》諸文。其後如皮錫瑞的《經學歷史》、廖平的《知聖篇》以及康有爲的《新學僞經考》諸書，亦時有更明確更有系統的解説"。至於古文派的觀點，則始於章炳麟的《國故論衡》。③　不過，兩派之分歧，本有一發展之歷程，張西堂在《經學史講義》便曾作出更脉絡化的説明。張氏指出這兩項爭議出現的背景，遠因是清儒本來就較重視名物訓詁之學，近因則是晚清今文家對古文派主張的反動。至於古文派主張的來源，則應該回溯至稍早於龔自珍的章學誠。

　　先是，章學誠在《文史通義》中提出"六經皆史"的主張，認爲"六藝皆周公之政典"。其後，龔自珍《六經正名》、《六經正名答問》又在

　　①　周予同：《周予同自傳》，《中國當代社會科學家》第 1 輯，北京：書目文獻出版社，1983 年，頁 235。
　　②　錢穆：《師友雜憶》，收入《錢賓四先生全集》第 51 冊，臺北：聯經出版公司，1998 年，頁 163。
　　③　周予同：《羣經概論》，收入林慶彰主編：《民國時期經學叢書》第 2 輯第 1 冊，頁 1—2。

此基礎上，檢討"六經"之名義，并嚴格限定經的數目爲六，認爲"孔子之未生，天下有六經久矣"。與此同時，蔣湘南《六經原始》也主張六經非孔子所作，又以"緯"對"經"，認定"經爲經紀、經界之經"，并據以批評後世儒者以"常"釋"經"乃大誤。

由於章氏、龔氏、蔣氏都認定六經非孔子所作，遂引起廖平、康有爲、皮錫瑞等今文家反論。廖氏《知聖篇》、康氏《新學僞經考》、皮氏《經學歷史》均堅持六經完全是孔子所作，也只有孔子所作乃得爲"經"，而"經"之取義，是由孔子制作之時，以其道可常行而得名。不過今文家的論斷，實以尊孔、尊經爲前提，而所舉證據又甚爲薄弱，未足以廣爲人憑信，故其觀點很快便再次受到古文派的挑戰。劉師培《經學教科書》即從組織之義解説"經"本字，指出"常"實爲"經"字後起之引申義；章炳麟《國故論衡》則考察簡册制度，認爲"經"是編絲綴屬之稱，即一切群書的通稱；吳承仕又在章説的前提下，指出"經"之初義爲書本，這是由於"其始皆爲質名"，故以"常"的引申義取代"經"本義，實屬謬誤。雖然，字之初義是否"皆爲質名"，以及用"常"這項引申義來解釋"經學"之"經"，是否就與"經"之"質名"絶不相容，實仍有待檢驗。但是，自章氏、吳氏以後，"經是綫裝書""經是書本"的説法，便漸爲民國時期流行，且常被援引、討論的一項解釋。

至於另一項爭議，則是對"孔子與六經之關係"的討論。今文經學家認定六經爲孔子所"作"，而古文派學者則承認先秦六經不只一本，主張群經在孔子以後始有"定本"。① 不過，無論是今文家的"作"抑或古文派的"定本"問題，諸家討論"孔子與六經之關係"的目標，都是爲了點出經書反映孔子對經義的理解，以作爲弟子學習的方向和要旨。換言之，討論經的定義、孔子對六經的編定（或所謂"作"），同

---

① 　案：關於"經之名義"及"孔子與六經之關係"兩項問題，諸家所論，詳張西堂：《經學史講義》，收入《長安學叢書·張西堂卷》，西安：三秦出版社，2011年，頁 4—6。

是爲了强調孔子思想對構成六經科目的影響。而孔子思想之在經書，亦即六經中的"編纂之旨"。經學家或早期經學教本的編撰者，往往認同"編纂之旨"就是經學之所以是一套成系統學術的根本原因，并反過來再次確認孔子在經學上的關鍵地位。

　　民國時期的經學教本，普遍仍依沿清中葉以來的討論，將"經之名義"與"孔子與六經的關係"作爲導論經學知識的第一義。而在描述這些議題時，通常呈現出幾種態度：一是堅持今文家的立場、批評章炳麟"經是綫裝書"的説法。例如伍憲予《經學通論》便指責章炳麟的説法"真墮清儒破碎支離之習"、乃"通人之蔽"。① 二是批評、修正章炳麟的説法，而没有特定的學派立場。例如李源澄《經學通論》便區分"經學"之"經"與"經字"之"經"，指出"經學之經，以常法爲正解"，雖然"常法"并不是"經之達詁"，但就認爲經的意涵不需要從字詁著手，從而批評了章氏以本義釋"經"的進路。② 至於第三種態度，則是采持更客觀的態度對問題予以描述，并接受"經"有本義、引申義的演變。陳延傑的《經學概論》便具有這種折衷色彩，陳氏《經學概論》在第一章開首即謂：

　　　《説文》："經，織從絲也。"推經之意，本與緯并稱，今借爲載籍之名者，蓋以簡册涣散，須從編連之者也。《史記》云："孔子讀《易》，韋編三絶。"許慎説："册，象其札一長一短，中有二編之形。"亦以連編諸簡，始名爲册也。《南史·王僧虔傳》"有盜發楚王冢，獲竹簡書青絲編"，則編册用韋，連綴用絲，故借從絲之名爲

　　① 伍憲予：《經學通論》，收入林慶彰主編：《民國時期經學叢書》第 2 輯第 1 册，頁 1。
　　② 李源澄：《經學通論》，收入林慶彰主編：《民國時期經學叢書》第 2 輯第 2 册，頁 1。

典籍之號。漢儒經訓爲常道，乃引申之義，而非經之本意也。①

陳氏此論雖較接近章炳麟一派的論調，但對"常道"之説，也僅是指出"訓爲常道，乃引申之義，而非經之本意"，并没有完全否定這個説法的合理性。而且在第二章《孔子之編纂》中，陳氏不但强調"孔子編纂《五經》及樂之旨"，其論説主軸，也更傾向在皮錫瑞"孔子所定，而後始列於經"的基礎上，申論《六經》之中爲孔子所"作"的部分有哪些。由此可見，陳延傑編寫的《經學概論》雖然是現代大學經學課程下的教材，但也是晚清經學發展的縮影，反映出今文派的經學觀點在民國時期現代大學教育體制内的流行情況。

## 二　陳延傑《經學概論》的架構及主要内容

《經學概論》全書二十四章，各章之編排，大致按經學歷史發展的進程，以《五經》來源爲始，以清代石經學爲終。其主要内容，約可分爲三大類：一是經書（籍）源流及性質的介紹，包括第一章《五經原始》、第四章《孝經與論語》、第五章《禮記及其篇目考》、第六章《孟子》、第八章《爾雅》、第十七章《九經正義》、第十九章《四經正義》及第二十四章《石經》。二是經學傳授與流變的討論，包括第二章《孔子之編纂》、第三章《孔門諸子經學之傳授》、第七章《兩漢今古學之興及其傳授》、第九章《今古學之争及其流派》、第十章《漢代訓詁學及師法家法》、第十四章《魏晉經學》、第十六章《南北朝經學》、第十八章《宋代經學之變革及其流派》、第二十一章《四書五經大全》、第二十二章《清代經學變遷及其派别》及第二十三章《清代考證學》。三是經學問題的專論，包括第十一章《詩大小序》、第十二章《讖緯》、第十三章《鄭學》、第十五章《尚書今古文之真僞及其篇目考》、第二十章《朱學》。

---

① 　陳延傑《經學概論》爲《民國時期經學叢書》影印收録者，即1930年上海商務印書館初版，原爲該館"國學小叢書"之一種。

以下試就其三項分類，簡述本書基本內容。

## （一）經書（籍）源流及性質的介紹

關於經書淵源，由於孔子自稱述而不作，一般相信無論有無經過孔子的編纂，六經或六經的內容，在孔子之前已然存在。① 而孔子在歷史上的關鍵地位，則在於刪定、整理舊典，并用以教授學生。因之，六經從文獻材料到成系統的學術體系，可劃分爲三個階段：孔子之前、孔子時代、孔子以後。而《經學概論》前三章的安排：從《五經原始》《孔子之編纂》，到《孔門諸子經學之傳授》，正是表現這種三階段式的歷史認知。

《經學概論》對經書（籍）的介紹，雖涵蓋《十三經》，而實以六經（因《樂》亡之故，或稱爲"《五經》"）爲主。這是由於經學史上，一些儒家典籍，如《孝經》、《禮記》、《爾雅》等，出於各種原因，在後世才被追認爲"經"，并列入經學的範圍。② 以往態度較保守的經學家，僅視六經（《五經》）爲"經"，如皮錫瑞《經學通論》實際上便只討論《五經》。不過陳延傑的《經學概論》則以傳授源流和因循傳統爲由，也將《孝經》、《論語》、《禮記》、《孟子》及《爾雅》劃入對"經"的介紹範圍內。因此，除了在前三章討論《五經》源流，《經學概論》在第四、五、六、八章也分別介紹《孝經》、《論語》、《禮記》、《孟子》及《爾雅》。此外，在第二十三章討論清代考證學時，《經學概論》也分就清儒《十三經》研究之成果，逐經作介紹。不過，在第十八章論宋代經學，則僅"略述《五經》

① 案：此外，從《左傳》、《國語》等保留早期史料的文獻中，可知春秋時代既有所謂"賦詩""引詩"活動，而《詩》、《書》等經書亦廣爲春秋時代的人討論、稱引，也是當時貴族教育的基本教材。可見六經或六經的內容，在孔子之前已然存在。詳徐復觀：《中國經學史的基礎》，臺北：臺灣學生書局，1982年，頁3—4。

② 案：經的數目與範圍，過去有"西漢五經、東漢七經、初盛唐九經、中唐開成十二經、宋代十三經"的演進。不過除此之外，歷史上又曾有十經、十一經、十四經、二十一經、二十四經等說法，但自明代以來，因有合刻《十三經注疏》之事，遂以十三經爲主流。

之傳授及其流派”，可見陳氏仍是以六經(《五經》)爲優先的態度。另外，陳氏簡介經書時，其次第先後的排序，也没有按今文家觀點，即教學上由淺入深的需要，而采近於古文家的史學觀點，依次講述《易》、《書》、《詩》、《禮》、《春秋》。顯示出偏重史學立場的叙述傾向。

《經學概論》既以六經(《五經》)爲重心，故對六經(《五經》)的介紹亦較詳細，但篇幅長短不一。如第一章《五經原始》，於《周易》，則詳述孔穎達論《繫辭》作者、論“周”之名義的謬誤。而對《尚書》，則僅簡述其性質及羅列篇目。於《詩》，則從《大序》“詩言志”及《史記》“聖賢發憤所作”推論《三百篇》之作者，以及詳論“六義”説的形成過程。於《禮》，則僅申論“禮經”當爲《儀禮》而非《周禮》的問題。至於《春秋》，亦僅説明“《春秋》之作，遠在上世，特不過爲史記之通名耳。暨孔子因史文次《春秋》，又加筆削”，方得列爲“經”。總之，陳氏對《易》《詩》兩經的討論，遠遠超過其餘三經，此或與陳氏在《易》學、《詩》學方面涉獵較深有關。

陳氏將《五經》原始聚焦在作者問題的考辨上，目的是爲了强調經書中存在孔子的“編纂之旨”。《經學概論》第二章引《史記·孔子世家》文，以孔子追述三代之禮、序《書傳》、删《詩》、正樂、晚而喜《易》等記載爲由，認定“據此，則經學開闢時代，斷自孔子，信非過論”。同時，又承接皮錫瑞“孔子以前，不得有經”的觀點，逐一討論孔子在各經中的“編纂之旨”，分別體現在孔子“作卦爻詞、彖、象、文言，闡述義、文之旨”，“删定《書》百篇，爲之作《序》”，“删《詩》去其重，定爲三百五篇之數”，“《儀禮》十七篇自孔子始定”，以及對《春秋》“筆削褒貶，爲後王立法”等工作之上，而後群書才“始列於經”。可是陳延傑的依據，多屬漢代的歷史文獻，實則不出《史記》、《漢書》、《論衡》的範圍。若從證據的有效性來説，這些文獻記載所能够證明的，理論上只是漢代學者普遍相信的孔子曾整理群經的觀點。但是否足以作爲孔子的確進行過這些整理工作的實證，至少在古史辨流行的時代，并非毫無疑問。不過，通過對漢代歷史文獻的整合，經學以孔子思想爲宗旨的立場，確爲陳氏彰顯。

由於陳延傑認定經學與孔子關係密切，故六經以後的經書，只要有傳授脈絡可尋，能溯及孔門教旨者，實亦不妨納入經學的討論範圍。如《孝經》，《經學概論》便據《史記》"孔子作《孝經》"及鄭玄《六藝論》孔子"作《孝經》以總會六藝"的看法，認同《孝經》當得稱"經"。而且"據鄭説，是《孝經》視諸經爲最要，故稱經亦最先，自是確論"。至《論語》，則據《漢書·藝文志》及《經典釋文序錄》，指出"是門徒所記，故次《孝經》"、《禮記》據班固，爲"七十子後學者所記"。至於《孟子》，陳氏據《史記》，是孟子"與萬章之徒，序《詩》、《書》，述仲尼之意"，這類典籍，或爲孔子所述，或爲孔門傳聞撰記，皆深具孔學淵源，雖不在六經之列，但經學既以孔子學説爲宗旨，則將之列爲經學之一部，非但難免，也符合歷史發展實情。

可是，包括《論語》、《孟子》、《孝經》、《禮記》，或擴而及之的三《禮》、三《傳》、《爾雅》，按照晚清今文家的見解，僅屬"傳"或"記"的等級，不足以謂之"經"。陳延傑於此，雖然亦傾向這種意見，但仍以因循傳統爲由，將《十三經》皆列入導論經學的範圍中。《經學概論》指出：

> 按宋以前，《孟子》無稱經者，故《經典釋文》，獨不收《孟子》，以其爲儒家也。宋代設科，以《易》、《書》、《詩》、三《禮》、三《傳》，及《論語》、《孝經》、《孟子》、《爾雅》爲《十三經》，故陳氏《解題》、馬氏《通考》，皆以《孟子》收入經類，今從之。

《十三經》作爲一個體系，與明代《十三經注疏》的合刻有關。[1]　而合

---

[1]　案：即北京國子監《十三經注疏》合刻本。其事始於萬曆十四年，至二十一年畢工。此刻是據嘉靖間閩中御史李元陽之本重雕，而"李元陽本"又本於南京國子監之"三朝本"。"三朝本"諸經注疏：一爲南宋末年建刻音釋注疏本，至正德年間補版，爲"十行本"，凡十一種；二爲《儀禮注疏》，乃嘉靖五年刻板送監；三爲《爾雅注疏》，刻於元代，爲九行本，與他經不同。因此刻歷經宋、元、明三朝遞修，故又稱爲"三朝本"。詳潘美月：《龍坡書齋雜著——圖書文獻學論文集》，臺灣：花木蘭文化出版公司，2011年，頁409—410。

刻的前提,則是《十三經》的“疏”首先各自成立。因此《經學概論》亦別立專章,分別介紹唐代的《九經正義》和宋代的《四經正義》。其中,對《正義》的介紹,陳延傑著重在“疏不破注”的體式上,并據以作爲判別漢學與宋學的尺度。其論《四經正義》,便特別指出《四經正義》與宋代好新義、好疑經的風氣不同:

> 唐人止爲《五經疏》,而不及《孝經》、《論語》、《孟子》、《爾雅》。至宋儒始奉詔爲之;并用孔穎達舊例,多執守一家言,蓋例不駁注也。然已與宋人矜新義者不同矣。

而對唐代的《九經正義》,則依沿朱子、皮錫瑞對《五經疏》的批評,而指出:

> 蓋唐人説經者,多篤守一家言,又偏重南學。《易》不用苟、虞,《書》不用鄭氏,此雖唐人之失,然實不能不歸咎於南朝矣。其後賈公彦疏《儀禮》、《周禮》,徐彦疏《公羊》,楊士勛疏《穀梁》,并專守一家,例不破注,斯則孔氏開其風氣也。

原則上,唐人疏的確是據某家注本爲主,而進行疏釋。但“專守一家言”的疏經之法,是否等於“疏不破注”,目前論者已有指出其未必然。① 然而,傳統經家之論“專守一家”“例不破注”,真正關注的其實不僅是經解技術的問題,更是對經書授受傳統、源流的一種認同。這一點也反映在《經學概論》對經學傳授與流變的評論之上。

## (二) 對經學傳授與流變的評論

《經學概論》第十六章《南北朝經學》,述云:

---

① 張寶三:《五經正義研究》,上海:華東師範大學出版社,2010 年,頁387—395。

　　經學，兩漢一派也，魏晉一派也。兩漢樸實，魏晉虛僞。故
至南北朝時代，而經學分立，遂有南北學之分，此經學之一大變
遷也。

此論經學發展大勢，以兩漢爲一派，魏晉爲一派，又謂前者樸實，後者
虛僞。陳氏認爲，兩漢經學之所以樸實，原因是漢儒重訓詁、以師傳
相尚。《經學概論》第十章《漢代訓詁學及師法家法》，指出"漢人說
經，各有體例，訓詁章句，立名亦自不同。而一時儒林之士……皆從
事訓詁，孜孜於文字章句之間，闡發聖經"。換言之，訓詁學就是指利
用、發明各種體式，來解釋經書文義的學問。陳氏認爲這種學問非自
漢代才開始，如《易》之《繫辭》，《禮》之《喪服》，《春秋》之三《傳》，《爾
雅》，《禮記》等，皆"義主釋經"。亦即，漢儒之訓詁學，乃當時人從先
秦以來各種"釋經體"之中，推衍、開發出來，以釋經之文字、章句爲宗
旨的各種新創編撰形式。所以，在"釋經之體"下的各種"例"，如記、
傳、義、問等等，宗旨皆與解釋有關，如"故者，通其指義也"，"微，謂釋
其微指"，"注者，著也，言爲之解說，使其載著明也"，"詁訓者，或作故
訓，亦解釋之義"，"箋者，釋也"。不過，《經學概論》舉出訓詁學的樸
實，只是爲了將"文字章句之間，闡發聖經"的特質，與"多衍空理"的
治經方法對立起來而已，并未詳論其樸實之理爲何。

　　其次，兩漢經學之所以是樸實的另一種可能，是漢儒能以師傳相
尚。《經學概論》謂漢儒"治經必有師法，然後始能成一家言。師法溯
其源，家法者，衍其流也"。此觀點，乃是沿襲清代以來，認爲兩漢經
學"爲其去聖賢最近"[1]，說經多有淵源，若以家學、師承溯源，可上追
聖人微言大義之教的觀點。在此信念底下，自清中葉以來，學者爲正
確分辨漢儒師承、學派流衍，以作爲研治經學的基礎，便漸有整理漢

---

　　① 阮元：《阮序》，見江藩著：《國朝漢學師承記》，北京：中華書局，2008 年，頁 1。

儒師承淵源的著作，如洪亮吉《傳經表》便通論諸經之傳授。但能爲所據者，則多半不出《史記・儒林列傳》、《漢書・藝文志・儒林傳》及《後漢書・儒林傳》等文獻範圍。

陳延傑也認同，通過考察師法、家法的傳授源流，可以反映今、古之學的消長，是研究兩漢經學的嚆矢。因此《經學概論》花費約全書十分之一的篇幅，在第七章《兩漢今古學之興及其傳授》中，重新整理、考定兩漢今、古文兩家各自在《五經》的傳授淵源，制作樹狀圖，説明諸家傳授、起伏興衰的歷程。不過，釐清兩漢經學的授受淵源，仍只可説明兩漢經學、經説的授受情況，而若要證明"上古經學，實傳於孔門"，則在孔門諸子到西漢博士之間，畢竟仍有斷層，需要更多討論。因之，《經學概論》在第三章《孔門諸子經學之傳授》及第九章《今古學之爭及其流派》，即嘗試就此斷裂進行勾勒。雖然，孔門諸子以下，皮錫瑞早已承認"諸儒學皆不傳，無從考其家法"，故能爲陳延傑所論者，實僅卜商（子夏）、左氏、公羊氏、穀梁氏及荀子而已。至若從西漢今文十四博士一端往前逆推，《經學概論》則轉而援引廖平在《今古學考》中"經學三派"的理論，即從地域性來看，齊、魯地區的學術"舊本一派，習者因地而異"；而古文學派則是"緣經立説，初不因鄉土而異"，藉以推想在兩漢今古學之爭以前，經學的傳授情況。

又，《經學概論》認定魏晉經學虛僞，不但與兩漢迥絶，而且"尚排擊，又多衍空理，遂開南朝經學一派，無復有漢人重引申講訓詁之風"。其謂"尚排擊"，是指王肅之學專與鄭玄立異，又僞造文獻以爭奪鄭學的學術地位；謂"多衍空理"則是指責王弼《易注》空談名理、何晏《論語集解》雜糅莫辨、杜預《左傳集解》諒闇短喪，倡爲邪説。此説實本自皮錫瑞《經學歷史・經學中衰時代》對魏晉經學的批評。不過皮氏所論，原是指責魏人汩亂今文而變古，而陳延傑的討論，則認爲魏、晉的弊端，在更大程度上是"虛僞"而不在於"變古"。

經學歷史上的變古時期，除了魏晉，另一個轉捩點是唐宋。《經學概論》亦謂宋學"變古"，但在"變古"問題上，則采漢宋調和論，又引

用紀昀之説,認爲兩者"計得其失,亦復相當"。陳氏指出:

> 經學自漢至宋,是爲一大變革。蓋慶曆以前,多尊章句注疏
> 之學,及劉敞爲《七經小傳》,王安石爲《三經新義》,始異諸儒之
> 説,以己意改經。變先儒淳實之風者,實自敞等始矣。然慶曆之
> 後,諸儒發明經旨,以義理相尚,又非漢儒所可及。

因之,變古并不等於離經叛道。學者當關注的,是新變之下出現的學
説,本身是否爲根柢之言,有無超越前人之處。於此可見陳氏在經學
觀念上,雖然比較傾向今文派的觀點,但對經學歷史發展的理解,則
并未拘囿於今文派的經學史觀,并未概以"近古"爲是,而是以治經
"樸實"與否爲先。

　　就此而言,《經學概論》對明代經學的介紹,便仍襲顧炎武、《四
庫全書總目》、皮錫瑞以來的定見,認定明代爲經學極衰之世,并以
官學系統的《四書五經大全》作爲明代經學的代表。其稍異者,是
陳延傑更強調元、明經學的相承關係,及明人治經不如宋、元人遠
甚的論點。第二十一章"四書五經大全"指出《大全》乃本於元人的
著作,這是由於"研究《四書》者,以元代爲最盛"。不過元代《四書》
研究,多本朱子之説,"於注疏所得甚淺";而明代編纂《大全》更只是
株守元人之説,小有增删。由於顧炎武《日知録》曾考定《大全》乃鈔
襲諸書而成,論者遂多據以作爲明代經學廢弛的證據。而《日知録》
雖曾嚴厲批評明代儒臣"僅取已成之書,鈔謄一過,上欺朝廷,下誑士
子",可是除却慨嘆之辭,對《大全》的不良影響則語焉不詳。於此,陳
延傑指出"剿襲諸書"的不良影響,不只是誠實與否的道德問題,而
是:

> 後來講章浩如烟海,皆是編之爲濫觴。以經學論,誠所謂元
> 不及宋、明又不及元者已。

元、明以來，由於印刷技術成熟，出版市場發達，應舉用書如講章、文範等大量湧現。學者以往多視爲經學之糟粕，但作爲歷史觀察，則亦不失爲一項重要的歷史現象，而具討論價值。可見，陳延傑對《大全》或明代經學的評價雖然不高，却也明白地指出這是"以經學論"的結果。

從《經學概論》對經學傳授與流變的評論中，可注意陳延傑雖仍沿用清代今文經學家的觀點與考證成果，也推崇諸如"疏不破注""專守一家"的治經方法。但對流變的態度則較寬容，并未因"新變"的出現，而抹殺"變古"在闡發聖經上的作用，同時也更傾向從"樸實/虛僞""根柢/衍空"等標準來論定一時代經學之良窳。

### （三）對經學問題的觀點與討論

除了經書及經學史的介紹，《經學概論》亦就經學史上部分較重要的爭議，擘劃專章簡述。如第十一章專門導論《詩序》的爭議，第十五章討論《尚書》今、古文之真偽及篇目問題。另外，在討論經書或經學史議題之際，《經學概論》也偶有針對當中重要的經學問題、經學家的學術，作專題介紹。如第一章對《周易》作者的考辨，第十二章論定讖緯的價值，以及第十三章、第二十章分別討論鄭玄學和朱子學在經學史的意義。以下試就陳延傑在重要經學問題上之討論，簡述其觀點。

1. 《詩序》爭議

關於《詩序》的爭議，《經學概論》集中在三個問題上：《大序》與《小序》之劃分、《詩序》的作者與來源、《詩序》對詩旨的解讀。

首先，陳延傑在皮錫瑞的基礎上，指出對《大序》、《小序》的劃分，歷有四說，包括《經典釋文》、《毛詩正義》、朱子《詩序辨說》、程大昌《考古編》。《詩序》之所以分別大、小，原因是經家普遍相信《詩序》同時存在通論《詩》學和逐篇解義兩種性質相異的內容。但是如何在同一篇《序》文中區分兩者，則人言言殊。其中，最重要的一種說法，便是朱熹在《詩序辨說》中以"詩者志之所之詩之至也爲《大序》"，其餘内容爲《小序》。但陳延傑引崔述《讀風偶識》的批評，認爲《詩序》"句相承，字相接"，全篇"章法井然，首尾完密"，而認爲《詩序》"原無大、小之分"。

於此，陳延傑强調"原無大、小之分"，一方面是要引出《詩序》的作者與來源問題，但更重要是質疑"大、小《序》作者不同"的立論基礎。以往經學家之所以分別大、小《詩序》，是因爲注意到《小序》解讀詩旨的文字，常有"引後代諸書之文"，或"雜取諸家之説而辭不堅決"等情況，反映《小序》很可能并非孔門所傳；而相較之下，《大序》論詩則"詞潔雅正"，"善得風雅之旨"，"有精粹之言"。所以認爲《大序》、《小序》乃雜出衆手，程度不一，因此也不宜將《詩序》的兩種内容、風格等量齊觀。

然而這種基於文字觀察作爲討論《詩序》的前題，結果便是導致《詩序》作者的問題更加複雜紛紜，《經學概論》便指出歷來對《詩序》作者的推測至少有十數種説法，不但莫衷一是，更是"真説《詩》者千古一大疑案"。所以陳延傑提出《詩序》"原無大、小之分"，反對《詩序》雜出多人之手的觀點。同時，陳氏又認同鄭樵、朱熹、崔述的説法，指認《詩序》爲東漢衛宏所作，并藉鄭樵、朱熹、崔述之論，指出《詩序》文辭"平衍淺弱"，多"支蔓之語"，又雜引諸書，缺乏統一性的情況，并非由於其先後出於衆人之手，而是衛宏爲了展示其學説淵博廣泛而造成的結果。

總言之，陳延傑認爲《詩序》既不可能是詩人自作，也不是孔子或子夏等人所作，只是後儒"附經以成其義"的一種創作。而且在詩旨的解讀方面"失詩意甚多"，所以也不是詩人自製：

> 蓋《詩序》之文，旨趣頗相似；若係詩人自制，則三百篇之詩，作者數百人，有出於士大夫，有出於賤隸婦女，其體格文氣，必不至若是之同一也。況《詩序》有不了詩意，文解支離，決非詩人所自作；且序文淺弱，亦不類三代之文，故當以衛宏所作爲近也。

又況齊、魯、韓三家《詩》，其解《詩》意，多與《毛詩序》不合；而《毛
詩序》又好取《左傳》之事以附會之：皆其證也。

對陳延傑而言，由於《詩序》出於後儒之手，其對詩旨的解讀，多存附
會之見，不是孔門真傳，故其價值便及不上今文三家的説解。

2.《尚書》今古文的爭議

《經學概論》於《尚書》，著力討論兩大爭議：今古文之真僞、今古
文篇目之分合。關於今古文真僞，指出今傳《尚書》有五本，即伏生今
文、孔壁文、張霸百兩篇、杜林漆書、梅賾本，認爲五本之中“大抵今文
皆真”，“古文有真有僞”。指出孔穎達《尚書正義》以孔壁文、張霸百
兩篇及梅賾本爲真，而以馬、鄭本（即杜林系統）爲僞的錯誤，前人已
明確辨正。但前人對伏生所傳今文之篇目、今文與僞古文篇目分合
關係，則容易產生混淆。因之《經學概論》首先討論伏生真今文之問
題。

陳延傑説伏生今文本《尚書》舊有二十八篇與二十九篇之説。
《史記》謂伏生“得二十九篇”，孔穎達、王引之《經義述聞》認爲這是兼
《泰誓》而言。陳壽祺《左海經辨》却認爲二十九篇不兼《泰誓》而兼
《書序》。龔自珍《太誓答問》則認爲今文只有二十八篇，既不兼《泰
誓》，也不兼《書序》。陳延傑認同龔自珍説，認爲今文《尚書》不兼《泰
誓》，理由是《泰誓》後出，文體平庸而與周代文體不合，且文中出現
“白魚赤烏”等内容，與緯書相似。

其次，真今文與僞古文之分合關係，《經學概論》分析《尚書正義》
及鄭注本《古文尚書》五十八篇的來源，指出其中“有真有僞”的情況。
概言之，（一）《尚書正義》的所謂五十八篇，是將伏生今文二十八篇
（不含《泰誓》，從二十八篇中分出《舜典》、《益稷》、《盤庚》兩篇，及《康
王之誥》共五篇）分爲三十三篇，另增二十五篇而成。（二）鄭注本之
《古文尚書》，亦作五十八篇，是將伏生今文二十八篇（加上《泰誓》并
分之爲三，增《盤庚》二篇，及《康王之誥》共六篇）分爲三十四篇，另增

二十四篇而成（此增多之二十四篇，實即《漢書・藝文志》所謂"增多
之一十六篇"，因爲《九共》九篇共卷，故二十四篇需除八篇，爲十六之
數）。

　　自清初閻若璩考證今本《古文尚書》爲僞，學者多認同鄭注本之
《古文尚書》爲真古文，而孔穎達《尚書正義》"以僞古文爲真，以鄭注
古文爲僞"則導致真古文失傳、亡佚。因之，清中葉以來，經家漸有輯
佚、復原鄭注本《尚書》之舉。陳延傑對《尚書》今古文真僞問題的叙
述，大抵延續了清代《尚書》學的主流預設，以"辨僞"作爲研究《尚書》
之重要門徑，以探索"真今文"爲目標，從而間接肯定伏生《今文尚書》
的歷史價值。

　　3. 讖緯的經學價值

　　漢代思想受戰國以來陰陽五行學説思想的影響，而有所謂"天人
相與"的思想，并經常與當時的災異現象連結。這種思想也曾在經學
領域中發揮影響。皮錫瑞《經學歷史》便指出：

　　　　漢有一種天人之學，而齊學尤盛，伏傳五行，《公羊春秋》多
　　言災異，皆齊學也。《易》有象數占驗，《禮》有明堂陰陽，不盡齊
　　學，而其旨略同。[1]

陳延傑據此進一步指出西漢時，"《書》有伏生《洪範五行傳》；《詩》有
翼奉言五際六情；《公羊春秋》有董仲舒，多言災異；《易》有京房，明象
數占驗；《禮》有明堂陰陽"。經生通過推災異、引讖説，以附會《六
經》。此風氣到了東漢經師手上，"則更信圖讖，且爲緯作注，馴至以
緯言經"，甚至"《五經》之義，皆以讖決"。

　　就此而言，"讖"與"緯"又有區別，皮錫瑞指出"漢儒增益秘緯，乃

――――――――――

　　① 皮錫瑞：《經學歷史》，收入吳仰湘主編：《皮錫瑞全集》第 6 册，北京：中
華書局，2015 年，頁 35—45。

以讖文牽合經義。其合於經義者近純，其涉於讖文者多駁。故緯純
駁互見，未可一概詆之"①。換言之，"緯"是附經的，而"讖"則否。②
因此，又有以《五經》爲外學，《七緯》爲内學的説法。以緯書内容論定
經義的例子，如據《書緯》定周天爲三百六十五度四分度之一、據《樂
緯》知夏正爲十三月等等。這種解經進路，通常不是文字章句的訓詁
學，而是以古制、天數言經。因此，陳延傑主張把駁雜不純的"讖"，與
附儷經典的"緯"作區別，而認爲：

　　　讖緯之説，未可厚非，蓋讖亦輔緯，緯亦以正經；而儒生稽
古，博士解經，其緯學有可取者焉。

陳氏認爲讖緯解經之所以"未可厚非"，是因爲這種風氣的出現，與漢
武帝獨尊儒術後，經術成爲獲取利禄之途的一種必要手段，方士之間
乘朝廷尊經之利，以讖緯比附經書，藉以抬高解讀經典的權威有關。
可以説，陳延傑對於讖緯問題，除了從經解的需要立論，對時代因素
影響學風也有比較同情的理解。

## 三　《經學概論》與清代經學之關係

　　《經學概論》的編寫，頗有受到清代經學的影響，除了前述以"經
之名義"與"孔子與《六經》的關係"作爲導論經學知識的第一義之外，
更直接的反映是對清人經説的援引之上。
　　《經學概論》全書約六萬餘字，徵引經、史、子書，及學術筆記四十
餘種，其中明確轉引前人經説，及轉引前人徵引之文獻，有百餘處。
其徵引有兩種情況，一是明確引述某家、某書、某説；另一種情況是其

　　① 皮錫瑞：《經學歷史》，收入《皮錫瑞全集》第 6 册，頁 35—45。
　　② 案：據近人指出，讖、緯的區別實未如傳統所説般明顯，既有不附經的
緯，亦有附經的讖，兩者的差異，只在形式之上。見陳槃：《秦漢間之所謂符應論
略》，收入《古讖緯研討及其書録解題》，臺灣編譯館，1991 年。

徵引之史料,或文句,實爲他著所徵引之内容,但没有在書中標示出
來。① 在諸多引述内容中,又以引述皮錫瑞《經學歷史》和《經學通
論》最爲頻繁。而在重要的經學問題上,陳著的觀點,也多與皮錫瑞
等清代今文家相仿。以下試就陳著對皮錫瑞經説的徵引、《經學概
論》對其他清人經説的接受情況,考察《經學概論》的特色。

## (一)《經學概論》對皮錫瑞經學著述的徵引

陳著徵引皮錫瑞著作的觀點,明確可考者達三十七次,當中不乏
大篇幅的引述。其徵引情況,一是以皮錫瑞的主要觀點爲核心,再找
出其他證據加强、説明、"證實"皮錫瑞的觀點。二是直接或間接引用
皮著的文句、段落,或引述他書的内容。三是援引皮錫瑞的討論,再
加以補充。

皮錫瑞《經學歷史·經學開闢時代》認爲"讀孔子所作之經,當知
孔子作《六經》之旨",又言"必以經爲孔子作,始可以言經學;必知孔
子作經以教萬世之旨,始可以言經學"②,强調孔子"作"《六經》的貢
獻。雖然陳延傑没有明確論定孔子"作"過《六經》,但就以"編纂""編
纂之旨"取代"作",并直言"經學開闢時代,斷自孔子,信非過論"。因
此《經學概論》論《六經》源流,便偏重對《六經》作者問題的考辨,并儘
量强調孔子在《六經》成立過程中的作用。

如論"《易》之作者"。經學史上有"《易》歷三聖"的説法,但諸家
對"三聖"所指,多有不同見解:《漢書·藝文志》認爲伏羲畫卦、文王
重卦、孔子作《繫辭》。《周易正義》指出重卦者,歷來又有伏羲説(王
輔嗣)、神農説(鄭衆之徒)、夏禹説(孫盛)、文王説(司馬遷),但孔穎
達認爲伏羲重卦一説最有據。至於《繫辭》作者,《周易正義》又指出
歷有二説:以文王作卦辭、爻辭,或以文王作卦辭、周公作爻辭,而孔

---

① 案:就筆者所見,商務印書館《經學概論》排印最常見之錯誤,是没有正
確地標示出引述範圍,混淆了陳延傑自己的叙述與陳延傑徵引的原書内容。
② 皮錫瑞:《經學歷史》,收入《皮錫瑞全集》第 6 册,頁 1—15。

穎達認爲爻辭多反映文王後事，故主張後一説。陳延傑則援引皮錫瑞《易經通論》，據《史記》、揚雄、王充的説法，乃以伏羲作八卦、文王重卦。至於《繫辭》中的卦辭、爻辭，皆孔子所作，而今之《繫辭》，則實爲《繫辭》之《傳》，爲孔門弟子所作。在此問題上，《經學概論》接受了皮錫瑞的意見，并進一步指出：“《史記・周本紀》不言文王作卦辭，《魯世家》不言周公作爻辭，卦爻辭當爲孔子所作。皮説是也。”不過，皮錫瑞又以爲《彖》《象》《文言》皆爲孔子所作，以作爲卦辭、爻辭的解釋，但陳延傑則表明：“夫《十翼》之説，於古無徵，而《説卦》以下，頗有疑出於僞託。”可見陳氏雖然未必十分認同皮錫瑞的見解，但在没有更多證據之下，仍保留皮氏的觀點。

此外，如論删《詩》問題，《經學概論》言“皮錫瑞亦謂孔子删《詩》是去其重，是《詩》爲孔子所定，而後始列於經也”。論《儀禮》作者，則謂：“皮錫瑞又以《聘禮》與《鄉黨》文合，證《禮經》爲孔子作。”又引皮錫瑞語云“《儀禮》十七篇雖周公之遺，然當時或不止此數而孔子删定，或并不及此數而孔子增補，皆未可知”，陳氏并指出：“皮説并本邵懿辰《禮經通論》，邵氏亦以十七篇爲孔子所定也。”可見對《六經》成立歷程的探討，陳延傑許多觀點，乃本於皮錫瑞强調《六經》皆經孔子之手而後始列於經的主張，又或是在皮氏的基礎上，補充文獻上的證據。

第二，《經學概論》有直接引述皮著的内容，且不乏大篇幅地引述的情況。如論魏晉經學，便大量地引述《經學歷史・經學中衰時代》的内容；論南北朝經學宗尚之不同，也詳細引述《經學分立時代》的分析。同時，也有轉引原爲皮錫瑞著作中引述他書的内容，而没有標示其所從出。如對“鄭學”遍注群經，兼采古、今文的得失，陳延傑便挪用皮錫瑞的行文和徵引。《經學概論》第十三章《鄭學》開首云：

> 漢儒經訓，莫長於鄭玄。蓋當時經有數家，家有數説，章句多者，或乃百餘萬言，學者徒勞而莫知所從。鄭君兼通今古，溝合爲一；於是經生傳授，并專以鄭氏家法。即經學論，可謂小統

一時代。故范蔚宗論之曰："鄭君囊括大典，網羅衆家，删裁繁蕪，刊改漏失，自是學者略知所歸。"洵不誣也。今古文混合，始於鄭玄。

而皮錫瑞《經學歷史・經學中衰時代》原來的行文則爲：

> 范蔚宗論鄭君："括囊大典，網羅衆家，删裁繁蕪，刊改漏失，自是學者略知所歸。"蓋以漢時經有數家，家有數説，學者莫知所從。鄭君兼通今、古文，溝合爲一，於是經生皆從鄭氏，不必更求各家。鄭學之盛在此，漢學之衰亦在此。①

徵引體例不嚴的情況在《經學概論》中甚爲普遍。例如第五章對《禮記》作者的考辨，《經學概論》大幅引用陳壽祺的內容，便是出自皮錫瑞《經學通論》的節引；其論《詩序》的作者問題，《經學概論》依次引述《經典釋文》、《毛詩正義》、朱熹《詩序辨説》、程大昌《考古編》諸文，其內容亦與《經學通論》"論詩序與書序同，有可信，有不可信，今文可信，古文不可盡信"條相當。再如論及《四庫全書總目》對《四書五經大全》的批評，《經學概論》謂：

> 《四庫總目提要》，更加考定，謂《周易大全》，割裂董楷、董真卿、胡一桂、胡炳文四家之書，餖飣成編；《書傳大全》，亦剿襲陳櫟《尚書集傳纂疏》、陳師凱《書蔡傳旁通》；《禮記大全》，采諸儒之説凡四十二家，而以陳澔《集説》爲主，澔書之列於學官，自此書始。

此處節引《總目》的文句，實乃抄録《經學歷史・經學積衰時代》對《總

---

① 皮錫瑞：《經學歷史》，收入《皮錫瑞全集》第 6 册，頁 47—53。

目》的節引内容。可見陳著除了有直接表明皮錫瑞的觀點,也有部分段落是直接承用皮錫瑞的行文和引述。

另外,《經學概論》也有順著皮錫瑞的觀點而進行討論。如論清代考證學之成績,皮錫瑞《經學歷史》曾謂清儒有三大特長,即"輯佚書""精校勘"和"通小學"。陳延傑在其基礎上,而謂:

> 按皮氏説清儒三事極簡核,然尚有可述者。輯佚之學,大抵彙集古義成一書,罔下己見,蓋所謂述而不作者也;故比之爲義疏者,則此不拓充矣。校勘之學,乃校正文字之異同,然往往執古改今,義多短拙,此其失也。文字之學,爲治經之鈐鍵,故清代經師,無不通小學者,其以此名家者亦甚夥。此三者雖非説經之正宗,其有功於群經,固彰彰可考者焉。

輯佚、校勘爲專門之學,小學則是清代經學家普遍精通的學問。清代經學家往往以此自矜,也用作與前代學者治學相區別的標志。雖然,陳延傑認爲三者皆有不足,如輯佚、校勘之學"述而不作""比爲義疏""執古改今",都有專門之失。小學雖爲治經鈐鍵,但本身并不等同説經。對於以闡發孔子思想爲宗旨的經學而言,僅是研究這三種學問不能算是治經正途。不過陳延傑依然十分推崇清代這類實學。而在考證學之下,陳延傑認爲成就最高者,可能是石學。因此,《經學概論》在清代考證學之後,闢劃專章,專門介紹石學發展,以作爲通論經學的終點。其謂:

> 石經之刻,所以勒成文字,定爲一體,以傳示來葉,使學者知古今文字之原,且藉之以校勘譌舛:誠治經者一參驗焉。……考核石經,在唐則有陸德明《釋文》,在宋則有洪适《隸釋》,并輯録石經文字,而大有功於研經者;故清儒考石經最精核,大抵咸由此推衍焉。

雖然,陳氏述石經之學時,其實質内容,仍以引述馮登府、丁晏、萬斯同等人的考證爲主,并無太多個人主見。但由此可知,陳延傑之論經學,其間雖引述不少皮錫瑞的觀點,但當中仍有取捨,或擇其勝處,或檢討其不足,或補充其未及。

## (二)《經學概論》對其他清代經説的徵引

《經學概論》討論經學問題時,也有援引其他清人經説的情況。如在"樂經"的問題上,便采信邵懿辰《禮經通論》"樂本無經"説,以"樂之原,在《詩》三百篇之中;樂之用,在《禮》十七篇之中",認爲"初非別有《樂經》",故"先儒惜《樂經》之亡,不知四術有樂,《六經》無樂。樂亡,非經亡"。陳氏既認同孔子所傳"名六藝,實止《五經》",而又據《漢書・藝文志》云:"漢興,制氏以雅樂嚴律,世在樂官,頗能紀其鏗鏘鼓舞,而不能言其義。"從能否"言義"的角度,否認樂有"經"。邵氏"樂本無經"説,近世論者多以爲是今文經學家之言。[1] 而陳延傑之所以著重"言義"與否,則是基於今文家重視孔子在經書中保留微言大義的認知。

除了今文家的觀點,陳延傑亦有承用非今文家的論點,如對朱熹在經學史上的評價。陳延傑即援引陳澧《東塾讀書記》的觀點,指出朱熹潛心注疏,"學有根柢,頗可以發明古義,開清儒治經一派",《經學概論》遂引述多則《朱子語類》,以揭示朱子解經之途,乃深明漢儒之學云云,惟其所引述之《語類》,皆出自陳澧的節引。至於以《儀禮經傳通解》爲例,則再度援引陳澧的討論,認爲朱子釐析《儀禮》章句的工作,實大有功於清儒。而且,陳延傑對陳澧論朱子之學實開清儒治經一派的觀點頗爲欣賞,《經學概論》指出:

　　　　陳澧又以《通解》之書,有補疏者,有駁疏者,有校勘者,有似

---

　　① 　張西堂:《樂本無經補證》,《經學史講義》,收入《長安學叢書・張西堂卷》,頁 17—18。

> 繪圖者,與近儒經學考訂之書無異。近儒之經學考訂,正是朱子
> 家法也;陳氏亦可謂能發明朱學者矣。後人輒詆毀朱子者,是未
> 讀朱子書也。

以此回應皮錫瑞對鄭學、朱學之所以能成"小統一時代","巍然爲一
代大宗者,非特以學術之閎通,實由制行之高卓"的評價,并未以清代
漢、宋之爭的觀念來看待朱子學的歷史地位。

　　從援引經説的情況來看,《經學概論》引述清代經學家的意見,既
有直接抄録,亦有加以補充。不過,陳延傑對前人成説的補充,就書
中的呈現,多是零散、片斷,且未成系統,而在其徵引的各種經説中,
讀者也不容易辨認出陳氏具體的經學立場。這種現象,自然與其爲
課程講義的性質有關,而從編寫教材立場來看,陳延傑的主要工作,
無疑是基於介紹、梗概,而不是爲了批判,這是《經學概論》與作爲論
著的《經學歷史》最明顯的差異。儘管《經學概論》的確援引不少皮錫
瑞的經學史觀,可是這種徵引,實際上不需要服膺於特定的經學立
場,只需要將預設的議題逐一介紹完畢即可。

## 四　"經學概論"的意義

　　漢代以來的經學傳統,向來以詮釋詁訓、辨識章句爲研治群經的
基礎。章句訓詁之學,是爲了研讀經書原典,探索經文本義而成立。
可以説,經學研究原來就是以經書内容爲其範圍。但是,隨著歷史推
進,經書在流傳過程中,出現了諸如作者問題、傳承斷裂、版本異同等
爭議;而經書文字古奧艱深,也逐漸衍生出各種解説。後人閲讀經書
的内容以前,便不得不先瞭解、甚至借鏡這些爭議和解説,才能更好
地把握經書文義與内容要旨。而當這些爭議、解説發展到某個階段,
不但數量龐雜,内容也日趨繁複,以"通論"的形式簡化、概括這些資
訊即有其必要。陳鐘凡《經學通論·叙旨》便指出:

　　通論之體，離經爲書，實與章句訓詁殊科。昔劉向父子校録三《禮》，於《小戴記·檀弓》、《禮運》諸篇，并題"通論"。後漢洼丹作《易通論》七篇，世號《洼君通》，雖在專門之業，亦得標"通"爲題。若夫群經之綱要，辨章六籍之異同，則并離經別自爲書，如劉向《五經通義》、班固《白虎通義》，皆通論之體所由昉也。①

"離經別自爲書"的優點，是能够提綱挈領，辨章學術。而從陳氏所舉《五經通義》與《白虎通義》的例子，可知"通論"往往具有一家之言的意味。又，陳漢章《經學通論小序》指出：

　　《後漢書·沛王輔傳》："輔作《五經論》，時號之曰《沛王通論》。"《晉書·束晢傳》："晢作《五經通論》。"二《通》俱佚不傳，近儒邵懿辰有《禮經通論》，及皮錫瑞有《易書詩三禮春秋通論》。庶紹前修，不免蹖駁。陳壽祺曰："守一先生之言，而不敢雜。"此經生之分也。總群師之言，稽合同異，而不偏廢，此通儒之識也。②

無論是守一家之言，或是總群師之言而稽合同異，若無明確的"論"，去取便難有標準可循，容易淪爲資料的排列；但是若論説過多，則或導致討論過於支離，失却提綱挈領、辨章學術的原意。陳鐘凡又認爲晚近學校中的講義，實本於宋儒經筵的支蔓之詞：

　　晚近庠序版業，率名講義。稽其造端，昉諸宋儒。王應麟曰："元豐間陸農師在經筵，始進講義。自時厥後，上而經筵，下

---

① 　陳鐘凡：《經學通論》，收入《民國時期經學叢書》第五輯第 2 册，頁 7。
② 　陳漢章：《經學通論》，收入《民國時期經學叢書》第五輯第 1 册，頁 1。
案：原書標題誤植爲"經濟通論小序"，今改正。

　　　　而學校,皆爲支離蔓衍之詞。説者徒以資口耳,聽者不復相問
　　　　難,道愈散而習愈薄矣。"是則講義之作,盛於南宋,本以陳諸經
　　　　筵,非録一先生之言,而爲一切尺籍之大名也。①

王應麟謂"説者徒以資口耳,聽者不復相問難",指出講義的缺點,是
以蔓詞爲資談,不再以經文本義的探討爲中心,脱離了經學以章句訓
詁爲基礎的傳統。這個缺點,在早期講義形式的經學教材中,如王舟
瑶爲京師大學堂編纂《經學科講義》的《通變篇》、《自强篇》,即頗有
"離經言道""離經説教"的意味。實際上如皮錫瑞《經學歷史》雖已有
通史的意味,然亦有"每每不能客觀地記述事實,而好加以主觀的議
論"的問題。② 可是,民國以後的概論性著作,如陳延傑《經學概論》,
出現明確價值判斷或主觀議論的情況已大爲減少,能多從歷史的角
度對爭議性問題予以事實陳述。因此,這種"概論之體",既不是陳鐘
凡所指出的,成一家説的"經學通論",但也不是宋代以來好發議論的
經筵講義。

　　若就這類"經學概論"的内容言,則這類教材實多以群經爲主要
範圍,而附以經學簡史的説明。"經書"與"經學史"本來屬於兩種不
同的知識,例如皮錫瑞的《經學歷史》與《經學通論》便很明白地區别
出兩者,可是在陳延傑的《經學概論》中則被綜合起來。但是,儘管
《經學概論》以群經爲主,但其概論的方向則并非經書内容,而是著重
在經書傳授的歷程和内容的變遷之上,因而又與《十三經概論》、《群
經概論》有所區别。由此看來,這種"經學概論"亦可以説仍是一種廣
義的經學史,或各種經書研究史的概括性説明,或兩者之綜合。

　　從晚清、民國時期發展起來的,以經書爲主體,并以"經""經書"
"經學史"爲知識架構的"經學概論",除了是當時主流的編撰形式,也

---

①　陳鐘凡:《經學通論》,收入《民國時期經學叢書》第 5 輯第 2 册,頁 7—8。
②　周予同:《序言》,《經學歷史》,北京:中華書局,2008 年,頁 11。

持續影響後來其他經學概論的編撰。近年來，民國時期經學的研究方興未艾，學界亦漸有回顧或反省現代大學經學課程的呼聲，不過考察這類教材在民國時期經學教育或研究的意義，則仍有待開展。而通過編寫教材，檢討、反思傳統，將經學轉化爲現代學科知識，不但是教材編撰者用心所在，也是對當時反傳統、反經學、反孔教等呼聲的實質回應。因此，考慮這些經學教材，對吾人了解民國時期的經學的學科發展與學術生態，當有一助。

又，周予同《群經概論》討論"經的定義"時，曾指出經學的學派有四：西漢今文學派、東漢古文學派、宋學派、新史學派。其中，對"經的定義"，宋學派及新史學派不甚注意，但是西漢今文學派與東漢古文學派却各有主張，而且在清代漢學家之間有過非常激烈的爭辯。由此或可推測，無論是以"經的名義"及"孔子與《六經》之關係"作爲導論經學的總綱，或是參考清代經學家既有的討論成果，以及重視客觀證據的陳列、比對、分析、批評的研究方法，都是反映出這些"經學概論"類教材的確深受清代經學發展的影響。但亦不妨說，這類教材所呈現出的"共性"，也只是受清代漢學思潮影響下"經學概論"的其中一種寫法。相同議題、研究方法在宋學派、新史學派，或其他學派的經學觀念下，其重要性和必要性便極有可能大打折扣，也大有重寫、改寫的空間。

# 整理説明

一、陳延傑《經學概論》原書於 1930 年由上海商務印書館出版。是次整理,仍以上海商務版爲據。

二、原書采豎排直式,附新式標點。是次整理,按目前使用規範,重新標點,并核對引文範圍。其援引經説、史料、他人論著等,則以附注的方式,標示書目、篇名、卷次,以供讀者參考。

三、原書徵引他書内容,或有删節、誤記等情況,除非嚴重譌誤,一律不出校。又,陳氏自注,原書均在正文内以小字兩行排列。是次整理,注文仍置原文之中。

四、是次整理,主要參考用書:《十三經注疏》,據阮元《重刊宋本十三經注疏附校勘記》影印清嘉慶二十年江西南昌府學本,臺北:藝文印書館,1989 年。《二十四史》,據北京中華書局點校本,1997 年。皮錫瑞《經學歷史》《經學通論》,據吳仰湘編《皮錫瑞全集》,北京:中華書局,2015 年。阮元編《皇清經解》、王先謙編《皇清經解續編》,據臺北復興書局影印本,1972 年。其他參考書目有:

《詩集傳》,朱熹撰,影印宋刻本,臺北:藝文印書館,2006 年。

《經問》,毛奇齡撰,影印文淵閣《四庫全書》本,臺北:臺灣商務印書館,1986 年。

《經義考》,朱彝尊撰,影印文淵閣《四庫全書》本,臺北:臺灣商務印書館,1986 年。

《群經説》,黄以周撰,清光緒二十年南菁講舍刻本。

《説文解字注》,許慎撰,段玉裁注,經韻樓本。

《歷代石經研究資料輯刊》，賈貴榮輯，北京：北京圖書館出版社，2005 年。

《七略別録佚文・七略佚文》，劉向、劉歆撰，姚振宗輯録，鄧駿捷校補，上海：上海古籍出版社，2008 年。

《史通》，劉知幾撰，《四部叢刊》影印明萬曆刊本。

《直齋書録解題》，晁公武撰，影印文淵閣《四庫全書》本，臺北：臺灣商務印書館，1986 年。

《文獻通考》，馬端臨撰，清浙江書局本。

《資治通鑒》，司馬光編，胡三省注，北京：中華書局，1956 年。

《韓非子》，韓非撰，《四部叢刊》影印宋鈔校本。

《揚子法言》，揚雄撰，《四部叢刊》影印宋本。

《容齋隨筆》，洪邁撰，清修明崇禎馬調元刻本。

《困學紀聞》，王應麟撰，《四部叢刊三編》影印元刊本，臺北：臺灣商務印書館，1966 年。

《玉海》，王應麟撰，影印文淵閣《四庫全書》本，臺北：臺灣商務印書館，1986 年。

《省軒考古類編》，柴紹炳撰，影印清刻本，臺北：新興書局，1970 年。

《鮚埼亭集》，全祖望撰，《四部叢刊》影印姚江借樹山房本。

《湖樓筆談》，俞樾撰，清光緒二十五年《春在堂全書》本。

《癸巳存稿》，俞正燮撰，清《連筠簃叢書》本。

《劉申叔遺書》，劉師培撰，寧武南氏校印本。

# 第一章　五經原始

　　《説文》："經，織從絲也。"①推經之意，本與緯并稱，今借爲載籍之名者，蓋以簡册涣散，須從編連之者也。《史記》云："孔子讀《易》，韋編三絶。"②許慎説："册，象其札一長一短，中有二編之形。"③亦以連編諸簡，始名爲册也。《南史·王僧虔傳》："有盗發楚王家，獲竹簡書青絲編。"④則編册用韋，連綴用絲，故借從絲之名爲典籍之號。漢儒經訓爲常道，乃引申之義，而非經之本意也。經之數，説者不一：有以《禮》、《樂》、《詩》、《書》、《易》、《春秋》爲六藝者；有以爲《樂經》既亡，止有五經者；清邵懿辰則謂樂本無經，實止五經，辨之頗詳核，今從之。兹述五經述作之淵原，庶得其梗概云耳。

## 一　易之作者及其名義

　　《漢書·藝文志序》云："《易》曰：'宓戲氏仰觀象於天，俯觀法於地，觀鳥獸之文，與地之宜，近取諸身，遠取諸物；於是始作八卦，以通

---

　　①　許慎撰，段玉裁注：《説文解字注》，十三篇上，糸部。
　　②　司馬遷撰，裴駰集解，司馬貞索隱，張守節正義：《史記三家注》，卷四十七，孔子世家第十七。
　　③　許慎撰，段玉裁注：《説文解字注》，二篇下，册部。
　　④　李延壽：《南史》，卷二十二，列傳第十二王僧虔。案：此段原文爲"文惠太子鎮雍州，有盗發古冢者，相傳云是楚王冢，大獲寶物：玉履、玉屏風、行簡書、青絲編。簡廣數分，長二尺，皮節如新。有得十餘簡以示僧虔，云是科斗書《考工記》、《周官》所闕文也。"

神明之德，以類萬物之情。'至於殷、周之際，紂在上位，逆天暴物；文王以諸侯順命而行道，天人之占可得而效；於是重《易》六爻，作上下篇。孔氏爲《彖》、《象》、《繫辭》、《文言》、《序卦》之屬十篇。故曰易道深矣，人更三聖，世歷三古。"①推班氏之説，蓋畫卦者伏羲；重卦文王；繫辭者孔子也，此最爲可據。先儒論重卦之人不一。《周易正義・第二論重卦之人》曰："重卦之人，諸儒不同，凡有四説：王輔嗣等以爲伏羲重卦；鄭玄之徒，以爲神農重卦；孫盛以爲夏禹重卦；史遷等以爲文王重卦。其言夏禹及文王重卦者，案《繫辭》，神農之時，已有蓋取益與噬嗑，以此論之，不攻自破。其言神農重卦，亦未爲得。今以諸文驗之，按《説卦》云：'昔者聖人之作《易》也，幽贊於神明而生蓍。'凡言作者，創造之謂也；神農以後，便是述修，不可謂之作也；則幽贊用蓍，謂伏羲矣。"②孔穎達以爲伏羲重卦，蓋從王輔嗣説焉。皮錫瑞以此説爲太泥，力駁之，引"《周本紀》曰：'西伯蓋即位五十年，其囚羑里，蓋益《易》之八卦爲六十四卦。'《日者傳》曰：'伏羲作八卦，周文王演三百八十四爻，而天下治。'《正義》謂史遷'以爲文王重卦'，其説甚明"。又引"《揚子法言・問神篇》曰：'《易》始八卦，而文王六十四，其益可知也。'引《漢志》説，見前。《論衡・對作篇》曰：'《易》言伏羲作八卦。前是未有八卦，伏羲造之，故曰作也。文王圖八，自演爲六十四，故曰演。'是謂文王重卦者，非獨史遷，更有揚雄、王充"③。按皮氏所引衆説甚確，當從之。

又論卦爻辭爲誰作，亦無明據。"《周易正義・第四論卦辭爻辭誰作》曰：其《周易繫辭》，凡有二説：一説，所以卦辭、爻辭并是文王所作者。按《繫辭》云：'《易》之興也，其於中古乎？作《易》者，其有憂患

①　班固撰，顔師古注：《漢書》，卷三十，藝文志第十。
②　王弼注，孔穎達疏：《周易注疏》，卷一，第二論重卦之人。
③　皮錫瑞：《經學通論・易經》，"論重卦之人當從史遷、揚雄、班固、王充，以爲文王"條。案："周文王演三百八十四爻"，"爻"原誤作"卦"；"故曰演"，"演"原誤爲"衍"，據《經學通論》改。

乎？'又曰：'《易》之興也，其當殷之末世，周之盛德耶？當文王與紂之事耶？'又《乾鑿度》云：'垂皇策者羲，卦道演德者文，成命者孔。'準此諸文，伏羲制卦，文王繫辭，作《十翼》，'《易》歷三聖'，只謂此也。故史遷云'文王囚而演《易》'即是作者其有憂患乎。鄭學之徒，并依此説也。二以爲驗爻辭多是文王後事。案《升卦》六四：'王用亨於岐山。'武王克殷之後，始追號文王爲王；若爻辭是文王所制，不應云'王用亨於岐山'。又《明夷》六五：'箕子之明夷。'武王觀兵之後，箕子始被囚奴，文王不宜預言箕子之明夷。又《既濟》九五：'東鄰殺牛，不如西鄰之禴祭。'説者皆云'西鄰'謂文王，'東鄰'謂紂。文王之時，紂尚南面，豈容自言己德，受福勝殷，又欲抗君之國，遂言東西相鄰而已？又《左傳》韓宣子適魯，見《易·象》云：'吾乃知周公之德。'周公被流言之謗，亦得爲憂患也。驗此諸説，以爲卦辭文王，爻辭周公。馬融、陸績等并同此説。今依而用之，所以只言三聖、不數周公者，以父統子業故也。"①《左傳正義》説同。鄭衆、賈逵，或以爲卦下之象辭，文王所作；爻下之象辭，周公所作。皮錫瑞斷此二説皆非是云："卦、爻分畫於羲、文，而卦、爻之辭皆出於孔子。如此，則與'《易》歷三聖'之文不背。'箕子''岐山''東鄰''西鄰'之類，自孔子言之亦無妨。以爲周公作爻辭，又與《易》歷之三聖不合。《孔疏》以爲父統子業，殊屬强辭。韓宣適魯，單文孤證，未可作據。韓宣亦未明説周公作爻辭也。"詳見皮錫瑞《易經通論》②。按《史記·周本紀》不言文王作卦辭；《魯世家》不言周公作爻辭；卦爻辭當爲孔子所作。皮説是也。

　　皮氏又以《繫辭》，即卦辭、爻辭，乃孔子所作。今之《繫辭》，乃《繫辭》之傳，孔子弟子所作。《繫辭》明有"子曰"，必非出自孔子手筆。《史記·太史公自序》引《繫辭》之義爲《易大傳》，是其明證。按鄭樵《六經奧論》，以《繫辭傳》爲《易大傳》，正本《史記》，皮氏又從鄭

---

　　①②　皮錫瑞：《經學通論·易經》，"論卦辭文王作、爻辭周公作皆無明據，當爲孔子所作"條。

説也。至於《彖》、《象》、《文言》，皮氏又以爲孔子作，以解卦辭、爻辭也。若夫《十翼》之説，於古無徵，而《説卦》以下，頗有疑出僞託者。歐陽修《易童子問》，專言《繫辭》、《文言》、《説卦》而下，皆非聖人之作。程迥《古易考》序《雜卦》以爲非聖人之言。戴震云：“昔儒相傳《説卦》三篇，與今文《大誓》同後出。《説卦》分爲《序卦》、《雜卦》，故三篇同指，不類孔子之言。或經師所記孔門餘論，或別有所傳述，博士集而讀之，遂一歸孔子，謂之《十翼》矣。”是先儒皆疑《説卦》三篇，爲非孔子作焉。説并詳《易經通論》①。

　　先儒論《易》有三義：易也，變易也，不易也。俞樾説：“《繫辭傳》云：‘《易》之爲書也，不可遠；爲道也，屢遷。’然則《易》之名義，取自變易。《釋名・釋典藝》云：‘易一言而含三義：所謂易也，變易也，不易也。’鄭康成依此義作《易贊》及《易論》云：‘易簡，一也；變易，二也；不易，三也。’推尋其義，殊不可通。《繫辭》云：‘夫乾，確然示人易矣；夫坤，隤然示人簡矣。’是簡易之德，分屬乾坤。《易》有乾坤，應題易簡；去簡著易，於義何居？若夫天尊地卑，乾坤有定，不易之義，亦有可言。然義取不易，而書則名《易》，翩其反而，抑何悠謬！若如斯言，則吉爲不吉，凶爲不凶。故易簡之説，或者以乾包坤；不易之説，實乃有白爲黑。鄭君信《緯》，遵用其義；孔氏《正義》，列之首篇；支離之談，所未敢徇。”②俞氏正易之名，只取變易，而駁易與不易二名，其説是矣。案《繫辭傳》云：“易窮則變，變則通，通則久。”又云：“爲道也屢遷，變動不居，周流六虛，上下無常，剛柔相易，不可爲典要，唯變所適。”③此皆變易之證也。孔穎達《正義》云：“夫易者，變化之總名，改換之殊稱。自天地開闢，陰陽運行，寒暑迭來，日月更出，孚萌庶類，亭毒群品，新新不停，生生相續，莫非資變化之力，換代之功；然變化

　　①　皮錫瑞：《經學通論・易經》，“論卦辭、爻辭即是繫辭，《十翼》之説於古無徵”條。

　　②　俞樾：《湖樓筆談》，卷一。

　　③　王弼注，孔穎達疏：《周易注疏》，卷八，繫辭下。

運行,在陰陽二氣;故聖人初畫八卦,設剛柔兩畫,象二氣也;布以三位,象三才也;謂之爲易,取變化之義。"①此變易之名,可謂確矣。

　孔穎達論三代《易》名曰:"案《周禮》太卜三易云:'一曰《連山》,二曰《歸藏》,三曰《周易》。'杜子春云:'《連山》,伏羲;《歸藏》,黃帝。'鄭玄《易贊》及《易論》云:'夏曰《連山》,殷曰《歸藏》,周曰《周易》。'鄭玄又釋云:'《連山》者,象山之出雲,連連不絕;《歸藏》者,萬物莫不歸藏於中;《周易》者,言易道周普,無所不備。'鄭玄雖有此説,更無所據之文。案《世譜》等群書:神農一曰連山氏,亦曰烈山氏;黃帝亦曰歸藏氏。既連山歸藏,并是代號;則《周易》稱周,取岐陽地名。《毛詩》云'周原膴膴'是也。又文王作《易》之時,正在羑里;周德未興,猶是殷世也,故題周別於殷。以此文王所演,故謂之《周易》,其猶《周書》《周禮》,題周以別餘代。故《易緯》云'因代以題周'是也。"②孔氏之説,蓋主以周爲代名也。然賈公彦則非之。《周禮》太卜疏云:"《連山易》,以純艮爲首,艮爲山,山上山下,是名《連山》。《歸藏易》,以純坤爲首,坤爲地,萬物莫不歸而藏於中,故曰《歸藏》。鄭雖不解《周易》,其名《周易》者,《連山》、《歸藏》,皆不言地號,以義名《易》,則周非地號;以《周易》有純乾爲首,乾爲天,天能周匝於四時,故名《易》爲周也。"③按鄭玄、賈公彦,并謂《易》題周者,非指周代之名,乃是普遍之義,其説甚是。《易大傳》所謂周流,所謂相易者,可互證焉。黃以周《群經説》,亦辨證之曰:"《周易》之名,始於文王,非周革商之後,以周號代,乃以周名《易》也。謂《周易》題周,以別餘代,亦未可信。《書》有《唐書》、《虞書》、《夏書》,《禮》有夏禮、殷禮;曰《周書》,曰《周禮》,固以別餘代也。若夫《連山》、《歸藏》,古書本不名《易》;夏曰《連山》,商曰《歸藏》,亦不名《夏易》、《商易》,是亦何待題周以別之乎? 郭白

①　王弼注,孔穎達疏:《周易注疏》,卷一,第一論易之三名。
②　王弼注,孔穎達疏:《周易注疏》,卷一,第三論三代易名。
③　鄭玄注,賈公彦疏:《周禮注疏》,卷二十四。

雲曰：‘文王重卦，《易》之名出焉。夏《連山》，商《歸藏》，而不曰夏、商《易》者，時未有《易》之名故也。’顧亭林曰：‘一曰《連山》，二曰《歸藏》，非《易》也；而云三《易》者，後人因《易》之名而名之也。猶《墨子》書言周《春秋》、燕《春秋》、宋《春秋》、齊《春秋》，周、燕、齊、宋之史，未必皆《春秋》也；而云《春秋》者，因魯史之名而名之也。是則《周易》稱《易》，非襲舊名，而《周易》稱周，亦非別餘代也。’”①此辨周非地號，說甚明確，足破孔氏之惑矣。

## 二　書

《書》者，古之號令，所以宣王道之正義，發話言於臣下；故其所載，皆典謨訓誥誓命之文。蓋古者，右史記言，左史記事，《書》實記言也。王肅曰：“上所言，下爲史所書，故曰《尚書》也。”②以此推之，《書》之所起遠矣。然《書》非一代之作，尤非一人之作；蓋出自史官者多，而姓名多不傳矣。

虞、夏、商、周四代之書，存於今者：虞、夏《書》有《堯典》、《皋陶謨》、《禹貢》、《甘誓》四篇，《商書》有《湯誓》、《盤庚》、《高宗肜日》、《西伯戡黎》、《微子》五篇，《周書》有《牧誓》、《洪範》、《金縢》、《大誥》、《康誥》、《酒誥》、《梓材》、《召誥》、《洛誥》、《多士》、《無逸》、《君奭》、《多方》、《立政》、《顧命》、《康王之誥》、《費誓》、《呂刑》、《文侯之命》、《泰誓》二十篇。虞、夏《書》無作者名氏，概爲史官作焉。《商書》則有明著撰人者，若伊尹作《伊訓》、《肆命》、《徂后》、《太甲》、《咸有一德》，仲虺作誥，咎單作《明居》、《沃丁》，伊陟作《咸乂》、《太戊》、《原命》，微子作誥，箕子作《洪範》是。《周書》則周公、召公、芮伯、榮伯，其錚錚者也。周公作《牧誓》、《金縢》、《大誥》、《微子之命》、《歸禾》、《嘉禾》、《多士》、《無逸》、《立政》、《周官》，召公作《旅獒》、《君奭》，芮伯作《旅巢命》，榮

---

① 黃以周：《群經說》，鄭解周易字義上。
② 題孔安國傳，孔穎達疏：《尚書注疏》，卷一，尚書序。

伯作《賄肅慎之命》；此《尚書》作者之可考也。

## 三　詩及其六義

《詩大序》云：“《詩》者，志之所之也。在心爲志，發言爲詩。情動於中而形於言，言之不足，故嗟嘆之，嗟嘆之不足，故永歌之，永歌之不足，不知手之舞之，足之蹈之也。”①蓋人稟七情，不能無所感，情動於中，則歌詠外發，此自然之理也。雖上皇之世，載籍蔑云；而稟氣懷靈，理無或異。故詩歌之興，宜自生民始也。《漢書·食貨志》曰：“男女有不得所者，因相與歌詠，各言其傷。春秋之月，群居者將散，行人振木鐸，徇於路以采詩，獻之太師，比其音律，以聞於天子。”②按歌詠其聲，各言其傷，即所謂詩言志者；而古有采詩之官，王者所以觀風俗，知得失也；於以知《詩》三百篇，蓋太師所采矣。

《史記·太史公自序》云：“《詩》三百篇，大抵皆聖賢發憤之所作。”③今考之《詩序》，作者名氏，多湮沒不傳。唯有足徵者：劉向《列女傳》以《芣苢》爲蔡人妻作，《汝墳》爲周南大夫妻作，《行露》爲召南申女作，《邶·柏舟》爲衛夫人作，《碩人》爲莊姜傅母作，《燕燕》爲定姜送婦作，《式微》爲黎莊夫人及傅母作，《載馳》爲許穆夫人作，向世傳《魯詩》，所説當不誣也。至於《嵩高》、《烝民》、《韓奕》、《江漢》，皆申吉甫作，此則徵之於《詩》者也。若《周頌》，毛鄭著説，定以頌爲成王之時，周公所作；朱子駁之，姚際恒亦以爲頌有武王時作者，有在昭王時作者，不可拘也。而《魯頌》爲奚斯作，《商頌》爲正考父作，信確而有據。揚子《法言》曰：“正考父嘗晞尹吉甫矣，公子希斯，嘗晞正考

---

①　題毛亨傳，鄭玄箋，孔穎達疏：《毛詩注疏》，卷一之一。

②　班固撰，顏師古注：《漢書》，卷二十四上，食貨志第四上。

③　司馬遷撰，裴駰集解，司馬貞索隱，張守節正義：《史記三家注》，卷一百三十，太史公自序第七十。

父矣。"①《後漢書·曹襃傳》曰:"昔奚斯贊魯,考父詠殷。"②《綏民校尉熊君碑》曰:"昔周文公作頌,宋正考父公子奚斯,追羨遺迹,紀述前勳。"③《曹襃傳》注引《韓詩章句》曰:"奚斯,魯公子也。言其新廟,弈弈然盛。是詩,公子奚斯所作也。正考父,孔子之先也,作《商頌》十二篇。"④是奚斯作《魯頌》,正考父作《商頌》,義本《韓詩》,可徵也。

《周禮》太師教六詩:曰風,曰賦,曰比,曰興,曰雅,曰頌。《詩序》據其説,謂詩有六義。《孔疏》曰:"《風》、《雅》、《頌》者,詩篇之異體;賦、比、興者,詩之異辭耳。大小不同,而得并爲六義者,賦、比、興,是詩之所用;風、雅、頌,是詩之成形;因彼三事,成此三事,是固同稱爲義,非別有篇卷也。《鄭志》:張逸問:'何詩近於比賦興?'答曰:'吳札觀詩,已不歌也。孔子録詩,已合風雅頌中,難復摘別,篇中義多興。'"⑤此謂賦、比、興,各有篇什,特孔子聲雜次第而不可考耳。後世多以賦、比、興者,直是文辭之異,無復知其爲篇卷之別矣。

《詩大序》言風、雅、頌之別者曰:"是以一國之事,繫一人之本,謂之風;言天下之事,行四方之風,謂之雅。雅者,正也;言王政之所由廢興也。頌者,美盛德之形容,以其成功告於神明者也。"⑥此辨三者體異之意。朱子《詩經集傳序》曰:"凡詩之所謂風者,多出於里巷歌謠之作,所謂男女相與詠歌,各言其情者也。若夫雅、頌之篇,則皆成周之世,朝廷郊廟樂歌之詞,其語和而莊,其文寬而密,其作者往往聖人之徒,固所以爲萬世法程而不可易者也。"⑦此謂風與雅區域不同,亦頗至當焉。

先儒解釋賦、比、興,亦有衆説:鄭玄《周官·太師》注曰:"賦之言

---

①　揚雄:《法言》,卷一,學行。
②　范曄撰,李賢等注:《後漢書》,卷三十五,張曹鄭列傳第二十五。
③　《綏民校尉熊君碑》,參見洪适:《隸釋》,卷十一。
④　范曄撰,李賢等注:《後漢書》,卷三十五,張曹鄭列傳第二十五。
⑤⑥　題毛亨傳,鄭玄箋,孔穎達疏:《毛詩注疏》,卷一。
⑦　朱熹:《詩集傳》,詩集傳序。

鋪，直鋪陳今之政教善惡。比見今之失，不敢斥言，取比類以言之。興見今之美嫌於媚諛，取善事以喻勸之。"又引鄭司農云："比者，比方於物；興者，託事於物。"①王應麟引李仲蒙之説曰："叙物以言情謂之賦；索物以記事謂之比；觸物以起情謂之興。"②朱子《詩集傳》："興者，先言他物，以引起所詠之詞也。賦者，敷陳其事而直言之者也。比者，以彼物比此物也。"③綜覽諸家之説，明賦尚直陳，比重喻志，興則取譬以寄諷。特比賦易辨，興較難知；故毛公述傳，獨標興體，爲其理隱故也。

## 四　禮

《漢志》云："《易》曰：有夫婦父子君臣上下，禮義有所錯。"是禮起於人倫尚矣。又云："帝王質文，世有損益。至周，曲爲之防，事爲之制。故曰《禮經》三百，威儀三千。"韋昭曰："《周禮》三百六十官也，三百，舉成數也。"臣瓚曰："謂冠、婚、吉、凶。《周禮》三百，是官名也。"師古曰："《禮經》三百，韋説是也。威儀三千，乃謂冠、婚、吉、凶，蓋《儀禮》是也。"④按韋以《周官》爲《禮經》，顏以《儀禮》爲威儀，皆非也。獨臣瓚注《漢志》，以《禮經》爲《儀禮》，非《周官》，不誤。皮錫瑞説："《周官》言官制，不專言禮，不得爲《儀禮》之綱。《儀禮》專言禮，古稱《禮經》，不當爲《周官》之目。"⑤蓋又申臣瓚之言也。

《周禮》、《儀禮》，先儒以爲并出周公，乃攝政太平之書，然非確論焉。《周禮》出山巖屋壁間。林孝存以爲武帝知《周官》末世瀆亂不經之書；何休亦以爲六國陰謀之書。獨劉歆稱爲周公致太平之迹，鄭玄

---

①　鄭玄注，賈公彦疏：《周禮注疏》，卷二十三。
②　王應麟：《困學紀聞》，卷三。
③　朱熹：《詩集傳》，卷一。
④　班固撰，顏師古注：《漢書》，卷三十，藝文志第十。
⑤　皮錫瑞：《經學通論·三禮》，"論鄭注《禮器》以《周禮》爲'經禮'、《儀禮》爲'曲儀'有誤，臣瓚注《漢志》不誤"條。

則曰"周公復辟後，以此授成王"①。後儒遂以《周禮》起於成帝、劉歆，而成於鄭玄焉。余按《周禮》比他經最後出，謂周公作者固非，謂劉歆作者亦非；何休以爲出於六國時人，當得其實。毛奇齡《周禮問》曰："《周禮》自非聖經，不特非周公所作，且并非孔、孟以前之書，蓋出於周、秦間。"力辨非歆所能僞作。又引"《藝文志》於《樂經》云：'六國之君，魏文侯最好古，孝文時，得樂人竇公，上獻其書，乃《周官·大宗伯》之大司樂章也。'則在六國魏文侯時，已有此書，其爲戰國、春秋間人所作無疑"②。毛氏此説，極持平之論。皮錫瑞《三禮通論》云："自漢至今，於《周禮》一書，疑信各半。《周禮》體大物博，即非周公手筆，而能作此書者自是大才，亦必掇拾成周典禮之遺，非儘憑空撰造，其中即或有劉歆增竄，亦非歆所能獨辦也。惟其書是一家之學，似是戰國時有志之士，據周舊典，參以己意，定爲一代之制，以俟後王舉行之者，蓋即《春秋》素王改制之旨。故其封國之大，設官之多，與各經不相通。"③此本毛説而推廣之者也。

　　《儀禮》古但名《禮》，漢以來始稱《禮經》。古人以《禮》、《樂》、《詩》、《書》，與《易》并言之者，《儀禮》是也。有以爲周公作者，有以孔子作者。朱子《語録》曰："《儀禮》，不是古人預作一書如此。初間只是以文起，漸漸相襲，行的好，只管巧，至於情文極細密極周緻處，聖人見此意思好，故録成書。"④是知《禮》十七篇，疑蓋原於周公，定於孔子也。皮錫瑞又以《聘禮》與《鄉黨》文合，證《禮經》爲孔子作。見《三禮通論》。

―――――――――

① 　見晁公武：《郡齋讀書志》，卷二，新經周禮義。
② 　毛奇齡：《周禮問》，卷一。
③ 　皮錫瑞：《經學通論·三禮》，"論《周禮》在周時初未舉行，亦難行於後世"條。案："成周典禮"，原書作"成周《曲禮》"，據《經學通論》改。
④ 　黎靖德編：《朱子語類》，卷八十五，禮二，儀禮總論。

## 五　春秋

　　劉知幾《史通・六家篇》云："案《汲冢瑣語》記太丁時事，目爲夏、殷《春秋》。知《春秋》始作，與《尚書》同時。《瑣語》又有《晉春秋》，記獻公十七年事。"①蓋《春秋》之作，遠在上世，特不過爲《史記》之通名耳。暨孔子因史文次《春秋》，又加筆削，於是《春秋》始大著。《史記・孔子世家》："子曰：'弗乎弗乎，君子疾没世而名不稱焉。吾道不行矣，吾以何自見於後世哉？'乃因史記作《春秋》，上自隱公，下訖哀公十四年，十二公。據魯，親周，故殷，運之三代。約其文辭而指博。故吳、楚之君自稱王，而《春秋》貶之曰子；踐土之會實召周天子，而《春秋》諱之曰天王狩於河陽：推此類以繩當世貶損之義。後有王者，舉而開之。《春秋》之義行，則天下亂臣賊子懼焉。孔子在位聽訟，文辭有可與人共者，弗獨有也。至於爲《春秋》，筆則筆，削則削，子夏之徒不能贊一詞。弟子受《春秋》，孔子曰：後世知丘者以《春秋》，而罪丘者亦以《春秋》。"②史遷説孔子作《春秋》，殊悲惋扼惜，似探底蕴焉。在昔孟子稱孔子作《春秋》，比之禹抑洪水，周公兼夷狄，其功大矣。或有以孔子所作之《春秋》，本周公凡例，且不信一字褒貶，概以爲闕文疑義；是不知孔子者也。

## 附　樂本無經

　　古者，《詩》、《書》、《禮》、《樂》并稱，故班固著之六藝，以爲經籍之首。殊不知樂不可言經也。《藝文志》云："漢興，制氏以雅樂聲律，世在樂官，頗能紀其鏗鏘鼓舞，而不能言其義。"③蓋實無經焉。邵懿辰《禮經通論》曰："樂本無經也。詩言志，歌詠言，聲依永，律和聲；故

---

　　①　劉知幾：《史通》，卷一，六家篇。

　　②　司馬遷撰，裴駰集解，司馬貞索隱，張守節正義：《史記三家注》，卷四十七，孔子世家第十七。

　　③　班固撰，顏師古注：《漢書》，卷三十，藝文志第十。

曰,詩爲樂心,聲爲樂體。夫聲之鏗鏘鼓舞,不可以言傳也;可以言傳,則如制氏等之琴調曲譜而已。樂之原,在詩三百篇之中,樂之用,在禮十七篇之中;故曰,興於詩,立於禮,成於樂。子所雅言,《詩》、《書》執《禮》,不言樂也。夫大夫而聲樂皆具,非禮也。魏絳受賜,始備金石,宮縣、軒縣、判縣、特縣,各有等殺,而學者之學樂及舞,必於其官。大樂正、小樂正、大胥、小胥、大師、籥師、及丞,分而教之,所謂樂正司業也。父師司成,則論説其義理,而非樂工之所知也。君子安弦操縵,私家具琴而已;習禮與樂,必在鄉飲射時焉。工歌《鹿鳴》之三,以賓興賢能之士,所謂宵雅肄三,官其始也。合鄉樂《周南》、《召南》,則所謂《關雎》之亂,洋洋盈耳。鄉樂邦國樂,當世通習;而雅頌之用於朝廷宗廟者,稀曠不習,故或至失所。而孔子返魯而正之,則《文王》之三,《清廟》之三等,亦各識職而不相瀆亂矣。故欲知樂之大原,觀三百篇而可;欲知樂之大用,觀十七篇而可;而初非別有《樂經》也。竇公所爲獻其書,乃《周官》大司樂章者,固不得與《禮經》比并。而漢代陽成子長之所爲,則更掇拾形器之粗迹,而不足以爲經矣。先儒惜《樂經》之亡,不知四術有樂,六經無樂;樂亡,非經亡也。周、秦間,六經六藝之亡,特自四術,加以《易》、《春秋》而名之耳。"①邵氏辨樂無經,蓋寓乎《詩》與《禮》之中,其體在《詩》,其用在《禮》。名六藝,實止五經,洵不誣也。

①　邵懿辰:《禮經通論》,論樂本無經。

# 第二章　孔子之編纂

　　孔子編纂五經及樂之旨，見於《史記・孔子世家》云："孔子之時，周室微而禮樂廢，《詩》、《書》缺，追述三代之禮，序《書傳》，上紀唐虞之際，下至秦繆，編次其事曰：'夏禮，吾能言之，杞不足徵也；殷禮，吾能言之，宋不足徵也；足，則吾能徵之矣。'觀殷夏所損益，曰：'後雖百世可知也。以一文一質，周監二代，郁郁乎文哉，吾從周。'故《書傳》、《禮記》自孔氏。孔子語魯太師：'樂其可知也：始作，翕如；縱之，純如，皦如，繹如也，以成。''吾自衛反魯，然後樂正，《雅》、《頌》各得其所。'古者詩三千餘篇，及至孔子，去其重，取可施於禮義。上采契、后稷，中述殷、周之盛，至幽、厲之缺。始於衽席，故曰《關雎》之亂，以爲《風》始，《鹿鳴》爲《小雅》始，《文王》爲《大雅》始，《清廟》爲《頌》始。三百五篇，孔子皆絃歌之，以求合《韶》、《武》、《雅》、《頌》之音。禮樂自此可得而述，以備王道，成六藝。孔子晚而喜《易》，序《彖》、《繫》、《象》、《說卦》、《文言》，讀《易》，韋編三絕。曰：'假我數年，若是，我於《易》則彬彬矣。'"①據此，則經學開闢時代，斷自孔子，信非過論也。茲更分述之。

　　《易》自伏羲畫卦，文王重卦，止有畫而無辭，僅以爲卜筮之書而已。及孔子作卦爻辭、彖、象、文言，闡發義、文之旨，而後《易》始列於經，不僅爲占筮之用已也。《漢書・儒林傳》曰："孔子晚而好《易》，讀

─────────────────

　　①　司馬遷撰，裴駰集解，司馬貞索隱，張守節正義：《史記三家注》，卷四十七，孔子世家第十七。

之韋編三絕，而爲之傳。"①皮錫瑞説："《漢書》誤以孔子所作爲傳，與
《史記》之説大異。不知孔子以前，不得有經也。"②其説甚是。

《漢書・藝文志》云："《書》之所起遠矣，至孔子纂焉，上斷於堯，
下訖於秦，凡百篇，而爲之序，言其作意。"③《儒林傳》云："孔子衎七
十餘君，自衛反魯，究觀古今篇籍，於是叙《書》則斷《堯典》。"④劉歆
《移博士書》説亦同。是西漢馬、班，皆以《書叙》爲孔子所作也。馬
融、鄭康成亦云然。《論衡・須頌篇》曰："問説《書》者：'欽明文思以
下，誰所言也?'曰：'篇家也。''篇家者，誰也?''孔子也。'"⑤是知孔
子删定《書》百篇，爲之作序，而後始列於經也。

孔子删《詩》之説，始於史遷，説見上引《孔子世家》。而班固《藝文
志》亦曰："孔子純取周詩，上采殷，下取魯，凡三百五篇。"⑥蓋本遷説
焉。及唐孔穎達漸疑之。《詩譜序》疏謂："案《書傳》所引之詩，見在
者多，亡逸者少，則孔子所録，不容十分去九；馬遷言古詩三千餘篇，
未可信也。"⑦歐陽修頗以遷説爲然，云："以鄭康成圖譜推之，有更十
君而取其一篇者；又有二十餘君而取其一二篇者，由是言之，何啻三
千。"⑧近世毛奇齡、江永、朱彝尊、趙翼、崔述、李惇，皆力辨删詩之
非，以爲孔子考訂詩篇，使之得所則有之，删則未也。惟趙坦用史遷
之説曰："'删詩之旨，可述乎?'曰：'去其重複焉爾。'"⑨王崧《説緯》
曰："《史記》所謂古詩三千餘篇者，蓋太師所采之數。迨比其音律，聞
於天子，不過三百餘篇。何以知之? 采詩非徒存其辭，乃用以爲樂章

---

①④　班固撰，顏師古注：《漢書》，卷八十八，儒林傳第五十八。

②　皮錫瑞：《經學通論・易經》，"論卦辭、爻辭即是繫辭，《十翼》之説於古
無徵"條。

③⑥　班固撰，顏師古注：《漢書》，卷三十，藝文志第十。

⑤　王充：《論衡》，卷二十，須頌篇。

⑦　題毛亨傳，鄭玄箋，孔穎達疏：《毛詩注疏》，詩譜序。

⑧　歐陽修：《詩本義》，詩譜總序。

⑨　趙坦：《寶甓齋文集》，收入《皇清經解》，卷一千三百十七。案："趙坦"，
原書作"趙怛"，據《寶甓齋文集》改。

也;音律之不諧者,棄之。'詩三百''誦詩三百',皆孔子之言,前者未有綜計其數者;蓋古詩不止三百五篇。東遷以後,禮壞樂崩,詩或有句而不成章,有章而不成篇也,無與於絃歌之用。孔子自衛反魯而正樂,釐訂汰黜,定爲此數,以教門人,於是授受不絕。設無孔子,則此三百五篇,亦胥歸泯滅矣。故世所傳之逸詩,有太師比音律時所棄者,有孔子正樂時所删者。所采既多,其原作流傳誦習,後人得以引之。是則古詩三千餘篇,去其重,取其可施於禮義,乃太師所爲。司馬遷傳聞孔子正樂時,於詩常有所删除,而遂以歸之孔子,此其屬辭之未密,或文字有脱誤耳。然謂孔子皆絃歌之,以求合《韶》、《舞》、《雅》、《頌》之意,可知非獨取其辭意也。"①此説孔子於《詩》有訂正焉。近人皮錫瑞亦謂孔子删《詩》是去其重,是《詩》爲孔子所定,而後始列於經也。

　　《禮》十七篇,蓋孔子所定。《檀弓》云:"恤由之喪,哀公使孺悲學《士喪禮》,於是乎書。"②觀此知十七篇,自孔子始定焉。皮錫瑞云:"《儀禮》十七篇雖周公之遺,然當時或不止此數而孔子删定,或并不及此數而孔子增補,皆未可知。"③按皮説并本邵懿辰《禮經通論》,邵氏亦以十七篇爲孔子所定也。

　　《春秋》,魯史舊名,止有其事其文,而無其義。自孔子加筆削褒貶,爲後王立法,於是《春秋》始列於經矣。《史記·十二諸侯年表序》曰:"是以孔子明王道,干七十餘君,莫能用,故西觀周室,論史記舊聞,興於魯而次《春秋》。上記隱,下至哀之獲麟,約其辭文,去其煩重,以制義法,王道備,人事浹。"④據此,則《春秋》一經,實孔子本魯史而作也。

　　①　王崧:《説緯》,收入《皇清經解》,卷一千三百七十。
　　②　鄭玄注,孔穎達疏:《禮記注疏》,卷四十三,雜記下。
　　③　皮錫瑞:《經學歷史》,經學開闢時代。
　　④　司馬遷撰,裴駰集解,司馬貞索隱,張守節正義:《史記三家注》,卷十四,十二諸侯年表序。

# 第三章　孔門諸子經學之傳授

上古經學，實傳於孔門。《韓非子・顯學篇》云："孔子之後，儒分爲八，有子張氏、顏氏、孟氏、漆雕氏、仲良氏、公孫氏、樂正氏之儒。"①陶潛《聖賢群輔録》云："顏氏傳《詩》，爲諷諫之儒；孟氏傳《書》，爲疏通致遠之儒；漆雕氏傳《禮》，爲恭儉莊敬之儒；仲良氏傳樂，爲移風易俗之儒；樂正氏傳《春秋》，爲屬辭比事之儒；公孫氏傳《易》，爲潔静精微之儒；世代冥滅，唯徒存其名。"②皮錫瑞所謂諸儒學皆不傳，無從考其家法者也。今可考者，唯卜商、左氏、公羊、穀梁、荀卿數人而已。兹一一述之。

孔子弟子，唯子夏獨傳諸經。洪容齋《隨筆》曰："孔子弟子，唯子夏諸經獨有傳書。雖傳記雜言，未可盡信；然要爲與他人不同矣。於《易》則有傳，於《詩》則有序。而《毛詩》之學，一云子夏授高行子，四傳而至小毛公；一云子夏傳曾申，五傳而至大毛公。於《禮》則有《儀禮・喪服》一篇。馬融、王肅諸儒，多爲之訓説。於《春秋》，所云'不能贊一辭'，蓋亦嘗從事於斯矣。公羊高實受之於子夏、穀梁赤者，《風俗通》亦云：'子夏門人。'於《論語》，則鄭康成以爲仲弓、子夏等所撰定也。後漢徐昉上疏曰：'《詩》、《書》、《禮》、《樂》，定自孔子；發明章句，始於子夏。'斯其證云。"③以此推之，子夏實可謂經學之大宗也。

---

①　王先慎：《韓非子集解》，卷十九，顯學第五十。
②　題陶潛集，胡文煥校：《新刻聖賢群輔録》，八儒。
③　洪邁：《容齋續筆》，卷十四，子夏經學。

　　左氏傳《春秋》，有可考者。《史記·十二諸侯年表序》曰："魯君子左丘明懼弟子人人異端，各安其意，失其真；故因孔子史記具論其語，成《左氏春秋》。"①班固《藝文志》亦云："丘明恐弟子各安其意，以失其真，故論本事而作傳，明夫子不以空言説經也。"②是馬、班并以左氏傳《春秋》；唯左氏非左丘明，先儒有辨論之者。唐趙匡以左氏爲孔門後之門人，丘明蓋夫子以前賢人，如史佚、遲任之流。王安石《左氏解》，疑左氏爲六國時人者十一事，其書今不傳。鄭樵《六經奧論》，辨之尤力，著明驗八節，以證左氏爲楚人，當不誣也。或問伊川曰："左氏是丘明否？"曰："《傳》無丘明字，不可考。"③真知言歟！

　　《漢志》："《春秋》家，《公羊傳》十一卷。"注："公羊子，齊人。""《穀梁傳》十一卷。"注："穀梁子魯人。"④是上古《春秋》學，又有公羊、穀梁二家也。陸德明《釋文》云："公羊名高，齊人，子夏弟子，受經於子夏。"⑤《公羊疏》引戴宏《序》云："子夏傳公羊高，至四世孫壽，乃著竹帛。"⑥戴宏所言，當得其實。應劭《風俗通》云："穀梁名赤，子夏弟子。"麋信云："與秦孝公同時。"阮孝緒《七録》云："名俶，字元始。"⑦皆未詳也。楊士勛疏稱"穀梁子名俶，字元始，魯人，一名赤，受經於子夏，爲經作傳，故曰《穀梁傳》，傳孫卿"⑧。皮錫瑞謂"孫卿去子夏甚遠，穀梁如受經於子夏，不得親傳孫卿，以《傳》爲傳其學者所

---

　　①　司馬遷撰，裴駰集解，司馬貞索隱，張守節正義：《史記三家注》，卷十四，十二諸侯年表序。
　　②④　班固撰，顏師古注：《漢書》，卷三十，藝文志第十。
　　③　案：《六經奧論》并伊川語，見皮錫瑞：《經學通論·春秋》，"論趙匡、鄭樵辨左氏非丘明，《左氏傳》文實有後人附益"條。
　　⑤　陸德明：《經典釋文》，卷一，序録。
　　⑥　何休注，徐彥疏：《春秋公羊傳注疏》，春秋公羊注疏序。
　　⑦　以上引文，并見陸德明：《經典釋文》，卷一，序録。
　　⑧　題穀梁赤撰，范寧注，楊士勛疏：《春秋穀梁傳注疏》，春秋穀梁傳注疏序。

作"①,此非無見焉。

　　荀卿之學,出於孔氏,而傳經之功亦甚鉅。皮錫瑞《經學歷史》引《釋文序錄》"《毛詩》一云孫卿子傳魯人大毛公"②,則《毛詩》爲荀子所傳。《漢書·楚元王交傳》:"少時,常與魯穆生、白生、申公,同受《詩》於浮邱伯。"③伯者,孫卿之門人;《魯詩》出於申公,則《魯詩》亦荀子所傳。《韓詩》今存《外傳》,引《荀子》以説《詩》者四十有四;則《韓詩》亦與《荀子》合。《序錄》:"左丘明作傳,以授魯申,申傳衛人吳起,起傳其子期,期傳楚人鐸椒,椒傳趙人虞卿,卿傳同郡荀卿。"④則《左氏春秋》,荀氏所傳。《儒林傳》云"瑕丘江公受《穀梁春秋》及《詩》於魯申公"⑤,申公爲荀卿再傳弟子,則《穀梁春秋》,亦荀子所傳。《大戴·曾子立事篇》,載《荀子·修身》、《大略》二篇文,《小戴·樂記》、《三年問》、《鄉飲酒義》篇,載《荀子·禮論》、《樂論》篇文;則二戴之《禮》,亦荀子所傳。劉向稱荀卿善爲《易》,其義略見《非相》、《大略》二篇,是荀子能傳《易》。《詩》、《禮》、《樂》、《春秋》,漢初傳其學者極盛。按此本汪中《述學》、《荀卿子通論》,特《述學》加詳焉。

　　朱彝尊《經義考》曰:"孔門自子夏兼通六藝而外,若子木之受《易》,子開之習《書》,子輿之述《孝經》,子貢之問《樂》,有若、仲弓、閔子騫、言游之傳《論語》,而傳《士喪禮》者,實孺悲之功也。"⑥此又可見孔門傳經之多矣。《史記》云:"孔子以《詩》、《書》、《禮》、樂教,弟子蓋三千焉,身通六藝者七十二人。"⑦信夫!

---

①　皮錫瑞:《經學通論·春秋》,"論《公羊》《穀梁》二傳當爲傳其學者所作,《左氏傳》亦當以此解之"條。
②　皮錫瑞:《經學歷史》,經學流傳時代。
③　班固撰,顏師古注:《漢書》,卷三十六,楚元王傳第六。
④　陸德明:《經典釋文》,卷一,序錄。
⑤　班固撰,顏師古注:《漢書》,卷八十八,儒林傳第五十八。
⑥　朱彝尊:《經義考》,卷二百八十一,承師。
⑦　司馬遷撰,裴駰集解,司馬貞索隱,張守節正義:《史記三家注》,卷四十七,孔子世家第十七。

# 第四章　孝經與論語

五經之外，復有《孝經》、《論語》二者亦稱經。茲述之。

《史記·仲尼弟子列傳》"孔子以曾子爲能通孝道，故授之業，作《孝經》"[①]，蓋陳天子以至庶人事親之法焉。

班固《藝文志》云："夫孝，天之經，地之義，民之行也。舉大者言，故曰《孝經》。"[②]鄭注《中庸》"大經大本"曰："大經謂六藝，而指《春秋》也。大本，《孝經》也。"[③]皮錫瑞説："漢人多以《春秋》、《孝經》并稱。《史晨奉祀孔子廟碑》云：'乃作《春秋》，復演《孝經》。'《百石卒史碑》云：'孔子作《春秋》，製《孝經》。蓋以《詩》、《書》、《易》爲孔子所修，而《春秋》、《孝經》，乃孔子所作也。'鄭康成《六藝論》云：'孔子以六藝名目不同，指意殊別，恐道離散，後世莫知根源，故作《孝經》以總會之。'"[④]據鄭説，是《孝經》視諸經爲最要，故稱經亦最先，自是確論。《孝經》有今文，有古文。秦焚書，河間人顔芝藏之。漢初，除挾書之律，芝子貞始出之，是爲今文。長孫氏博士江翁、少府后倉、諫大夫翼奉、安昌侯張禹傳之，凡十八章。此數家經文皆同，所謂今學焉。又有古文，出孔氏壁中。《漢志》："《孝經古孔氏》一篇，二十二章。"[⑤]劉向云："古文字也。《庶人》章分爲二也。《曾子敢問》章爲三，又多

---

① 司馬遷撰，裴駰集解，司馬貞索隱，張守節正義：《史記三家注》，卷六十七，仲尼弟子列傳第七。

②⑤ 班固撰，顔師古注：《漢書》，卷三十，藝文志第十。

③ 鄭玄注，孔穎達疏：《禮記注疏》，卷五十三，中庸第三十一。

④ 皮錫瑞：《經學歷史》，經學開闢時代。

一章，凡二十二章。"①按此古學，班氏所謂古文字讀皆異也。古文《孝經》，孔安國作傳，又有鄭氏注，相承以爲鄭玄。陸德明云："《孝經》注，與康成注五經不同。"②未詳是非。案阮氏《孝經校勘記》云："《孝經》有古文，有今文；有《鄭注》，有《孔注》。《孔注》今不傳，近出於日本國者，誕妄不可據。要之《孔注》即存，不過如《尚書》之僞傳，決非真也。《鄭注》之僞，劉知幾辨之甚詳，而其書久不存。近日本國校撰一本，流入中國，此僞中之僞，尤不可據者。"③此可見鄭、孔兩注之出於僞託也。

　　《藝文志》云："《論語》者，孔子應答弟子、時人，及弟子相與言而接聞於夫子之語也。當時弟子各有所記。夫子既卒，門人相與輯而論纂，故謂之《論語》。"④《經典釋文序錄》云："《論語》是門徒所記，故次《孝經》。"⑤《藝文志》及《七錄》，以《論語》在《孝經》前，今不同此次。按《釋文》，《論語》在《孝經》後，故云然。鄭玄云："《論語》，仲弓、子游、子夏等，撰定。"⑥

　　漢興，傳《論語》者有三家：一《齊論》，二《魯論》，三《古論》。

　　《齊論語》者，齊人所傳，別有《問王》、《知道》二篇，凡二十二篇。其二十二篇中章句，頗多於《魯論》。昌邑中尉王吉、少府宋畸、御史大夫貢禹、尚書令五鹿充宗、膠東庸生，并傳之；唯王揚名家。（見《漢志》及《釋文序錄》。）

　　《魯論語》者，魯人所傳。《漢志》謂"魯二十篇"，即今所行篇次是也。"傳《魯論語》者，常山都尉龔奮、長信少府夏侯勝、丞相韋賢、魯扶卿、前將軍蕭望之、安昌侯張禹，皆名家。張氏最後，而行於世"⑦。

①　見姚振宗輯録，鄧駿捷校補：《七略別録佚文》，六藝略佚文。
②⑤　陸德明：《經典釋文》，卷一，序録。
③　唐玄宗注，邢昺注：《孝經注疏》，孝經校勘記序。
④　班固撰，顏師古注：《漢書》，卷三十，藝文志第十。
⑥　何晏注，邢昺疏：《論語注疏》，論語注疏解經序。
⑦　班固撰，顏師古注：《漢書》，卷三十，藝文志第十。

　　魯恭王時，嘗欲以孔子宅爲宮，壞得古文《論語》，此即所謂《古論》也。分《堯曰》下章《子張問》，以爲一篇，有兩《子張》，凡二十一篇。如淳曰：分"子張問何如可以從政"《堯曰》篇後，以下爲篇，名曰《從政》。篇次不與《齊》、《魯論》同。孔安國傳之。

　　以上三《論》，篇章不同。《新論》云"文異者四百餘字"①，此蓋指《古論》與《齊》、《魯論》也。傳之者，又各名家。張禹本受《魯詩》於夏侯建，又從庸生、王吉受《齊論》，善者從之，號曰《張侯論》。諸儒爲之語曰"欲不爲《論》，念張文"②，由是學者多從張氏。餘家浸微。《古論》唯博士孔安國爲之訓解，而世不傳。至順帝時，南郡太守馬融，亦爲之訓說。漢末，大司農鄭玄，就《魯論》篇章，考之《齊》、《古》爲之注，然亦不得而詳。今所習者，何晏《集解》本也。

------

①　桓譚：《新論》，卷九，正經篇。
②　何晏注，邢昺疏：《論語注疏》，論語注疏解經序。

# 第五章　禮記及其篇目考

　　《禮記》者，乃孔子没後七十子之徒，共撰所聞以爲此記也。《漢書·藝文志》："《禮家記》百三十一篇。"班固本注："七十子後學者所記。"①《景十三王傳》曰："河間獻王所得書，皆古文先秦舊書，《周官》、《尚書》、《禮記》、《孟子》、《老子》之屬，皆經傳記説，七十子之徒所論。"②又曰："魯恭王壞孔子宅，而得《古文尚書》及《禮記》、《論語》、《孝經》，凡數十篇，皆古字也。"③是《禮記》出孔子門徒無疑。

　　《禮記》詳著撰人者：《中庸》，子思汲作；《緇衣》，公孫尼子作是也。有以《禮運》爲子游所記孔子之言，其徒又爲《檀弓》上下等篇；《仲尼燕居》，疑亦子游之所記；又疑《曲禮》、《玉藻》，并子游之徒傳之；見邵懿辰《禮經通論》，此皆可考者也。然有以《禮記》雜出秦、漢之儒，言《王制》，漢博士作；《月令》，吕不韋作；又疑《樂記》，出河間獻王；皆非也。陳壽祺辨之最晰曰："《禮記·王制》正義引盧植云：'漢孝文皇帝，令博士諸生作此書。'考盧氏説出《史記·封禪書》，《封禪書》曰：'文帝召魯人公孫臣，拜博士，與諸生草改歷、服、色事。明年，使博士諸生剌六經，作《王制》，議巡守、封禪事。'然今《王制》無一語及封禪，言巡守者特一端耳。《史記索隱》引劉向《別録》云：'文帝所造書，有《本制》、《兵制》、《服制》篇。'以今《王制》參檢，絶不相合。鄭君《三禮目録》云：名曰王制者，以其記先王班爵受禄祭祀養老之法制。此則博

---

①③　班固撰，顏師古注：《漢書》，卷三十，藝文志第十。
②　　班固撰，顏師古注：《漢書》，卷五十三，景十三王傳第二十三。

士所作《王制》，或在《藝文志》'禮家'《古封禪群記》二十二篇中，非《禮記》之《王制》也。《月令》正義引鄭《目録》云：'《月令》者，本《吕氏春秋・十二月紀》之首章，以禮家好事鈔合之，後人因題之，名之曰《禮記》，言周公所作。'壽祺案：《正義》云：'賈逵、馬融之徒，皆云《月令》周公所作，故王肅用焉。'《後漢書・魯恭傳》議曰：'《月令》，周世所作，而所據皆夏之時也。'蔡邕《明堂月令論》曰：'《周書》七十一篇，而《月令》第五十三。'秦相吕不韋著書，取《月令》爲紀號。淮南王安，亦取以爲第四篇，改名曰《時則》。故偏見之徒，或云《月令》，吕不韋作；或云淮南，皆非也。《樂記》者，《藝文志》云：'河間獻王與毛生等，共采《周官》及諸子言樂事，以作《樂記》。其内史丞王定傳之，以授常山王禹。禹成帝時爲謁者。獻二十四卷記。劉向校書，得《樂記》二十三篇，與禹不同。'而班《志》兩載其書，曰《樂記》二十三篇、《王禹記》二十四篇。則今《禮記》中之《樂記》，非王禹《樂記》甚審。"①據此，則《禮記》實七十子之徒所論，非雜出秦、漢之儒明矣。鄭康成以《王制》在赧王之後，《禮記正義》，以賈逵、馬融皆云，《月令》周公所作。《史記正義》云："《樂記》，公孫尼子次撰也。"②當得其實。

　　熊朋來曰："《儀禮》是經，《禮記》是傳，儒者恒言之。以《冠義》、《昏義》、《鄉飲酒義》、《射義》、《燕義》、《聘義》，與《儀禮・士冠》、《士昏》、《鄉飲酒》、《射》、《燕》、《聘》之禮，相爲經傳也。"③朱子曰："《儀禮》是經，《禮記》是解《儀禮》。且如《儀禮》有《冠禮》，《禮記》便有《冠義》；《儀禮》有《昏禮》，《禮記》便有《昏義》；以至《燕》、《射》之禮，莫不皆然。"④邵懿辰曰："《冠義》、《昏義》諸記，本以釋經，爲《儀禮》之傳，

---

　　①　案：陳壽祺所論，引自皮錫瑞：《經學通論・三禮》，"論王制、月令、樂記非秦漢之書"條之節録。

　　②　司馬遷撰，裴駰集解，司馬貞索隱，張守節正義：《史記三家注》，卷二十四，樂書第二。

　　③　熊朋來：《熊先生經説》，卷五。

　　④　黎靖德編：《朱子語類》，卷八十五，禮二，儀禮總論。

先儒無異説。故有《冠義》以釋《士冠》,有《昏義》以釋《士昏禮》,有
《問喪》以釋《士喪》,有《祭義》、《祭統》以釋《特牲》、《少牢》、《有司
徹》,有《鄉飲酒義》以釋《鄉飲》,有《射義》以釋《鄉射》、《大射》,有《燕
義》以釋《燕食》,有《聘義》以釋《聘禮》,有《朝事》以釋《覲禮》,有《四
則》以釋《喪服》,而無一篇之義,出於十七篇以外者。"①按孔子所定
謂之經,弟子所釋謂之傳,或謂之記。今《禮記》稱記者,明係七十子
之徒所作,熊朋來等説可據也。

　　《禮記正義》引《六藝論》云:"戴德傳記八十五篇,則《大戴禮》是
也。戴聖傳記四十九篇,則此《禮記》是也。"②故後世多以《禮記》集
成於二戴,不知漢立十四博士,《禮》大小戴,此所謂《禮》,是大小戴所
受於后倉之禮十七篇,非謂《大戴禮記》八十五篇,與《小戴禮記》四十
九篇也。毛奇齡《經問》辨其誤曰:"若《禮記》則《前志》祇云記百三十
一篇,當是《禮記》未成時底本;然并不名《禮記》,亦并無二戴傳《禮
記》之説,以鄭玄《六藝論》之説爲無所考。"③此辨正最確者。魏張揖以
爲叔孫通撰輯《禮記》,陳壽祺亦證之。

　　《隋書·經籍志》:"漢初,河間獻王得仲尼弟子及後學者所記百
三十一篇獻之,時亦無傳者。至劉向校經籍,檢得一百三十篇,因第
而叙之。又得《明堂陰陽記》三十三篇,《孔子三朝記》七篇,《王氏史
氏記》二十一篇,《樂記》二十三篇,凡五種,合二百十四篇。戴德删其
煩重,合而記之,爲八十五篇,謂之《大戴禮》,而戴聖又删大戴之書爲
四十六篇,謂之《小戴禮》。"④此《隋志》傅會之説,不足爲據也。毛奇
齡《經問》辨之曰:"二戴爲武、宣時人,豈能删哀、平間向、歆所校之
書,荒唐甚矣。且二戴何人,以向、歆所校定二百十四篇,驟删去一百

　　①　邵懿辰:《禮經通論》,論禮十七篇當從大戴之次本無闕佚。
　　②　鄭玄注,孔穎達疏:《禮記注疏》,禮記正義序。
　　③　毛奇齡:《經問》,卷三。
　　④　魏徵等:《隋書》,卷三十二,經籍志第二十七。

三十五篇,世無是理。況前漢《儒林傳》,亦不載删《禮》之文。"①此辨
《隋志》之誤,亦極確可信,可謂卓識矣。

《隋志》傅會戴聖删大戴之書爲四十六篇,馬融又足《月令》、《明
堂位》、《樂記》爲四十九篇,此亦誤。戴震辨之曰:"孔穎達《義疏》於
《樂記》云:'按《別録》、《禮記》四十九篇,號曰橋君學。'仁即班固所謂
'小戴授梁人橋仁季卿'者也。劉橋所見篇數,已爲四十有九,不待融
足三篇甚明。"②即此二證,足知《隋志》之妄。

今《大戴禮記》存三十九篇,《小戴記》存四十九篇。錢大昕《漢書
考異》曰:"《小戴記》四十九篇,《曲禮》、《檀弓》、《雜記》,皆以簡策重
多,分爲上下,實只四十六篇,合《大戴》之八十五篇,正協百三十一篇
之數。"③按此,則所逸者,爲篇四十有六耳。王應麟《漢書藝文志考
證》云:"今逸篇之名可見者,有《三正記》、《別名記》、《親屬記》、《明堂
記》、《曾子記》、《禮運記》、《五帝記》、《白虎通》。《王度記》、《禮記》注、
《禮記》《周禮》疏、《白虎通》《後漢·輿服志》注。《王霸》、《夏官》注。《論命
記》、《文選》注、《論衡》。《辨名記》、《春秋疏》。《孔子三朝記》、《史記》《漢
書》注。《月令記》、《大學志》蔡邕論。"④此可考見者。

①　毛奇齡:《經問》,卷三。
②　戴震:《經考》,卷四。
③　錢大昕:《廿二史考異》,卷二,漢書藝文志。
④　王應麟:《漢書藝文志考證》,卷二,禮。

# 第六章　孟子

　　《史記》云："孟子受業子思門人，道既通，所干者不合，退與萬章之徒，序《詩》、《書》，述仲尼之意，作《孟子》七篇。"①是七篇爲孟子所自作。趙岐《孟子題辭》云："又有《外書》四篇，《性善辨》、《文説》、《孝經》、《爲政》，其文不能宏深，不與内篇相似，似非孟子本真，後世依放而託之者也。"②此《外書》四篇，趙岐不尚，以故非之。按《漢書·藝文志》："儒家，《孟子》十一篇。"③班氏所云十一篇，蓋合《外書》四篇而言也。當依史遷、趙岐説，以《孟子》七篇爲得其真。《孟子》在漢初，首置博士。趙岐《題辭》云："孝文皇帝，欲廣游學之路，《論語》、《孝經》、《孟子》、《爾雅》，皆置博士，後罷傳記博士，獨立五經而已。"④是《孟子》雖立學，猶謂之傳也。《文獻通考》云："前史《藝文志》，俱以《論語》入經類，《孟子》入儒家類。《直齋書録解題》，始以《語》、《孟》同入經類。"⑤其説曰："前《志》，孟子本列於儒家，然趙岐固嘗以爲則象《論語》矣。自韓文公稱孔子傳之孟軻，軻死，不得其傳。天下學者，咸曰孔孟。孟子之書，固非荀、楊以降所可同日語也。"⑥按宋以前，《孟子》無稱經者，故《經典釋文》，獨不收《孟子》，以

---

　　① 司馬遷撰，裴駰集解，司馬貞索隱，張守節正義：《史記三家注》，卷七十四，孟子荀卿列傳第十四。

　　②④ 趙岐注，孫奭疏：《孟子注疏》，題辭解。

　　③ 班固撰，顏師古注：《漢書》，卷三十，藝文志第十。

　　⑤ 馬端臨：《文獻通考》，卷一百八十四，經籍考十一。

　　⑥ 晁公武：《直齋書録解題》，卷三，語孟類。

其爲儒家也。宋代設科，以《易》、《書》、《詩》、三《禮》、三《傳》，及《論語》、《孝經》、《孟子》、《爾雅》爲十三經，故陳氏《解題》，馬氏《通考》，皆以《孟子》收入經類，今從之。

# 第七章　兩漢今古學之興及其傳授

　　《史記·儒林傳》曰："今上即位,趙綰、王臧之屬明儒學,而上亦鄉之;于是招方正賢良文學之士。自是之後,言《詩》,于魯則申培公,于齊則轅固生,于燕則韓太傅。言《尚書》,自濟南伏生;言《禮》,自魯高唐生;言《易》,自菑川田生;言《春秋》,于齊、魯自胡母生,于趙自董仲舒。"①此漢初諸生治經之始也。先是文帝時,申公、韓嬰,以《詩》爲博士,五經列於學官者,唯《詩》而已。景帝以轅固生爲博士,又立胡母生、董仲舒《春秋》博士,而餘經未立。武帝建元五年春,初置五經博士。《儒林傳贊》曰："武帝立五經博士:《書》,唯有歐陽;《禮》,后;《易》,楊;《春秋》,公羊而已;《困學紀聞》云:立五經而舉其四,蓋《詩》已立於文帝時,今併《詩》爲五也。至孝宣世,復立大小夏侯《尚書》;大小戴《禮》;施、孟、梁丘《易》;穀梁《春秋》;至元帝世,復立京氏《易》。"②此即今文諸博士,于以見西漢之昌明經學焉。光武中興,愛好經術,於是立五經博士,各以家法教授。《易》有施、孟、梁丘、京氏;《尚書》,歐陽、大小夏侯;《詩》,齊、魯、韓;《禮》,大小戴;《春秋》,嚴、顏,皆今文學,所謂十四博士者也。唯《穀梁》不在內,《穀梁春秋》,瑕丘江公始傳之。

　　當是時,今文學已立學官,而民間亦有傳古文學者。劉歆《移博士書》曰："及魯共王壞孔子宅,欲以爲宮,而得古文於壞壁之中,逸

　　①　司馬遷撰,裴駰集解,司馬貞索隱,張守節正義:《史記三家注》,卷一百二十一,儒林列傳第六十一。
　　②　班固撰,顏師古注:《漢書》,卷八十八,儒林傳第五十八。

《禮》有三十九篇，《書》十六篇。及《春秋》左氏丘明所修，皆古文舊書。"①《漢書·藝文志》，以《易》"民間有費、高二家之説"，唯《費氏經》與古文同；《詩》"有毛公之學，自謂子夏所傳，而河間獻王好之，未得立"②。此所謂古學也。《儒林贊》曰："平帝時，又立《左氏春秋》、《毛詩》、逸《禮》、《古文尚書》。"③是《毛詩》、《費易》、《古文尚書》、《禮周官》、《春秋左氏》，諸古文家，至西漢末始興焉。

　　此漢人今古學之大較也。研究兩漢經學者，此其嚆矢歟。今更考其傳授源流，著之於篇。

　　漢初言《易》者，本於田何。自魯商瞿受《易》孔子，六傳至齊人田何。何授東武王同子中、雒陽周王孫、丁寬、齊服生，皆著《易傳》數篇。同授淄川楊何，即漢初立《易》楊氏博士者也。寬爲梁孝王將軍，號丁將軍，作《易説》三萬言，訓故舉大誼而已，今《小章句》是也。寬授同郡碭田王孫，王孫授施讎、孟喜、梁丘賀，由是《易》有施、孟、梁丘之學焉。又東郡京房受《易》梁人焦延壽。顏師古曰：延壽其字，名贛。延壽云：嘗從孟喜問《易》，會喜死，房以爲延壽《易》即孟氏學。翟牧、白生不肯，皆曰"非也"，京生之學，實出於焦贛，長於災異，別爲京氏學。又有東萊費直傳《易》，長於卦筮，亡章句；徒以《彖》、《象》、《繫辭》、十篇《文言》，解説上下經，以授琅琊王璜，爲費氏學。本以古字，號《古文易》。《漢志》云"劉向以中古文《易經》校施、孟、梁丘經，或脱去'無咎''悔亡'，唯費氏經與古文同"者是也。又"沛人高相，治《易》與費公同時，其學亦無章句，專説陰陽災異，自言出丁將軍。傳至相，相授子康，及蘭陵毋將永，爲高氏學"④。此班固所謂民間有費、高二家之説者也。施、孟、梁丘、京氏四家皆立博士，費、高二家未得立。

　　①　班固撰，顏師古注：《漢書》，卷三十八，楚元王傳第六。
　　②　班固撰，顏師古注：《漢書》，卷三十，藝文志第十。
　　③　班固撰，顏師古注：《漢書》，卷八十八，儒林傳第五十八。
　　④　班固撰，顏師古注：《漢書》，卷三十，藝文志第十。又，卷八十八，儒林傳第五十八。

東漢劉昆，受施氏《易》於沛人戴賓。其子軼，傳昆業。洼丹、鮭陽鴻、任安，皆傳《孟氏易》。范升傳《梁丘易》，以授京兆楊政。又潁川張興，亦習《梁丘易》，弟子著錄且萬人，爲梁丘學；宗子魴傳其業。戴憑、孫期、魏滿，并習《京氏易》。陳元、馬融、鄭衆、鄭玄、荀爽，并傳《費氏易》。玄作《易注》，荀爽又作《易傳》，自是費氏興，而高氏遂衰。茲表之如下：

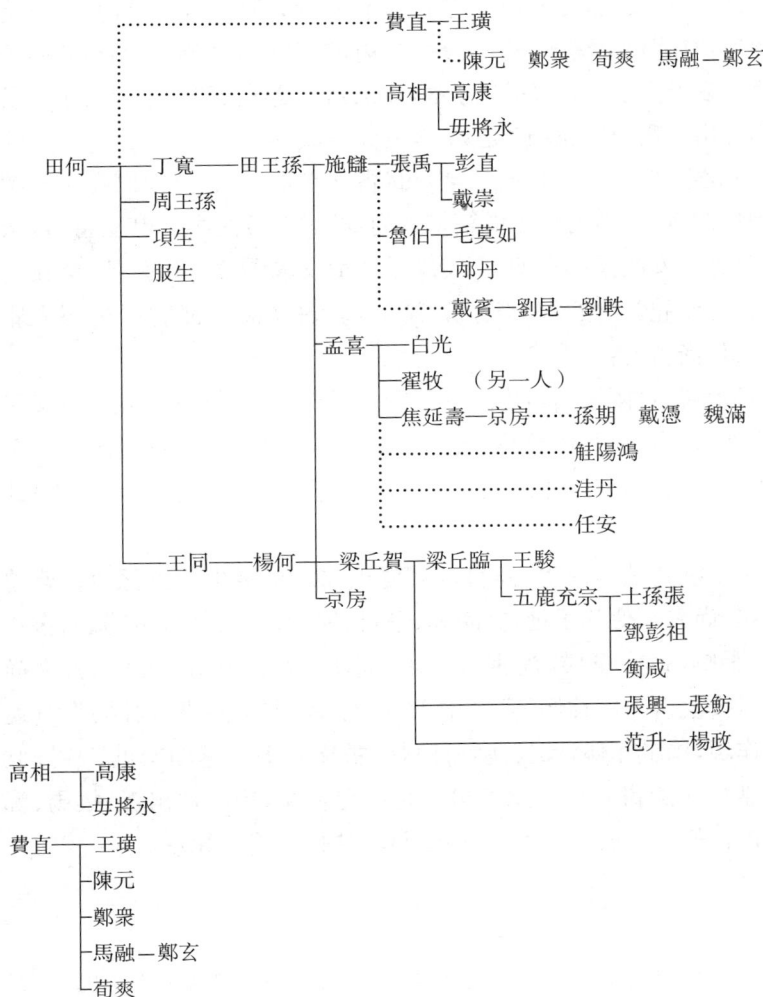

```
                        ┌·············費直─┬王璜
                        ┊                 └···陳元  鄭衆  荀爽  馬融─鄭玄
                        ┊
                        ┊············高相─┬高康
                        ┊                 └毋將永
田何──┬丁寬──田王孫─┬施讎─┬張禹─┬彭直
      ├周王孫            ┊     │     └戴崇
      ├項生              ┊     │
      └服生              ┊     ├魯伯─┬毛莫如
                          ┊     │     └邴丹
                          ┊     └·········戴賓─劉昆─劉軼
                          ┊
                        孟喜─┬白光
                              ├翟牧  （另一人）
                              └·焦延壽─京房·········孫期  戴憑  魏滿
                                    ┊··········鮭陽鴻
                                    ┊··········洼丹
                                    ┊··········任安
      ┌王同──楊何─┬梁丘賀─┬梁丘臨─┬王駿
      │            └京房    │       └五鹿充宗─┬士孫張
      │                      │                   ├鄧彭祖
      │                      │                   └衡咸
      │                      ├─────張興─張魴
      └──────────────────────└─────范升─楊政
```

高相─┬高康
　　　└毋將永

費直─┬王璜
　　　├陳元
　　　├鄭衆
　　　├馬融─鄭玄
　　　└荀爽

以上《易》學。

漢世言《尚書》者有二：一爲今文，伏生所授也；一爲古文，孔安國所傳也。秦時禁學，伏生以《尚書》壁藏之。漢定，伏生求其書，亡數十篇，獨得二十九篇，即以教於齊、魯之間。齊學者，由此頗能言《尚書》，山東大師，無不涉《尚書》以教。伏生教濟南張生及千乘歐陽生，歐陽生授同郡兒寬，寬授歐陽生之子，世世相傳，至曾孫高，爲博士，由是《尚書》世有歐陽生學。張生授夏侯都尉，都尉授族子始昌，始昌傳族子勝，爲大夏侯氏學。勝傳從兄子建，建別爲小夏侯氏學。歐陽大小夏侯氏學，并出於寬，皆立博士，是爲《今文尚書》。

漢武帝時，魯共王壞孔子宅，得《古文尚書》。孔安國以今文字讀之，因以起其家，遺書得十餘篇，蓋《尚書》滋多於是矣。遭巫蠱事，未立於學官。安國授都尉朝，而司馬遷亦從安國問故。遷書載《堯典》、《禹貢》、《洪範》、《微子》、《金縢》諸篇，多古文説。都尉朝授膠東庸生，是爲《尚書》古文學。

又世傳“百兩篇”者：出東萊張霸，分析二十九篇，以爲數十；又采《左氏傳》、《書序》爲作首尾，凡百二篇。篇或數簡，文意淺陋。成帝時，求其古文者，霸以能爲百兩篇徵，以中書校之，非是，乃黜其書；此所謂僞古文之一也。

東漢歐陽歙傳伏生《尚書》，爲博士，歙，歐陽生八世孫也。曹曾從歙授《尚書》，傳其子祉；又陳弇、牟長、宋登、桓榮并傳歐陽《尚書》。牟融、張馴，習大夏侯《尚書》，尹敏、周防、孔僖、楊倫，皆傳《古文尚書》。《後漢書·儒林傳》云：“中興，杜林傳《古文尚書》，林同郡賈逵爲之作訓，馬融作傳，鄭玄注解；由是《古文尚書》，遂顯於世。”①按此即所謂杜林漆書者也。此漆書或是中秘古文，遭亂佚出者，故馬、鄭本之以作傳注。或以漆書爲杜林僞作，非也。爲表如左：

① 范曄撰，李賢等注：《後漢書》，卷七十九上，儒林列傳第六十九上。

## 今文家

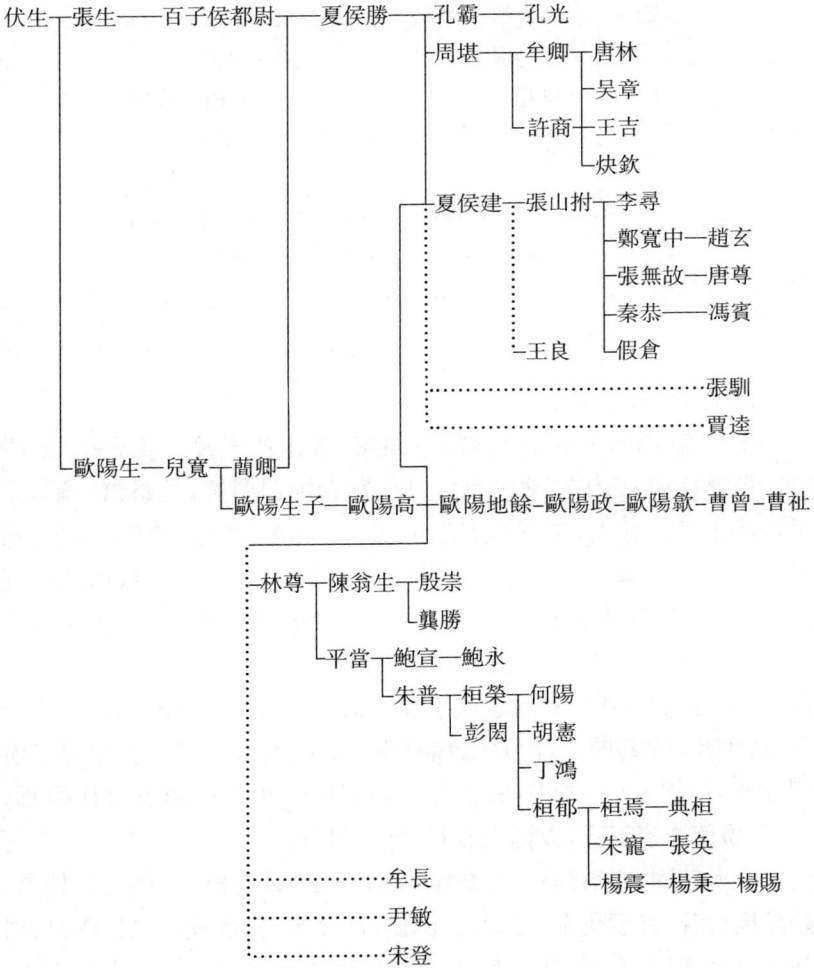

## 古文家

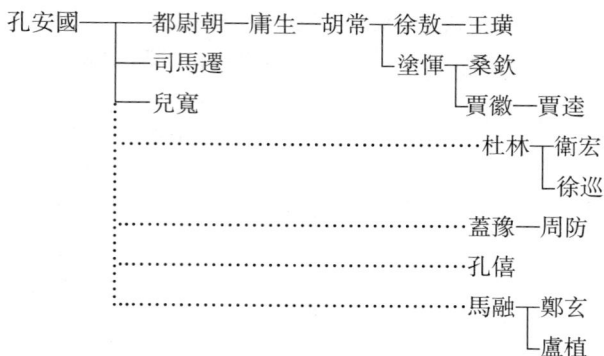

以上《書》學。

　　漢代言《詩》，有齊、魯、韓、毛四家，皆出於子夏。魯人申公，受《詩》於浮丘伯，爲作訓詁以教，亡傳，疑者則闕弗傳，是爲《魯詩》，弟子爲博士者十餘人，王臧、趙綰、孔安國、周霸、夏寬、魯賜、繆生、徐偃、闕門慶忌，皆申公弟子也。申公卒，以《詩》《春秋》授，而瑕丘江公，盡能傳之，徒衆最盛。魯許生，免中徐公，皆守學教授，由是博士江公以爲《魯詩》宗。韋賢治《詩》，事博士大江公及許生，傳子玄成，由是《魯詩》有韋氏學。又王式事免中徐公及許生，以授張長安、唐長賓、褚少孫，皆爲博士，由是《魯詩》有張、唐、褚氏之學。張生兄子游卿，以《詩》授元帝，傳王扶、許晏，晏爲博士，由是張家有許氏學焉。初，薛廣德亦事王式，以博士論石渠，授龔舍。

　　齊人轅固，亦治《詩》，孝景時爲博士。是爲《齊詩》。傳夏侯始昌，始昌授后蒼，蒼授翼奉、蕭望之、匡衡；衡授師丹、伏理、斿君、滿昌、君都；由是《齊詩》有翼、匡、師、伏之學。滿昌授張邯、皮容，皆至大官，徒衆尤盛。

　　燕人韓嬰，推詩人之意，作《內外傳》數萬言，號曰《韓詩》。其語頗與齊魯間殊，然歸一也。淮南賁生受之，燕趙間言《詩》者由韓生。河內趙子事燕韓生，授同郡蔡誼，誼授食子公與王吉，食授栗豐，吉授長孫順；由是《韓詩》有王、食、長孫之學焉。

《毛詩》者，出自毛公，《漢志》及《儒林傳》并稱毛公，不著其名。鄭玄《詩譜》云：魯人，大毛公爲訓詁，傳於家。河間獻王得而獻之，以小毛公爲博士。陸機《毛詩草木疏》亦云：荀卿授魯國毛亨，亨作《訓詁傳》，以授趙國毛萇，時人謂亨爲大毛公，萇爲小毛公。按《四庫提要》從其説。授同國貫長卿，長卿授解延年，延年爲何武令，授徐敖，敖授九江陳俠，由是言《毛詩》者，本之徐敖，三家皆立博士，唯《毛詩》未得立焉。

東漢習《魯詩》者，高詡、包咸及魏應。詡以《魯詩》授元帝，咸師事右師細君。習《齊詩》者，伏黯、伏恭、任末、景鸞。恭改定章句，作解説九篇；由是北州多爲伏氏學焉。習《韓詩》者，薛漢、杜撫、召馴、楊仁、趙曄。漢以章句著名，當世言《詩》者，推漢爲長。撫受業於漢，定《韓詩章句》；曄亦從撫受《韓詩》，究竟其術。至若謝曼卿善《毛詩》，迺爲其訓。衛宏從曼卿受學，因作《毛詩序》，善得風雅之旨，于今傳於世。《後漢書·儒林傳》曰："中興，鄭衆、賈逵傳《毛詩》，後馬融作《毛詩傳》，鄭玄作《毛詩箋》。"[①]按《箋》既行，申明毛義，於是齊、魯、韓三家《詩》遂廢矣。兹以四家傳授，爲表如下：

① 范曄撰，李賢等注：《後漢書》，卷七十九下，儒林列傳第六十九下。

## 魯詩傳授

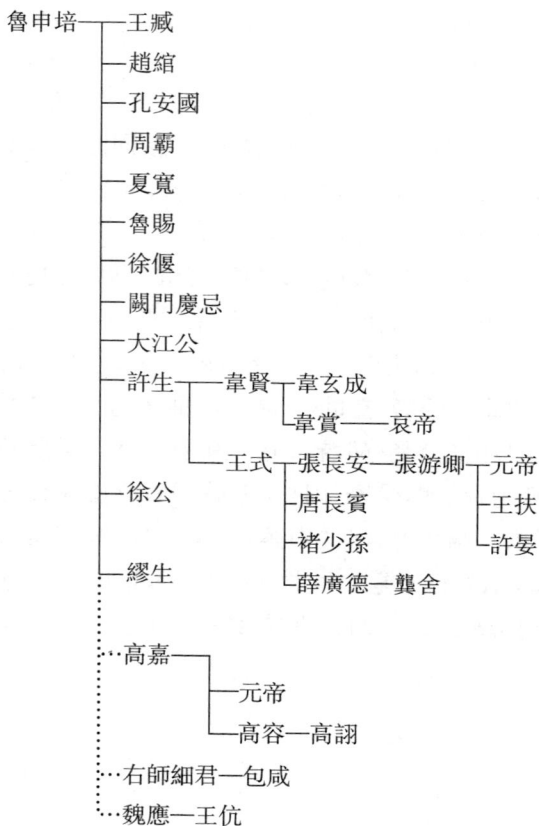

魯申培━王臧
　　　━趙綰
　　　━孔安國
　　　━周霸
　　　━夏寬
　　　━魯賜
　　　━徐偃
　　　━闕門慶忌
　　　━大江公
　　　━許生━韋賢━韋玄成
　　　　　　　　━韋賞━━哀帝
　　　　　　━王式━張長安━張游卿━元帝
　　　　　　　　　━唐長賓　　　　━王扶
　　　　　　　　　━褚少孫　　　　━許晏
　　　　　　　　　━薛廣德━龔舍
　　　━徐公
　　　━繆生
　　　┈高嘉
　　　　　　━元帝
　　　　　　━高容━高詡
　　　┈右師細君━包咸
　　　┈魏應━王伉

## 齊詩傳授

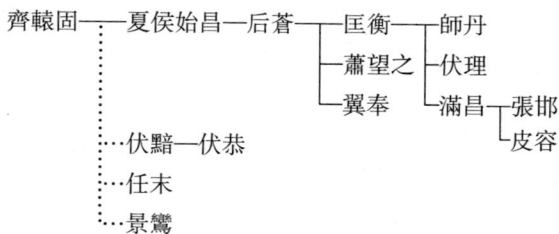

齊轅固━━夏侯始昌━后蒼━匡衡━師丹
　　　　　　　　　　　　━蕭望之━伏理
　　　　　　　　　　　　━翼奉　━滿昌━張邯
　　　　　　　　　　　　　　　　　　　━皮容
　　　┈伏黯━伏恭
　　　┈任末
　　　┈景鸞

## 韓詩傳授

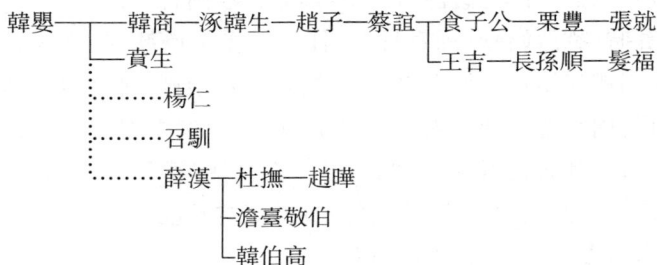

韓嬰┬──韓商─涿韓生─趙子─蔡誼┬食子公─栗豐─張就
　　├─賁生　　　　　　　　　　└王吉─長孫順─髮福
　　┆……楊仁
　　┆……召馴
　　┆……薛漢┬杜撫─趙曄
　　　　　　├滄臺敬伯
　　　　　　└韓伯高

## 毛詩傳授

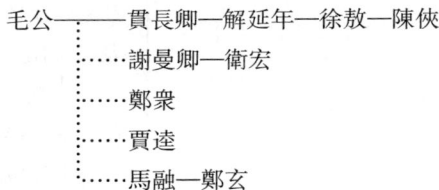

毛公┬───貫長卿─解延年─徐敖─陳俠
　　┆……謝曼卿─衛宏
　　┆……鄭眾
　　┆……賈逵
　　┆……馬融─鄭玄

以上《詩》學。

　　漢初無三《禮》之名，魯高堂生傳《士禮》十七篇，即今之《儀禮》也。孝文時，魯徐生善爲頌，爲禮官大夫，傳子至孫延、襄。襄其資性善爲頌，不能通經；延頗能，未善也。延及徐氏弟子公戶滿意、桓生、單次，皆爲禮官大夫。而瑕丘蕭奮，以《禮》至淮揚太守。孟卿事蕭奮，以授后蒼、閭丘卿。蒼說理數萬言，號曰《后氏曲臺記》，授聞人通漢、戴德、戴聖、慶普。德號大戴，聖號小戴；由是《禮》有大戴、小戴、慶氏之學。三家皆立博士。普授夏侯敬，又傳族子咸。大戴授徐良，小戴授橋仁、楊榮；由是大戴有徐氏，小戴有橋、楊之學焉。范曄云："孔安國所獻《禮古經》五十六篇，及《周官經》六篇，前世無其書，未有名家,此即今所謂《禮記》及《周禮》者。"①可見西漢《禮》家,若高堂、蕭、孟、后、二戴,皆傳《儀禮》,無傳《禮記》及《周官》者。

　　新莽時,劉歆始立《周官經》。杜子春受業於歆,授鄭興父子,賈逵亦作《周禮解詁》。《後漢書·儒林傳》云:"中興,鄭眾傳《周官經》,後馬融作《周官傳》,授鄭玄,玄作《周官注》。玄本習《小戴禮》,後以古經校之,取其義長者,故爲鄭氏學。玄又注《禮記》四十九篇,通爲三《禮》焉。"②據此則稱三《禮》者。實自鄭君始也。

　　東漢習慶氏《禮》者,王臨,授董鈞。

## 士禮傳授

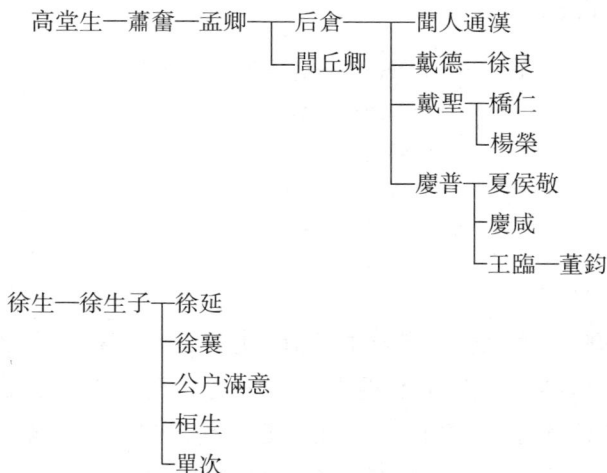

## 周禮傳授

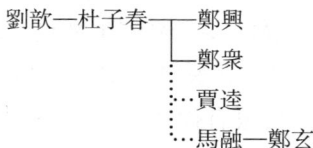

---

①②　范曄撰,李賢等注:《後漢書》,卷七十九下,儒林列傳第六十九下。

以上《禮》學。

《春秋》傳於世者，左氏、公、穀三家。漢代治此經者，亦頗盛焉。齊人胡母生，初始《公羊春秋》，爲景帝博士，與董仲舒同業。仲舒歸，教於齊，齊之言《春秋》者，宗事之。公孫弘受其學，蘭陵褚大、東平嬴公、廣川段仲溫、吕步舒，皆仲舒弟子。嬴公守學不失師法，授孟卿，眭孟。孟授嚴彭祖及顏安樂。孟弟子百餘人，唯彭祖、安樂爲明，質問疑誼，各持所見。孟曰：“《春秋》之意，在二子矣。”孟死，彭祖、安樂，各顓門教授，由是《公羊春秋》，有顏、嚴之學。彭祖授琅邪王中，中授同郡公孫文、東門雲。安樂淮陽冷豐、淄川任公，由是顏家有冷任之學。始貢禹事嬴公，成於眭孟；又疏廣事孟卿，以授筦路；禹授堂谿惠，惠授冥都，都與路又事顏安樂，故顏氏復有筦、冥之學。路授孫寶，豐授馬宫、左咸。此《公羊》學之傳授焉。

瑕丘江公，受《穀梁春秋》於魯申公，其學寖微；唯榮廣、皓星公二人受焉。廣盡能傳其《春秋》，高材敏捷，與《公羊》大師眭孟等論；數困之；故好學者，頗復受《穀梁》。蔡千秋、周慶、丁姓，皆從廣受。千秋事皓星公，爲學最篤。宣帝即位，聞衛太子好《穀梁春秋》，乃召千秋與《公羊》家并説，上善《穀梁》説，選郎十人從受。尹更始本自事千秋，能説矣，會千秋病死，徵江公孫爲博士，詔劉向受《穀梁》，欲令助之。江博士復死，乃徵周慶、丁姓待詔，使卒授十人，積十餘歲，皆明習，乃詔《五經》名儒太子太傅蕭望之等，大議殿中，平《公羊》、《穀梁》同異，各以經處是非。望之等多從《穀梁》，由是《穀梁》之學大盛。慶姓皆爲博士。姓授申章昌，始江博士授胡常，常授蕭秉；由是《穀梁春秋》有尹、胡、申、張之學。此《穀梁》學之傳授焉。

張蒼、賈誼、張敞、劉公子，皆修《春秋左氏傳》。誼爲《左氏傳》訓故，授趙人貫公。貫公傳其子長卿，長卿授清河張禹，禹授尹更始，更始傳子咸及翟方進、胡常。常授賈護，護授陳欽，欽以左氏授王莽，至將軍。而劉歆從尹咸及翟方進受，由是言左氏者，本之賈護、劉歆。此左氏學之傳授焉。

　　東漢，丁恭、周澤、甄宇、程曾，并習《公羊嚴氏春秋》。樓望、承宮、樊儵、鍾興，皆受業於恭。宇傳子普，普傳子承，承尤篤學焉。張玄習《顏氏春秋》，李育、何休治《公羊》。育嘗讀《左氏傳》，謂不得聖人深意，以爲前世陳元、范升之徒更作非折而多引圖讖，不據理體。休難左氏義四十一事，休作《春秋公羊解詁》。又以《春秋》駁漢書六百餘條，妙得《公羊》本意。與其師羊弼追述李育意，以難二《傳》，作《公羊墨守》、《左氏膏肓》、《穀梁廢疾》焉。賈徽從劉歆受《左氏春秋》，徽傳子逵、逵受詔列《公羊》、《穀梁》不如《左氏》四十事奏之。又作《左氏訓詁》，於是鄭衆、馬融、服虔、穎容、謝該，皆爲左氏學。至和帝元興十一年，鄭興父子奏上《左氏》，乃立於學官，遂盛行。爲表如下。

## 公羊傳授

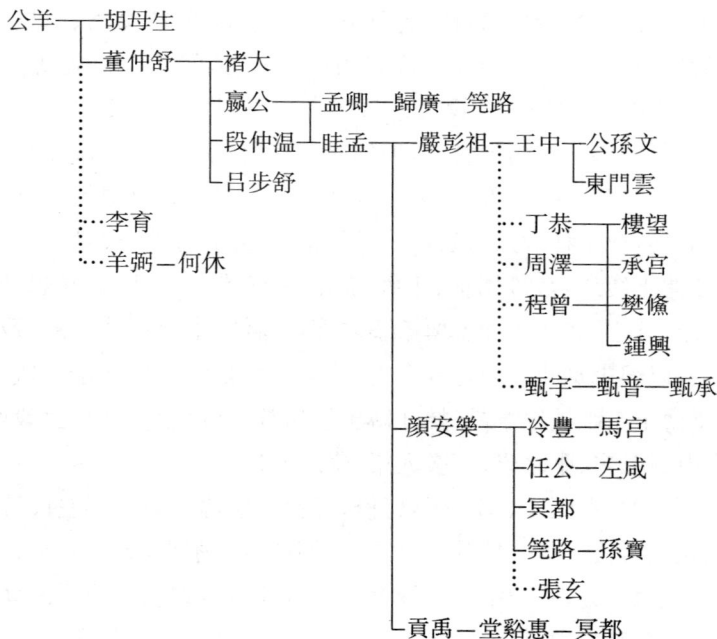

## 穀梁傳授

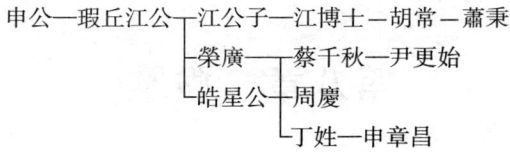

申公—瑕丘江公┬江公子—江博士—胡常—蕭秉
　　　　　　├榮廣──┬蔡千秋—尹更始
　　　　　　└皓星公├周慶
　　　　　　　　　　└丁姓—申章昌

## 左氏傳授

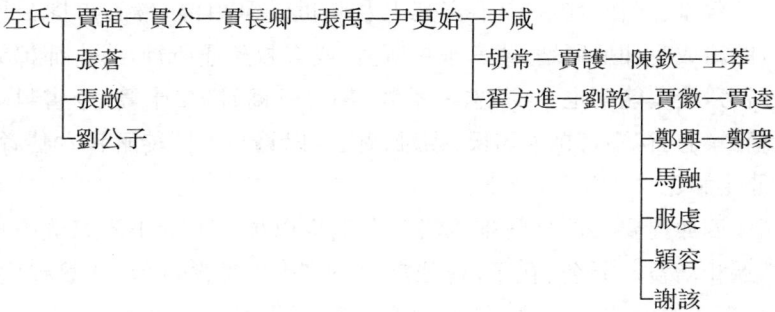

左氏┬賈誼—貫公—貫長卿—張禹—尹更始┬尹咸
　　├張蒼　　　　　　　　　　　　　├胡常—賈護—陳欽—王莽
　　├張敞　　　　　　　　　　　　　└翟方進—劉歆┬賈徽—賈逵
　　└劉公子　　　　　　　　　　　　　　　　　　├鄭興—鄭眾
　　　　　　　　　　　　　　　　　　　　　　　　├馬融
　　　　　　　　　　　　　　　　　　　　　　　　├服虔
　　　　　　　　　　　　　　　　　　　　　　　　├穎容
　　　　　　　　　　　　　　　　　　　　　　　　└謝該

以上《春秋》學。

# 第八章　爾雅

　　《爾雅》之作，經傳皆不言其人及時世。但相傳《釋詁》，周公所作，餘篇或言仲尼所增，或言子夏所益，或言叔孫通所補，或言沛郡梁父所考，疑莫能明也。《漢志·孝經》類，列《爾雅》二十篇，今書只十九篇。《志》初不言撰人名氏，揚雄、鄭玄，以爲孔子門徒解釋六藝者，亦非定論也。

　　《四庫提要》云：“《爾雅》成書，在毛亨以後。大抵小學家徵緝舊文，遞相增益。周公、孔子，皆依託之詞。”①此説當可信。《爾雅》實出自漢代箋注未行之先，蓋采諸書訓詁所作焉。故朱子《語録》云：“《爾雅》是取傳注以作，後人却以《爾雅》證傳注。”“趙岐説：《孟子》《爾雅》，皆置博士，在《漢書》亦無可考”②，亦一證。漢代傳此學者，有犍爲文學、劉歆、樊光、李巡等，説經之家，多資以證古義，故從其所重，列之經部耳。晉郭璞爲之注，最爲名家；而各家之注俱亡。

---

①　紀昀等：《四庫全書總目》，卷四十，爾雅注疏提要。
②　黎靖德編：《朱子語録》，卷一三八，雜類。

# 第九章　今古學之爭及其流派

　　西漢經學,其始有古今文之分。今文者,今謂之隷書,世所傳熹平石經及漢碑等是;古文即古籀,世所傳鐘鼎石鼓與《說文》所載古文者是:此文字之不同也。今文說專明微言大義,信足以通經致用;古文多詳訓詁章句,學者罷老且不能究其一藝:此訓詁之不同也。至於封建、井田、爵禄、昏、聘、祭祀等禮制,多今異於古:此又典章制度之不同。於是有今古學之分矣。

　　西漢言今學,十四博士,立在學官,皆今文家也。而民間古學,間有傳者。古學即古文也。廖平說:"蓋博士說通行,唯古爲異,故加號別異,目爲古者,是也。及劉歆校書,始增《古文尚書》、《毛詩》、《周官》、《左氏春秋》,而古學愈顯。後漢衞宏、賈逵、馬融,又轉相補述,自成一派,遂乃加博士說以今字。至許慎撰《五經異義》,今古分立:有《古尚書說》、《今尚書夏侯歐陽說》、《古毛詩說》、《今魯齊韓詩說》、《古周禮說》、《今禮戴說》、《古左氏說》、《今春秋公羊說》、《古孝經說》、《今孝經說》,此分別頗嚴。故知今號得自西京,古號傳於東漢也。"[1]

　　今古二派,既各自爲家,殆如水火不相容。今學以古學爲變亂師法,古學以今學爲黨同妒真。劉歆欲建立《左氏春秋》及《毛詩》、逸《禮》、《古文尚書》,諸儒博士,或不肯置對。李育習《公羊》,於是作

---

　　[1]　廖平:《今古學考》,卷上,五經異義今古學名目表。案:此條,原文作"按:西漢今學立在學官,古學傳之民間。當時學者稱古學爲古文。蓋博士說通行,惟古爲異,故加號別異,目爲古也。至於東漢,古學甚盛,遂乃加博士說以今文。故班氏以前,猶無今號,至許氏《異義》,乃今古并稱。古號得於西京,今號加於東漢,合而觀之,端委可尋矣"。

《難左氏義》四十一事。及諸儒論五經於白虎觀,育以《公羊》義難賈
逵,往返皆有理證。何休又以《春秋》駁漢事六百餘條,妙得《公羊》本
意。服虔又以《左傳》駁何休所駁漢事六十餘條。二學相攻若讎,勢
不苟同。若夫馬融指博士爲俗儒,何休詆古文爲俗學,皆相争最烈者
也。漢代經學分三派,魯、齊、古是也。分二派,今、古是也。然齊、魯
皆今學也。廖平説:"分三派者:《詩》、魯詩、齊詩、韓詩、毛詩。《春秋》、
穀梁魯、公羊齊、左傳古。《禮》、魯高堂生傳士禮、齊后古周禮。《論語》魯論、
齊論、論語古也。四經是也。分二派者:《易》、《尚書》、《孝經》三經是
也。《尚書》今學,出於伏生,齊學也。《易》傳於田何,亦齊學也。《孝
經》后倉、翼奉,亦皆齊學也。七經中齊、古皆全,所缺者,魯之《易》、
《書》、《孝經》三經説也。漢初,齊盛魯微,故失其三經之傳;而古學行
於民間,乃能與齊學相敵,則以古與今異,齊、魯同道,故存齊而魯佚
歟。"(見《今古學考》)①據此,則知魯學未亡,特以世無顯達,故以寖
微耳。廖氏又以今學舊本一派,傳習者因地而異,故流爲齊、韓派。
大約齊學多主緯説;古學舊有四派,皆緣經立説,初不因鄉土而異也。
今從其表列於下:

| | |
|---|---|
| 今齊派 | 古《周禮》派 |
| 今魯派 | 古《國語》派 |
| 今韓派 | 古《左傳》派 |
| 今緯派 | 古《孝經》派 |
| 今《易》、《尚書》、《詩》、 | 古《易》、《尚書》、《詩》、 |
| 《孝經》、《論語》派 | 《論語》派 |

---

① 　廖平:《今古學考》,《經學叢書初編》,卷下,漢初經學之分派。

# 第十章　漢代訓詁學及師法家法

　　漢人説經，各有體例，訓詁章句，立名亦自不同。而一時儒林之士，西漢若丁寬、伏生、申培、轅固、韓嬰，東漢若包咸、賈逵、鄭衆、馬融、許慎、鄭玄、何休、服虔等，皆從事訓詁，孜孜於文字章句之間，闡發聖經，光被千載，其功甚大：此所謂漢代訓詁學焉。

　　釋經之體，不自漢代始。《易》之《繫辭》，《禮》之《喪服》，皆説經最早者。他若三《傳》，《春秋》傳也；《爾雅》，《書》《詩》傳也；《禮記》，《儀禮》傳也；亦義主釋經者。其後有記、傳、義、問諸例，故漢人注經，由此推衍焉。邵懿辰《禮經通論》曰："記者，記其儀節，如《大記》、《小記》、《雜記》之類。傳者，解其文義，如《大傳》、《間傳》之類。義者，釋其意，如《昏義》、《冠義》、《鄉飲酒義》之類。問者，反復辨論，設或問而己答之，如《問喪》、《服問》之類。故記、傳、義、問四者，爲説《禮》之通例。漢人説經，或曰故，曰通，曰微，曰章句，曰注，曰説義，曰訓詁，曰訓旨，曰解詁，曰箋，曰内傳，曰外傳：皆四者之支流餘裔也。"①按故者，通其指義也。《詩》有《魯故》、《韓故》、《齊后氏故》是也。通者，如洼丹《易通》，杜撫《韓詩題約義通》是也。微謂釋其微指，《春秋》有《左氏微》、《鐸氏微》、《張氏微》、《虞氏微》是也。章句者，若《尚書》有《大小夏侯章句》，《春秋》有《公羊章句》、《穀梁章句》是。注者，著也，言爲之解説，使其載著明也；若馬融《周易注》、《尚書注》，鄭玄《周官注》是。説者，如《詩》有《魯説》、《韓説》，《禮》有《中庸説》，《論語》有

———————————

①　邵懿辰：《禮經通論》，論記傳義問四例。

《魯説》、《齊説》、《夏侯説》,《孝經》有《長孫氏説》、《江氏説》、《翼氏説》、《后氏説》是。詁訓者,或作故訓,亦解釋之義;若《毛詩故訓傳》是。訓旨者,若衛宏《古文尚書訓旨》是。解詁者,若何休《公羊解詁》、賈逵《周官解詁》、盧植《三禮解詁》是。箋者,釋也,亦故訓之支流,若鄭玄《毛詩箋》是。内傳外傳者,若《詩》有《韓内傳》、《韓外傳》,《春秋》有《公羊外傳》、《穀梁外傳》等是。又漢人説經,則有所謂條例與釋删者,如賈嚴《左氏條例》、荀爽《春秋條例》、《左氏謝氏釋》、孔奇《春秋左氏删》。皆釋經之作也。漢代訓詁學,多所發明,於此可見一斑矣。

漢人治經有師法有家法。《易》有施讎、孟喜、梁丘賀,同師田王孫師法也。施家有張、彭之學,孟有翟、孟、白之學,梁丘有士孫、鄧衡之學則家法也。《春秋》,嚴彭祖、顏安樂,同師眭孟。師法也。顏家有冷、任之學,有筦、冥之學,則家法也。治經必有師法,然後始能成一家言。師法溯其源,家法者,衍其流也。

西漢最重師法。蓋先師皆出於建元之間,而博士又各以師法教授,毋敢背師説一字。背師説,即不用。如孟喜得《易》家《陰陽災變書》,詐言師田生且死時,枕喜卻,獨傳喜。同門梁丘賀正之曰:"田生絕於施讎手中,時喜歸東海,安得此事。"蜀人趙賓飾《易》文,以爲箕子明夷,陰陽氣亡箕子,箕子者,萬物方荄兹也。《易》家不能難,皆曰非古法也,以此不見信。京房受《易》焦延壽,而託之孟氏,翟牧、白生不肯,皆曰非也。此皆不本師説,故其言不信。師法之嚴如此;然亦有背師説而立博士者。試以《尚書》記之,伏生《大傳》,以大麓爲大麓之野,是林麓,非録《尚書》也;《史記》以爲山林,用歐陽説;《漢書·于定國傳》,以爲大録,用大夏侯説。是大夏侯背師説矣。伏生《大傳》,以孟侯爲迎侯;《白虎通·朝聘篇》用之;而《漢書·地理志》,周公封弟康叔,號曰孟侯,用小夏侯説。是小夏侯背師説也。皮氏以爲不守師傳,法當嚴禁,而反爲之分立博士,蓋所謂大道多岐亡羊者也。

東漢經生,又各以家法相尚。《後漢書·儒林傳》云:"立五經博士,各以家法教授。"《宦者蔡倫傳》云:"帝以經傳之文多不正定,乃選通儒謁者劉琛及博士良史詣東觀,各校讎家法。"是博士各守家法也。《質帝紀》云:"令郡國舉明經,年五十以上、七十以下,詣太學,自大將軍至六百石,皆遣子受業。四姓小侯先能通經者,各令隨家法。"是明經必守家法也。《左雄傳》云雄上言,郡國所舉孝廉,必守家法也。見《經學歷史》。[1] 然經有數家,家有數説,學者莫衷一是,多勞而少功。皮氏云:"師法別出家法,而家法又各分專家,雲礽曠遠,漸忘其祖,是末師而非往古,用後説而舍先傳,微言大義之乖,即自源遠末分始矣。"[2]蓋深中漢以來説經之弊也。

① 皮錫瑞:《經學歷史》,經學極盛時代。案:"劉琛",《經學歷史》作"劉珍"。
② 皮錫瑞:《經學歷史》,經學極盛時代。

# 第十一章　詩大小序

　　自來論《詩》大小序者，共有四說。《經典釋文》引舊說云："起至'用之邦國焉'，名《關雎序》，謂之《小序》。自'風，風也'訖末，名爲《大序》。"沈重云："案鄭《詩譜》意，《大序》是子夏作，《小序》是子夏、毛公合作，卜商意有不盡，毛公足成之。"此一說也。《毛詩正義》："自《關雎》以後，每詩一篇，即有一序，皆謂之《小序》。"此又一說也。朱子作《詩序辨說》，"以'詩者志之所之'至'詩之至也'爲《大序》，其餘首尾爲《關雎》之《小序》"，此又一說也。程大昌《考古編》曰："凡《詩》發序兩語，如'《關雎》，后妃之德也'，世人謂之《小序》者，古《序》也。兩語以外，序而申之，世謂之《大序》者，宏語也。"此又一說也。① 上所舉四說，爲《大序》、《小序》之分，殊乖異不一；就中以朱、程之說爲最謬。崔述駁朱子說曰："按《詩序》自'《關雎》，后妃之德也'以下，句相承，字相接，豈得於中割取數百言，而以爲別出一手！蓋《關雎》乃風詩之首，故論《關雎》，而因及全詩，而章末復由全詩歸於二《南》，而仍結以《關雎》，章法井然，首尾完密，此固不容別分爲一篇也。"②又曰："舊說以逐篇序其義者爲《小序》，《隋經籍志》稱：'《序》爲子夏所創，毛公及衛敬仲更加潤益。'說者因是遂以《序》之首句爲毛公所作，或以爲太史所題，而其下乃衛所續。余按，《序》之首句與下所言相爲

　　①　見皮錫瑞：《經學通論·詩經》，"論詩序與書序同，有可信，有不可信，今文可信，古文不可盡信"條。
　　②　崔述：《讀風偶識》，《崔東壁遺書》，卷一，通論詩序。

首尾，斷無止作一句之理。至所云'刺時''刺亂'者，語意未畢，尤不可無下文，則其出於一人之手無疑也。"①按崔東壁所駁甚得當，是《詩序》原無大小之分也。

作《序》之人，説者不一：自《詩譜》外，王肅以爲子夏所序《詩》，即今《毛詩序》；范蔚宗以爲衛宏受學謝曼卿，作《詩序》；魏徵等以爲子夏所創，毛公及衛宏又加潤益；韓愈議子夏不序《詩》有三焉：知不及，一也；暴揚中菁之私，《春秋》所不道，二也；諸侯猶世，不敢以云，三也，學者欲顯其傳，因借之子夏；成伯璵以爲子夏惟裁初句，其下皆是大毛公以詩中之意而繫其辭；王安石以爲《序》乃詩人所自製；程子以爲《小序》，國史之舊文；《大序》，孔子所作；蘇轍以爲衛宏所作，非孔氏之舊，止存其首一言，餘皆删去；王得臣以爲首句，孔子所題；曹粹中以爲《毛傳》初行，尚未有《序》，門人互相傳授，各記師説；鄭樵、王質，以爲村野妄人所作：衆説紛紜，莫衷一是，此真説《詩》者千古一大疑案也。

朱子曰："《詩序》之作，説者不同，或以爲孔子，或以爲子夏，或以爲國史，皆無明文可考；惟《後漢書・儒林傳》，以爲衛宏作《毛詩序》，今傳於世，則《序》乃宏作明矣。"②按朱子之説，本於蘇轍。崔述著《讀風偶識》，亦云《詩序》乃後漢衛宏作也。崔述論《詩序》，其辨證有二。一辨非子夏、毛公所作，曰："《史記》作時，《毛詩》未出，《漢書》始稱《毛詩》，然無作序之文；惟《後漢書・儒林傳》稱'謝曼卿善《毛詩》，乃爲其訓，宏從曼卿受學，因作《毛詩序》，善得風雅之旨，於今傳於世'。則《序》爲宏所作，顯然無疑。其稱子夏、毛公所作者，特後人猜度言之，非果有所據也。"一辨非孔子與國史所作，曰："夫《論語》載孔子論《詩》之言多矣。若《關雎》章、思無邪章，誦詩三百以及興、觀、群、怨，《周南》、《召南》等章，莫不言簡意賅，意深詞潔。而《詩序》獨

_____

① 崔述：《讀風偶識》，《崔東壁遺書》，卷一，通論詩序。
② 朱熹：《詩序辨説》，《朱子全書》第一册。

平衍淺弱;雖有精粹之言,亦多支蔓之語。絕與《論語》之言不類,豈得強屬之於孔子? 至於各篇之序,失詩意甚多,其文亦不類三代之文;況變風多在《春秋》之世,當時王室衰微,太史何嘗有至列國而采風者,《春秋》經傳,概可見矣。以爲太史所題,誣矣。"①此二證甚確鑿,蓋以史傳證之,殊無明據;以文體論之,支蔓靡麗,信爲後漢人之文也。

鄭樵《詩序辨》曰:"《序》有《鄭注》而無《鄭箋》,其不作於子夏明矣。毛公於《詩》,第爲之《傳》,其不作《序》又明矣。《小序》出於衛宏,有專取諸書之文至數句者;有雜取諸家之説而辭不堅決者;有委曲婉轉附經以成其義者。'情動於中而形於言,言之不足,故嗟嘆之',其文全出於《樂記》;'成王未知周公之志,公乃爲詩以遺王',其文全出於《金縢》;'自微子至於戴公,其間禮樂廢壞',其文全出於《國語》;'古者長民,衣服不貳,從容有常,以齊其民',其文全出於《公孫尼子》。則《詩序》之作,實在於數書既傳之後明矣;此所謂取諸書之文有至數句者也。《關雎》之序,既曰'風之始也,所以風天下而正夫婦也',意亦足矣;又曰'風,風也,風以動之,上以風化下,下以風刺上',又曰'一國之事,係一人之本,謂之風'。《載馳》之詩,既曰'許穆夫人閔其宗國顛覆而作',又曰'衛懿公爲狄人所滅'。《絲衣》之詩,既曰'繹賓尸矣',又曰'靈星之尸也'。此蓋衆説并傳,衛氏得有美辭美意,併録而不忍棄之'。此所謂雜諸家之説而辭不堅決者也。《騶虞》之詩,先言'人倫既正,朝廷既治,天下純被文王之化',而後繼之以'蒐田以時,仁如騶虞,則王道成'。《行葦》之詩,先言'國家忠厚,仁及草木',然後繼之以'内睦九族,外尊事黃耇養老之言'。此所謂委曲婉轉,附經以成其義者也。惟宏作於東漢,故漢世文字,未有引《詩序》者。惟黃初四年,有曹共公遠君子近小人之語;蓋魏後於漢,

①　崔述:《讀風偶識》,《崔東壁遺書》,卷一,通論詩序。

而宏之序，至是而始行也。"①按鄭樵以《詩序》有《鄭注》而無《毛傳》《鄭箋》，定爲非子夏毛公作；又以《序》中往往有引後代諸書之文，其爲衛宏所作，洵可據也。至若王安石謂《詩序》乃詩人所自製，亦不可信。蓋《詩序》之文，旨趣頗相似；若係詩人自製，則三百篇之詩，作者數百人，有出於士大夫，有出於賤隸婦女，其體格文氣，必不至若是之同一也。況《詩序》有不了詩意，文解支離，決非詩人所自作；且《序》文淺弱，亦不類三代之文，故當以衛宏所作爲近也。又況齊、魯、韓三家《詩》，其解《詩》意，多與《毛詩序》不合，而《毛詩序》又好取《左傳》之事以附會之，皆其證也。

---

①　鄭樵:《六經奧論》，卷三，詩序辨。

# 第十二章　讖緯

漢儒好言災異，故圖讖緯候之學，至兩漢爲極盛。如《書》有伏生《洪範五行傳》；《詩》有翼奉言五際六情；《公羊春秋》有董仲舒，多言災異；《易》有京房，明象數占驗；《禮》有《明堂陰陽》。是西漢經生，已推災異引讖説，以附會六經矣。東漢經師，則更信圖讖，且爲緯作注，馴至以緯言經矣。先是王莽時，讖云"劉秀當爲天子"，故光武以赤伏符受命，深信讖緯，《五經》之義，皆以讖決。若賈逵言《左氏》與圖讖合，五經家皆無以證圖讖明劉氏爲堯後者，而左氏獨有明文；由是選公羊顏、嚴諸生高才者二十人，教以《左氏》，而《左氏》遂行於世。曹褒次序禮事，依準舊典，雜以五經讖記之文，撰次天子至於庶人冠婚吉凶終始制度，以爲百五十篇，而漢禮以定。宋鈞、鄭玄，并爲讖緯之注，玄又注三《禮》，引《易説》、《書説》、《樂説》、《春秋説》、《禮家説》、《孝經説》，皆緯候也；其戒子，亦自言睹秘書緯術之奧；何休注《公羊》，全引讖説。此皆經師之信讖緯者也。故以經淆緯，始於西京；以緯儷經，本於東漢，信可斷言矣。

緯書之目，見《後漢書·樊英傳》注。七緯者，《易緯》：《稽覽圖》、《乾鑿度》、《神靈圖》、《通卦驗》、《是類謀》、《辨終備》。《書緯》：《璇璣鈐》、《考靈曜》、《帝命驗》、《運期授》。《詩緯》：《推度災》、《氾歷樞》、《含神霧》。《禮緯》：《含文嘉》、《稽命徵》、《斗威儀》。《樂緯》：《動聲儀》、《稽耀嘉》、《叶圖徵》。《孝經緯》：《援神契》、《鈎命決》。《春秋緯》：《演孔圖》、《元命包》、《元耀鈎》、《運斗樞》、《感精符》、《合誠圖》、《考異郵》、《保乾圖》、《漢含孳》、《佐助期》、《握誠圖》、《潛潭巴》、《説題詞》。凡三十五篇。王應麟云："又有《尚書中侯》、《論語讖》,在七緯之外。"①亦可見《緯書》之充斥矣。

　　當是時,五經爲外學,《七緯》爲内學,遂有一代風氣。皮氏云："漢儒增益秘緯,乃以讖文牽合經義。其合於經義者近純,其涉於讖文者多駁。故緯純駁互見,未可一概詆之。其中多漢儒説經之文,如六日七分,出《易緯》;周天三百六十度四分度一,出《書緯》;夏以十三月爲正,出《樂緯》;後世解經,不能不引。三綱大義,名數所尊,而經無明文,出《禮緯》、《含文嘉》。"②據此,則讖緯之説,未可厚非,蓋讖亦輔緯,緯亦以正經;而儒生稽古,博士解經,其緯學有可取者焉。

①　王應麟:《困學紀聞》,卷八,經説。
②　皮錫瑞:《經學歷史》,經學極盛時代。

# 第十三章　鄭學

漢儒經訓，莫長於鄭玄。蓋當時經有數家，家有數説，章句多者，或乃百餘萬言，學者徒勞而莫知所從。鄭君兼通今古，溝合爲一；於是經生傳授，并專以鄭氏家法。即經學論，可謂小統一時代。故范蔚宗論之曰："鄭君囊括大典，網羅衆家，删裁繁蕪，刊改漏失，自是學者略知所歸。"①洵不誣也。今古文混合，始於鄭玄。《後漢書》本傳云："凡玄所注《周易》、《尚書》、《毛詩》、《儀禮》、《禮記》、《論語》、《孝經》、《尚書大傳》、《中候》、《乾象歷》，又著《七政論》、《魯禮禘祫義》、《六藝論》、《毛詩譜》、《駁許慎五經異義》、《答林孝存周禮難》：凡百餘萬言。"②按漢代經師，多專一經，罕能兼通者。若申公兼通《詩》、《春秋》，韓嬰兼通《詩》、《易》，孟卿兼通《禮》、《春秋》，已爲難能可貴。鄭君獨博十經，爲注十餘種，可謂富矣。皮錫瑞以爲："鄭注諸經，兼采古今文。注《易》用費氏古文，爻辰出費氏分野。今既亡佚，而施、孟、梁丘《易》又亡，無以考其同異。注《尚書》用古文，而多異馬融，或馬從今而鄭從古，或馬從古而鄭從今。是鄭注《書》兼采今、古文也。箋《詩》以毛爲主，而間易毛字，自云：'若有不同，便下己意。'所謂己意，實本三家。是鄭箋《詩》兼采古、今文也。注《儀禮》并存今、古文，從今文則注内疊出古文，從古文則注内疊出今文。是鄭注《儀禮》，兼采今、古文也。《周禮》古文，無今文，《禮記》亦無今、古文之分，其注皆不必論。注《論語》，就《魯論》篇章，考之《齊》《古》爲之注，云：'《魯

---

①②　范曄撰，李賢等注：《後漢書》，卷三十五，張曹鄭列傳第二十五。

論》某爲某,今從《古》。'是鄭注《論語》兼采今、古文也。注《孝經》,多今文説。"①皮氏爲此言,皆實證也。

　　鄭君先通今文,後通古文,皆遠有師承。本傳云:"造太學受業,師事京兆第五元先,始通《京氏易》、《公羊春秋》、《三統歷》、《九章算術》;又從東郡張恭祖受《周官》、《禮記》、《左氏春秋》、《韓詩》、《古文尚書》。以山東無足問者,乃西入關,因涿郡盧植,事扶風馬融。學成辭歸,融喟然謂門人曰:'鄭生今去,吾道東矣。'"②據此,知鄭君博通今古文,而鄭注古學,又兼采今學,於是古學乃興。故鄭《易注》行,而施、孟、梁丘、京之《易》廢矣;鄭《書注》行,而歐陽、大小夏侯之《書》廢;鄭《詩箋》行,而魯、齊、韓三家《詩》廢矣;鄭《論語注》行,而齊、魯《論語》廢矣。蓋今學之亡,鄭君之過也。説者以爲鄭學盛而漢學衰者,此也。

　　鄭君受賈、馬之學,兼采今文,於是今古文混亂,不復別,而家法以亡。然在鄭君之前,今古文之分甚嚴,伏《尚書》、三家《詩》無論矣。至若杜、鄭、賈、馬注《周禮》、《左傳》,不用博士説片語隻字;何休《公羊解詁》,亦不引古説;許君《説文》,用古義。凡今文家,皆以博士説目之,屏除異義。其傳《五經異義》,分今文説古文説甚晰。二者不强同,殆如陰陽水火之不能相容。自鄭康成出,乃抉其界畔,雜糅爲一,此李兆洛所以謂鄭君爲漢儒敗壞家法之學也。

　　①　皮錫瑞:《經學歷史》,經學中衰時代。
　　②　范曄撰,李賢等注:《後漢書》,卷三十五,張曹鄭列傳第二十五。

# 第十四章　魏晉經學

　　魏、晉之間,經學中衰,大抵學者染於習尚,故多研究古文家説,學與漢代講今文學者,不啻劃一鴻溝焉。若《易》,漢用施、孟、梁丘、京氏之説,魏、晉則用鄭《易注》、王《易注》,而施、孟、梁丘、京氏之《易》亡;《書》則漢用歐陽、大小夏侯,魏、晉則尚鄭《書注》;漢代《詩》用齊、魯、韓三家,魏、晉時尚毛,而三家亡;《禮》則漢尚大小戴,魏、晉則用鄭《禮記注》、鄭《儀禮注》;《春秋》,漢用《公羊》,魏、晉則尚《左氏》。蓋今學盛於西漢,至哀、平間,古學乃興;以後皆古學弟子,故今學寖微;迨魏、晉之後,今經遂亡:此實王肅、何晏、杜預諸人啟之也。

　　王肅亦敗壞家法者。肅兼通古今文。肅父朗,師楊賜,楊氏世傳歐陽《尚書》。洪亮吉《傳經表》賜爲伏勝十五傳弟子,朗爲十六傳弟子,肅爲十七傳弟子。[①]肅本習今文也。《魏志》"肅善賈、馬之學,而不好鄭氏"[②],是肅兼治古文學也。鄭君雜糅今古,近人多議其敗壞家法;肅殆尤甚焉,乃集《聖證論》以譏短鄭君,或以今文説駁鄭之古文,或以古文説駁鄭之今文,汩亂家法,誠經學之一大蠹也。且僞造孔安國《尚書傳》、《論語》、《孝經注》、《孔子家語》、《孔叢子》共五書,以互相證明,託於孔子及孔氏子孫,使其徒孔衍爲之證,何其謬哉!王肅之學,魏、晉間頗盛行,而鄭學遂衰。肅爲《尚書》、《詩》、《論語》、三《禮》、《左氏》解文,及撰定父朗所作《易傳》,皆列於學官,丁晏所謂王肅爲晉武帝外祖,故盛行於時也。當是時,朝廷典制,宗廟喪紀輕

---

　　① 　洪亮吉:《傳經表》,卷一。
　　② 　陳壽:《三國志》,卷十三,魏書十三,王肅傳。

重之禮，皆王肅說，不用鄭義。皮錫瑞云："其時孔晁、孫毓等申王駁鄭，孫炎、馬昭等又主鄭攻王，齗齗於鄭、王兩家之是非，而兩漢顓門無復過問。"①以此觀之，肅不獨變亂漢學，即鄭氏學亦爲所亂矣。

魏、晉間，鄭氏學若存若亡，而王、何之說代興。王弼《易注》，盡掃象數，間雜老、莊之旨；雖亦用費氏《易》，而說解不同。何晏《論語集解》，雖采《鄭注》，而不盡主鄭；若王肅，尤顯與鄭氏立異者。杜預專治《左氏》學，多湮没賈、服之說。迨晉元帝修學校，簡省博士，置《周易》王氏，《尚書》鄭氏，《古文尚書》孔氏，《毛詩》鄭氏，《周官》、《禮記》鄭氏，《春秋左傳》杜氏、服氏，《論語》、《孝經》鄭氏博士，各一人。太常荀崧上疏，請增置鄭氏《儀禮》及《春秋》、《公羊》、《穀梁》博士各一人。時以爲《穀梁》膚淺不足立，王敦之難復不果行。晉所立博士，遂無一爲漢十四博士所傳者，於是兩漢師法亡矣。

《經學歷史》云："世傳十三經注，止一《孝經》爲唐明皇御注，其餘漢人與魏、晉人各居其半。鄭君箋《毛詩》，注《周禮》、《儀禮》、《禮記》，何休注《公羊傳》，趙岐注《孟子》，凡六經，皆漢人。孔安國《尚書注》，王肅僞作，王弼《易注》，何晏《論語集解》，凡三經，皆魏人注。杜預《左傳集解》，范甯《穀梁集解》，郭璞《爾雅注》，凡三經，皆晉人注。以注而論，魏、晉人似不讓漢人矣，而魏、晉人注，卒不能及漢者。《孔傳》多同王肅，《孔疏》已有此疑，宋吳棫與朱子及近人閻若璩、惠棟，歷詆其失，以爲僞作，丁晏《尚書餘論》考定其書實出王肅。據《晉書·荀崧傳》，崧疏稱武帝時置博士已有孔氏，是晉初已立學，永嘉之亂亡失，東晉時梅頤復獻之，非梅頤僞作也。王弼、何晏祖尚玄虛，范甯常論其罪浮于桀、紂。王弼《易注》空談名理，與漢儒樸實說經不似，故宋趙師秀云'輔嗣《易》行無漢學'。何晏《論語集解》合包、周之《魯論》，孔、馬之《古論》，而雜糅莫辨。所引《孔注》亦是僞書。如'孰謂鄹人之子知禮乎'，《孔注》：'鄹，孔子父叔梁紇所治邑。'不自稱幾

---

①　皮錫瑞：《經學歷史》，經學中衰時代。

世祖，此大可疑者。丁晏謂《孔注》亦王肅僞作。杜預《左傳集解》多據前人説解而没其名，後人疑其杜撰。諒闇短喪，倡爲邪説。《釋例》於‘凡弒君稱君，君無道也’一條，亟揚其波。鄭伯射王中肩之類，曲爲出脱。焦循論預背父黨簒之罪，謂爲司馬氏飾。其注多傷名教，不可爲訓。范甯《穀梁集解》雖存《穀梁》舊説，而不專主一家，序於三《傳》皆加詆諆；宋人謂其最公，此與宋人門徑合耳。若漢時三《傳》各守顓門，未有兼采三《傳》者也。郭璞《爾雅注》亦没前人説解之名，余蕭客謂爲攘善無恥。此皆魏、晉人所注經，準以漢人著述體例，大有逕庭，不止商、周之判。”①按皮氏此説頗詳盡，蓋深中其弊者也。大概魏、晉經學，與兩漢迥絶，尚排擊，又多衍空理，遂開南朝經學一派，無復有漢人重引申講訓詁之風者矣！

---

①　皮錫瑞：《經學歷史》，經學中衰時代。

# 第十五章　尚書今古文之真偽及其篇目考

　　《尚書》今古文之分，最糾紛難辨。其行於世者，計有五本：一、伏生今文，一、孔壁文，一、張霸《百兩篇》，一、杜林《漆書》，一、《梅氏》本。大抵今文皆真也；古文有真有偽，而説者亦不一。東晉梅賾，獻《古文尚書》、孔安國《傳》，孔穎達《疏》，以孔氏經傳爲真，馬、鄭所注本於杜林《漆書》者爲偽。閻若璩、惠棟則以孔氏經傳爲偽，馬、鄭所注本於杜林者，即孔壁真古文。劉逢禄、宋翔鳳、魏源，又以孔氏經傳與馬鄭本於杜林者皆偽；逸十六篇，亦非孔壁之真。案張霸《書》及孔壁《書》之偽，已有明辨之者。《孔疏》以偽孔古文爲真，以馬、鄭注古文爲偽，謬矣。伏生傳今文二十九篇：《堯典》一，《皋陶謨》二，《禹貢》三，《甘誓》四，《湯誓》五，《盤庚》六，《高宗肜日》七，《西伯戡耆》八，《微子》九，《牧誓》十，《鴻範》十一，《大誥》十二，《金縢》十三，《康誥》十四，《酒誥》十五，《梓材》十六，《召誥》十七，《洛誥》十八，《多士》十九，《毋佚》二十，《君奭》二十一，《多方》二十二，《立政》二十三，《顧命》二十四，《康王之誥》二十五，《鮮誓》二十六，《甫刑》二十七，《文侯之命》二十八，《秦誓》二十九：此《史記》所謂伏生得二十九篇者也。世謂伏生今文本二十八篇。《史記》云二十九篇者，孔穎達以爲兼《泰誓》言之，其説非是。史遷見古文以分出《康王之誥》追數之，本在伏生傳中，故可云伏生得也。見《癸巳類稿》。[1]　劉向《別録》云："武帝末，

---

　　①　俞正燮：《癸巳類稿》，卷一，尚書篇目七篇説。

民間有得《太誓》書於壁内者,獻之,與博士使讀之,數月皆起,傳以教人。"①劉歆《讓太常博士書》,亦曰:"孝武時,《太誓》後得,博士集而讀之。"②是《太誓》最晚出,在博士者,本不在伏生書中。《漢志》經二十九卷,兼《太誓》言之也。王引之《經義述聞》亦謂今文二十九篇,當合《顧命》、《康王之誥》爲一,而以《太誓》當一篇。③ 陳壽祺《左海經辨》,又謂"伏生《尚書》凡二十八篇,其一《太誓》,非伏生所得","世以伏生得二十九篇,蓋併《書序》當一篇也"④。按此二説皆非。龔自珍《太誓答問》辨之最詳。分《顧命》、《康王之誥》爲二,不數《太誓》、《書序》,甚是,當從之。漢所得《太誓》,今殘缺;其文體平庸,絶不類周代文;且所引白魚赤鳥之瑞,頗似緯書,此龔自珍所以不信《太誓》也。

　　孔氏壁藏之書,今已不傳,兹但考其篇數而已。《史記·儒林傳》曰:"逸《書》得十餘篇。"⑤《漢志》曰:"以考二十九篇,得多十六篇。"⑥此所謂"古文尚書"也。《尚書正義》云:"案壁内所得孔爲傳者,凡五十八篇,爲四十六卷。三十三篇與《鄭注》同,二十五篇,增多《鄭注》也。其二十五篇者:《大禹謨》一,《五子之歌》二,《胤征》三,《仲虺之誥》四,《湯誥》五,《伊訓》六,《太甲》三篇九,《咸有一德》十,《説命》三篇十三,《泰誓》三篇十六,《武成》十七,《旅獒》十八,《微子之命》十九,《蔡仲之命》二十,《周官》二十一,《君陳》二十二,《畢命》二十三,《君牙》二十四,《冏命》二十五。但孔君所傳,值巫蠱不行以終。前漢諸儒,知孔本有五十八篇,不見《孔傳》,遂有張霸之徒,僞造《尚書》,凡二十四篇,以定《鄭注》三十四篇,爲五十八篇。其數雖與孔同,其

---

①　見姚振宗輯録,鄧駿捷校補:《七略别録佚文》,六藝略佚文。

②　班固撰,顔師古注:《漢書》,卷三十六,楚元王傳第六。

③　王引之:《經義述聞》,卷四,伏生尚書二十九篇説。

④　陳壽祺:《左海經辨》,卷上,今文尚書大誓後得説、今文尚書有序説。

⑤　司馬遷撰,裴駰集解,司馬貞索隱,張守節正義:《史記三家注》,卷一百二十一,儒林列傳第六十一。

⑥　班固撰,顔師古注:《漢書》,卷三十,藝文志第十。

篇有異孔，則於伏生所傳二十九篇內無古文《太誓》；除《序》，尚二十八篇，分出《舜典》、《益稷》、《盤庚》二篇，《康王之誥》爲三十三，增二十五篇，爲五十八篇。鄭玄則於伏生二十九篇之內，分出《盤庚》二篇，《康王之誥》又《泰誓》三篇爲三十四篇，更增益僞書二十四篇，爲五十八。所增益二十四篇者，則鄭注《書序》，《舜典》一，《汨作》二，《九共》九篇十一，《大禹謨》十二，《益稷》十三，《五子之歌》十四，《胤征》十五，《湯誥》十六，《咸有一德》十七，《典寶》十八，《伊訓》十九，《肆命》二十，《原命》二十一，《武成》二十二，《族獒》二十三，《冏命》二十四。以此二十四爲十六卷，以《九共》九篇共卷，除八篇，故爲十六。故《藝文志》、劉向《別錄》云五十八篇。"①按鄭注古文，即《漢志》所云增多之一十六篇也。馬融云"絕無師說"，所以又謂之逸《書》。至於壁內《孔傳》二十五篇，乃僞書耳。《孔疏》以僞古文爲真，以鄭注古文爲僞，殊非是。

東晉元帝時，豫章內史梅賾奏上《孔傳》、《古文尚書》，自云："晉太保公鄭沖以《古文尚書》授扶風蘇愉，愉授天水梁柳，柳授城陽臧曹，曹授汝南梅賾。"②賾所上之書，增多古文二十五篇，即《孔疏》所記者，是爲《僞古文尚書》、《僞孔傳》。齊建武中，吳姚方興於大航市得《舜典》一篇，奏上，比馬鄭注多"曰若稽古帝舜曰重華協於帝濬哲文明溫恭允塞玄德升聞乃命以位"二十八字，乃分《堯典》之半爲《舜典》，此又僞中之僞也。時梁武帝爲博士，駁之，遂不行。至唐孔穎達爲《正義》，取僞孔書，又取此說，反斥鄭氏所述之二十四篇爲張霸僞造。取今文三十三篇，從《堯典》分出《舜典》一篇，從《皋陶謨》分出《益稷》一篇，去《太誓》一篇，《叙》一篇，合之僞古文二十五篇爲五十八篇：此即今通行之《尚書注疏》本也。自是以後，《正義》大行，而馬、鄭之注皆亡矣。宋翔鳳注《尚書譜》，詳載篇目，學者可互觀之，於以見今古文之存逸焉。

---

①② 題孔安國傳，孔穎達疏：《尚書正義》，卷二，堯典第一。

# 第十六章　南北朝經學

經學，兩漢一派也，魏晉一派也。兩漢樸實，魏晉虛僞。故至南北朝時代，而經學分立，遂有南北學之分，此經學之一大變遷也。《北史·儒林傳序》曰："江左，《周易》則王輔嗣，《尚書》則孔安國，《左傳》則杜元凱；河洛，《左傳》則服于慎，《尚書》、《周易》則鄭康成，《詩》則并主於毛公，《禮》則同遵於鄭氏。"①此言南北學派，最爲扼要。蓋北學《易》、《書》、《詩》、《禮》，皆宗鄭氏，《左傳》宗服，服、鄭本一家之學，宗服即宗鄭也。見《世說新語》。是北學皆漢學也。南學《易》尊王弼，《書》用《僞古文》，王肅僞造。《左傳》宗杜預，皆魏、晉虛僞之學也。自是以來，漢學寖微，實南方玄學階之屬也。唯《詩》與《禮》，南北無異同，此則有定稱者。

《北史》云："南人簡約，得其英華；北學深蕪，窮其枝葉。"②此言南北宗尚之不同也。皮錫瑞説："蓋唐初人重南輕北，故定從南學，而其實不然。説經貴約簡，不貴深蕪，自是定論。但所謂約簡者，必如漢人之持大體，玩經文，口授微言，篤守師説，乃爲至約而至精也。若唐人謂'南人約簡，得其英華'，不過名言霏屑，騁揮塵之清談；屬詞尚腴，侈雕蟲之餘技。如皇侃之《論語義疏》，名物、制度略而弗講；多以老、莊之旨，發爲駢儷之文，與漢人説經相去懸絶。此南朝經疏之僅存于今者，即此可見一時風尚。江藩以其得自日本，疑爲足利贋鼎。不知此等文字，非六朝以後人所能爲也。《禮記疏》本皇、熊二家。熊

---

①②　李延壽：《北史》，卷八十一，列傳第六十九儒林上。

安生北學，皇侃南學。孔穎達以爲熊違經多引外義，釋經唯聚難義。此正所謂'北學深蕪'者。又以皇'雖章句詳正，微引繁廣。以熊比皇，皇氏勝矣'，此則皇氏比熊爲勝，正所謂'南人約簡'者。而《郊特牲》疏云：'皇氏于此經之首，廣解天地、百神用樂委曲及諸雜禮制，繁而不要，非此經所須。又隨事曲解，無所憑據。今皆略而不載。'此又孔穎達之所謂'繁廣'者。説《禮》本宜詳實，不嫌稍繁，皇氏之解《禮記》，視《論語義疏》爲遠勝矣。"①皮氏推衍《北史》之旨，頗得其底蘊焉。蓋北人俗尚純樸，無浮華之習，而經學又專宗鄭、服，遠有師承，故能窮理盡微。南人尚虛談，宗老、莊之旨；治經者又多爲僞孔、王、杜所惑，其平典可稱，似核其玄要者。以此觀之，北學雖繁而實純，勝南學多矣。

北朝經學之傳授，又見《北史·儒林傳》云："自魏末，大儒徐遵明門下講鄭玄所注《周易》。遵明以傳盧景裕及清河崔瑾，景裕傳權會、郭茂。權會早入鄴都，郭茂恒在門下教授，其後能言《易》者，多出郭茂之門。河南及青、齊之間，儒生多講王輔嗣所注，師訓蓋寡。齊時，儒士罕傳《尚書》之業，徐遵明兼通之。遵明受業於屯留王聰，傳授浮陽李周仁，及渤海張文敬、李鉉，河間權會，并鄭康成所注，非古文也。下里諸生，略不見孔氏注解。武平末，劉光伯、劉士元始得費甝《義疏》，乃留意焉。其《詩》、《禮》、《春秋》，尤爲當時所尚，諸生多兼通之。三《禮》并出遵明之門，徐傳業於李鉉、祖儁、田元鳳、馮偉、紀顯敬、呂黄龍、夏懷敬，李鉉又傳授刁柔、張買奴、鮑季詳、邢峙、劉晝、熊安生。安生又傳孫靈暉、郭仲堅、丁恃德。其後生能通《禮經》者，多是安生門人。諸生盡通《小戴禮》，於《周》《儀禮》兼通者，十二三焉。通《毛詩》者，多出於魏朝劉獻之。獻之傳李周仁。周仁傳董令度、程歸則。歸則傳劉敬和、張思伯、劉軌思。其後能言《詩》者，多出二劉之門。河北諸儒能通《春秋》者，并服子慎所注，亦出徐生之門。張買

---

① 　皮錫瑞：《經學歷史》，經學分立時代。

奴、馬敬德、邢峙、張思伯、張奉禮、張彫、劉軌、鮑長宣、王元則，并得
服氏之精微。又有姚文安、秦道静，初亦學服氏，後更講杜元凱所注。
其河外儒生，俱伏膺杜氏。"①史言北學之淵源及其傳授，亦自明晰，
足證北朝之儒，咸守師法，有漢儒遺風，間亦有研治南學者。皮錫瑞
説："青、齊之間，多講王輔嗣《易》、杜元凱《左傳》；蓋青、齊居南北之
中，故魏、晉經師之書，先自南傳於北。北學以徐遵明爲最優，擇術最
正。鄭注《周易》、《尚書》、三《禮》，服注《春秋》，皆遵明所傳，惟《毛
詩》出劉獻之耳。其後則劉焯、劉炫爲優。而崇信僞書，擇術不若遵
明之正。得費甝《義疏》，傳僞孔古文，實始於二劉。二劉皆北人，乃
傳南人費甝之學，此北學折入於南之一證。"②皮氏此説，足與《北史》
相發明矣。南朝經學，咸守魏晉經師之説，故多侈談新理。若伏曼
容、朱異、孔子袪、張譏、周孔正，皆宗王弼《易》，辨正名理，多雜以玄
學。全緩幼受《易》於博士褚仲都，篤志研習，得其精微，時人言玄者
咸推之。費甝治《尚書》，又宗《孔傳》，復爲僞古文作疏。姚方興得
《舜典》篇首二十八於大航頭，梁武帝爲博士議駁，有漢宣、章二帝稱
制臨决之風；而至今流傳僞中之僞，是又梁武所不料也。江左治《毛
詩》者，與北朝同。然孫毓作《詩評》，論毛、鄭、王三家得失，多駁鄭祖
王。他若伏曼容、崔靈恩、張譏、顧越，并治《毛詩》，皆善談名理，往往
不純宗毛、鄭。至於《左傳》之學，則偏崇《杜注》。崔靈恩先習《左傳
服解》，不爲江東所行；乃改説杜義，每文句，常申服以難杜，遂著《左
氏條義》以明之。時助教虞僧誕，又精杜學，因作《申杜難服》，以答靈
恩，此可見其好尚矣。當是時，江左崇尚《禮》學，其通貫有過於北方
者。何佟之少好三《禮》，師心獨學，手不輟卷，讀《禮論》三百餘篇，略
皆上口。初爲國子助教，爲諸生講《喪服》。結草爲絰，屈手巾爲冠，
諸生有未曉者，委曲誘誨。都下稱其高儒，此足尚也。至若嚴植之、

---

① 李延壽：《北史》，卷八十一，列傳第六十九儒林上。
② 皮錫瑞：《經學歷史》，經學分立時代。

司馬筠、崔靈恩、孔僉、沈峻、沈文阿、皇侃、沈洙、戚衮、鄭灼，無不通三《禮》者，彬彬乎亦曩時之盛也。若夫嚴植之偏習鄭氏《禮》、《易》、《毛詩》、《左氏春秋》，則又有北學之風者矣。

　　南北朝經師爲義疏之學頗衆，誠所謂開唐人疏注之風氣焉。南方諸儒，若伏曼容《論語義》，崔靈恩《三禮義宗》、《左氏經傳義》，沈文阿《春秋》、《禮記》、《孝經》、《論語義記》，皇侃《論語義》、《禮記義》，戚衮《禮記義》，張譏《周易義》、《尚書義》、《毛詩義》、《孝經義》、《論語義》，顧越《喪服》、《毛詩》、《孝經》、《論語》等義疏，王元規《春秋義記》、《孝經義記》，此見《南史·儒林傳》者也。北若劉獻之撰《三禮大義》，徐遵明《春秋義章》，李鉉撰定《孝經》、《論語》、《毛詩》、《三禮義疏》，沈重《周禮義》、《儀禮義》、《禮記義》、《毛詩義》、《喪服經義》，熊安生《周禮義疏》、《禮記義疏》、《孝經義》，并見於《北史·儒林傳》者。此雖不及漢、晉諸儒章句學之博大，然皆能疏通而證明之，學者亦易以探討其微奧焉。況諸儒抱殘守缺，後人猶能及見先賢之所述，其功固未可没矣。今唯皇、熊二家之説，見采於《禮記疏》中，其餘書皆亡佚無存。唐人所撰《五經疏》，殆本於南北諸家者實多也。

# 第十七章　九經正義

　　《隋書·經籍志》於《易》云："梁、陳，鄭玄、王弼二注，列於國學。齊代唯傳鄭義。至隋，王注盛行，鄭學寖微。"於《書》云："梁、陳所講，有鄭、孔二家。齊代唯傳鄭義。至隋，孔、鄭并行，而鄭氏甚微。"於《詩》云："《齊詩》，魏代已亡；《魯詩》亡於西晉；《韓詩》雖存，無傳之者。唯《毛詩鄭箋》，至今獨立。"於《禮》云："唯《鄭注》立於國學，其餘并多散亡，又無師說。"於《春秋》云："《左氏》唯傳服義。至隋，杜氏盛行，服義及《公羊》、《穀梁》寖微。"①是僞孔、王、杜之盛行，鄭、服之寖微，并在隋時。至於《詩》、《禮》，則仍宗毛、鄭。故隋、唐之時，經學統一。《易》王弼注，《書》僞孔傳，《詩》毛傳，《禮》鄭注，《春秋》《公羊》何休注、《穀梁》范甯注、《左傳》杜預注，并行於世：此即唐人作疏之五經也。

　　《舊唐書·儒學列傳序》云："太宗以儒學多門，章句繁雜，詔國子祭酒孔穎達與諸儒，撰定《五經義疏》，凡一百七十卷，名曰《五經正義》，令天下傳習。"②按穎達既卒，博士馬嘉運駁其所定義疏之失，有詔更定，未就。永徽二年，詔諸臣復考證之，就加增損。永徽十四年，始頒孔穎達《五經正義》於天下。其所定《五經疏》，《易》主《王注》，《書》主《孔傳》，《左氏》主《杜解》。若夫鄭注《易》、《書》，服注《左氏》，在隋已寖微將絕，故不得不俯從時尚也。

----

① 　魏徵等：《隋書》，卷三十二，經籍志第二十七。
② 　劉昫等：《舊唐書》，卷一百八十九上，列傳第一百三十九上儒學上。

　　唐人《五經疏》，其原出於南北朝。若《禮記疏》本皇、熊二家，《詩》、《書》本二劉，其最著者。然南北説經者雖衆，罕得其領，故唐人作《正義》。其去取甲乙，時或倒置，此則莫可辭其咎也。皮錫瑞説："議孔疏之失者：曰彼此互異，曰曲徇注文，曰雜引讖緯。案：著書之例，注不駁經，疏不駁注。不取異議，專宗一家，曲徇注文，未足爲病。讖緯多引古義，原本今文，雜引釋經，亦非巨謬。惟彼此互異，學者莫知所從，既失刊定之規，殊乖統一之義。即如讖緯之説，經、疏并引，而《詩》、《禮》從鄭，則以爲是；《書》不從鄭，又以爲非。究竟讖緯爲是爲非，矛盾不已。"①皮氏蓋亦議其去取適當者焉。是時修正《正義》者，《周易》則馬嘉運、趙乾叶，《尚書》則王德韶、李子雲，《毛詩》則王德韶、齊威，《春秋》則谷那律、楊士勛，《禮記》則朱子奢、李善信、賈公彦、柳士宣、范義頵、張權，實非一人之書也。標題孔穎達者，蓋以名位重也。

　　朱子謂："《五經疏》，《周禮》最好，《詩》、《禮記》次之，《書》、《易》爲下。"②其品藻次第極當。《困學紀聞》云："考之《隋志》，王弼《易》，孔安國《書》，齊、梁始列國學。故諸儒之説，不若《詩》、《禮》之詳實。"③皮錫瑞以此説未盡然。云："《正義》者，就傳注而爲之疏解者也。所宗之注不同，所撰之疏亦異。《易》主王弼，本屬清言。《王注》河北不行。'江南義疏十有餘家，皆辭尚玄虛，義多浮誕'，《正義序》已明言其失，而疏文仍失於浮虛，以《王注》本不摭實也。《書》主僞孔，亦多空詮，《孔傳》河北不行。《正義》專取二劉，《序》又各言其失，由僞傳本無足徵也。《詩》、《禮》、《周禮》，皆主鄭氏，義本詳實，名物度數，疏解亦明。故於諸經爲最優。"④此辨證亦極確。蓋唐人説經者，多篤守一家言，又偏重南學。《易》不用荀、虞，《書》不用鄭氏，此

　　① 　皮錫瑞：《經學歷史》，經學統一時代。
　　② 　黎靖德編：《朱子語類》，卷八十六，禮三，周禮總論。
　　③ 　王應麟：《困學紀聞》，卷八，經説。
　　④ 　皮錫瑞：《經學歷史》，經學統一時代。

雖唐人之失，然實不能不歸咎於南朝矣。其後賈公彥疏《儀禮》、《周禮》，徐彥疏《公羊》，楊士勛疏《穀梁》，并專守一家，例不破注，斯則孔氏開其風氣者也。當是時，陸德明著《經典釋文》，亦衍南學者。其書創始於陳後主元年，成書在未入隋以前。而《易》主王氏，《書》主僞孔，《左》主杜氏，則又爲唐人義疏之先聲矣。

# 第十八章　宋代經學之變革及其流派

王應麟《困學紀聞》云："自漢儒至於慶曆間，談經者守訓故而不鑿。《七經小傳》出，而稍尚新奇矣。至《三經義》行，視漢儒之學若土梗。"①以此觀之，經學自漢至宋，是爲一大變革。蓋慶曆以前，多尊章句注疏之學，及劉敞爲《七經小傳》，王安石爲《三經新義》，始異諸儒之説，以己意改經。變先儒淳實之風者，實自敞始矣。然慶曆之後，諸儒發明經旨，以義理相尚，又非漢儒所可及。其間若歐陽修之排《繫辭》，修與蘇軾、蘇轍之毀《周禮》，李覯、司馬光之毀《孟子》，蘇軾之譏《書》，晁説之之黜《詩序》，凡經師舊説，俱加排斥，此蓋風氣使然也。紀昀曰："漢儒重師傳，淵源有自；宋儒尚心悟，研索易深。漢儒過於信傳，宋儒勇於改經，計得其失，亦復相當。惟漢儒之學，非讀書稽古，不能下一語；宋儒之學，則人人皆可以空談，誠有不盡厭人心者。"②紀説殊至當，此即漢學宋學之得失也。今略述其五經之傳授及其流派，於以考宋學之變古焉。

《四庫提要》《易》類云："漢儒言象數，去古未遠也；一變而爲京、焦，入於機祥，再變而爲陳、邵，務窮造化，《易》遂不切於民用。王弼盡黜象數，説以老莊；一變而胡瑗、程子，始闡明儒理，再變而李光、楊萬里，又參證史事，《易》遂日啟其論端。此兩派六宗，已互相攻

---

① 　王應麟：《困學紀聞》，卷八，經説。
② 　紀昀：《閲微草堂筆記》，卷一，灤陽消夏録一。

駁。"①據此，知宋儒研究《易》學者，實有二派：一象數，以陳、邵爲宗；一義理，以胡、程、李、楊爲宗。所謂兩派六宗也。兹分別言之：

宋以象數説《易》者，始於陳摶。摶得道家之圖，創爲太極河洛先天後天之説，宋人言《易》學者多宗之，此所謂道士《易》也。摶以《先天圖》傳程修，修傳李之才，之才傳邵雍。雍精數學，故其説益昌，著《皇極經世書》，亦爲學者所宗。先是衍圖書一派者，又有劉牧。牧之學出於种放，放出於陳摶，牧在邵子之前，著《易數鈎隱圖》，其首倡者也。至若邵伯温《易學辨惑》，陳瓘《了翁易説》，張浚《紫巖易傳》，朱震《漢上易傳》，程大昌《易原》，程迥《周易古占法》，其説莫不以象數爲宗，而斯派寖盛矣。此《易》之別傳也。

宋人説《易》，以義理爲宗，亦有數家。若倪天隱述其師胡瑗之説，作《周易口義》。瑗推闡理論，朱子《語類》所謂胡安定《易》分曉正當者也。程子與邵同時，又屬懿戚，不肯從受數學，其著《易傳》，專言理不言數。《答張閎中書》云："得其義，則象數在其中。"②故程子於《易》説，頗推王弼，較王弼之尚老、莊者爲純。顧炎武謂見《易説》數十家，未有過於《程傳》者，以其説理爲最純正也。朱子作《周易本義》，以程子不言數，乃於篇首冠以河洛九圖；又作《易學啓蒙》，發明圖書之義。二書大略兼義理占象而言，故當時頗有異論。然朱子非不知之，朱子《語類》云："《先天圖》傳自希夷，希夷又自有所傳；蓋方士技術，用以修煉。"③是朱子亦知《先天圖》之不可信。恐《本義》卷首九圖，當爲門人所依附，非其自列也。《宋史·儒林傳》云："《易學啓蒙》，朱子本屬蔡元定創稿，非所自撰。"④以此推之，朱子説《易》，亦只重義理矣。他若司馬光《温公易説》，以王弼解《易》宗尚老、莊，

　　①　紀昀等：《四庫全書總目》，卷一，易類序。
　　②　程顥、程頤：《二程文集》，卷十，答張閎中書。
　　③　黎靖德編：《朱子語類》，卷一百，邵子之書。
　　④　脱脱等：《宋史》，卷四百三十四，列第一百九十三儒林四。

非《易》之本旨，其意在深闢虛無玄渺之説，故於古今事物之情狀，無不推闡微至。張載《橫渠易説》，有發明二程所未到處，往往借老子之言，而實異其義，非如魏、晉人合《老》、《易》爲一者也。蘇軾《東坡易傳》，自言其學出於父洵，大體近於王弼，而多切人事，惟雜以禪耳。綜觀胡、程諸家，并黜數言理，爲宋《易》學之一派；至於耿南仲撰《周易新講義》，因象注理，亦往往切實事。李光《讀易詳説》，楊萬里《誠齋易傳》，多以史傳證之，長於諷諭。故《易》説至李楊而變，洵不誣也。

以上《易》學。

宋儒研究《尚書》，有卓識者，亦有私心杜撰，改竄聖經者，未可一概而論也。諸家所聚訟，約有四端：其一，今古文《尚書》一經，疑古文孔傳者，始自於吳棫，朱子繼之。其《語錄》云：“某嘗疑孔安國書是假書，比毛公説如此高簡大段省事，漢儒訓釋文字，多是如此，有疑則闕；今此却盡釋之，豈有千百年前人説底話，收拾於灰燼屋壁中，與口傳之餘，更無一字詿舛，理會不得如此，可疑也。”[1]朱子之説，真千古特識。王柏《書疑》，疑古文亦有見解，特不應疑今文，此蓋誤以宋儒之義理文字準古人矣。其二，錯簡。劉向以中古文校歐陽、大小夏侯三家經文，《酒誥》脱簡一，《召誥》脱簡二，是脱僅三也。王柏著《書疑》，動以脱簡爲辭，故於《堯典》、《皋陶謨》、《説命》、《洪範》等篇，多意爲易置，有割一兩節者，有割一兩句者，乖謬甚矣。其三，《禹貢》山川。若毛晃《禹貢指南》，大抵引《爾雅》、《周禮》、《漢志》、《水經注》、《九域志》諸書，旁徵博引，以證古今山川之原委，頗簡明，爲蔡氏《集傳》所宗，程大昌《禹貢論》，援據亦博洽，傅寅《禹貢説》，具有特解，凡此皆能自抒所見者。其四，《洪範》。伏生《洪範五行傳》，專言災異，此《書》之別傳也。逮京房、劉向諸人，遂以陰陽災異附會其文；宋儒又流爲象數之學，專辨圖書，信所謂支離轇轕，淆經義矣。故胡瑗《洪

---

① 　黎靖德編：《朱子語錄》，卷七十八，尚書綱領。

範口義》，以象數言《尚書》，非解經之正軌也。

　　蔡沈作《書傳》，多變更事實，不可爲訓。皮錫瑞嘗著其四失曰：
“《西伯戡黎》，《伏傳》、《史記》皆云文王伐耆，‘黎’即‘耆’，‘西伯’即
‘文王’。《蔡傳》獨爲文王回護，以‘西伯’爲武王，其失一也。《大誥》
‘王若曰’，《鄭注》‘王，謂攝也’。周公居攝命大事，則權代王也。《伏
傳》《史記》，皆云周公居位踐阼，則鄭説有據。《蔡傳》從《孔傳》，以爲
周公稱成王命以誥，其失二也。《康誥》‘王若曰：孟侯，朕其弟，小子
封’，《蔡傳》不信周公稱王之事，從蘇氏説，移篇首四十八字於《洛誥》
上，又無以解‘朕其弟’之語，遂以爲武王封康叔，其失三也。《洛誥》
‘王命周公後，作册逸誥，在十有二月，惟周公誕保文、武受命，惟七
年’，言周公七年致政，當歸國，成王留公，命伯禽就國爲公後。《蔡
傳》乃以爲王命周公留後治洛。不知唐置節度使乃有留後。周公老
於豐，薨於豐，并無治洛之事，其失四也。”①據此，知蔡氏解經，善於
體會。凡僞《孔傳》不通處，《蔡傳》易之，每多至當者。江聲著《尚書
集注》，輒與之同，此又皮氏所謂勝於前人者也。

　　以上《書》學。

　　《詩》，齊、魯、韓三家，班固獨許魯爲最近。暨《毛傳》孤行，《鄭
箋》又間采魯、韓之説，爲學者所篤信，於是三家遂廢。《齊詩》亡於
魏，《魯詩》亡於西晉，《韓詩》唐世尚存，惜無傳人，亦寖以亡佚。故自
漢以後迄於唐，説《詩》者皆崇宗毛、鄭，無敢議其非者。迨宋歐陽修
著《本義》，始攻毛、鄭之失，而斷以己見，善得詩人之旨。蘇轍《詩集
傳》，始以《詩》之《小序》，反復繁重，類非一人之詞，疑爲毛公之學，衛
宏之所集録；因止存其發端一言，而以下餘文，悉從删汰，亦非無見
也；然其説實淵源成伯璵矣。南宋之初，尊《序》者有范處義《詩補
傳》，宗毛、鄭，間稱引古義。若《關雎》一篇，韓、齊、魯三家，皆以爲康

　　①　皮錫瑞：《經學通論·書經》，“論宋儒體會語氣勝於前人，而變亂事實不
可爲訓”條。案：“鄭注王謂攝也”，“王”原書作“于”。據《經學通論》改。

王政衰之詩；范云："《關雎》雖作於康王之時，乃畢公追詠文王太姒之事，以爲規諫，故孔子定爲一經之首。"①斯爲得之。其餘諸篇，仍不能釋然於《傳》《箋》也。當是時，最攻《序》者有三家，鄭樵、朱子、王質也。樵著《詩傳辨妄》。專指毛、鄭之妄，謂《小序》非子夏所作；質撰《詩總聞》，亦攻詆《詩序》者；其繼而和之者，則有朱子《詩集傳》。朱子早年説《詩》，亦主毛、鄭。吕祖謙《讀詩記》所稱朱氏曰者，皆其初稿，其説全宗《小序》；後乃改從鄭樵之説，以大小《序》自爲一篇而辨之，名《詩序辨説》。然其注《孟子》，以《柏舟》爲仁人不遇；作《白鹿洞賦》，以《子衿》爲刺學校之廢；《周頌·豐年》篇，《小序辨説》，極言其誤，而《集傳》乃仍用《小序》説；《提要》所謂前後不符，亦舊稿之删改未盡者也。其《集傳》有參考三家者，亦不主毛、鄭，多以意逆志，有足多焉。惟王柏著《詩疑》，則攻駁毛、鄭殊甚；且併本經而又攻駁之，删《鄭·衛風》凡三十二篇；至於《雅》、《頌》，則任意改易，可謂肆無忌憚者矣。柏師何基，基師黄幹，幹師朱子，朱子作《集傳》，不過成一家之言，非欲使後世人盡廢古説而從之也。王柏爲朱子三傳弟子，乃用其説而删《詩》，非朱子意也。

以上《詩》學。

宋時講三《禮》之學頗盛，其間有能推古人製作之意，而得其節文者；亦有改古人之事實，本以義理，而一切武斷者；此不可以不辨。王安石著《周官新義》，以其所創新法盡傅著之；如行青苗之類，頗具有發明。其後王昭禹著《周禮詳解》，多宗王氏新説。易祓作《周官總義》，葉時《禮經會元》，皆研索經文，斷以己意，與先儒頗有異同，此皆可觀者。惟宋儒强補《周官·考工記》，殊不可解。按《考工記》本別爲一書，河間獻王以《周官》闕《冬官》一篇，購以千金不得，取《考工記》補之。宋俞庭椿作《復古編》，謂"司空之屬，分寄於五官，五官所

---

① 范處義：《詩補傳》，詩補傳篇目。

屬皆六十，不得有羨，其羨者，皆取以補《冬官》"①，類鑿空矣。于與之又作《周官補遺》，亦沿其説者也。厥後元邱葵本俞、王之説，取五官所屬，歸於《冬官》，六屬各得六十，著爲《周禮》定本。吳澄《周禮叙録》，以《尚書》、《周官》考之，冬官司官掌邦土，而於地官司徒掌邦教之中，今取其掌邦土之官，列於司空之後，庶乎《冬官》不亡；而《考工記》别爲一卷，附之經後，又與俞、王稍異；於是説《周禮》者，遂有《冬官》不亡之一派，實俞廷椿階之屬也。

《儀禮》之學，先儒多苦其難讀，故寖以廢佚。乾、道間，有張淳始訂其譌，爲《儀禮識誤》，號爲精密，凡古經漢注之譌文脱句者，可資以考識。朱子《語類》曰："張忠甫所校《儀禮》甚仔細，較他本爲最勝。"②其推許如此。李如圭之《儀禮集釋》，全録鄭康成注，而旁徵博引，以爲之釋，多發賈公彦《疏》所未備。又爲《釋宫》以論宫室之制，此與張氏《識誤》，并篤實類漢儒，非空言説經者所可比也。朱子《儀禮經傳通解》，釐析經文，較《賈疏》尤簡明。其《答應仁仲書》云："前賢常患《儀禮》難讀，以今觀之，只是經不分章，記不隨經，而注疏各爲一書，故使讀者不能遽曉。今定此本，盡去此諸弊，恨不得今韓文公見之也。"③此朱子之大有功於《儀禮》者。

《禮記》有衛湜《集説》，采摭群言，最爲賅博，去取亦審慎，自《鄭注》而下，所取凡一百四十四家；皮錫瑞説："可比李鼎祚之集《周易》"④，洵不虚也。其後黄震《讀禮記日鈔》，多取湜書删節，附以己見云。

以上《禮》學。

《左氏傳》叙事，《穀梁》説理，《公羊》獨傳大義，故明《春秋》微旨

①　見紀昀等：《四庫全書總目》，卷十九，周禮復古編提要。案："俞庭椿"，原書作"俞廷椿"，據《四庫全書總目》改。

②　黎靖德編：《朱子語類》，卷八十五，禮二，儀禮總論。

③　朱熹：《晦庵先生朱文公集》，卷五十四，答應仁仲書。

④　皮錫瑞：《經學歷史》，經學變古時代。

者,實唯《公》、《穀》,若《左氏》本史籍,止有事實文采可玩耳。《春秋公羊》、《穀梁》,西漢時最盛,及《左氏傳》出,二《傳》殆成絶學。至杜預解《左氏》,乃盡棄二《傳》,以《左氏傳》五十幾例,盡屬周公,孔子止是抄録成文,并無褒貶筆削之旨,蓋力反先儒之説焉。逮唐之啖、趙、陸輩出,兼采三《傳》,不專重《左氏》,能發明孔子褒貶之例,可謂卓識矣。然自是以後,無專門之業。宋人治《春秋》者,多沿啖、趙、陸一派。孫復著《春秋尊王發微》,上祖陸淳,下開胡安國,謂《春秋》有貶無褒,大抵以深刻爲主,即啖、趙餘波也。劉敞《春秋傳》,多斷以己意,其褒貶義例,又多取諸《公》、《穀》,又好改竄三《傳》字句,轉失其真。《四庫提要》云"蓋北宋以來,出新意解《春秋》者,自孫復與敞始"①,洵不誣也。孫覺早從胡瑗游,傳其《春秋》之學,著《春秋經解》,大旨以抑霸尊王爲主,其説褒貶,亦雜取三《傳》者。崔子方《春秋本例》,以日月爲本,在宋儒中獨能推明《公》、《穀》,而所作經解,於三《傳》多所糾正,不專主一家。蘇轍以王安石詆《春秋》爲斷爛朝報,廢之不列於學官,著《集解》以矯之。葉夢得《春秋傳》以孫復《春秋尊王發微》,主於廢傳以從經。蘇轍《集解》,主於從《左氏》而廢《公》、《穀》,皆不免有弊,故其書參考三《傳》,多所發明。至於吕本中、胡安國、高閌、吕祖謙、程公説、張洽、吕大圭、家鉉翁,或從《左氏》,或主《公》、《穀》,皆最顯著者。蓋宋代諸儒,大都兼采三《傳》,不盡如漢世專門之學也,然其失也多穿鑿。唯朱子頗矜慎,於《春秋》不敢信。據云"《春秋》義例,時亦窺其一二大者,而終不能自信予心,故未嘗敢措一辭"②,蓋以《春秋》爲難知焉。

　　以上《春秋》學。

---

①　紀昀等:《四庫全書總目》,卷二十六,春秋傳提要。
②　朱熹:《晦庵先生朱文公集》,卷八十二,書臨漳所刊四經後。

# 第十九章　四經正義

　　唐人止爲《五經疏》，而不及《孝經》、《論語》、《孟子》、《爾雅》。至宋儒始奉詔爲之，并用孔穎達舊例，多執守一家言，蓋例不駁注也。然已與宋人矜新義者不同矣。

　　《孝經正義》，爲邢昺等撰。案《唐書·元行沖傳》："玄宗自注《孝經》，詔行沖爲疏，立於學官。"①邢昺所修之疏，即據行沖書爲藍本；又與杜鎬等集諸儒之説而增損焉。故《四庫提要》云："孰爲舊文，孰爲新説，今已不可辨別矣。"②然《元疏》雖經昺删改，尚未失其真，其文亦白曉達；學者得此，固可以闚《孝經》之門徑也。

　　《論語正義》，亦宋邢昺等撰。昺爲此，亦改定舊疏者，即梁皇侃《論語疏》是也。侃引衛瓘、繆播、欒肇、郭象、蔡謨、袁宏、江惇、蔡奚、李充、孫綽、周懷、范甯、王珉，凡十三家之説，成此書；昺又因皇侃所采諸儒之説，刊定而成。《四庫提要》云："今觀其書，大抵翦皇氏之枝蔓，而稍傅以義理。漢學宋學，兹其轉關。是《疏》出而《皇疏》微，迨伊、洛之説出，而是《疏》又微。故《中興書目》曰：'其書於章句訓詁名物之際詳矣，蓋微言其未造精微也。'"③《提要》於《邢疏》似有微辭，然其援證詳博，有足多者，與宋儒憑虛臆説者，實相逕庭，信可爲後學所宗云。

---

① 　劉昫等：《舊唐書》，卷一百二，列傳第五十二元行沖傳。
② 　紀昀等：《四庫全書總目》，卷三十二，孝經正義提要。
③ 　紀昀等：《四庫全書總目》，卷三十五，論語正義提要。

　　《孟子正義》，舊本題孫奭疏，朱子《語録》則謂爲邵武士人假託者，《提要》亦以爲非奭作。云：今考《宋史·邢昺傳》，稱昺於咸平二年，受詔與杜鎬、舒雅、孫奭、李慕清、崔偓佺等，校定《周禮》、《儀禮》、《公羊》、《穀梁》、《春秋傳》、《孝經》、《論語》、《爾雅義疏》，不云有《孟子正義》；《涑水紀聞》載奭所定，著有《論語》、《孝經》、《爾雅正義》，亦不聞有《孟子正義》；其不出奭手，確然可信。其疏皆敷衍語氣，如鄉塾講章；故朱子《語録》，謂其全不似疏體，不曾解出名物制度，只纏繞趙岐之説。據此，則疏之悠謬，概可想見。阮元《孟子校勘記序》云："唐之張鎰、丁公著，始爲之音；宋孫奭采二家之善，補其闕遺，成《音義》二卷，本未嘗作正義也。未詳何人擬他經爲《正義》十四卷，於注義多所未解，而妄説之處，全抄孫奭《音義》，略加數語，署曰：孫奭疏。朱子所云：'邵武一士人爲之者'是也。又盡删章指矣。"①觀阮氏之説，孫奭《正義》其爲僞作，信確而有徵矣。

　　《爾雅疏》亦邢昺撰，其《叙》云："爲義疏者，惟俗間有孫炎、高璉，皆淺近，今奉敕校定，以景純爲主。共其事者，杜鎬而下八人。"②是邢昺作疏，獨追古依郭氏注爲之，賢於宋儒尚義理者遠矣。《提要》云："昺《疏》亦多能引證，如《尸子·廣澤篇》、《仁意篇》，皆非今人所及睹。其犍爲文學、樊光、李巡之注，見於陸氏《釋文》者，雖多所遺漏；然疏家之體，惟明本注，注所未及，不復旁搜，此亦唐以來之通弊，不能獨責於昺。惟既列注文，而疏中時複述其文，但曰《郭注》云云，不異一字，亦更不别下一語，殆不可解。豈其初疏與注别行歟？"③案《邢疏》優劣，《提要》數言盡之矣。

---

①　趙岐注，孫奭疏：《孟子注疏附校勘記》，孟子校勘記序。
②　郭璞注，邢昺疏：《爾雅注疏附校勘記》，爾雅疏叙。
③　紀昀等：《四庫全書總目》，卷四十，爾雅注疏提要。

# 第二十章　朱學

　　皮錫瑞説:"漢學至鄭君而集大成,於是鄭學行數百年;宋學至朱子而集大成,於是朱學行數百年。懿彼兩賢,師法百禩。其巍然爲一代大宗者,非特以學術之閎通,實由制行之高卓也。以經學論,鄭學、朱學,皆可謂小統一時代。鄭學統一,惟北學爲然,所謂'寧道孔、孟誤,諱言鄭、服非'。若南學,則兼用僞孔、于、杜,而不盡宗鄭、服。是猶未得爲統一也。朱學統一,惟南方最早。金、元時,程學盛於南,蘇學盛於北。北人雖知有朱夫子,未能盡見其書。元兵下江、漢,得趙復,朱子之書始傳於北,姚樞、許衡、竇默、劉因輩翕然從之。於是元仁宗延祐定科舉法,《易》用朱子《本義》,《書》用蔡沈《集傳》,《詩》用朱子《集傳》,《春秋》用胡安國《傳》,惟《禮記》猶用《鄭注》。是則可謂小統一矣。"①皮氏論鄭學朱學頗簡核。鄭君治經,囊括衆説,故能成一家言。朱子學有根柢,頗可以發明古義,開清儒治經一派,未可以宋儒而概詆爲空衍義理焉。

　　朱子嘗潜心注疏,稱《周禮》而不易書,此可想見於注疏功力甚深焉。朱子《論語訓蒙口義序》云:"本之注疏以通其訓詁,參之《釋文》以正其音讀,然後會之於諸老先生之説以發其精微。"②《論語要義目録序》云:"其文義名物之詳,當求之注疏,有不可略者。"③《答余正父

---

①　皮錫瑞:《經學歷史》,經學積衰時代。
②　朱熹:《晦庵先生朱文公文集》,卷七十五,論語訓蒙口義序。
③　朱熹:《晦庵先生朱文公文集》,卷七十五,論語要義目録序。

書》亦云："今所編禮書內，有古經闕略處，須以注疏補之，不可專任古經，而直廢傳注。"①《答張敬夫孟子說疑書》云："近看得《周禮》、《儀禮》一過，注疏見成，却覺不甚費力也。"②《語類》云："祖宗以來，學者但守注疏，其後便論說；如二蘇直是要論道，但注疏如何棄得。"又云："今世博學之士，不讀正當底書，不看正當注疏。"③以此推之，朱子講學，多自讀注疏，而深譏不讀注疏者，其樸實自不可及。近世讀注疏者，乃反訾朱子，信陳澧所謂未知朱子之學也。

漢、魏諸儒治經，多正音讀，通訓詁，考制度，辨名物，故漢學以立。朱子亦甚重章句訓詁之學，《語類》云："某尋常解經，只要依訓詁說字。"又云："而今人多說章句之學爲陋，某看見人多因章句看不成句，却壞了道理。"④陳澧說："薛艮齋《與朱編修書》云：'漢儒之陋，則有多謂章句家法。'朱子所云今人者，蓋即艮齋也。朱子注《大學》、《中庸》，名曰章句，用漢儒名目，以曉當時之以爲陋者也。讀朱子書者，當知之，講漢學者亦當知之。"⑤案朱子治經，又重家法，且研尋訓詁名物，蓋漢儒毛、鄭之流也。陳氏之說，可謂爲真知朱子者。

宋儒之學，多偏於心悟，以義理相尚；其失也，流於空談；然朱子則非之。《答張敬夫書》云："漢儒可謂善說經者，不過只說訓詁，使人以此訓詁，玩索經文，訓詁、經文，不相離異，只做一道看了，直是意味深長也。"《語類》云："漢初諸儒，專治訓詁，如教人，亦只言某字訓某字，自尋義理而已。自晉以來，解經者却改變得不同，王弼、郭象輩是也。漢儒解經，依經演繹；晉人則不然，舍經而自作文。"又云："程先生經解，理在解語內。某注《論語》只是發明其辭，使人玩味經文，理

① 朱熹：《晦庵先生朱文公文集》，卷六十三，答余正父書。
② 朱熹：《晦庵先生朱文公文集》，卷三十一，答張敬夫孟子說疑書。
③ 黎靖德編：《朱子語類》，卷一百二十九，自國初至熙寧人物。
④ 黎靖德編：《朱子語類》，卷五十七，孟子七。
⑤ 陳澧：《東塾讀書記》，卷二十一，朱子書。

皆在經文內。"①據此,知宋儒解經,多衍義理,其風氣實開自魏、晉,只是作文字,故其文雖可讀,而經意殊遠。朱子解經,則只略釋訓詁名物,及文義理數尤難明者,蓋深明漢儒之學也。

朱子於《詩》,不過攻《小序》;至於《詩》中訓詁,用毛、鄭者居多;其解釋詩意,有甚得毛義勝於《鄭箋》者,且多采諸經及諸古書説詩之語:此可見《集傳》之善也。王伯厚《詩考序》云:"賈逵撰《齊、魯、韓,與毛氏異同》,崔靈恩采三家本爲集注,今唯《毛傳》、《鄭箋》孤行,獨朱文公《集傳》,閎意眇指,卓然千載之上。言《關雎》,則取康衡;宋人諱匡字,改爲康《柏舟》婦人之詩,則取劉向;笙詩有聲無辭,則取《儀禮》;上天甚神,則取《戰國策》;何以恤我,則取《左氏傳》;抑戒自儆,昊天有成命,道成王之德,則取《國語》;陟降庭止,則取《漢書注》;賓之初筵,飲酒悔過,則取《韓詩序》;不可休思,是用不就,彼岨者岐,皆從《韓詩》;禹敷下土方,又證諸《楚辭》:一洗末師專己守殘之陋。"據此,知《朱傳》多引古説,與宋人空談者不同。信未可蔑棄也。陳澧説:"賈逵、崔靈恩之書,爲朱子《集傳》開其先。近儒攻擊朱子者,豈未見王伯厚之説乎?且《鄭箋》亦兼取三家説,不獨賈逵、崔靈恩也。"②其説甚當。

朱子又深於《禮》學,《儀禮經傳通解》,純是漢、唐注疏之學。釐析經文,每一節截斷,後一行題云右某事,較《賈疏》尤簡明。陳澧《東塾讀書記》云:"至國朝而馬宛斯《繹史》所載《儀禮》、張稷若《儀禮鄭注句讀》、吳中林《儀禮章句》,皆用朱子之法。江慎修《禮書綱目》,因朱子《通解》而編定之,固宜遵用其法。徐健庵《讀禮通考》、秦文恭《五禮通考》,亦皆分節,自朱子創此法,後來莫不由之矣。"③此可知

① 朱熹:《晦庵先生朱文公文集》,卷三十一,答張敬夫書。
② 王伯厚文并見陳澧引,《東塾讀書記》,卷六,詩。
③ 陳澧:《東塾讀書記》,卷八,儀禮。

朱子釐析章句，大有功於清儒焉。陳澧又以《通解》之書，有補疏者，有駁疏者，有校勘者，有似繪圖者，與近儒經學考訂之書無異。近儒之經學考訂，正是朱子家法也；陳氏亦可謂能發明朱學者矣。後人輒詆毀朱子者，是未讀朱子書也。

# 第二十一章　四書五經大全

　　《考古類編》云:"明初定制,以《易》、《詩》、《書》、《禮記》、《春秋》爲五經,以《大學》、《中庸》、《論語》、《孟子》爲四書;其解經:《易》用朱熹《本義》,《詩》用朱子《集注》,《書》用蔡沈《集傳》,《禮記》用陳澔《集説》,《春秋》用胡安國《傳》,《四書》俱用朱子《集傳》。已又頒《十三經注疏》於學宫,蓋注多本於漢、晉,惟《孝經》爲唐明皇注。疏則唐諸儒爲之。按《孝經》、《論語》、《孟子》、《爾雅》爲宋人邢昺等疏。永樂中,又詔儒臣纂《四書五經大全》,則兼采諸家之説,以爲本注翼者也。"①案明人治經,多漢、宋兼采,柴氏之説,所以明其大概。唯明人多株守宋、元人之書,實無所發明,誠不及宋、元人遠甚。如季本、郝敬,多憑臆説,楊慎作僞欺人,豐坊造《子貢詩傳》、《申培詩説》以行世:此皆鄙陋者;而《四書五經大全》,亦其一矣。

　　《四庫總目提要》云:"《論語》、《孟子》,舊各爲帙,《大學》、《中庸》,舊《禮記》之二篇,其編爲《四書》,自宋淳熙始,其懸爲令甲,則自元祐復科舉始,古無是名也。"②《提要》之説,蓋著其始也。自是以來,研究《四書》者,以元代爲最盛,至明永樂中,胡廣等所纂《四書大全》,殆皆本元人之説,而小有增删焉。

　　顧炎武《日知録》記之頗詳云:"自朱子作《大學》《中庸》章句、或問,《論語》《孟子》集注之後,黄氏有《論語通釋》,而采《語録》附於朱

---

①　柴紹炳:《省軒考古類編》卷四,經學考。
②　紀昀等:《四庫全書總目》,卷三十五,四書類序。

子《章句》之下，則始自黃氏，名曰《集義》，止《大學》一書；祝氏乃放而
足之，爲《四書附錄》；後有蔡氏《四書集疏》，趙氏《四書纂疏》，吳氏
《四書集成》。昔之論者病其泛濫，於是陳氏作《四書發明》，胡氏作
《四書通》，是定宇之門人倪氏，合二書爲一，頗有刪正，名曰《四書輯
釋》。永樂中所纂《四書大全》，特小有增刪，其詳其簡，或多不妙。倪
氏《大學》《中庸》或問，則全不異，而間有舛誤。"①顧氏敘宋、元人《四
書》解，蓋本汪克寬《四書輯釋序》，可知元人於注疏所得甚淺，而明人
又株守元人之書，所作《四書大全》，殆咸由剿襲諸書而成；後來講章
浩如烟海，皆是編之爲濫觴。以經學論，誠所謂元不及宋、明又不及
元者已。

　　明永樂十二年，敕胡廣等修《五經大全》，亦大有可議者。《日知
錄》謂："《春秋大全》則全襲元人汪克寬《胡傳纂疏》，但改其中'愚案'
二字爲'汪氏曰'，及添'廬陵李氏'等一二條而已；《詩經大全》，則全
襲元人劉瑾《詩傳通釋》，而改其中'愚按'二字爲'安城劉氏曰'；其三
經後人皆不見舊書，亦未必不因前人也。"②《四庫總目提要》，更加考
定，謂《周易大全》，割裂董楷、董真卿、胡一桂、胡炳文四家之書，餖飣
成編；《書傳大全》，亦剿襲陳櫟《尚書集傳纂疏》，陳師凱《書蔡傳旁
通》；《禮記大全》，采諸儒之說凡四十二家，而以陳澔《集說》爲主，澔
書之列於學官，自此書始。③　以此觀之，《五經大全》，所因者皆元人
遺書，其譾陋甚矣。

　　顧炎武云："儒臣奉旨修《四書五經大全》，可以章一代教學之功，
啓百世儒林之緒，而僅取已成之書抄謄一過，上欺朝廷，下誑士子，唐
宋之時有是事乎？經學之廢，實自此始。"④顧氏誠慨乎言之已，故經
學至明代爲極衰也。

---

①②④　顧炎武：《日知錄》，卷十八，四書五經大全。
③　皮錫瑞：《經學歷史》，經學積衰時代。

# 第二十二章　清代經學變遷及其派別

　　清代經學昌明，駸駸復古，有兩漢之盛，此蓋風會使然歟！皮錫瑞《經學歷史》云："國朝經學凡三變。國初，漢學方萌芽，皆以宋學爲根柢，不分門户，各取所長。是爲漢、宋兼采之學。乾隆以後，許、鄭之學大明，治宋學者，説經皆主實證，不空談義理。是爲專門漢學。嘉、道以後，又由許、鄭之學導源而上，《易》宗虞氏以求孟義，《書》宗伏生、歐陽、夏侯，《詩》宗魯、齊、韓三家，《春秋》宗《公》、《穀》二傳。漢十四博士今文説，自魏、晉淪亡千餘年，至今日而復明，實能述伏、董之遺文，尋武、宣之絶軌。是爲西漢今文之學。"①漢、宋兼采者，蓋指顧炎武、黄宗羲、胡渭、閻若璩也。專門漢學者，吴惠棟、戴震也。西漢今文學者，莊存與也。清代經學之變遷，皮説盡之矣。

　　清儒專研究漢學者，約分三派：一吴派，二皖派，三常州派。吴、皖并治古文學，常州今文學也。而吴與皖又各不同，兹述其梗概，俾世之學者得以覽焉。

　　開吴派者，首推惠棟。惠氏三世傳經，周惕、士奇，雖宗漢詁，然間以空言説經，至棟始更推揚之，而漢學以定。惠棟作《周易述》，并作《左傳補注》，多執注説經，信可扶植微學矣。弟子有余蕭客、江聲，蕭客輯《古經解鈎沈》，網羅放矢，掇次古誼；惟篤於信古，不贊一詞。聲作《尚書集注音疏》，亦篤家守法者。聲有孫沅。弟子有顧廣圻、江藩，藩又受學余蕭客。若王鳴盛、錢大昕，皆嘗執經于惠棟，標漢學之

---

　　①　皮錫瑞：《經學歷史》，經學復盛時代。

幟者。錢大昕有弟大昭，從子塘、坫、東垣、繹、侗，所謂蘇州學派者也。此派多墨守漢人學説，不能自出機杼。惠棟《九經古義》云："漢經師之説，立於學官，與經并行，古字古言，非經師不能辨；故古訓不可改，經師不可廢。"①亦可想見其篤執古訓矣。其後衍斯派者，遂多爲義疏之學，蓋亦義尚墨守，鮮下己意者。至於東南治校勘輯佚者，風氣頗盛，皆此派有以啓之也。

　　當是時，皖南學者，亦以經學鳴。江永崛起窮陬，好學深思，長於步算鐘律聲韻，尤深於禮，咸觀其會通。弟子十餘人，以休寧戴震爲最著。戴氏之學，深刻斷制，頗會通古説，參驗辨析，以聲音合文學，以文字考訓詁，故説經尤近漢儒，此所謂徽州學派也。弟子傳其業者甚衆。治數學者有汪紱，治韻學者有洪榜，治三《禮》者，有金榜、胡匡衷，榜作《禮箋》，匡衷作《儀禮釋官》，皆簡直明顯，異夫拘墟者矣。中以凌廷堪、胡培翬爲最深。歙人程瑤田，亦深於三《禮》之學。金壇段玉裁以小學著，治《説文》精鋭明暢，於古本多所改易，蓋仍戴氏家法也。王念孫師戴震，傳子引之；任大椿、盧文弨、孔廣森，亦師戴震；儀徵阮元，從凌廷堪、程瑤田問故，得其師説焉。皖派學者，重在考核，凡治一學説，必參互考驗，旁證博引，以窮理爲歸，此其長也。及其末流，則輕易古書，一憑臆斷，且碎義逃難，頗有漢人秦恭説"曰若稽古"至三萬言之譏；於是承學之士，多鄙棄不治，而常州今文學一派特起矣。

　　常州派，始於莊存與。存與治《公羊》之學，作《春秋正辭》，大抵依經之誼，一洗章句訓詁之習。其兄子述祖，亦遍治群經。莊氏之甥，有武進劉逢禄，長洲宋翔鳳，咸傳莊氏之學。劉氏作《公羊釋例》，鰓理完密；宋氏作《漢學今文古文考》，而今古文之派別，因以大明。是時邵陽魏源、仁和龔自珍，皆私淑莊氏之學，從劉逢禄問故。源作《兩漢經師今古文家法考》，大旨與宋氏同；復有《詩古微》，專宗三家；

---

① 　惠棟：《九經古義》，述首。

説《書》宗《史記》、《大傳》。源同里鄒漢勛,治經亦時出新義;湘潭王
闓運,亦治《公羊春秋》,傳資州廖平,平著書數十種,於是今文學派大
昌。自珍亦治《公羊》,傳子澄;仁和邵懿辰,德清戴望,并受業宋氏之
門;邵著《禮經通論》,戴以《公羊》證《論語》,作《論語注》二十卷;凌
曙、陳立,亦能繼承絶學;陳壽祺《今文尚書》、三家《詩》之學,傳子喬
樅;善化皮錫瑞,治今文最博贍,著《五經通論》頗平允,不爲深刻之
言;此皆守今文家法者也。此派多從西漢博士之説,且崇信讖緯,稍
鄰恢詭。劉師培説:"常州學者,説經必宗西漢,解字必宗籀文,攎拉
舊説,以微言大義相矜,信可以發微矣。"①

　　清初,承元、明經學極衰之後,推崇實學,以矯空疏,於是王夫之、
顧炎武、黃宗羲、毛奇齡、胡渭、閻若璩,接踵而起。凡立一學説,皆尚
考訂,重校勘,實清學之權輿也。暨雍、乾以後,經學大昌,惠、戴諸
儒,蔚然爲漢學大宗,蓋已盡棄宋理,獨標漢幟矣。惟惠則考古雖勤,
大都不論是非;戴則慎思明辨,能發揮古學,此其異也。故士子之承
流影附者,亦各有所建樹,爲二派爭光輝矣。此即吴、皖古文學也。
嘉、道以後,莊存與崛起,又樹一幟,爲專治十四博士今文之學者。大
義微言,不失之於瑣,學者便之,於是聞風興起者頗衆。然至光緒間,
古文學家又起,若定海黃式三父子,瑞安孫詒讓,德清俞樾,又皆爲一
代大宗。至今衍此派者,風氣不稍衰。蓋經學自漢分今古文,一變而
爲南北學,再變而爲漢、宋學,今又恐復爲今古文之分,殆所謂反其原
者歟。

---

① 　劉師培:《劉申叔遺書》,南北考證學不同論。

# 第二十三章　清代考證學

　　清代考證之學，超軼前代。諸儒多專門授受，遞相師承。凡訓詁、章句、聲韻、文字，皆恪守古義。匡違補缺，其學徵實不誣，有兩漢謹嚴之風，故卓然成家者，實繁有徒，信非漢、魏以下所可及也。茲叙諸家研究五經之著，述記於下，俾世之君子得以覽觀焉。

　　《易》自王弼注行，而漢、晉諸儒之注皆亡，此一厄也。五代時，陳摶得道家之圖，創爲太極、河洛、先天、後天之說，開宋人圖書之學，於是邵康節、周濂溪，有先天太極諸圖，而《易》涉道家矣，此又一厄也。逮清初老儒，即有攻王弼之注，擊陳、邵之圖者，若黄宗羲作《易學象數論》，黄宗炎作《圖書辨惑》，毛奇齡作《圖書原舛篇》，皆力闢宋人圖書之說者；至胡渭《易圖明辨》，引證舊文，頗足箝依託之口；張惠言《易圖條辨》，駁詰尤力，可以箴其失矣。《易》學沉霾數百年，至清儒辨之，始盡去其障，由是言《易》者，多舍宋而言漢，其廓清之功，不爲少也。

　　清初，二黄、毛、胡之闢宋學，可謂鑒核矣。其繼起而崇信漢學者，實推惠棟。惠棟撰《周易述》，專宗虞翻，參以荀、鄭諸家之說；唯多采掇而少會通，猶未能成一家之言。其《易漢學》，亦掇拾荀、虞之學，未能備諸專門授受之全。近儒說《易》，以焦循、張惠言爲最善。張惠言能治專門之學，焦循通全經之學，皆學《易》者鈐鍵也。皮錫瑞《易經通論》云："焦氏說《易》，獨辟畦町，以虞氏之旁通，兼荀氏之升降，意在采漢儒之長而去其短。《易通釋》六通四辟，皆有據依。《易圖略》復演之爲圖，而於孟氏之卦氣、京氏之納甲、鄭氏之爻辰皆駁正之,以示後學。《易章句》簡明切當,亦與虞氏爲近。學者先玩《章句》,再考之《通釋》、《圖略》,則於《易》有從人之徑,無望洋之嘆矣。張氏著《周易虞氏義》,復有《虞氏消息》、《虞氏易禮》、《易事》、《易候》,篤守家法,用功至深。漢儒專門,存此一綫。治專門者,當治張氏之書,以窺漢《易》之旨。"①皮氏推崇二家之書,信確而有見,後之學《易》者,必自此二家始也。

右《易》。

清儒治《尚書》者,約分三端:(一)攻僞古文者,(二)分別今古文者,(三)專治今文者。茲述之:

疑僞古文者,始於宋吴棫、朱子;繼之者,吴澄、歸有光、梅鷟,漸有實據;迨清閻若璩、惠棟出,考之更詳核。閻氏著《古文尚書疏證》,惠氏著《古文尚書考》,皆攻擊甚力,而僞古文寖微。至丁晏《尚書餘論》,據《家語後序》,定爲王肅僞作,信所謂搜得真贓實證矣。唯毛奇齡立異,作《古文尚書冤詞》,以爲東晉所上之書,是經非傳,專以《隋志》爲證,蓋駁閻氏《疏證》也。皮錫瑞以閻、毛二家,互有得失云:"閻證古文之僞甚確,特當明末宋學方盛,未免沾染其説。夫據古義以斥《孔傳》,可也,據宋人以斥《孔傳》,則不可。閻引金履祥説,以《高宗肜日》'典祀無豐於昵'爲祖庚繹於高宗之廟,其誤一也。引邵子書,以定'或十年'等年數,其誤二也。引程子説,謂武王無觀兵事,其誤三也。駁《武成篇》,并以文王受命爲妄,其誤四也。駁《孔傳》,以'居東'爲避居,不爲東征,其誤五也。信金履祥,以爲武王封康叔,其誤六也。信金履祥,以《多方》爲在《多士》前,其誤七也。知'九江'在潯陽,又引《水經》云'九江在長沙下集西北',未免騎墻之見,其誤八也。解'三江',亦以爲有二,與'九江'同,其誤九也。信蔡氏説,以《康誥》屬武王,其誤十也。移易《康誥》、《大誥》、《洛誥》以就其説,其誤十一

---

①　皮錫瑞:《經學通論・易經》,"論近人説《易》,張惠言爲顓門,焦循爲通學,學者當先觀二家之書"條。

也。謂伏生時未得《小序》,其誤十二也。以金履祥更定《洪範》爲文從字順,章妥句適,其誤十三也。閻氏此等處,皆據宋人以駁古義,有僞孔本不誤,而閻誤者。蓋孔書雖僞,而去漢未遠,臆說未興。信宋人不如信僞孔。毛不信宋人,篤守孔書之義,以爲《尚書》可焚,《尚書》之事實不可焚;今溥天之下,老老大大皆有一武王戡黎、封康叔、周公留後治洛典故在其胸中,此千古大冤大枉事。是則毛是而閻非者。學者當分別觀之,勿專主一家之說。但以今文之說爲斷,則兩家之得失明矣。"①此平允之論。蓋閻攻僞書、僞傳極詳,毛爲古文作《冤詞》,人多是閻而非毛。特不知閻據《蔡傳》,是誤之大者;毛不信宋儒臆造事實,而一從《孔傳》,亦未可厚非也。

清注《尚書》者,以江、王、段、孫四家爲最詳博,皆墨守漢學者;唯各有短處。皮氏云:"江聲《尚書集注音疏》,疏解全經。惟今文搜輯未全,然說亦有未定,又承東吳惠氏之學,好以古字改經,頗信宋人所傳之古《尚書》。此其未盡善者。王鳴盛《尚書後案》,主鄭氏一家之學,是爲專門之書。專主鄭,故不甚采今文,且間駁伏生,亦未盡善。段玉裁《古文尚書撰異》,於今古文分別具晰,惟多說文字,尟解經義,且義在袓古文,而不信伏生之今文,亦未盡善。孫星衍《尚書今古文注疏》,於今古說搜羅略備,分晰亦明,但誤執《史記》皆古文,致今、古文家法大亂,亦有未盡善者,然大致完善,優於江、王。"②案皮氏說四家,皆深中其弊者。然四家之書,專采輯馬、鄭注,各有所發明,其篳路藍縷之功,不可没也。晚近王先謙著《尚書孔傳參正》,兼疏今古文,頗詳確。簡朝亮《尚書集注述疏》,是漢、宋兼采旁及僞孔者,甚有別裁,亦可觀。

道咸間,今文學興,劉逢祿著《尚書今古集解》,魏源《書古微》,并

①　皮錫瑞:《經學通論・書經》,"論僞孔經傳前人辨之已明,閻若璩、毛奇齡兩家之書互有得失,當分別觀之"條。

②　皮錫瑞:《經學通論・書經》,"論治《尚書》當先看孫星衍《尚書今古文注疏》、陳喬樅《今文尚書經說考》"條。

發明今學，陳壽祺有《尚書大傳輯校》，其子喬樅作《今文尚書經説考》，又搜討歐陽、大、小夏侯三家之學，作《歐陽夏侯遺説考》：皆足爲治今文參證焉。惟皮氏於諸家有微詞云："劉逢禄《尚書今古文集解》、魏源《書古微》、陳喬樅《今文尚書經説考》。三家之書皆主今文，不主古文。蓋自常州學派以西漢今文爲宗主，《尚書》一經亦主今文。劉氏、魏氏不取馬、鄭，并不信馬、鄭所傳逸十六篇，其識優於前人。惟既不取馬、鄭古文，則當專宗伏生今文。而劉氏、魏氏一切武斷，改經增經，從宋儒臆説而變亂事實，與伏生之説大背。魏氏尤多新解，皆不盡善。陳氏博采古説，有功今文。惟其書頗似長編，搜羅多而斷制少。又必引鄭君爲將伯，誤執古説爲今文，以致反疑伏生，違棄初祖，如文王受命，周公避居二事，皆詆伏生老耄記憶不全。亦有未盡善者。但以捃拾宏富，今文家説多存。"①此論諸家之長短，亦詳盡焉。

　　至若胡渭《禹貢錐指》，引證極博；唯中多疏舛，有惑於後起之説。焦循《禹貢注釋》，成蓉鏡《禹貢班義述》，丁儉《禹貢集釋》、《禹貢錐指正誤》，并專明古義，治《禹貢》者，當先觀之。其餘盛百二《尚書釋天》，成蓉鏡《尚書歷譜》，蔣廷錫《尚書地理今釋》，龔自珍《太誓答問》，皆各就一端，加以辨證者，庶幾治《尚書》者有所資考耳。

　　右《書》。

　　清初治《詩》者，多宗毛、鄭，若朱鶴齡《毛詩通義》，陳啓源《毛詩稽古篇》，皆最著者。唯《通義》仍采歐陽修、蘇轍、呂祖謙之説，爲之辨正，江藩所謂好博而不純者。《稽古編》專宗鄭學，言皆徵實，間以佛説解經，其書亦未盡善焉。迨嘉、道間，胡承珙撰《毛詩後箋》，馬瑞辰撰《毛詩傳箋通釋》，陳奐《詩毛氏傳疏》之書，并博贍有法；唯陳奐能專爲毛氏一家之學，在陳啓源、馬瑞辰、胡承珙之上。李黼平《毛詩細義》，亦宗漢學者。至於攻擊《毛序》，則又有數家，姚際恒《詩經通

---

　　① 皮錫瑞：《經學通論・書經》，"論治《尚書》當先看孫星衍《尚書今古文注疏》、陳喬樅《今文尚書經説考》"條。

論》,頗深刻;崔述《讀風偶識》,定《序》爲衛宏作,中有從《朱傳》之説,其斷制嚴穆,甚可觀也。方玉潤《詩經原始》,全廢《毛序》,以己意下之,是非參半焉。

齊、魯、韓三家《詩》説,至魏、晉間漸亡佚;暨宋王應麟著《詩考》,專網羅三家遺軼,信足扶微學矣。迨至清嘉、道以後,今學復盛,研究三家説者亦漸多,若馮登府《三家詩異文疏證》、《三家詩異義遺説》,陳喬樅《三家詩遺説考》,兼考魯、齊、韓《詩》,迮鶴壽《齊詩翼奉學》,發明《齊》詩,皆所謂守專門之學者,故卓然能成家;學者先觀此數書,亦可以得古詩之大義矣。魏源作《詩古微》,亦發明三家,特斥《毛詩》,其明辨者,首在黜《毛序》。蓋三家亡後,《毛傳》孤行,人多信毛疑三家。源著《齊、魯、韓、毛異同論》,以三家《詩序》,并與群經同旨,獨《毛序》不合,諸書動與牴牾,皮氏以此爲定論焉。又主夫子不删《詩》,亦引三家異文證之,皆可取者。唯未能篤守古義,且多武斷。如解《關雎》一詩有誤者,三家明云刺康王,魏以爲是刺紂王,可謂誣矣。至以申侯爲《狡童》,以子瑕説《揚之水》,皆無據。總之魏好創新説,凌雜無序,是其一疵也。

右《詩》。

研究三《禮》學,以清儒爲最昌明,其風氣實自朱子啓之,不可以宋人而没其功也。茲分經述之:

《周禮》爲古學,清代學者,多分部研究,若江永《周禮疑義舉要》,沈彤《周官禄田考》,惠棟《禘祫説》,戴震《考工記圖》,段玉裁《周禮漢讀考》,任大椿《弁服釋例》,阮元《車制圖考》,莊存與《周官記》《周官説》,徐養源《周官故書考》,王聘珍《周禮學》,或考字詁,或究名物度數,并詳博,能發明前人所未發,特未有貫穿全經耳。至光緒末,孫詒讓著《周禮正義》,始總括全經而貫通之,可謂集《周官》學之大成。其解釋經注,語極簡要,且又能博考衆家,謹守古文家法,而詳明在《賈疏》之上,誠絶作也已。

《儀禮》最難讀,清儒治此者頗衆。張爾岐《儀禮鄭注句讀》,取經與注章分之，定其句讀，疏則節録其要，取足明注而止，有疑義，則以意斷之。顧亭林稱其學根本先儒，立言簡當，所謂獨精三《禮》，卓然經師者，不虛也。其次則爲吳廷華《儀禮章句》，分次本《賈疏》及《朱子通解》，而十七篇節目，瞭如指掌；其訓釋多本鄭、賈，間采他説，附按以發明之，亦學者要書也。乾嘉間，則有凌廷堪《禮經釋例》，善承鄭、賈之學，其宏綱細目，以例爲主；其間同異之文，與夫詳略隆殺之故，皆條分縷析，讀此經者，可以得貫通之益焉。又有張惠言《儀禮圖》，十七篇各爲之圖，比宋楊復《儀禮圖》更加詳密，頗盛行於世。皮錫瑞云："讀《儀禮》有三法：一曰分節，二曰釋例，三曰繪圖。得此三法，則不復苦其難。分節，可先觀張爾岐、吳廷華之書；釋例，凌廷堪最詳；繪圖，張惠言最密。"①據此知數家之書，大有助於讀《禮經》者矣。至胡培翬《儀禮正義》，則可謂集大成者，頗能訂補《鄭注》，唯失之過繁。其弟子楊大堉所補，多違古義，與本書體例不合，殊不便誦習也。他若沈彤《儀禮小疏》，江永《儀禮釋宮譜增注》，金日追《儀禮正譌》，段玉裁《儀禮漢讀考》，胡承珙《儀禮古今文疏義》，宋世犖《儀禮故書疏證》，胡匡衷《儀禮釋官》，程瑤田《喪服文足徵記》，褚寅亮《儀禮管見》，鄭珍《儀禮私箋》等，亦或釋文字音讀，或考制度，皆引證確實，非鑿空臆造者可比，於治此經者有裨益焉。

　　清儒箋注《禮記》者，皆約略於單篇補之，無及全經者。杭世駿《續禮記集説》，其書仿宋衛湜例，并録前人説，自宋、元迄於清初，頗詳審，然不下己意，僅録佚説而已。朱彬《禮記訓纂》，則無甚發明，不足重也。至於萬斯大《禮記偶箋》，焦循《禮記補疏》，江永《深衣考誤》，任大椿《深衣釋例》，惠棟《明堂大道録》《禘説》，皆推衍古義，信所謂學有淵源者矣。若皮錫瑞著《王制箋》，頗守今文學家法，糾正《鄭注》，其失有六，間采《孔疏》及後儒之説，而附以己意，有獨到者，

---

真專門之學也。

《大戴禮記》，合十三經有十四經之目，亦學者所宜治焉。舊惟北周盧僕爲之注，未能盡善，且章句文字，尤多淆舛。至清戴震、盧文弨，始相繼校訂，蹊徑漸闢。近人注此書者，有孔廣森、王聘珍二家。孔爲《大戴禮記補注》，參會古説，用力甚勤。王著《大戴禮記解詁》，其校經文也，專據古本，其爲解詁也，恪守漢法，阮元稱其爲"孔撝約諸家所未及，能使二千年孔壁古文無隱滯之義，無虛造之文"①者，誠有以也。至《大戴禮》之僅注一篇者，則有洪震煊《夏小正疏義》，阮元《曾子注釋》，洪頤煊《孔子三朝記》，皆宗漢法者，亦可觀。

若夫貫通三《禮》，不專主一經者，亦有數家。其最大著作，徐乾學《讀禮通考》，專詳於喪葬，條理不繁，亦爲詳審矣。其次爲秦蕙田《五禮通考》，蓋補徐書而推廣爲五禮者，惟過於繁博，有似類書，且所據者，皆宋、元、明以下之説，多向壁虛造，而漢、魏六朝經師之遺言大義，反略而不采。俞正燮深非之曰："《五禮通考》，所采漢以後事皆是，惟周時書籍，廣搜魏晉以後議論附於後，本康莊也，而荊榛芒之，可謂宋、元人平話經義與帖括經義。日課陋稿，令人憎惡，不可謂之禮書也。據魏晉以後禮制，多本王肅、皇甫謐，其説不可采，然宜附所引史志後，不宜附經後，引經止存漢傳注本義，魏晉以後野文皆削之，宋元人平話帖括兩體文，尤不當載，而制度則案年次之，通考之體應如此。此書體例非也。"②案俞氏辨之甚是。此書雖博大，信未足爲治《禮》者之極藝矣。

又其次爲黃以周《禮書通故》，博徵古説，按而能斷，可謂集三《禮》之大成。至於治三《禮》極簡略者，則有惠士奇《禮説》，江永《禮書綱目》、金榜《禮箋》，皆斷制謹嚴，爲深於三《禮》之學也。又孔廣森《禮學卮言》，武億《三禮義證》，凌曙《禮説》，金鶚《求古録禮説》，陳喬

---

①　阮元：《揅經室一集》，卷十一，王實齋大戴禮記解詁序。
②　俞正燮：《癸巳存稿》，卷十二，書五禮通考後。

樅《禮説》，并墨守漢儒之説，而能貫穿者，其書亦通贍矣。

右《禮》。

宋以後治《春秋》者，多攻《左氏》，而《公》、《穀》殆成絕學。暨《胡傳》盛行，於是三《傳》皆廢矣。清儒宗漢學，始漸復三《傳》之舊，今亦分述之。

清代爲《左氏》之學者，有顧棟高《春秋大事表》，李貽德《左傳賈服注輯述》。顧綜覽事實，李參考古義，皆《左氏》一家之學也，然於《春秋》之微言大義，無甚發明。他若惠棟《左傳補注》，梁履繩《左通補釋》，沈彤《左傳小疏》，焦循《左傳補疏》，劉文淇《左傳舊疏考證》，大抵皆補注與疏之未及，其亦專釋《左氏》者。

始治《公羊》學者，爲孔廣森，著《公羊通義》，當時稱爲孤家專學。然其書不守何氏義例，多違失傳旨。暨常州學派興起，此學始昌。莊存與著《春秋正辭》，傳之劉逢禄、宋翔鳳、龔自珍、魏源諸人。凌曙作《春秋繁露注》，能發明董子大義。其徒陳立作《公羊義疏》，於《公羊》家三世九旨諸説，亦善自發揮；蓋深明《公羊》學者。劉逢禄作《公羊何氏釋例》，推闡甚嚴密，大有功也。魏源作《董子春秋發微》，亦宗西漢微言大義之學者。光緒間，王闓運以治《公羊》者，著有《公羊箋》，頗拘於例。其弟子廖平，著《公羊疏》，甚有新義，然不免穿鑿，幾成怪誕矣。

《穀梁》學久衰微，清儒治此者不過數家，若鍾文烝《穀梁補注》，柳興宗《穀梁大義述》，并善述微言，自闢蹊徑。至於許桂林作《穀梁釋例》，能發明時月日例，亦有功於《穀梁》者矣。

右《春秋》。

《論語》一書，清儒治之者，有今古兩派。古文派以寶應劉寶楠父子爲最。寶楠著《論語正義》，其子恭冕續成之，或據注以釋經，或依經以補疏。中有破注者，陳立所謂"視江、孫、邵、焦諸疏義，有過之無不及也"①，則有江永《鄉黨圖考》，劉台拱《論語駢枝》，錢坫《論語後

①　劉寶楠撰，劉恭冕補：《論語正義》，叙。

録》，焦循《論語補疏》，方觀旭《論語偶記》，皆解釋其大要者。今文派有劉逢禄《論語述何》，宋翔鳳《論語説義》，戴望《論語注》，皆比傅《公羊》之義，頗多新解，治《公羊》學者多宗之。至於沈濤《論語孔注辨偽》，以《孔注》爲偽書，且立五證辨其爲何晏所依託者，殊詳確，亦其要書也。

右《論語》。

治《孟子》者，僅有焦循一家。循著《孟子正義》，專采先儒之説頗勤，而於《趙注》或有所疑，不惜駁破以相規正，是未嘗墨守疏不破注之例也。此在群經新疏中，亦爲善者。至若閻若璩《孟子生卒年月考》，宋翔鳳《孟子趙注補正》，《孟子劉熙注》等，又皆爲學者所宜究焉。

右《孟子》。

《孝經》有阮福《孝經義疏補》，以《鄭注》非康成作，乃出於小同，頗近是；丁晏《孝經述義》又攻《孔傳》爲偽作，亦甚有徵驗：此以鄭、孔兩注皆偽者，蓋本阮元説也。皮錫瑞《孝經義疏》，其博贍在諸家之上。

右《孝經》。

治《爾雅》者，以邵晉涵、郝懿行二家爲特著。邵作《爾雅正義》，博采漢舍人劉歆、樊光、李巡、孫炎、梁沈旋、陳顧野王、唐斐瑜諸家説，分疏於下，以補《邢疏》之缺，《郭注》未詳者，則摭漢注補之，可謂盡善之作，故今之學者，多舍邢而宗邵矣。郝著《義疏》，較尤詳密，説者又謂郝優於邵矣。至若臧庸輯《爾雅漢注》，博采漢、魏以前舊説，而古義賴以不墜。翟灝《爾雅補郭》，凡《郭注》未詳未聞者，一一備説之，亦精審。此外尚有錢坫《爾雅釋義・釋地》以下四篇注，程瑤田《釋宮小記》、《釋草小記》、《釋蟲小記》等，皆足以補證注疏焉。

右《爾雅》。

清儒於十三經，咸有所考證，研覃古訓，一宗漢學。略述之如右，亦經學之壯觀也。

　　尚有通釋群經者：若惠棟《九經古義》，阮元《詩書古訓》，王引之《經義述聞》、《經傳釋詞》，臧琳《經義雜記》，毛奇齡《經問》，江永《群經補義》，孔廣森《經學巵言》，劉台拱《經傳小記》，汪中《經義知新記》，李惇《群經識小》，焦循《群經宮室圖》，江藩《隸經文》，鄭珍《巢經》《巢經説》，俞樾《群經平議》，陳立《句溪雜著》等，或辨正名物，或博通校勘，或研核訓詁，并治經者之資糧也。至於劄記之類，最顯著者，爲顧炎武《日知録》，閻若璩《潛邱劄記》，盧文弨《鍾山札記》，錢大昕《十駕齋養新録》，朱彬《經傳考證》，陳澧《東塾讀書記》，皆孜孜探討，有所發明，亦可爲式矣。以此推之，近儒考據之精，迥非漢、魏以下學者所能及也。

　　皮錫瑞《經學歷史》云：“國朝經師有功於後學者，有三事。一曰輯佚書。兩漢今文家説，亡于魏、晉；古文家鄭之《易》，馬、鄭之《書》，賈、服之《春秋》，亡於唐、宋以後。宋王應麟輯三家《詩》、鄭氏《易注》，雖搜探未備，古書之亡而復存者，實爲首庸。至國朝而此學極盛，惠棟教弟子，親授體例，分輯古書。余蕭客《古經解鈎沉》，采唐以前遺説略備。王謨《漢魏遺書鈔》、馬國翰《玉函山房叢書》，輯漢、魏、六朝經説尤多。孫星衍輯馬、鄭《尚書注》，李貽德述《左傳》賈、服注，陳壽祺、喬樅父子考《今文尚書》、三家《詩》。其餘間見諸家叢書。抱闕守殘，得窺崖略，有功後學者，此其一。一曰精校勘。校勘之學，始於《顏氏家訓》、《匡謬正俗》等書，至宋，有三劉、宋祁之校史。宋、元説部，間存校訂，然未極精審，説經亦非顓門。國朝多以此名家，戴震、盧文弨、丁傑、顧廣圻尤精此學。阮元《十三經校勘記》，爲經學之淵海。餘亦間見諸家叢書。刊誤訂譌，具析疑滯，有功後學者，又其一。一曰通小學。古人之語言、文字，與今之語言文字異。漢儒去古未遠，且多齊、魯間人，其説經有長言、短言之分，讀爲、讀若之例。唐人已不甚講，宋以後更不辨，故其解經如冥行擿埴，又如郢書燕説，雖可治國，而郢人之意不如是也。小學兼聲音、故訓。宋吳棫、明陳第講求古音、猶多疏失。顧炎武《音學五書》始返於古。江、戴、段、孔，益加闡明。是爲音韻之學。段玉裁《說文解字注》昌明許慎之書。同時有嚴可均、鈕樹玉、桂馥，後有王筠、苗夔諸人，益加闡明。是爲音韻兼文字之學。經師多通訓詁、假借，亦即在音韻、文字之中，而經學訓詁以高郵王氏念孫、引之父子爲最精，郝懿行次之。是爲訓詁之學。有功於後學者，又其一。"①按皮氏說清儒三事極簡核，然尚有可述者。輯佚之學，大抵彙集古義成一書，罔下己見，蓋所謂述而不作者也，故比之爲義疏者，則此不拓充矣。校勘之學，乃校正文字之異同，然往往執古改今，義多短拙，此其失也。文字之學，爲治經之鈐鍵，故清代經師，無不通小學者，其以此名家者亦甚夥。此三者雖非說經之正宗，其有功於群經，固彰彰可考者焉。

①　皮錫瑞:《經學歷史》，經學復盛時代。

# 第二十四章　石經

　　石經之刻，所以勒成文字，定爲一體，以傳示來葉，使學者知古今文字之原，且藉之以校勘譌舛：誠治經者一參驗焉。王應麟《困學紀聞》云："石經有七：漢熹平則蔡邕，魏正始則邯鄲淳，晉裴頠，唐開成中唐玄度，後蜀孫逢吉等，本朝嘉祐中楊南仲等，中興高廟御書。"①王氏所稱石經有七，爲自漢訖於南宋而言也，合之清乾隆蔣衡所書，則又爲八數矣。考核石經，在唐則有陸德明《釋文》，在宋則有洪适《隸釋》，并輯録石經文字，而大有功於研經者，故清儒考石經最精核，大抵咸由此推衍焉。若顧炎武《石經考》，萬斯同《石經考》，杭世駿《石經考異》等，皆備載其源流。其餘翁方綱《漢石經殘字考》，孫星衍《魏三體石經殘字考》，嚴可均《唐石經校文》，王昶《石經殘字》，丁晏《北宋汴學篆隸二體石經紀》，馮登府《石經考異》，則并考文字也。今參合諸家之説，爲述之於左以考經文本原當唯石經是尚焉。

## 一　漢石經

　　《後漢書·儒林傳》："熹平四年，靈帝乃詔諸儒正定五經，刊於石碑，爲古文、篆、隸三體書法，以相參驗，樹之學門，使天下咸取則焉。"②又《蔡邕傳》："邕以經籍去聖久遠，文字多謬，熹平四年，乃與五官中郎將堂典，光禄大夫楊賜、諫議大夫馬日磾、議郎張訓、韓説、

---

①　王應麟：《困學紀聞》，卷八，經説。
②　范曄撰，李賢等注：《後漢書》，卷七十九上，儒林列傳第六十九上。

太史令單颺等,奏求正定六經文字,許之;邕乃自書丹於碑,做工鐫刻,立於太學門外。"①按漢石經,至六朝以後漸散亡,僅存一千九百餘字於宋洪氏《隸釋》,有《魯詩》、《小夏侯尚書》、《儀禮》、《公羊春秋》、《魯論語》,蓋合《易》爲六經焉。

　　馮登府説:"後漢熹平四年,詔立石經於太學。"據《靈帝本紀》及《儒林》、《宦者》二傳,皆曰五經,《蔡邕》、《張馴傳》以爲六經,《隋經籍志》又以爲七經,俱非也。中郎以小字八分書丹,使工鐫石,《儒林傳序》以爲古文、篆、隸三體者,亦非也。三體乃魏所建也,以是推之,漢石經是隸書,非若魏三體書,此可以訂正前人之誤者。近洛陽新掘得漢熹平石經《論語》"堯曰"殘石,係一字隸書,亦其證也。太學門外,即《洛陽伽藍記》所謂勸學里者是也。

　　馮登府《漢石經考異》於《周易》云:"《隋書·經籍志》載'《一字石經周易》一卷',至唐魏鄭公收覆時已亡,諸家亦無稱引者;唯陸氏《釋文》所載《石經繫辭》'先心'一條,陸氏,隋、唐間人,所見必熹平石刻也。"於《尚書》云:"《隋志》,《石經尚書》六卷,洪氏《隸釋》載殘碑《尚書》文合五百四十七字,皆伏生今文也。孔穎達《書正義》曰:'蔡邕所刻《石經尚書》,止今文三十四篇。'又序《正義》云:'今文則夏侯勝、夏侯建、歐陽和伯等三家所傳,及蔡邕所勒石經是也。'"於《魯詩》云:"《隋志》有《一字石經魯詩》六卷,即蔡邕所書丹者。邕習《魯詩》,《獨斷》有頌序三十一篇,皆《魯詩》故,書丹用之。今殘碑僅存百七十三字。"於《儀禮》云:"《隋志》有《儀禮石經》九卷,今據《隸釋》所載殘碑四十五字,皆《大射》儀文,《隸續》所載殘碑三十一字,皆《聘禮》文。"於《公羊》云:"《隋志·石經公羊傳》九卷,《隸釋》所載殘碑三百七十五字,自隱公四年至成公元年及哀公十四年之文,有傳而無經。"又定爲《嚴氏春秋》。於《論語》云:"《隋志》有《石經論語》一卷,《隸釋》所載殘碑九百七十有一字。"又定爲《魯論》。又云:"考東漢時,五經立

---

①　范曄撰,李賢等注:《後漢書》,卷六十下,蔡邕列傳第五十下。

學,《易》則施、孟、梁丘、京,《書》則歐陽、大小夏侯,《詩》則齊、魯、韓,三《禮》但用《儀禮》,《春秋》但用《公羊》,故中郎石經所書,《書》本伏生,即歐陽大小夏侯所傳者。《詩》本申培,《公羊》本嚴、顏,《論語》本盍、毛、包,《周禮》本高堂生,皆從當時所立學者。"①案馮氏考定漢石經殘字,蓋本《隸釋》、《隸續》所載者,至於辨正漢石經皆今文,則其精核,且《魯詩》及《公羊》嚴氏學,并散佚。今賴此以傳,亦可知石經之重也。

## 二　魏石經

　　後魏《江式傳》,稱魏陳留邯鄲淳,特善倉疋,許氏字指,八體六書,又建三字石經於漢碑之西,其文蔚炳,三體復宣,校之《說文》篆隸大同,而古字少異。王氏言魏石經出於邯鄲淳,蓋本於此。按《三國志》不言魏立石經事,僅見於《晉書·衛恒傳》。言魏初傳古文者,出於邯鄲淳,恒祖敬侯,寫淳《尚書》,後以示淳,而淳不別,至正始立石經,轉失淳法。據《恒傳》,知非邯鄲淳書,乃衛敬侯也。胡三省《通鑒注》:"魏碑以正始年中立,《漢書》言元嘉元年。度尚命邯鄲淳作《曹娥碑》,時淳已弱冠,自元嘉至正始九十餘年,謂魏石經淳所書,非也。"②全祖望說正始石經,不出邯鄲之筆,詳見衛恒《書勢考》。③　此二說當得其實。

　　馮登府《魏石經考異》云:"《隋志》'魏正始中,立一字石經',魏始具三體。《隋志》所稱一字,乃三字之誤。其遺字載於《隸續》者:《左傳》古文三百七十七,篆文二百十七,隸文二百九十五。有一字而三體不具者,中有《尚書》文,亦不僅《左傳》也。外此如皇祐間,洛陽蘇望民所刻,凡文八百一十九,名曰《石經遺字》,即歐陽《集古錄》所載

---

①　馮登府:《石經補考》,卷一,漢石經考異。
②　司馬光編,胡三省注:《資治通鑒》,卷五十七,漢紀四十九。
③　全祖望:《鮚埼亭集外編》,卷二十三,石經考異序。

者。慶曆中，夏文莊公集古文四聲韻，所收石經數十字，亦互有不同，總不出洪氏之外。至明所傳正始石經，爲豐坊僞譔。其餘遺文，不概見矣。嘗讀郭忠恕《汗簡》所錄石經，多古文，即正始本；雖忠恕間有譌說而此石經諸文，證之群書皆合，有足補番陽所未及者。"①案馮氏辨正魏正始石經爲古文、篆、隸三體，又考定是古文，并鑿鑿可據，洛陽近出魏正始石經殘石，皆古文、篆、隸三體，亦僅有《尚書》《春秋》二經。近人羅振玉跋云："石經所用古文，與《汗簡》及《古文四聲韻》所載，十合八九，知郭、夏實有本原。"②此足以證馮說之不謬矣。

　　至於晉石經，後人從無言及者。顧炎武《金石文字記》云："《晉書·裴頠傳》曰：'轉國子祭酒，奏修國學，刻石爲經。'而《水經注》諸書，無言晉石經者，豈頠嘗爲之而未成耶？"③萬斯同《石經考》，亦從顧說，殆晉石經久亡歟？馮登府亦不言晉石經，蓋無可考焉。

# 三　唐石經

　　《舊唐書·文宗本紀》云："開成二年冬十月癸卯，宰臣判國子祭酒鄭覃，進石壁九經一百六十卷；時上好文，遂奏置五經博士，依後漢蔡伯喈刊碑立於太學，創立石壁九經，諸儒校正訛謬。上又令翰林勒字官唐玄度覆校字體，又乖師法；故石經立後數十年，名儒皆不窺之，以爲蕪累甚矣。"④是唐石經本於鄭、唐也。又案《玉海》所記，知唐立石九經，并《孝經》、《論語》、《爾雅》，共有十二經矣，獨無《孟子》，此殆本陸德明《釋文》之例焉。

　　馮氏《唐石經考》云："惟開成去古未遠，猶爲純備，然幾經後人之手，一誤於乾符之修改，再誤於後梁之補刊，三誤於北宋之添注，四誤於堯惠之謬作，遂失鄭、唐之舊，然尚可以校勘之功分別之。至俗所

───────────

① 　馮登府：《石經補考》，叙。
② 　羅振玉：《松翁近稿》，魏正始石經殘石跋。
③ 　顧炎武：《金石文字記》，卷一，石經。
④ 　劉昫：《舊唐書》，卷十七下，本紀第十七下文宗下。

傳裝潢本，取明版本窮綴爲之，乃不可復別矣。顧氏亭林曾客西安，親撫石本校正其誤字及文異義同者，著於《金石文字記》中。其間所摘誤字有不盡誤者。"①據此，則唐石經，尚未羼雜古今文，故清石經多從之，信可尚焉。

## 四　蜀石經

宋范成大《石經始末記》："按趙清獻公《成都記》：'僞蜀相毋昭裔捐俸金，取九經琢石於學官。'而或又云：'毋昭裔依太和舊本，令張德釗書。'國朝皇祐中，田元均補刻《公羊》《穀梁》二傳，然後十二經始全。至宣和間，席文獻又刻《孟子》書參焉。《孝經》、《論語》、《爾雅》，廣政年後主僞號。甲辰歲張德釗書；《周易》，辛亥歲楊鈞、孫逢吉書；《尚書》，周德正書；《周禮》，孫朋吉書；《毛詩》、《儀禮》、《禮記》，張昭文書；《左氏傳》，不志何人書，而詳觀其字畫，亦必爲蜀人所書。"②按范説甚詳，足以明一代大典。故馮登府云："後蜀石經，《易》、《書》、《詩》、《周禮》、《儀禮》、《禮記》、《左傳》、《公羊》、《穀梁》、《孝經》、《論語》、《爾雅》、《孟子》，凡十三經；呂陶謂九經者，非也。"③其説本此。蜀石經，亡於嘉熙、淳祐以後，故元、明以來，無稱之者。惟屬鶚《詩集注》，僅著《毛詩》輶餽異文；王昶《蜀石經殘字》，亦僅載《毛詩》殘碑，多有佚者。錢大昕得《左傳》昭二年殘榻本，趙魏又得《周禮》、《夏官》殘本，各有著錄。及馮氏，始本諸家所得殘碑遺字，以考核異文，亦言蜀石經之一助焉。

## 五　北宋石經

《宋史·趙克繼傳》："克繼善楷書，尤工篆隸。仁宗時，詔與朝臣

---

①　馮登府：《石經補考》，卷五，石經補考自序。
②　見萬斯同《石經考》，卷下，石經始末記。
③　馮登府：《石經補考》，卷六，序。

分隸石經。”又《邵泌傳》：“泌舉進士，爲上元主簿，會國子監立石經，以泌善隸，召爲直講。”①《宣和書譜·章友直傳》：“友直工玉著篆法，嘉祐中，與楊南仲篆石刻於國子監，時人稱之。”②《玉海》：“石經七十五卷，楊南仲書。《周易》十，《書》十三，《詩》二十，《春秋》十二，《禮記》二十，皆具真、篆二體。”③此可知北宋石經，實出於楊南仲等，且爲二字石經也。

　　北宋石經久佚，朱彝尊《經義考》，謂金耶律隆曾修宋嘉祐石經，至明已殘斷不完；馮登府《北宋石經考》，從諸家所得，亦只録《周禮》殘碑遺字，《禮記》殘碑，《尚書》及《孟子》遺字：信所謂有功於微學者矣。丁晏《北宋汴學二體石經記》云：“北宋汴學石經之失久矣。顧亭林《石經考》，列開封石經之目，實未之見。萬季野《石經考》云：‘宋石經，集當時善篆隸者分書，出諸名人之手，乃後人皆不獲見，而金人亦鮮有語及者；豈此刻遭汴京之覆，竟毀壞無餘耶？’是萬氏亦未之見也。《經義考》已云佚，竹垞謂沉於黃河淤泥之下。杭大宗《石經考異》云：‘石經之亡，當在元末。吾鄉吳山夫先生《金石存》，有宋二體石經拓本，祇《周易》、《尚書》、《周禮》共五碑。其案語云：“碑在今陳留縣，僅存《周禮》卷一及第五中數石，餘經悉亡。”蓋石刻之亡佚有年矣。咸豐丁巳夏五月，余偶過書肆。見墨拓石經殘破一束，篆書一行，正書一行，此即《玉海》藝文所云：“仁宗命國子監取《易》、《詩》、《書》、《周禮》、《禮記》、《春秋》、《孝經》爲篆隸二體石經，刻石兩楹。”周密《癸辛雜識》所云：“汴梁太學九經石板，一行篆字，一行真書”是也。’”據此，知北宋石經，僅有拓本耳。丁氏又云：“《宋史》及《玉海》，載仁宗石經無《孟子》，而此本殘石有之，足補史籍之闕。唐開成石經及《經典釋文》，俱無《孟子》，汴學以《孟子》列於經，是表章《孟子》，自

　　① 脱脱等：《宋史》，卷二百四十四，列傳第三宗室一；又卷三百一十七，列傳第七十六邵必傳。案：“邵必”，原書作“謝泌”，據《宋史》改。
　　② 佚名撰：《宣和書譜》，卷二，篆書。
　　③ 王應麟：《玉海》，卷四十三藝文，宋朝石經。

北宋石經始也。"①此説頗可據。

## 六　南宋石經

《玉海》云："紹興十三年二月,内出御書《左氏春秋》;六月内出御書《周易》;十四年正月,出御書《尚書》;十月出御書《毛詩》;十六年五月,又出御書《春秋左傳》;上又書《論語》、《孟子》,皆刊石,立於太學首善閣及大成殿後三禮堂之廊廡。"②此言之甚詳。蓋南宋石經,皆高宗以小楷書之,元、明間,屢經徙學移碑,遂有殘缺,今即宋拓,已不可得矣。(詳見馮氏《南宋石經考》)

## 七　清石經

清乾隆五十八年,詔刊十三經於太學,即長洲蔣衡所書。勘定立石,依開成石經,參以各善本,多所訂正,彭元瑞又撰《石經考文提要》以證之。迨嘉慶八年,復加磨改,故前後拓本不同;然亦足以扶翼經學矣。

---

① 丁晏:《北宋汴學二體石經記》,收入《石經彙函》第六册。
② 王應麟:《玉海》,卷四十三藝文,紹興御書石經。